내러티브 상호협력 코칭

: 1세대 코칭을 넘어 3세대 코칭으로

이 도서는 국립중앙도서관 출판예정도서목록(CIP)은 서지정보유통지원시스템홈페이지(http://seoji.nl.go)와 국가자료공동목록시스템(http//www.nl.go.kr/kolisnet)에서 이용하실 수 있습니다. (CIP제어번호:CIP2018016440)

호모코치쿠스

내러티브 상호협력 코칭

: 1세대 코칭을 넘어 3세대 코칭으로

라인하드 스텔터 지음

최병현, 이혜진 옮김

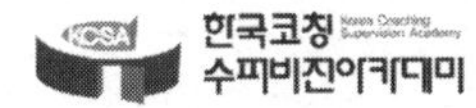

“

진정한 대화는 서로 반대편에 서있는
두 사람을 변화시킨다.

”

틱낫한

목 차

저자 소개 ··········· 10
서문 ··········· 12
감사의 말 ··········· 16
발행사 ··········· 20
한국어판 서문: 3세대 코칭 안내서 ··········· 24
역자 서문 ··········· 28

1장 입문 ··········· 35
1.1 지식독점의 붕괴 ··········· 38
1.2 새로운 코칭 개념의 필요성 ··········· 40
1.2.1 자기교양으로서 코칭 ··········· 40
1.3 코칭이란 무엇인가? ··········· 43
1.3.1 여정으로서 코칭 ··········· 43
1.3.2 이야기하기로서 코칭 ··········· 44
1.3.3 변화하는 코칭의 정의 ··········· 45
1.3.4 코칭: 자기성찰과 새로운 관점 촉구 ··········· 49
1.4 책의 목표와 구조 ··········· 50

2장 코칭의 기원과 발전 ··········· 57
2.1 사회적 정당성: 탈근대 도전에 대한 해답으로서 코칭 ········ 59
2.1.1 세계화된 세계 ··········· 60
2.1.2 초복잡계 사회 ··········· 62
2.1.3 탈근대의 성찰성 ··········· 64
2.2 코칭, 정체성, 자기구성: 코칭 대화를 통해 발견되는 자기 ······ 68
2.2.1 정체성 이론: 현상학과 사회구성주의 사이에서 ········ 70
2.2.2 코칭 대화와 정체성 협상 ··········· 75
2.3 코칭과 학습: 개인 경험과 상호협력 사이 ··········· 79

2.3.1 코칭과 경험적 학습 80
2.3.2 사회 및 상호협력 실천으로서 코칭과 학습 87
2.3.3 요약: 코칭 및 학습 – 주관적 경험과 상호협력적 대화 사이 92
2.4 조직과 리더십의 이론적 관점에서 코칭 94
2.4.1 리더십과 대화의 연관성 95
2.4.2 복잡성 관리와 리더십 96
2.4.3 개인 리더십과 가치 지향적 행동 98
2.4.4 리더십 맥락에서 코칭 100
2.5 맺음말 106

3장 코칭과 코칭심리학의 개입 이론들 111
3.1 특별한 대화 형식으로서 코칭 112
3.1.1 마르틴 부버의 진정한 대화 113
3.1.2 피어스와 크로넨: 의미조정관리 115
3.1.3 하린 앤더슨의 상호협력 언어체계 이해 118
3.1.4 코칭 대화의 중심 초점인 관계 119
3.2 코칭 대화의 기본 의도 120
3.2.1 3세대 코칭 121
3.3 코치의 기본 방향 128
3.3.1 코칭 대화에서 필수 발달 지향 관점의 변화 131
3.3.2 상황 특수적 관점 132
3.4 코칭의 기본 이론과 역할 135
3.4.1 체계적 사회구성주의자 영역 137
3.5 추가 이론들 192
3.5.1 긍정심리학 192
3.5.2 경험 중심 접근과 정서 중심 접근 197
3.5.3 정신화 기반 접근 206
3.6 맺음말 211

4장 내러티브 상호협력 코칭: 이론과 실제 217
4.1 왜 내러티브 상호협력 실천으로 코칭해야 하는가? 219
4.1.1 성찰 공간으로서 코칭 219
4.1.2 코칭과 의미 형성 220
4.1.3 학습과 개발의 탈근대 공간으로서 코칭 220
4.1.4 대화적이고 성찰적 리더십을 촉진하는 코칭 221
4.2 인식론적 기초: 현상학과 사회구성주의 사이의 격차 해소 222
4.2.1 실재의 구조 223
4.2.2 의미의 개념 226
4.3 코칭에서 내러티브 상호협력 실천 229
4.3.1 개인적 경험과 상호협력 사이의 코칭 231
4.4 맺음말 257

5장 코칭 사례 및 효과 연구 263
5.1 사례 연구 264
5.1.1 사례 1: 상사와 함께 춤추기 265
5.1.2 사례 2: 인생에서 좀 더 많은 스카나보 272
5.1.3 사례 3: 자신에 대한 믿음 282
5.2 인지된 효과: 내러티브 분석 289
5.2.1 내러티브 분석 방법 290
5.2.2 코칭 참여자의 이야기 291
5.2.3 인지된 효과 성찰 304
5.3 통계적 효과: 사회적 회복과 웰빙 306
5.3.1 연구 설계 및 결과 307
5.3.2 결과 논의 313
5.4 연구 프로젝트 결론 318
5.5 맺음말 319

6장 연구, 지식, 성찰 사이의 전문적 실천 323
6.1 근거 기반 실천과 실천 기반 근거 325

6.2 코칭 실천 지식 기반 ·········· 330
6.2.1 철학 ·········· 330
6.2.2 심리학 ·········· 333
6.2.3 교육, 성인학습, 개인개발 ·········· 334
6.2.4 특정 전문 맥락 ·········· 334
6.2.5 대화 실천에서 지식 영역 ·········· 335
6.3 지식, 실천, 전문성 개발하기 ·········· 337
6.3.1 실천과 이론 사이의 관계 ·········· 339
6.3.2 전문성과 실천 개발의 길 ·········· 339
6.4 사실과 직감 사이의 지식 ·········· 350

7장 코칭 전문가들의 성찰적 실천 ·········· 355
7.1 피터 ·········· 358
7.2 스티븐 ·········· 365
7.3 캐서린 ·········· 377
7.4 마르타 ·········· 387
7.5 프랙티셔너 성찰에 대한 성찰 ·········· 395
7.5.1 관계 구축 및 개발 ·········· 395
7.5.2 코치의 존재방식 ·········· 397
7.5.3 이론 및 방법과의 관계 ·········· 400
7.6 재고 ·········· 402

8장 결론 ·········· 407

참고문헌 ·········· 412
색인 ·········· 434

저자 소개

라인하드 스텔터Reinhard Stelter는 심리학 박사이자 스포츠와 코칭심리학 교수이다. 코펜하겐대학교 영양, 운동, 스포츠학과the Department of Nutrition, Exercise and Sports에서 심리학과 교육학 연구 책임자이고 코칭심리학과the Coaching Psychology Unit 학장을 지냈다. 또한 코펜하겐 비지니스 스쿨의 공공행정 대학원 프로그램Master of Public Governance programme과 코펜하겐대학교 필수 강좌인 '개인 리더십과 대화적 코칭Personal leadership and dialogical coaching'의 코디네이터이다. 뿐만 아니라 코펜하겐 하계 대학교에서 열리는 '코칭, 키에르케고어와 리더십Coaching, Kierkegaard and leadership' 과정의 책임자이자 덴마크 심리학협회Danish Psychological Association와 국제코칭심리학회International Society for Coaching Psychology의 회원이다.

현재 그의 관심 연구는 코칭심리학 기반 내러티브 상호창조적 접근narrative co-creative approach을 개발 및 연구 기반 테스트에 목적을 두고 있다. 또한 정체성, 학습 과정, 마음챙김, 임바디먼트embodiment는 물론 동기부여 및 발달과정에 관한 주제를 공부했다. 그는 전문 심리치료사이자 스포츠심리학과 코칭심리학에서 전문적 교육을 추가적으로 받았다. 뿐만 아니라 스칸디나비아에서 코칭 베스트셀러 「코칭: 학습과 발달Coaching: learning and development(læring og udvikling)」 의 저자이며 그 외에도 영향력 있는 책들을 집필했다.

그는 국제코칭심리학회지International Coaching Psychology Review, 코칭: 이론, 연구, 실천Coaching: Theory, Research and Practice, 국제 멘토링 및 코칭 저널International Journal of Mentoring and Coaching의 편집위원으로 활동하고 있다. 예전에는 스포츠 및 운동 심리학Psychology of Sport and Exercise의 부편집장이었고 10권의 책을 저술 및 편집을 했으며 책과 저널에 150개 이상의 글을 실었다. 2007년부터 2009년까지 덴마크 유럽 멘토링&코칭위원회European Mentoring & Coaching Council, EMCC의 이사로 활동했었다. 현재는 2009년부터 하버드의과대학Harvard Medical School의 코칭연구소Institute of Coaching의 과학자문위원회Scientific Advisory Council의 위원, 2008년부터 국제코칭심리학회 부회장으로 활동하고 있으며, TAOS 연구소 회원으로서 덴마크를 비롯 전세계에서 강의와 워크샵을 이끌고 있다. 뿐만 아니라 코펜하겐 코칭 센터 자문위원회Advisory Board of the Copenhagen Coaching Center 위원이자 수석코치로 일하면서 2년 주기 코칭 프로그램을 진행하고 있다. 라인하드 스텔터의 더 자세한 정보는 다음의 홈페이지를 참조하길 바란다. www.sp-coaching.dk & www.nexs.ku.dk/coaching.

서 문

2002년 3월 대니쉬 사이콜로지컬 퍼블리셔Danish Psychological Publishers에서 필자의 첫 번째 코칭 책 「코칭: 학습과 발달Coaching: learning and development(læring og udvikling)」을 발간한 뒤 코칭 분야는 덴마크뿐만 아니라 전세계에서 엄청난 발전이 일어났다.[1] 이 책은 스칸디나비아의 덴마크와 스웨덴에 영향을 미쳤고 약 25,000권이 팔렸다. 필자는 학습, 리더십, 팀 개발, 의사소통에 중점을 둔 많은 프로그램과 교육 과정에서 이 책을 사용하는 현상을 볼 때 매우 기뻤다.

2009년에는 대니쉬 사이콜로지컬 퍼블리셔의 편집자 비르기테 리 써-예쎈Birgitte Lie Suhr-Jessen과 메테 포프 마드센Mette Popp-Madsen이 찾아와 베스트셀러인 이 책을 수정하여 새판을 내자고 제안했다. 그때 정중히 사양했다. 왜냐하면 처음 책이 나왔을 당시와 비교할 때 현재 진전된 사항들이 많이 있었고, 이 사항들을 기존 틀에 통합하는 것은 너무 까다로운 작업이었기 때문이다. 그래서 그것을 보존할 '가치worth'가 있는지, 처음부터 다시 쓸 필요가 있는지 고민했다. 더구나 이 책이 지니고 있는 틀이 모든 것을 통합할 수 있다고 보지도 않았다. 이에 편집자들에게 새판을 내기보다는 이와는 완전히 새로운 책을 낼 것을 제안했다. 지난 10년 간 경험했던 코칭coaching과 코칭심리학coaching psychology 여정을 통해 진전된 학습과 발전 과정을 새로운 책에 반영할 생각이었다.

필자는 첫 번째 책을 출간한 지 10년 만에 2007년 더블린Dublin에서 열린 글로벌 컨벤션 온 코칭Global

Convention on Coaching을 통해 수많은 국제 모임을 이끌어냈다. 여기서 실무 그룹 의장을 지냈으며 코칭의 많은 핵심 사안을 살펴보는 데 이바지했다. 수년 동안 시드니대학교University of Sydney, 런던시티대학교London City University, 이스트런던대학교University of East London, 옥스포드 브룩스Oxford Brooks, 미들섹스대학교University of Middlesex, 요하네스버그대학교University of Johannesburg의 코칭심리학과들과 강력한 전문적 유대 관계를 형성하였을 뿐만 아니라 여러 분야의 주요 인사와 긴밀한 관계를 맺어왔다. 덴마크에서는 올보르대학교Aalborg University, 코펜하겐 비지니스 스쿨Copenhagen Business School 및 코펜하겐대학교University of Copenhagen 소속 동료 교수들과 함께 했다.

필자는 국제 코칭 연구 포럼International Coaching Research Forum의 회원이자 하버드의과대학 코칭 연구소The Institute of Coaching at Harvard Medical School의 창립연구원이다. 지금도 이 연구소의 과학자문위원회Scientific Advisory Council 위원으로 계속해서 활동하고 있다. 또한 5개의 주요 국제 코칭심리학 컨퍼런스의 과학위원회the Scientific Committees 회원 자격을 가지고 있다. 이를 통해 국제적 동료 관계를 확장하고 그 분야에서 가장 최근 연구 및 실무 개발에 대한 통찰을 얻을 수 있는 풍부한 기회와 전문성을 개발할 수 있는 놀라운 기회를 가질 수 있었다. 2008년 초부터는 코펜하겐대학교에서 연구와 실습이 가능한 코칭 강의 시리즈를 개설했다. 이 강의를 덴마크 코칭 환경의 전문성 발전을 위한 중요한 원동력이 되기를 희망하며 만들었다. 이 강의 시리즈는 5년 넘게 코칭에 관심을 지니고 있는 사람들을 많이 모이게 했는데, 이는 코펜하겐 및 주변지역의 코칭 전문 개발 포럼으로 발전하게 되었다. 이 역시 수많은 개인적 또는 전문적 만남 및 모임을 창출했다.

첫 번째 책을 출판 한 뒤 다양한 여정 동반자와 전문성에 기반한 새로운

1. 여전히 이 책의 성공에 기여한 동료 저자들과의 놀라운 협력을 기억한다. 그들은 바로 스티그 아이베르그 한센Stig Eiberg Hansen, 피터 한센-스코브모에스Peter Hansen-Skovmoes, 알란 홈그렌Allan Holmgren, 롯데 묄러 엘렌버그Lotte M ø ller Elleberg, 거트 로젠크비스트Gert Rosenkvist이다.

만남이 없었다면, 이 책은 세상에 나오지 못했을 것이다. 코칭과 코칭심리학 분야의 연구원, 교수, 프랙티셔너로서의 활동은 개발 및 전문 학습을 발전시키는 데 중요한 영향을 미쳤다. 이런 활동은 개발 및 전문 학습을 발전시키는 데 중요한 영향을 미쳤다. 또한 다양한 교육 현장에서 수많은 강의를 접하게 되었는데, 그곳에서 정말 많은 것들을 배웠다. 특히, 코펜하겐대학교의 영양 운동 스포츠학과에서 개설된 심리학 및 교육학 연구 수업과 코펜하겐코칭센터Copenhagen Coaching Center, CCC는 많은 것을 가르쳐줬다. 뿐만 아니라 코펜하겐 비지니스 스쿨Copenhagen Business School, CBS과 코펜하겐대학교가 공동 운영하는 공공 행정 대학원 프로그램Master of Public Governance programme은 새로운 경험들을 쌓게 해주었다.

필자는 코펜하겐대학교에서 '개인 리더십과 대화적 코칭Personal leadership and Dialogical coaching'이라는 필수과목을 책임지고 가르치고 있다. 코펜하겐 하계 대학Copenhagen Summer University에서 수행한 새로운 도전은 높은 평가를 받았다. 이때 2011년부터 키에르케고어와 리더십Kierkegaard and leadership이라는 코칭 강좌를 책임지고 있었는데, 학생들 및 참여자들의 성찰 의욕과 많은 질문과 상호작용을 통해 생각의 자원들을 제공받았다. 그것들은 새로운 길을 찾을 수 있게 해주었고 코칭 프랙티셔너이자 이론가로서 스스로 발전할 수 있도록 촉진시켜 주었다. 이런 맥락에서 이론 개발 및 발달과 연구 프로젝트를 통해 현장에서 코칭의 역할을 학문적으로 만드는 데 기여하고자 노력했다.

코칭은 특히 동료 인간으로서 코치이에게 초점을 맞춘 대화 양식으로 이해되어야 한다. 이 책에서는 첫 번째 코칭 책에서 사용했던 초점 인간focus person보다는 코치이coachee라는 용어를 사용할 것이다. 이는 분석대상이 아닌 대화상대conversation partner로 보기 때문이다. 그렇게 필자는 코치이라는 용어를 통해 평등성equality을 강조하고 비대칭성asymmetry을 줄이는 노력을 하고자 한다. 학습과 발달 공유 포럼은 그룹 코칭을 할 때 더욱 명확해진다. 필자는 코칭을 개입intervention이 아니라 상호작용interaction 및 대화dialogue로 묘사할 것이다. 코치이와 대화는 3세대 코칭third-generation coaching을 위한 탐색과

탐구를 구성하고 있다. 대화를 할 때 필수적으로 삶의 가치에 대한 의미 형성meaning-making과 성찰reflection을 공유하는 것은 매우 중요하다. 필자는 관련 이론과 연구와 함께 코칭에 대한 새로운 이해를 도모하고자 한다. 또한 우리 모두가 직면하고 있는 현대 사회(포스트 모던)의 도전들의 연결고리를 집고 넘어가고자 한다. 이는 정확히 새로운 대화 모델인 3세대 코칭을 계속 개발되도록 고무시킨 사회적 조건과 도전에 대한 분석을 담고 있다.

이 책은 단순히 코칭 현장의 모든 것을 다루는 핸드북이 아니다. 이 책은 특별한 목적을 지니고 있다. 따라서 이 책이 새로운 차원의 대화 형식에 기반하여 코칭 방향을 제시하길 희망한다. 넓은 의미에서 우리 사회를 다양한 수준으로 발전시키기 위한 핵심적이고 가능성 있는 새로운 기초로서 활용될 수 있기를 바란다. 사람들 간 대화, 작은 학습 상황, 특정 작업 맥락, 발달 및 팀 상황, 조직 및 기타 여러 환경에서 이것들이 잘 적용되길 원한다. 코칭 및 코칭에서 영감을 받은 대화coaching-inspired dialogues는 우리의 능력 개발, 반성에 참여하고자하는 열망, 서로에 대한 더 나은 이해를 위한 노력을 중심으로 새로운 사회적 현실을 구축하는 데 도움이 될 수 있다. 이런 방식이 사람들 사이의 차이가 진정한 만남에 장애가 되지 않으면서 동시에 차이가 있는 양쪽 모두의 발전을 촉진할 수 있기를 바란다. 물론 필자 자신도 이 비전에 스스로 부응하지 못할 때가 많다. 때로는 다른 사람과 새로운 방식으로 대화를 나눌 필요가 있지만, 그것은 대화 상대의 의향과 준비가 필요하다는 것을 명심해야 한다. 이 책이 독자들에게 새로운 대화 과정을 촉발시킬 용기를 줄 수 있기를 바란다.

감사의 말

이 기회를 빌어 가장 중요한 여정 동반자들에게 감사드리고 싶다.[2] 먼저, 아내 셰린 하우라미Shereen Horami에게 고맙다는 말을 전하고 싶다. 아내는 심리학자이자 훈련된 코치로서 늘 심도 있는 토론으로 함께 해줬고, 개인 '수퍼바이저'의 역할을 수행해줬다. 훌륭하고 긴밀한 전문 파트너 헬레 윈터Helle Winther, 앤-마리 엘베Anne-Marie Elbe, 샬럿Charlotte, 스벤들러 닐슨Svendler Nielsen과 코칭심리학 박사 모르텐 베르텔센Morten Bertelsen과 에베 라벤트Ebbe Lavendt에게도 감사드린다.

올레 포그 키르케뷔Ole Fogh Kirkeby는 지난 10년 동안 필자가 코치로서 전문성 개발을 하는 데 영감을 주는 중요한 역할을 했다. 키르케뷔는 3세대 코칭에 대한 특별한 형식을 통해 권학protreptics을 소개하고 발전시키는 코펜하겐 비지니스 스쿨의 경영철학 교수이며, 공공행정 대학원 프로그램Master of Public Governance programme에서 필자와 좋은 대학교우 관계를 맺고 있다. 뿐만 아니라 전문적 관계를 맺고 있는 코펜하겐코칭센터Copenhagen Coaching Center의 메테 메즐헤데Mette Mejlhede, 안드레아스 베링Andreas Bering, 자네트 뉘르프 한센Jeannette Nyrup Hansen, 김 괴르츠Kim Gørtz, 옌스 라센Jens Larsen, 토마스 모스펠츠Thomas Mosfeldt와 피크 밸런스Peak Balance의 브리따 앙커스저니Britta Ankerstjerne를 언급하고 싶다. 이어서 쇠얀 키에르케고어 연구 센터the Søren Kierkegaard Research Centre의 소장이자 코칭, 키에르케고어와 리더십Coaching, Kierkegaard

2. 여기서 언급할 가치가 있는 모든 사람들에 대해 언급할 수 없었던 것이 개인적으로 유감이다.

and leadership 과정의 공동책임자 피아 쇨토프트Pia Søltoft에게 감사드린다. 피아 쇨토프트는 필자가 코칭에서 실존주의existentialism 역할을 이해하는 것을 도왔다.

또한 대학에서 좋은 공동작업을 수행하고 있는 덴마크 코칭 환경Danish coaching environment에 있는 코칭연구원이자 어트랙터 컨설턴트 토비아스 댐 헤데Tobias Dam Hede와 모르텐 지에덴Morten Ziethen, 올보르대학교Aalborg University의 올레 스파텐Ole Spaten, 토르킬 몰리-쇠호름Thorkil Molly-Søholm, 쇠렌 빌러Søren Willert, 헬레 알뢰Helle Alrø에게 감사드린다. 국제적 동료들 가운데 특히 필자가 2011년 봄에 객원 교수로 있었던 시드니대학교 코칭심리학과의 토니 그랜트Tony Grant, 마이클 카바나Michael Cavanagh, 수지 그린Suzy Green, 고든 스펜스Gordon Spence와 멜버른 비니지스 스쿨the Melbourne Business School 및 와이트 앤 코Whyte & Co의 앤 와이트Ann Whyte에게 감사의 말을 전하고 싶다. 또한 하버드 코칭 연구소the Institute of Coaching at Harvard의 캐롤 카우프만Carol Kauffman, 수잔 데이비드Susan David, 류 스턴Lew Stern과 필자와 함께 내러티브 코칭narrative coaching에 대한 좋은 협력관계를 누리고 있는 이스트런던대학교the University of East London의 호 로Ho Law와 데이비드 드레이크David Drake에게 감사를 드린다.

그리고 국제코칭심리학을 개발하려는 노력에 감탄하게 만든 런던시티대학교the London City University의 스테판 팔머Stephen Palmer와 학문적 대화를 함께 하는 조나단 패스모어Jonathan Passmore에게 감사드린다. 뿐만 아니라 상당한 심리학적 지식을 코칭으로 옮기기 위해 노력한 데이비드 랜David Lane과 개인 매력 및 훌륭한 전문적 성실professional integrity을 겸비한 요하네스버그대학교the University of Johannesburg의 알레따 오덴달Aletta Odendaal에게 감사의 마음을 전하고자 한다. 또한 수년 동안 연을 이어온 모든 학생, 과정 참여자, 워크샵 참여자, 코칭대화 상대들에게 감사드린다. 당신들은 필자가 어려운 상황 속에서도 계속해서 앞으로 나아갈 수 있도록 도왔으며 책이 나오는 데 기여했다.

마지막으로 책 출간을 위한 초기 교정 및 지원에 힘써준 유능한 연구 담당자 리케 쇼우 젭슨Rikke Schou Jeppesen과 마리안느 브란트-한센Marianne Brandt-Hansen에게 감사드린다. 이 책의 편집 및 제작에 훌륭한 협력을 해준 더 대니쉬 싸이콜로지컬 퍼블리셔스the Danish Psychological Publishers의 잉거 롬홀츠 밴지Inger Lomholdt Vange와 스프링가Springer의 스테판 에이나슨Stefan Einarson에게 감사드린다. 그리고 피드백과 의견들을 제공한 익명의 평론가들에게 감사하다. 끝으로 덴마크 버전을 전문적으로 번역해준 도르테 M. 실버Dorte M. Silver에게 감사의 마음을 전한다.

2013년 3월 코펜하겐에서

라인하드 스텔터

발 행 사

호모코치쿠스 6.

내러티브 상호협력 코칭
: 1세대 코칭을 넘어 3세대 코칭으로

코칭은 과연 미래의 희망이고, 시대의 대안이 될 수 있는가?
코칭이 희망이고 대안이 되어야 할 이유는 무엇인가?

언제부터 이 질문이 나를 끌고 가고 있다. 처음 스스로 결정해 코치의 길을 들어설 때만 해도 당시에 유행했던 '답설야중거踏雪野中去눈 덮인 들판을 걸어 갈 때는' 식의 한시漢詩 한편이면 충분 했다. 내용이 적당히 비장하고 단호할 수 있었기 때문이다. 그러나 10여년이 훌쩍 지난 지금은 '코칭'에 과연 미래가 있는가? 라는 의문이 돌부리로 보여 걷는 발길이 조심스러워진다.

코칭의 발전도 그렇지만 업業의 수준, 코치의 지위, 인지도 역시 과거와 별로 차이가 없다. 코칭에 들어설 무렵 들었던 이야기를 오늘 날 다시 듣게 되고, 나 자신은 어느덧 제법 앞줄에 서서 걷고 있지 않는가?

코칭이 전문 분야로 확립되고, 직업으로 살아남기 위해서는 코칭으로 주40시간 일해 표준생계비 수준의 소득을 얻을 수 있어야 한다. '1인 2 직업시대 아닌가요?' 이런 질문에 코칭이 제2직업으로 병행할만해야 한다. 그렇지 않으면 코칭은 취미나 문화생활의 일부이다. 적어도 다음 세대에 직업으로 제안하기 난망하고, '코칭 권하는 사회'를 말하기도 민망한 일이 된다.

융합 학문으로는 어떤가? 코칭 임상에 근거한 이론적, 사상적 탐색의 깊어지고, 지금 이 시대에 대해 발언을 못하면 독자생존은 커녕 단명할 것이다. 이제는 인접 학문의 파편이나 아이디어 조각을 모아 코칭의 발전 방향이라 이야기하는 자리에는 오래 앉아 있기 힘든 것은 나만 느끼는 것은 아닐 것이다.

미래 희망이요 시대의 대안으로의 코칭을 위해 오늘 돌 하나를 쌓으면 시간이 흘러 누군가의 이정표가 될 수 있겠는가? 호모코치쿠스는 6번째 돌을 올려놓는다. 덴마크 코칭 연구자 라인하드 스텔터의 『내러티브 상호협력 코칭』이다. 필자는 1, 2세대 코칭을 넘어 3세대 코칭을 제안한다. 코칭이 항구를 출발해 거쳐온 항로를 되짚으며 가야할 미래에 대해 이야기한다.

'변화와 성장'이라는 키워드, '우리 안에 답이 있다'는 당연시했던 설명으로는 탈근대 오늘을 지탱할 수 없다. 과연 변화와 성장할 이유가 있는지, 이것만 있으면 충분한지, 또 답이 있다 한들 과연 그것이 답인지, 정말 우리에게 답이 필요한지, 심지어 그것이 가능이나 한 일인지…….

코칭 현장에서 정체성 상실이나 혼미, 유보하고 사회(?)가 제시한 트랙과 속도에 맞춰 삶에 대처해 온 이들을 자주 본다. 뒤늦게 텅 빈 정체성을 확인하거나 정돈이 필요한 이들을 위해 코칭은 그에게 정체성을 묻고, 함께 가치와 비전을 형성하고 자원을 찾아왔다. 있는 그대로의 존재감을 강화하고, 충만함을 향유하는 경험 제공으로 서로 충분했다.

코칭은 여기까지인가? 정체성 위기를 경험하고 있는 우리는 이것으로 과연 탈근대의 미래를 대처할 수 있는가? 저자는 더 이상 계몽의 대상이 아니라 주체로서 삶을 재구성하는 상호 협력 작업으로의 코칭를 염두에 두고 있는 듯하다.

성찰과 자각을 위한 외부에서의 타종打鐘은 필수적인 것인가? 계몽의 시대는 갔다. 미래로부터 오는 신호를 감지하며 필요한 자기 정체성을 새롭게 구성하고 자기 교양을 만들어가는 시대다. 미네르바의 부엉이는 이미 날아올랐고, 다른 부엉이는 오지 않은 여명黎明이다. 그러나 다가올 아침에 대한 불확실성이나 무슨 일이 일어날지 모르는 우려보다는 무슨 일이 일어날 수 있다는 기대감이 앞서는 '매 순간'을 쌓아서 또 다른 내일을 맞이해야 한다. 그래서 코칭이 후기 근대 삶과 미래를 위해 정체성 재구성과 이를 위한 협력 작업을 감당해야 한다는 저자의 주장은 귀 기우릴 만하다.

세계와 나, 시대와 나와의 화해와 소통, 그리고 행복을 위해 우리는 이제 '생은 과연 살 만한 것인가'에서 시작해 '나를 어떻게 만들어야 하는가' 까지 홀로 감당하다 홀로 죽는 시대다. 스스로를 지키기 위해 자유로이 필요한 만큼 정체성을 맞춤 조립하는 정체성 협상이 불가피하다. 미래는 필요한 정체성을 재구성하는 시대이고, 우리는 외롭게 한 잔의 술도 없이 자기를 조각해야 한다.

코칭이 희망이요 대안이 되어야할 이유는 정체성 상실/위협에 맞서 재구성/협상이라는 대립각을 세우며, 흔들리며 일어나는 우리의 불안을 온전히 감당하기 위해서다. 그러나 견딜 수 없는 불안은 티핑 포인트의 전조이며, 알다시피 코치는 그 너머까지 함께 간다.

내러티브에 기반한 상호협력 코칭은 코칭의 미래로 향한 문일지 모른다. 특히 거울을 보며 가면을 조각해야 하는 우리를 위해 조각가로서의 코치, 정체성 조각으로서의 코칭이 요구될 수 있기 때문이다.

2018년 6월 25일

코치 김상복(KSC_2011, PCC_2012)

한국어판 서문

3세대 코칭 안내서

이 책이 한국어로 번역되어 한국의 독자에게 전해진다는 사실이 너무 기쁘다. 이 책을 한국어로 번역해준 최병현과 이혜진에게 감사를 드린다. 그들의 관심과 애정이 없었다면, 이 책은 한국어로 출판될 수 없었다.

필자는 유감스럽게도 한국을 잘 알지 못한다. 하지만 한국의 문화와 생활 방식을 알고 싶다. 필자가 알기로는 한국이 디지털화digitalization와 관련하여 세계 1위를 차지하고 있으며, 저탄소 녹색 성장low carbon green growth의 선두주자이자 평화적 관용peaceful tolerance 및 소수에 대한 포용inclusion of minorities으로 높은 점수를 받은 국가이다. 또한 높은 교육 수준과 많은 숙련된 인력을 지니고 있으며, 국민들의 추진력, 창의력, 혁신 정신에 기반한 수많은 세계적 브랜드를 보유하고 있는 나라이다. 언젠가 꼭 한국을 방문하여 한국만의 고유한 문화를 접하고 싶다.

게다가 불행하게도 한국이 분단국가라는 사실을 알고 있다. 필자는 독일에서 자랐고, 가족, 친구, 동료들과의 만남을 방해하는 요소, 뒤얽힌 관계, 슬픔 속에서 살아가는 것이 얼마나 힘든지 뼈 속 깊은 곳까지 알고 있다. 놀랍게도 독일이 뜻밖에 통일이 되었을 때 너무나 기뻐했던 걸로 기억한다. 통일이 가능했던 것은 당시 정치 지도자들이 신뢰와 선의를 바탕으로 대화를 나눌 수 있었던 덕분이다. 그렇다고 모든 문제가 사라진 것은 아니다. 오늘날 서로 평등한 관계로 만나는 것은 여전히 노력, 열린 마음open-mindedness, 상호 이해mutual understanding가 필요하다.

필자의 포부는 만남을 통해 대화를 장려하는 것인데, 이는 이 책의 주제에 더욱 다가가게 한다. 3세대 코칭의 첫 번째 중요한 측면은 혁신적 대화를 기반으로 한다는 점이다. 이는 사람들이 동료 인간으로 만나는 데 도움이 되는 대화 형식인데, 조화의 순간moments of symmetry을 가능하게 하며 양측 모두가 발전할 수 있는 기회를 제공한다. 3세대 코칭은 삶의 선good에 대한 태도와 상호협력적 인간의 우정companionship에 기초한다. 이는 대화 상대 또는 코치이 자신의 관점을 넓히고, 다른 사람들과 함께 살며 일할 수 있는 새로운 가능성을 제공하는 새로운 접근을 펼칠 수 있도록 도와주는 내러티브의 의미 형성, 가치, 공동 창조에 기반한 예술의 한 형태이다.

한국에서 내러티브 접근에 관심이 많다는 말을 들었다. 내러티브 방법론은 필자의 연구의 핵심적 기반이다. 필자는 역사상 내레이터 가운데 가장 유명한 사람인 한스 크리스티안 안데르센Hans Christian Andersen의 덴마크에 살고 있다. 안데르센의 작품 중 3381개가 125개 이상의 언어로 번역되었다. 그 가운데 『성냥팔이소녀The Little Match Girl』는 읽은 동화 중 가장 감동적인 작품이다. 이 이야기에서 우리는 얼어붙을 듯한 추운 밤에 성냥으로 온기를 유지하려 하지만 마침내 죽음에 이르게 된 매우 가난한 소녀의 이야기를 통해 가슴 시린 슬픔에 빠지게 된다. 이런 맥락에서 볼 때, 이야기를 듣는 것은 우리의 삶의 몇 가지 중요한 측면을 준비시킨다.

독일에는 그림Grimm 형제가 있었다. 그들의 이야기는 200여 년 전 수집되어 기록되고 사람들이 대대로 전해온 동화와 이야기로 구성되어 있다. 일부 이야기는 꽤 잔인하지만, 심리학자들은 그 작품의 가치를 인정했다. 어떤 이야기는 자신의 삶에서 두려움과 불안을 다루는 방법에 대해 이야기하고, 또 어떤 이야기는 더 나은 삶을 꿈꾸며 선의 승리를 믿는 데 도움이 된다.

전문적 관점에서 내러티브 이론과 실천이 심리 치료, 정신 의학, 간호학, 의학, 사회사업, 교육, 조직 개발 등 사회의 많은 실천 분야 및 영역으로 확산되고 있다. 포스트 모던 세계에서 메타내러티브meta-narratives 또는 거대내러티브grand narratives는 그들의 가치와 설명의 힘을 잃어버렸다. 과거에 내러티브는 많은 부분 종교에 뿌리를 두고 있었는데, 그것은 역사적 변혁에 대한 폭넓게 인정된 이해를 제공하고 주요 사건을 문화적으로 널리 인정된 기준으로 삼는 데 도움을 주었다. 그러나 일상의 '작은 내러티브small narratives'에서는 사람들이 고양된 사건이나 어려움을 나누는데, 이는 세상과 경험을 서로 이해하고 공유하려는 모든 사람들의 욕구를 위해 중추적 역할을 계속 수행한다. 내러티브는 사람들의 집단과 대규모 조직을 위해 개인의 중심 가치를 강조하는 요소이자 방법일 수 있다. 내러티브를 형성하는 것은 사회적 상호작용, 문화적 발전, 궁극적으로 인간이 되고 더 큰 맥락에서 자신을 이해하는 기초가 된다. 내러티브를 공유하는 것은 치유의 영향을 줄 수 있거나 어려운 삶의 상황을 다루는 데 도움을 줄 수 있다.

3세대 코칭의 두 번째 중요한 측면은 내러티브 접근과 밀접한 관련이 있는 의미 형성에 초점을 맞춘다는 점이다. 의미 형성은 개인의 자기이해와 사회적 상호작용을 위한 실존하는 전제이다. 또한 의미 형성은 인간관계 강화와 그룹, 팀 및 조직 단위의 발전을 위해 중요하다. 3세대 코칭을 강화하기 위한 제안을 통해 필자는 특정 목표나 문제에 전적으로 또는 지나치게 집중하려는 것에 마음이 내키지 않음을 간접적으로 표현한다. 이런 코칭 방식에서 코치는 코치이가 A지점에서 B지점으로 갈 수 있도록 돕는 1세대 코칭의 기본 관점이다.

또한 이런 비판은 코칭 문학의 일부 문헌에 실려 있다. 목표와 목적은 한 개인을 특정 사회 담론으로 묶을 수 있다. 이것은 궁극적으로 참신한 시각을 가능하게 하는 좋은 대화의 목적과는 정반대의 의미를 지닌다. 의미 형성은 다른 의제가 있다. 곧, 의미 찾기는 삶의 본질이며, 그것은 우리 자신 및 삶 그리고 다른 사람들을 새롭거나 더 나은 방식으로 이해하는 데 도움이 된다. 우리가 살고 있는 세계는 사회, 관심 공동체 및 그룹의 다양한 분야의 높은 복잡성 및 다양화로 특징지어지고 개인이 '자기실현self-realization'과 끊임없는 자기개선self-improvement을 추구하도록 강요받는 세계이다. 이런 세계에서 개인의 실존적 토대와 의미 추구는 조직, 회사, 학교, 병원, 기타 기관 환경에서 진지하게 받아들여져야 하는 중요한 개인적 과제이다. 의미 탐구는 모든 종류의 대화에 중대한 기반을 제공한다.

3세대 코칭의 세 번째 중요한 측면은 이런 토대가 "올바른 방식"으로 행동하는 원동력이 될 수 있는중심 가치를 반영하여 더욱 강화될 수 있다는 점이다. 가치는 우리 삶에서 의미 있고 가장 중요한 것에 몰두할 때 나타난다. 또한 가치는 갈등 상황과 딜레마 상황에서 두드러진다. 가치 또는 중심 개념 및 주제를 탐구하는 것은 우리가 자신감, 일관성, 헌신을 가지고 행동하도록 준비하는 데 도움이 된다. 가치는 정체성의 핵심 요소이며 윤리적 신념과 행동의 연결고리이다.

이 책의 주요 의도는 당신을 코치, 수퍼바이저, 심리학자, 멘토, 간호사, 교사, 리더, 영적 파트너 등 전문적 대화 자격 보유자로 초대하여 당신의 실천을 개선하고 향상시킨다. 또한 다른 이론과 접근을 반영하고 이런 이론을 당신 자신의 실천과 관련지어 생각하게 한다. 뿐만 아니라 당신을 성찰적 프랙티셔너로 개발하는 데 도움이 될 것이다.

끝으로 영국의 매우 전문적이고 경험 많은 동료 교수 데이비드 레인David Lane의 이야기를 빌어 서문을 마무리하고자 한다. 그는 이 책을 amazon.com에서 "코칭을 이해하는 새로운 방법에 관심 있는 사람들에게 매우 훌륭한 책"이라고 설명했다. 이 책을 통해 당신의 삶 가운데 레인의 이야기가 이루어지길 바란다.

2018년 3월 코펜하겐에서

라인하드 스텔터

역자 서문

코칭은 내러티브다
: 1세대 코칭을 넘어 3세대 코칭으로

2017년 8월 어느 날이었다. 전날 밤 비가 온 뒤라 유난히 날씨가 화창했던 것으로 기억한다. 정오가 조금 지난 시간이었다. 우리(당시 아내-이혜진 역자-와 함께 있었다)는 하버드 스퀘어Harvard Square에 있는 오토Otto 피자집 앞에 설치된 야외 테이블에 앉아 3.5불짜리 페페로니 피자 한 조각을 먹으면서 신선놀음을 하고 있었다. 늘상 그랬던 것처럼 피자 한 조각을 해치우고 대각선 맞은편에 있는 스타벅스로 향할 참이었다. 그때였다. 별안간 누군가 큰 소리를 내며 등을 툭 밀쳐댔다. 매튜Mattew였다. 그렇게 늘 싱거운 장난을 쳤다. 사실 장난을 칠 때마다 엄청나게 놀라곤 했지만, 늘 이에 질세라 아무렇지도 않다는 듯 태연하게 행동하며 맞받아치곤 했다. 오늘도 마찬가지였다. 매튜는 싱글벙글 웃으며 묻지도 않았는데 코칭을 배우러간다고 했다. 시답지 않은 농담이거니 피식 웃으며 "법학도가 스포츠 코치하려고?"라고 되물었다. 당시 코칭이 '스포츠 코치'나 '진로 상담 교사'의 전유물 정도로만 생각했을 뿐만 아니라, 매튜가 이야기 중독자too much talker라는 사실을 깜빡한 체 툭하고 튀어나온 질문이었다. 그때부터 우리는 마치 벌이라도 받듯 코칭에 대한 매튜의 일장연설을 듣고 또 들었다. 커피를 한 잔 다 마시고도 다시 배가 출출해질 때까지 지속되었던 걸로 기억한다.

그렇게 코칭계에 입문했다. 사실 매튜가 뭐라고 말했는지 아무런 기억이 없다. 하지만 그 사건을 통해 코칭을 시작하게 되었다는 점은 분명한 사실이다. 이 이야기는 라인하드 스텔터가 제시하는 3세대 코칭(내러티브 상호협력 코칭)과 구조적 상동성을 이룬다. 3세대 코칭에서 참여자를 변화시키는 주체는 코치나 코치이가 아니라 코칭 자체이다. 다시 말해, 삶의 변화는 코치의 방법론적 개입이나 코치이의 수용적 태도가 아니라 코칭 대화 자체를 통해 일어난다. 매튜가 코칭에 대해 뭐라고 했는지 기억이 나지는 않지만, 매튜와의 만남 자체는 우리로 하여금 코칭에 입문하게 만들었다. 단지 매튜는 자신의 이야기를 했을 뿐이고, 우리는 그런 매튜의 이야기에 참여했을 뿐이다.

댄 맥아담스Dan P. MacAdams(1997)에 따르면, 인간은 이야기를 통해 삶을 살아낸다. 그렇게 인간은 상상적 이미지를 통해 내면에 내재된 기억의 파편들을 다양한 은유나 상징으로 치환하여 새로운 이야기를 재구성re-membering하면서 삶을 그려나간다. 따라서 우리는 과거로 돌아가 새롭게 시작할 수는 없지만, 현재로부터 새로운 결론을 창조할 수 있다. 이런 연관성에서 벤 오크리Ben Okri(1997)의 시는 우리에게 강력한 울림을 준다.

> 우리의 삶의 이야기를 바꾼다면, 틀림없이 우리의 삶은 변화될 것이다 (p.46).

코칭은 내러티브다. 코칭은 단지 해결책만을 찾는 기술이 아니라, 코치와 코치이의 상호협력을 통해 새로운 이야기를 창조하는 예술 행위이다.

코칭의 진정한 가치는 단지 목표를 해결하는 것만이 아니라, 삶에 새로운 내러티브를 창조하는 것에 있다. 내러티브를 창조하는 코칭은 코치이를 억압된 과거로부터 해방시킴으로써 현재의 기억을 새롭게 하는 것을 넘어 변혁적 미래를 창조해 나간다. 이 창조적 행위는 코치와 코치이 사이에서 발생하는 일방향적 독백을 무너뜨리고 상호협력적 대화를 이끌어낸다. 이런 연관성에서 라인하드 스텔터는 내러티브 상호협력 코칭을 제안하며, 특정 목표를 달성하도록 돕는 1세대 코칭은 물론 특정 방법적 측면을 강조하는 2세대 코칭과는 다른 차원을 지향한다. 내러티브 상호협력 코칭은 목표에 도달하고 약점을 강점으로 전환시키는 논변술과 달리, 코치이 내면에 깃들어 있는 진정한 힘을 이끌어내는 변증법적 대화이다. 따라서 내러티브 상호협력 코칭은 다양한 진리가 난무하고 양극화가 극대화되며 무한경쟁이 가속화되는 오늘날 세계에 필연적으로 요청되는 새로운 대안이자 대화 모델이 될 것이다.

아울러 이 책이 나오기까지 수고를 아끼지 않은 분들께 감사의 마음을 전한다. 이 번역본을 출판할 수 있도록 지원해주신 나의 스승 김상복 대표님과 책을 아름답게 만들어주신 이상진 선생님 그리고 바쁜 일정 가운데 마음을 담아 한국어판 서문을 보내준 라인하드 스텔터 교수님께 깊은 감사의 마음을 전한다. 이 책의 출간에 앞서 늘 격려와 지지를 보내주시는 튠업마스터의 김광인 코치님, 김경선 코치님, 김선숙 코치님, 김순향 코치님, 김현주 코치님, 박종석 코치님, 손성숙 코치님, 심귀섭 코치님, 정익구 코치님께 감사드리며, 미네르바 코칭스쿨에서 이 책의 초안을 함께 읽어주신 노경 코치님, 박경애 코치님, 이정은 코치님, 홍진숙 코치님께 감사하다는 말을 전하고 싶다. 사랑하는 가족들과 늘 상호협력적으로 우리의 내러티브를 그려나가시는 하나님께 감사드린다. 이 감사와 사랑을 담아 『내러티브 상호협력 코칭: 1세대 코칭을 넘어 3세대 코칭으로』를 만나는 모든 독자들이 새로운 내러티브를 창조하는 삶을 살아내기를 바라면서, 이 책의 첫 장에 인용한 틱낫한의 권고를 재저작하며 글을 마치고자 한다.

진정한 대화가 서로 반대편에 서있는 두 사람을 변화시킨다면,
진정한 코칭은 서로 반대편에 서있는 두 사람의 세계를 변화시킨다.

2018년 6월

최병현

1장 입문

코칭은 지난 15-20년 동안 크게 변했으며 다양한 접근 방식을 지닌 실천 분야로 발전하였다. 코칭과 코칭심리학은 신진 연구 분야로 부각되었다.[1] 예전에 코칭은 스포츠 분야와 관련이 있었다. 2008년 국제코치연맹ICF 회장 다이앤 브레넌Diane Brennan은 필자에게 다음과 같이 말했다.

> 주변 사교계 사람들에게 제가 코치로 일한다고 말하면, 그들은 재차 물어봅니다. 그러곤 어떤 스포츠에서 코칭을 하고 있는지 묻곤 했습니다.

최근 들어 이 질문을 하는 사람이 많이 줄었다. 오히려 이제 스포츠 코치들이 다른 맥락에서 출발한 코칭심리학으로부터 자신의 원칙과 생각을 적용하고 있다. 이 적용을 통해 스포츠 관리원칙은 독재적인 방식에서 대화 스타일의 협력과 리더십으로 변화되었다(Hansen & Henriksen, 2009; Hardman, 2011; Stelter, 2010a).

이 책에서는 코치와 코칭심리학자라는 용어를 각각 코칭 및 코칭심리학과 평행 개념으로 사용한다는 점을 미리 밝혀둔다. 코칭은 심리학에 뿌리를 두고 있다. 스포츠가 실제 기원으로 간주되기도 한다. 그러나 지난 10년 동안 심리학자들과 심리학회들은 코칭을 심리학 분야로 활용하기 시작했다. 이는 심리학 협회들에서 단체나 이해 집단 형성에 반영된 것에서

1. 덴마크에서는 수많은 공학박사들이 최근 연구 프로젝트를 진행하고 있다. 이들 가운데 일부는 철학에 기반을 두고 있고, 어떤 사람들은 심리학 분야에 배경을 두고 있으며, 또 다른 사람들은 경영대학에서 왔다. 또한 올보르대학교, 코펜하겐대학교 및 코펜하겐 경영대학의 코칭(심리학)에서는 적정한 규모의 연구 환경이 조성되어 있다. 한 국제적인 연구원 집단은 국제코칭연구포럼International Coaching Research Forum을 구성했으며, 유럽 멘토링 & 코칭 협의회European Mentoring & Coaching Council는 매년 코칭 및 멘토링 연구 컨퍼런스를 개최한다. 뿐만 아니라 하버드의과대학 코칭연구소www.instituteofcoaching.org는 전세계의 코칭연구원들에게 자금을 지원하는 연구기금이 있다.

확인할 수 있다. 따라서 코칭심리학자들은 자신의 분야를 실제 전문직으로 주장할 수 있다. 코칭 및 코칭심리학은 항상 다른 전문 분야와 결합해서 융합적 역할을 수행한다(Lane, Stelter, & Stout-Royston, 2010). 이런 맥락에서 덴마크의 심리학 법령에 따르면, 코칭심리학자이라는 명칭은 전문가로서의 직함으로 보호받고 있다.[2]

간략하게 코칭의 역사를 살펴보자. 코칭 및 코칭심리학의 역사는 두 가지 핵심적 뿌리로 거슬러 올라간다. 그 두 가지 뿌리는 바로 스포츠심리학sport psychology과 인간잠재력운동Human Potential Movement이다. 인간잠재력운동이 일어나고 약 10년 뒤 1970년대 미국과 유럽에서 스포츠심리학(Singer, Hausenblas, & Janelle, 2001; Stelter, 1999)과 '경쟁적 사고방식', '동기부여', '최고의 성과'와 같은 일반 스포츠 세계의 개념들이 관리자와 경영진의 관심주제로 떠올랐다. 스포츠심리학의 개입 전략과 도구는 직원 성장이나 관리를 위한 도구로 활용되면서 비지니스 분야로 확장되었다. 많은 스포츠심리학자들은 스포츠에서 비지니스로 옮겨갔다. 심지어 성공적인 엘리트 운동선수조차도 예외는 아니었다. 스포츠 세계는 메타포는 물론 경영과 조직과 관련하여 흥미로운 이론과 실천을 제공한다. 처음에 스포츠심리학자들은 주로 과제지향에 초점을 두었다. 이들에게는 동기부여와 성과 극대화가 변화과정을 시작하는 열쇠였으며, 이는 주로 엘리트 스포츠심리학의 전형적인 접근방식이었다.

인간잠재력운동은 코칭 및 코칭심리학의 두 번째 원천이다. 이 운동은 특히 유명한 호주 코칭 연구자 앤서니 그랜트Anthony Grant(2007)가 1960년대와 1970년대의 인본주의 및 실존주의 심리학에 기반을 두고 있다. 이 심리학은 개인해방과 자기실현을 목표한다. 인간잠재력운동은 참만남 집단encounter groups[3], 자기성장과정과 대안적 삶의 실험은 물론 다양한 치료 방법

2. 1994년 1월 1일 슈글롱로은Psykologloven(심리학 실천을 규제하는 덴마크법)은 "스스로 심리학자라고 부를 권리는 대학이나 다른 고등 교육 기관의 심리학 석사 학위를 통과한 사람 또는 그와 동등한 학위를 소지한 사람을 위한 것이다"라고 제정했다. 이 규정은 심리학자라는 용어가 포함된 복명도서에도 적용된다. 코칭심리학자도 마찬가지다. 규정 위반을 한 경우 벌금에 처할 수 있다(cf. Sec. 23, par. 1).

과 같은 다방면에 걸친 방향과 자기성장 계획을 지니고 있었다. 그 결과 서구 사회에서 심리학과 개인 성장에 관심이 커졌고, 삶의 많은 부분에 영향을 미쳤다. 그랜트에 따르면, 인간잠재력운동은 코칭 및 코칭심리학 발전에 강한 자극을 주었으며, 코칭이 오늘날 좀 더 정교한 실천 형식의 기반을 다질 수 있게 했다.

그러나 코칭의 적용점은 단순히 개인성장과 자기실현을 위한 도구에 한정된 것이 아니다. 오늘날 코칭은 다양한 맥락에서 활용된다. 교육, 의료 및 사회 서비스, 경력, 조직 관리 및 직원 성장과 개인적 도전이 이에 해당된다. 동시에 코칭은 광범위한 실천 영역으로 확산되는데, 그렇다고 이 모든 것이 효과적인 이론에 기초한 근거 기반 코칭이라고 볼 수는 없다. 이는 몇 가지 중요한 질문을 제기한다. 오늘날 코칭의 기능과 역할에 관한 주요 주제와 과제는 무엇인가? 오늘날 사회의 여러 분야에서 코칭은 어떤 역할을 하고 있으며, 지난 10년 동안 코칭의 확산을 어떻게 설명할 수 있는가? 이 책에서 제시하는 코칭에 대한 이해는 필자의 논증과 이론에 기반해 있으며, 이는 코칭에 대한 사회적 이해에 기초한다. 코칭은 사회의 요구에 부합해 발전했으며, 그 방식대로 확산되어 사회적으로 중요하게 자리 잡았다. 여기서 중요한 고려 사항은 2장에서 제시될 것이다.

대화형식으로서 코칭은 다양한 사회적 변화 과정들과 연결되어 있다. 답변보다는 질문에 초점을 맞춘 대화 형식으로 코칭을 본다면, 특히 한 가지 현상을 주목해야 한다. 바로 질문을 중시하는 현상인데, 그것은 코칭 사용의 증가를 설명하는 데 도움이 된다. 오늘날 우리 사회에서 지식의 새로운 개념 또는 명확한 방향성 상실은 질문을 중시하는 코칭의 두드러진 역할 및 발전과 연결될 수 있다.

---

3. 열린 온라인 백과사전 덴 스토어 댄스케, 그른대Den Store Danske, Gyldendal는 "1960년대에 구성원들의 정서적 개방, 친밀감, 자기통찰, 개인적 성장을 목표로 8-15명의 개인으로 구성된 참만남 집단이 미국에서 개발되었다"고 말한다.

1.1 지식독점의 붕괴

우리 사회는 불확실성, 복잡성, 무질서의 수준이 증가하고 있다. 이런 특징들로 인해 우리는 사회에서 인터넷 등을 통해 정보에 쉽게 접근할 수 있는데도 관련 지식에 직접적으로 접근할 수 없다. 다시 말해, 우리는 직면한 문제를 즉각적으로 해결할 수 있는 지식에 더 이상 접근할 수 없다. 우리 삶은 복잡다단하기 때문에 적용 가능한 지식이 있다면, 그것은 주로 특정 상황과 관련되어 있는 것이다. 따라서 우리의 지식은 매우 특정한 상황에만 관련이 있다. 가치, 규범, 태도 역시 특정한 집단, 상황, 생활방식과 관련이 있을 수밖에 없다. 그래서 행동과 의사결정을 위한 명확한 방향을 제공하기가 어려워졌다. 이것은 교육과 일의 현장에서 분명하게 드러난다. 이런 맥락에서 유용하고 상황에 맞는 적절한 행동 방향을 개발하는 것은 개인의 창조성creativity과 적응성adaptability에 달려 있다. 또한 개인 파트너와 사회적 환경에서 만나는 사람들은 옳고 그른 것을 정의하는 데 도움을 준다.

특정 사회 맥락이나 직장에서 적용 가능한 지식은 그 맥락과 특정 사회적 실천과 직장 공동체에서 만들어진다. 이 지식은 우리가 묻는 질문에 명확한 답변을 할 수 없다. 인식론적으로 말하자면, 이 가정은 구성주의constructivism에 근거한다. 구성주의는 지암바티스타 비코Giambattista Vico(1668-1744)와 임마누엘 칸트Immanuel Kant(1724-1804)에 철학적 뿌리를 두고 있다. 구성주의 관점에서 우리는 실재reality를 인지할 수 있는 직접적인 접근을 할 수 없다. 대신에 사람들은 적극적으로 세계와 서로에 관한 지식을 함께 창조한다. 구성주의 틀 안에서 우리는 결코 어떠한 진리에도 도달할 수 없다. 왜냐하면 실재를 직접적으로 인지할 수 없기 때문이다. 구성주의 관점에서 볼 때, 진리는 구성될 뿐이다. 우리가 진리로 정의하는 것은 문화적으로 결정되며, '진리'에 대한 결정은 사회적 맥락에 달려있다(Gergen, 1994).

그러므로 우리는 사적 공간과 공적 공간에서 협상negotiate을 배워야 한다. 우리는 협상을 통해 주어진 상황에서 늘 새롭게 탐구되고 개발해야 하며, 그래야만 해결책을 찾을 수 있다. 예를 들어 교사, 부모, 동료, 리더들로부터 얻어서 바로 사용할 수 있는 해결책은 없을 뿐만 아니라 혹시 있다 하더라도 매우 드물다. 지식은 상황에 따라 역동적으로 변하기 때문이다. 바로 이 점에서 코칭은 중요한 역할을 한다. 우리는 대화를 통해 마음을 열고 관심을 유지하며 다른 사람의 공헌과 관점을 배울 수 있다. 이런 맥락에서 코칭 및 코칭 대화coaching-inspired dialogue는 새로운 지식을 창출하는 데 도움이 될 수 있다.

1.2 새로운 코칭 개념의 필요성

지금까지 필자가 설명한 도전들은 코칭을 향한 요구사항들이다. 코칭은 학습과 성장을 돕는 것이 되어야 한다. 이런 맥락에서 새로운 코칭 개념의 필요성이 촉구되고 있다.

1.2.1 자기교양으로서 코칭

방향 재설정과 지속적 성장에 대한 요구는 절실하다. 이 요구는 점점 더 구체화되고 꾸준히 높아지고 있다. '만일 당신이 성장하지 않는다면 성장의 길에서 제외될 수 있다.'라는 말이 정례화되었다. 오르후스대학교Aarhus University의 오르후스경영대학Aarhus School of Business의 언어 및 비지니스 커뮤니케이션학과the Department of Language and Business Communication의 니콜라이 쿠레Nikolaj Kure(2010)는 이런 경향에 대한 타당한 비판을 제기한다.

> 기업이 개인 성장에 대한 요구를 고집하는 것 자체가 문제다. 한편으로 기업은 성장이 개인적이고 자발적인 문제인 것처럼 가정하는 반면에, 직원들은 스스로 개인 성장의 주체가 되어야만 한다. … 개인 성장은 회사와 직원 사이의 관계에서 새로운 통용 방식이며, 이런 방식을 통해 회사가 직원의 몸뿐만 아니라 영혼까지 문자 그대로 장악하고 있다(p.3).

코펜하겐 경영대학의 경영철학 교수 올레 포그 키르케뷔(2006a)는 경영코칭 관련하여 자신의 의구심을 자극적인 스타일로 표현한다.

코칭은 친밀한 기술intimate technology이다. 독일 함부르크의 상 파울리 거리와 네덜란드 암스테르담의 담라크 거리에서는 매춘굴 벽의 작은 해치 커버를 열고 음부를 과시하는 매춘부의 가슴을 살펴볼 수 있다. 이처럼 코칭도 고객이 코치 앞에 있는 몇 가지 작은 해치를 열 수 있다. 이런 과정을 통해 관리자는 코치(매춘부)가 고객에 전념하고 있는 정도를 확인할 수 있다. 그저 관리자는 이런 영혼의 만남이 제대로 이루어져서 해치에서 손을 떼기를 희망할 뿐이다. 코칭은 친밀한 기술이지만, 위협적이다. 왜냐하면 고해 신부, 심문자, 집행자의 시선을 결합하기 때문이다. 심문자는 자백을 요구하고, 집행자는 외과 전문의와 같이 수술을 하며, 고해 신부는 양심의 가책을 다룬다. 이처럼 코치는 심문자, 집행자, 고해 신부의 위협적이고 친밀한 눈을 통해 적절한 균형을 이루어야 한다. 이 세 가지 눈을 적절하게 이루면, 코칭은 '철저히 완전하게 새로운utterly and completely brain-washed' 상태로 도달하게 될 것이다(p.11).

이런 분석과 인식은 특히 리더가 코치 역할을 할 때 매우 중요하게 받아들여야 한다. 생산적인 대화 형식을 지향하는 코칭이 기존 리더의 방식대로 성장 포부와 교양을 촉진시키려고만 한다면, 코칭의 가치가 축소되고 손상될 수 있다. 하지만 코칭은 자기 주도 학습의 다양한 형태로 결합되고 연관될 수 있다. 이런 정의를 통해 개인 또는 그룹에서 활용되도록 제안해야 한다. 여기에서 필자는 코치이 스스로 시작할 수 있는 개인 교양 프로젝트로서 코칭의 역할을 강조한다. 이런 자기코칭은 주어진 현실given reality 자체가 코치이에게 드러나게 하며, 이 현실에 코치이 자신을 개방하게 한다. 이것이 가능할 수 있는 것은 코치이의 경험, 통찰, 이해 덕분이다(Klafki, 2000).

현실은 늘 새롭게 탐구해야 한다. 왜냐하면 현실은 코치이에게 의미가 있으며, 발견되지 않고 경험되지 않은 특별한 가치를 담고 있기 때문이다. 코치이의 자기는 현실에 비추어 도전을 받는다. 이 점은 추가적 탐구가 필요하지만, 분명한 것은 코칭이 코치이의 자기교양self-Bildung의 일부가 된다는 점이다. 자기교양은 거의 모든 삶과 작업 상황을 포함하는 지속적인 자기성장의 과정으로 정의될 수 있다. 자기교양은 개인적, 사회적, 전문적 성장을 포함하며 자신의 (실존적으로 의미 있는) 성장 포부를 지향하는 과정이다(Hansen, 2002).

덴마크 교육철학자 슈미트Schmidt(1999)에 따르면, 교양 개념은 더 이상 문화적 특성에서 오는 것이 아니다. 교양은 모든 사람들이 자신의 정체성, 개인적인 자기표현과 특정 학습 및 성장 프로젝트로 작업해야 하는 고도로 개인주의화된 사회에서 개인이 자신의 정체성을 스스로 형성하는 자기교양이 된다. 즉, 교양은 결국 자기교양이다. 이런 자기교양을 비판적 관점에서 보면, 새로운 형태의 훈육이라 할 수 있다.

필자는 자기교양이 자기형성self-formation이라는 점에서 코칭의 핵심적 목적이라 생각한다. 옛 멘토들은 권위를 잃어 가고 있다. 모든 삶의 상황에서 우리는 실제로 기본방향과 지침을 놓치고 살아간다. 그 기본방향과 지침을 어느 누구도 제공할 수 없기 때문이다. 때때로 우리는 실향민 느낌을 받고, 점점 더 아무도 감히 조언을 해줄 수 없는 문제가 생길 때마다 적절한 '해결책'을 찾도록 강요받는다. 이런 상황에서 코칭은 우리 모두가 스스로 찾아야 할 잠재적인 해답을 반영하고 발견하는 데 도움을 준다. 따라서 코칭은 작용주체agency를 활성화하고 자기교양 과정을 가능하게 한다. 코치는 코치이의 자기교양을 지원하기 위해 특정 요구사항을 충족시켜야 한다. 코치는 코치이의 삶의 상황을 이해하고 공감해야 하며 특정 코칭 세션에서 다루어지는 상황에 대한 다양한 관점과 이해를 코치이는 물론 코치 자신도 완전히 이해할 수 있도록 해야 한다. 비록 한 개인이 일상생활이나 직장생활을 경험할지라도, 그것은 개인이 직면하는 관계와 맥락에 따라 만들어지는 높은 수준의 경험이다. 따라서 자기교양은 새로운 방식으로 자기 자신을 표현할 수 있는 개인 능력에 의존한다. 이 방식은 특정 사회관계 및 선택한 삶과 직장 맥락에 관련되어 있다. 성공적인 코칭 과정은 그 사람이 애초에 확고하여 도전적이거나 어렵다고 본 상황에 대한 새로운 이야기의 근거를 만들어 낸다. 또한 코칭 대화는 이런 상황에서 새로운 실천과 행동 대안을 개발하도록 도울 수 있다.

1.3 코칭이란 무엇인가?

다음에서는 코칭 현상을 간략하게 살펴보고 두 가지 메타포를 통해 서술하고자 한다. 코칭의 두 가지 메타포는 바로 '여정으로서 코칭coaching as a journey'과 '이야기로서 코칭coaching as a story'이다. 이 메타포는 코칭적 관점을 정의하는 데 도움이 된다. 그리고 필자는 코칭 분야의 모든 사람들이 서로 다른 인식을 가지고 있을 것이라는 점을 충분히 알고 있다. 따라서 코칭의 이해를 기술하고, 코칭 활용 증가를 설명하며, 특정 사회 및 사회의 발달에 따라 주도되는 담론의 기반을 모색하고자 한다(Stelter, 2009a).

1.3.1 여정으로서 코칭

코칭의 본성과 목적은 다양하다. 많은 사람들은 코칭을 여정으로 묘사하는 경향에 동의할 것이다. 여정을 떠나기는 다양한 방법들이 있는데, 코칭은 이와 유사한 다양성을 보여준다. 따라서 여정으로서 코칭이라는 메타포를 자세히 살펴볼 것이다. 이를 위해 먼저 여정이 무엇인지 일반적 개념을 검토하고자 한다.

대부분 사람들은 바쁘게 살고 있다. 그리하여 여행하는 시간이 제한되어 있다. 따라서 경로, 목적지, 숙박시설은 보통 명확하게 미리 결정해야 한다. 이에 많은 사람들은 패키지여행을 선택한다. 패키지여행은 저렴하고 간단하며 고객의 요구에 맞게 제품을 제공한다. 우리는 여정을 떠나기 전에 높은 희망과 꿈을 부여한다. 모든 여정은 즐거운 휴식, 즐거움, 새로운 경험을 위한 기회가 되어야 한다. 하지만 동시에 우리는 여정에 실망하지 않기를 원한다. 그래서 여행사를 찾는 것이다. 여행사는 그럴싸한 카탈로 그에 자신의 제품을 홍보하기 위해 최선을 다한다. 그렇게 고객에게 여행의 형태와 품질을 미리볼 수 있도록 제공한다. 이처럼 우리는 새로운 경험을 원하지만, 더불어 품질 보증guarantees과 예측가능성predictability도 원한다.

하지만 여행 회사에서 제안하는 여정이 코칭이 제안하는 여정일까? 정확히 대답하면, 그렇지 않다. 이 책은 이에 대해 미리 해답을 제시하지 않는다. 분명한 점은 코칭이 복잡한 과정이라는 사실이다. 코칭은 코치나 코치이가 목적지 또는 경로를 알지 못하는 곳으로 가는 여정이다. 상대적으로 알려지지 않은 영역을 발견하는 여정과 같다. 코치와 코치이 모두 여행 동반자이다. 그렇다고 그들 모두 앞으로 나아갈 길을 모르는 사람은 아니다. 그들의 여정은 무언가 발생할 수 있다는 합의에 기반하고 있다. 코치는 새로운 것, 과정의 변화 또는 삶에 대한 새로운 관점을 발견하고자 한다. 또한 공감적이며 전문성을 갖춤으로써 훌륭한 여행 동반자로 함께하며 안전한 분위기를 조성하기 위해 노력한다. 하지만 여전히 여정은 다소 험한 땅에 부딪힐 수 있는 가능성을 담고 있다. 코칭도 이와 유사하다. 따라서 코칭은 비록 본질적으로 안전하고 종종 만족스러우며 삶을 확증하는 결과를 만들어내는 맥락에서 진행되지만, 알려지지 않은 세계로의 여정임을 명심해야 한다.

1.3.2 이야기하기로서 코칭

필자가 보기에 특정 사건과 상황에 새로운 이야기를 형성하는 방법으로 코칭 과정을 정의하는 것은 위에서 논의된 여정이라는 메타포를 확장시킨 것이다. 그러나 이야기하기로서 코칭은 단 한 명의 이야기하는 사람에 기반한 것이 아니다. 이야기는 코치와 코치이의 상호작용에서 형성된다. 코치이는 이야기를 시작하고 결론을 맺지만, 그 과정이 진행됨에 따라 생각했던 것과 다른 상황이 전개되곤 한다.

이야기는 플롯plot, 줄거리storyline, 구조structure를 중심으로 전개된다. 그러나 코칭이 이야기로 간주될 때 플롯은 사전 결정되지 않는다. 플롯은 그 과정에서 전개되며 코치와 코치이의 대화를 통해 공동으로 만들어진다. 이는 코칭의 기본 아이디어다. 이처럼 코칭은 플롯과 줄거리를 변경하고 특정 사건에 대한 새롭고 좀 더 인상적인 이야기를 만들며 사건을 함께 연결하는 것이다.

코치이가 코칭을 찾는 일반적 이유는 자신의 삶, 특정 사건 및 자기 자신의 새로운 관점을 찾기 위한 욕구 때문이다. 하지만 이런 이유는 코칭 과정에서 바뀐다. 코치와 코치이 둘 다 바뀐다. 이런 변화 과정에서 새로운 의미가 드러난다. 왜냐하면 코치는 새로운 관계자, 새로운 관점, 여정에 참여하는 새로운 사건으로 초대하는 데 도움이 되는 질문을 하기 때문이다. 코치와 코치이는 많은 사람들이 중요하게 여기는 이슈, 상황, 현상에서 새로운 이해를 발전시킬 수 있다. 이야기하기로서 코칭이라는 개념은 코치와 코치이의 관계에서 새로운 이해를 제시한다. 필자가 이전에 언급했듯이, 전통적으로 코치와 코치이의 관계는 비대칭적으로 기술되었다(Stelter, 2002b). 하지만 이 책에서는 새로운 방식으로 코치와 코치이의 관계를 살펴볼 것이라는 목표를 두고 있다. 이러한 맥락에서 3세대 코칭은 대화에서 잠정적 대칭 관계temporary periods of symmetry를 목표에 두며 새로운 가정을 제시한다(3.2.1 참조).

1.3.3 변화하는 코칭의 정의

코칭은 다양한 정의들이 있다. 모든 정의는 코치와 코치이의 대화에서 추구하는 고유한 기본 방향과 의도를 반영하고 있다. 코칭은 기본 정의에서 명확하게 드러나는 지향성intentionality을 가지고 있다. 따라서 분야의 모든 관계자가 받아들이면서 명확하고 적절한 정의를 제공하는 것은 사실상 불가능하다. 필자는 폭넓고 상대적으로 일반적인 정의를 내리는 존 휘트모어John Whitmore(2002)가 제시하는 코칭에 대한 기본 견해를 여전히 좋아한다. 휘트모어는 코칭이 "가르치는 것보다는 배우는 것을 돕는 것이다"라고 강조한다(p.8).

이런 맥락에서 필자는 "코칭은 초점 사람focus person/초점 집단focus group의 개발 및 학습 과정에 참여하는 것으로 이해해야 한다."라고 정의한다(Stelter 2002a, p.15). 앤서니 그랜트Anthony Grant와 다이앤 스토버Dianne Stober(2006)는 이와 유사하게 "코칭은 사람들에게 무엇을 해야 할지를 말하기보다 올바른 질문을 하는 것에 관한 것이다(p.3)."라고 주장한다. 또한 코칭 관계는 '권위주의적authoritarian'이기보다는 '상호협력적collaborative이고 평등주의적egalitarian'과 같은 용어로 기술한다.

『완전정복 코칭 핸드북the Complete Handbook of Coaching』에서 콕스Cox, 바흐키로바Bachkirova, 클러터벅Clutterbuck(2010)은 코칭을 단 하나의 명확한 정의로 규정짓는 것을 지양한다. 이처럼 코칭은 궁극적인 목적, 특정 유형 고객 또는 균일한 과정으로 정의할 수 없다. 이 책에서도 코칭에 대한 접근 방식을 광범위하게 제시한다. 이 접근 방식은 좀 더 구체적으로 다음 표(표 1.1)에서 다룰 것이다.

일반적으로 필자는 코칭의 정의를 다음과 같이 제안하고자 한다.

> 코칭은 코치와 코치이 사이의 공동 창조 과정co-creative process으로서 특히 코치이에게 1) 특정 상황에서 자신의 경험과 2) 특정 맥락과 상황에서 다른 사람들과 상호작용, 관계, 협상의 반성과 새로운 이해에 몰두하기 위한 공간과 기회를 주는 성장적 일상대화와 회담으로 묘사된다. 코칭 대화는 대화의 주제 차원에서 새로운 행동방식을 가능하게 해야 한다.

이런 다소 복잡한 정의는 인식론적 입장epistemological position을 반영한다. 필자는 지금-여기 상황에 개인의 경험적 착근성[4]experiential embeddedness을 강조하고 싶다. 이것은 개인의 구체적인 실천적 맥락과 암묵적 연결성에서 부분적으로 드러난다. 여기서 암묵적이라는 것은 신체적이고 비언어적인 것을 말한다. 이런 이해에서 필자는 특정 환경 상황과 관련하여 개인(신체적)의 지향성(D지향D orientation)을 강조하는 현상학적 이론 전통에 근거하고 있다.

경험에 따른 학습과 개발은 항상 존재하며, 코치는 특정 상황과 맥락에 주목해서 대화를 시작하는 것이 현명하다.

또한, 개인은 사회적 세계의 관계자이며 특정 사회적 맥락 및 실천 공동체의 참여자이다. 개인의 현실은 다른 사람들과 관계 및 상호작용으로 형성되고 만들어진다. 여기에서 필자는 사회구성주의social constructionist 이론적 전통에 서 있다. 이 이론은 사회적 협상과 상호협력, 즉 신체적으로나 언어적으로 펼쳐질 때 개인 간의 상호작용을 강조한다. 이런 상호협상을 통해 사람과 사회적 현실social reality이 만들어진다. 코칭에서 이런 협상은 코칭 대화의 언어적 상호작용이 사회적 외부 세계와 연결되는 그 지점에서 이루어지는데, 이는 곧 코칭 대화의 주제가 된다. 일관성과 이해는 특정 사건을 연결시켜서 코치이의 삶의 세계에서 의미를 창조하는 구체적인 내러티브를 통해 이루어진다. 이런 내러티브는 종종 인생이 암울할 때의 이야기라서 언제나 희망을 제시하지는 않는다. 하지만 경험과 사건의 새로운 인식과 이해를 발견하는 것이 코칭을 받도록 하는 동기가 된다.

4. 옮긴이 주 – 마크 그라노베터Mark Granovetter는 신뢰를 쌓고 형성하는 규범을 정립함에 있어서 구체적인 개인 사이의 관계와 관계망이 중요하다고 생각했는데, 이를 사회적 관계의 착근성embeddedness of social relations이라고 했다. 이 착근성 개념은 비단 개인적으로만 영향을 주는 것이 아니라 조직 기반을 구성하고 해체하는 데 핵심적 역할을 하기도 한다. 옮긴이는 이런 맥락에서 라인하드 스텔터가 경험적 착근성 개념을 사용한 것이라고 생각한다. 착근성 개념에 대한 자세한 내용은 경제적 행동의 착근성을 연구한 Mark Granovetter(1985). Economic Action and Social Structure: The Problem of Embeddedness. *American Journal of Sociology, Vol. 91*(3), pp.481-510를 참조하길 바란다.

표 1.1 코칭 매트릭스(Cox 등, 2010, p.10)

	섹션 2: 코칭의 장르와 맥락										
섹션1: 코칭의 이론적 전통	스킬 & 성과	발달적 코칭	변혁적 코칭	임원 & 리더십	코치로서 관리자	팀 코칭	동료 코칭	라이프 코칭	커리어 코칭	간문화 코칭	멘토링
코칭에 대한 정신역동적 접근	*	*		**		*				*	
인지-행동 코칭	**	**	**	**	**	**	**	**	**	*	
코칭에 대한 해결-중심 접근	**	**		*	*	*	*				
코칭에 대한 인간-중심 접근	*	**		*		*	**	**	**		*
코칭에 대한 게슈탈트 접근	*	*	*		*	**		*		*	
실존주의 코칭	*		*	*				*	*	*	
존재론적 코칭	*	*		*	*				*		
내러티브 코칭		**			*	*				*	
코칭에 대한 인지-발달 접근		**	**			**			*		
코칭에 대한 초개아 접근	*	*	*	**		**		*	*		
코칭에 대한 긍정심리학 접근	**	*		*		*		*	*	*	
교류분석과 코칭				*	*	*		*	*	*	
코칭에 대한 NLP 접근	**	*		*	*	*	*	*	*	*	

1.3.4 코칭: 자기성찰과 새로운 관점 촉구

코칭 대화의 첫 번째 주요 목표는 코치이의 자기성찰self-reflection 능력을 자극하는 것이다. 우리는 세계화된 세계에서 수많은 삶의 도전에 대한 다양하고 풍부한 관점이 있다는 것을 받아들여야 한다. 세계의 다양한 인식을 즐겁게 받아들이고 특정 도전에 대한 다른 사람들의 관점을 통합할 수 있는 역량을 개발하는 것은 자신의 인식을 확장하고 풍성하게 만들 수 있다.

코칭은 개인이 사람과 갖는 관계 및 맥락과 관련하여 의미를 만드는 것에 초점을 두고 있다. 이와 관련하여 필자는 내러티브 상호 창조적 실천narrative co-creative practice을 고찰한다. 코칭 대화의 주요 목표는 (1) 코치이의 정체성, 자기개념, 행위성에 관련하고 (2) 과거와 현재의 사건을 관통하는 일관성을 성취하는 것이며, 방향과 의미를 제공하고 향상시키는 미래의 관점도 담아내는 것이다.

코치이나 코치이 그룹은 성장과 방향 재설정을 원하기 때문에 코치를 자신들의 세계로 초대한다. 코칭 대화의 주요 조건은 코치이의 욕구와 변화를 위한 준비이다. 자기성찰 외에도 필자는 코칭 대화의 두 번째 주요 목표인 새로운 관점을 중요하게 고려하고 있다. 코치는 코치이의 인식이 변화를 시작하는 데 도움이 되는 질문을 하고, 내러티브 플롯의 변화를 위한 충동을 유발해야 한다. 코치의 질문은 원칙적으로 말하면 변화뿐만 아니라 심층적인 성찰을 권장해야 한다. 또한 코치와 코치이 사이의 상호 창조 과정은 대화의 주제였던 도전과 관련하여 새로운 일관성 있는 전체와 새로운 의미를 형성하는 데 도움이 되어야 한다.

1.4 책의 목표와 구조

필자는 이 책을 통해 많은 독자들이 아직 완성되지 않았지만 성장에 근거한 코칭 접근에 다가가길 기대한다. 필자의 목표는 코치와 코치이가 코칭 파트너십으로 함께 발전할 수 있는 대화 형식을 완성하는 것이다. 물론, 코치는 다른 사람이나 집단의 학습과 성장 과정을 지원하고 참여해야 하는 의무를 지니고 있음을 알고 있다. 이런 맥락에서 3세대 코칭은 특정 사람이 특정 목표를 달성하도록 돕는 1세대 코칭과 다르다. 또한 코치이가 암묵적으로 특정 도전을 다루는 방법을 알고 있다고 가정하는 2세대 코칭과도 다르다.

3세대 코칭은 1세대와 2세대 코칭에 비해 명확하고 목표 지향적 의제를 상대적으로 덜 가지고 있지만, 코치와 코치이의 대화를 통해 의미를 상호 창조하고 함께 무언가를 만들어내기 때문에 코칭 세션에 참여하는 사람들의 관계를 더 깊게 지속시킬 수 있다. 여기서 양 당사자는 여정에 함께 참여하고 새로운 이야기를 서서히 형성한다. 이야기는 항상 더 깊은 의미를 담고 있으며 가치 기반 신념value-based conviction에 의지한다. 그리고 이 가치 기반은 단순히 다음 목표를 달성하는 것 이상의 지속 가능성을 창출한다.

3세대 코칭에 접근은 끝없는 전문성 개발 과정permanent professional development process에서 탐색하고 점검하는 과정이다. 때때로 적절한 시기에 1세대 코칭과 2세대 코칭의 요소가 포함될 것이다(3.2.1 참조). 그러나 코치 탐색의 목표는 코치이가 자기 자신, 기본 경험, 특별한 사건뿐만 아니라, 코치이가 들어서서 더 잘 이해하거나 발전하기를 희망하는 관계를 이해하는 데 도움이 될 수 있는 깊이를 찾는 것이다.

이 책의 목표는 책의 구조의 간략한 개요를 통해 다음과 같이 정리할 수 있다.

2장은 코칭을 현대적 현상으로 이해할 수 있는 근거를 제공하기 위해 코칭 및 성찰적이고 이론적인 관점을 제시한다. (1) 사회적 분석틀에서 코칭은 포스트모더니즘의 도전의 해답으로 여겨진다. (2) 코칭은 정체성 개발과 자기구성을 위한 공간이다. (3) 코칭은 특별한 학습의 형태로 간주된다. (4) 코칭은 조직 및 경영 이론의 관점을 지니고 있다.

3장에서는 코칭과 코칭심리학의 개입 이론들에 주안점을 둔다. 코칭은 대화 파트너들이 자신들의 성장 및 새로운 통찰들을 창출하기 위해 관점을 바꾸려고 하는 특별한 종류의 대화로 제시되었다. 필자는 3세대 코칭에 대한 핵심적 근본 지향을 제시한다. 그것은 '해결 중심solution focus을 통해 문제 중심problem focus에서 성찰 중심reflection focus으로' 나아간다. 그 다음은 기본 이론과 그것들이 3세대 코칭에 포함될 가능성을 제시한다. 필자는 사회구성주의 체계부터 내러티브 상호 창조 이론적 세계까지 살펴보고 통합시키기에 유용한 추가 이론을 제시한다. '긍정심리학과 경험적이고 정서 중심 접근'이 바로 그것이다.

4장에서는 내러티브 상호 창조 코칭의 이론과 실제를 제시한다. 이 장에서 필자의 지향점은 이론적 성찰의 중심에 의미의 개념을 두고 대화 과정에 실제적 결과를 둠으로써 현상학과 사회구성주의를 연결하는 것이다.

5장에서는 내 자신의 사례를 통해 몇 가지 연구를 제시한다. 이것은 실제로 필자 버전 3세대 코칭을 독자에게 제공하려 한다. 또한 필자는 성찰적 프랙티셔너reflective practitioner에게 호소할 수 있는 형태로 질적 및 양적 연구 결과를 제시한다. 뿐만 아니라 참여자들이 말한 이야기들을 제시하고, 수년 동안 연구했던 내러티브 상호 창조 그룹 코칭의 효과를 서술한다.

6장에서는 연구, 지식, 성찰 사이에서 발생하는 전문성 기반 성찰적 실천을 향한 발달 과정으로 독자를 초대한다. 필자는 근거 개념에 대해 비판적 성찰을 하며 독자의 지식, 실천, 전문적 성장을 위한 길을 제시한다.

7장에서는 코칭 전문가가 자신의 코칭 사례를 성찰하는 방식을 설명하고 분석하는 사례 연구를 제시한다.

마지막 8장에서는 3세대 코칭의 추가적인 관점들을 제시하고자 한다.

이 책의 이론과 실천을 통해 코칭과 코칭심리학의 발전에 기여할 수 있기를 바란다. 분명히 모든 독자가 필자의 견해를 동의하지는 않겠지만, 모든 사람들이 코칭을 자기 삶에 기반한 이해를 통해 지속적으로 영감을 얻기를 바란다. 이 책이 성찰적 프랙티셔너가 되는 포부를 지닌 모든 독자들에게 도움이 되길 소망한다.

2장 코칭의 기원과 발전

이 장에서는 코칭에 이론적 근거를 제공하기 위해 코칭의 기원과 발전을 살펴보고자 한다(Stober, Wildflower, & Drake, 2006). 다음 네 가지 관점은 코칭 프랙티셔너를 위한 틀과 기초를 제공할 수 있으며, 코칭 실천이 어떻게 사회 과학 기반에 놓여 있는지 명확히 할 수 있다.

사회적 정당성: 탈근대의 도전에 대한 해답으로서 코칭
여러 사회학 이론을 참고하여 오늘날 사회에서 코칭의 역할과 확산을 설명하고, 코칭이 후기 및 탈근대의 도전들에 해답으로 주장한다. 이는 사회의 많은 영역에서 코칭이 광범위하게 사용되는 이유 가운데 하나이다.

코칭, 정체성, 자기구성: 코칭 대화를 통해 발견되는 자기
대화 형식의 코칭은 자기 자신을 성찰하고 특정 위치 및 가능성을 지닌 자기possible selves를 검토가능하다. 정체성은 코치이가 새로운 시각에서 스스로를 살펴보도록 초대되는 관계적 과정으로 이해되어야 한다. 여기에 제시된 일반적 이해는 주로 사회구성주의 이론에 기초할 것이다. 사회구성주의 이론은 우리가 다른 사람들과 상호작용하여 정체성을 창출한다는 핵심 원리에 기초해 있다.

코칭과 학습: 개인 경험과 상호협력 사이
코칭은 학습 및 성장에 기여한다. 여러 가지 학습 이론은 코칭 대화의 형태와 형식에 미치는 영향과 관련하여 제시될 것이다. 이론적 관점의

주요 초점은 경험적 학습이나 사회적 및 상호협력적 실천 학습에서 출발한다.

조직 및 리더십 이론의 관점에서 코칭

코칭은 리더십 및 조직과 관련하여 주요 성장을 분명히 보이고 있다. 이 장에서는 특히 오늘날 리더들이 직면하고 있는 새로운 도전 과제와 리더십의 자기표현 및 자신의 위치에서 취할 수 있는 행동의 가능성과 결과에 중점을 둔다. 이와 관련하여 리더십과 코칭의 상호 연관성를 구체적인 도전 과제로 논의한다. 하지만 일부 연구자들은 리더십의 도구로서 코칭을 사용하는 것을 비판해왔다.

2.1 사회적 정당성:
탈근대의 도전에 대한 해답으로서 코칭

많은 전문가 집단은 사회적 개발 과정 분석analysis of societal developmental processes에 근거하여 코칭이 오늘날 중요한 역할을 한다고 지지해왔다. 지난 20-30년 동안 서구 사회에서는 모든 사회 구성원들의 개인 생활 및 직업 생활 모두에 중대한 영향을 미치는 근본적인 변화를 겪었다. 필자는 이런 변화 과정을 다양한 방식으로 강조하는 사회학 및 사회과학 이론을 제시한다. 아래에 인용된 사회과학자들은 모두 출발점이 동일하지는 않다. 그들은 발달 과정에서 서로 다른 관점을 강조한다. 그러므로 다음의 검토는 변화 과정을 밝히고 큰 그림을 제안하고자하는 모자이크로 이해하길 바란다. 여기서 필자는 개인이 사회의 구성원으로 어떻게 영향을 받는지 설명할 것이다. 오늘날 사회 변화는 코칭 및 다른 대화 도구(예: 멘토링, 상담, 과정 관리 등)가 광범위하게 필요한 상황을 만들었다. 따라서 코칭 및 관련 분야에서 사회적 관점을 포함시키고 고객과 구체적인 코칭 세션에서 특별한 사회적 도전들을 고려하는 것이 중요하다.

여기에서 특히 세 가지 주요 경향과 관련된 도전들을 생각하고 있다. 그것은 바로 (1) 세계화globalization, (2) 초복잡성hyper-complexity, (3) 탈근대 성찰성late-modern reflexivity이다. 다음에는 개인의 삶에 대한 세 가지 주요 경향들의 독특한 조건과 의미를 다루고자 한다.

2.1.1 세계화된 세계

점점 더 글로벌해지는 세계의 특성은 오늘날 코칭과 코칭심리학의 역할과 발전에 영향을 미치는 첫 번째 요인으로 볼 수 있다. 글로벌리티Globality[1]는 세계화 과정의 종착점으로 정의될 수 있으며, 복합적 상호 작용을 구성하는 조건으로 볼 수 있다. 독일 사회학자 울리히 벡Ulrich Beck(2000)은 다음과 같이 말했다.

> 글로벌리티는 우리가 세계 사회에서 오랫동안 살았던 것을 의미한다. 이런 맥락에서 볼 때, 닫힌 공간의 개념notion of closed spaces은 환상에 불과하다. 어떤 나라나 집단도 다른 사람들과 단절될 수 없다(p.10).

2008년에 시작된 금융 위기로 인해 지구상의 거의 모든 사람들의 삶에 글로벌리티의 영향에 대한 명확한 그림이 그려졌다. 이는 실업률 증가, 부동산 폭락, 개발도상국 지원 감소, 예산 적자 증가 등의 형태로 나타났다. 기후 변화, 이주, 세계 언론 보도(예: 2005/06년 덴마크 무함마드 만화 또는 2011년 일본 쓰나미 관련 언론 보도) 및 그와 관련된 연구는 서구 세계에서 어떻게 글로벌리티가 우리 삶에 침입했는지 보여주는 또 다른 사례이다. 이러한 연관성에서 울리히 벡(2000)은 다음과 같은 결과를 강조한다.

> 글로벌리티는 이제부터 지구상에서 일어나는 일이 제한된 지역 사건이 아니라는 것을 의미한다. 이는 모든 발명, 승리 및 재앙이 전 세계에 영향을 미치고, 우리는 '지역-세계local-global' 축을 따라 우리의 삶과 행동, 조직 및 기관을 재조정하고 재구성해야 한다는 것을 보여주고 있다(p.11).

---

1. 옮긴이 주 – 글로벌리티Globality는 '세계적'이라는 뜻을 지닌 Global과 '능력'이라는 의미를 가진 Ability의 합성어로 기업과 개인의 글로벌 역량을 뜻한다. 글로벌리티는 세계화와 유사한 개념으로 보이지만, 보스턴컨설팅그룹의 해럴드 서킨Harold Sirkin은 "글로벌리티는 세계화와 완전히 다른 개념"이라고 말한다. 서킨에 따르면, 세계화가 서방 기업들이 개발도상국으로 몰려간 '서쪽에서 동쪽으로 이동'이었다면 글로벌리티는 비즈니스 흐름이 사방으로 전개되는 새로운 세계 질서를 의미한다. 좀 더 자세한 내용은 해럴드 L. 서킨 등/김광수 옮김, 『글로벌리티』(서울: 위즈덤하우스, 2010)를 참고하라.

지역 현상과 전지구적 현상은 밀접하게 상호연관되어 있다. 우리의 사생활과 직장생활에서 일상적으로 당면한 도전들 가운데 일부는 글로벌리티에 비추어 이해될 수 있다. 이 도전들은 코칭 대화의 주제이기도 하다. 글로벌리티의 세계관은 해석과 가능한 행동 전략의 개발과 관련된다. 이는 다양성과 다각적 관점이 증가함으로써 특징지어지는 변화 과정에 영향을 받는다. 또한 우리가 특정 요소를 현지에서 통제하기 어려운 현실에 적응해야 하는 것처럼 보인다. 사실 바로 그런 통제의 개념은 개인의 삶에서 글로벌리티의 영향으로 평가 절하되었다. 이런 견해를 토대로 필자는 구체적인 도전과 관련하여 코치 및 코치이의 대화를 위해 다음과 같은 결과와 행동 전략을 지적한다.

- 세계의 복잡성은 단순한 대답을 요구하지 않는다. 그렇기 때문에 코칭 대화 동안 간단한 해결책을 제시하거나 고안하는 것은 거의 불가능하다.

- 이런 도전들과 관련된 성찰 과정에 중점을 두는 것은 대화의 중요한 측면이다. 대화 참여자들은 심오하고 필요한 이해를 성취하기 위해 성찰을 사용한다.

- 차이와 다양성을 검토하는 것은 대화 형식의 질적 수준을 결정한다.

- 환경적 영향에 좀 더 공개적이고 비판단적 접근방식을 찾아내는 것은 새로운 형태의 '문제 해결problem-solving' 전략이다.

2.1.2 초복잡계 사회

후기 또는 탈근대 사회의 개인은 조직, 기관, 문화 모두가 독자적 '발달 논리developmental logic'를 가지고 있는 사회 세계에서 다양성이 증가하는 상황에 직면해 있다. 다양한 사회적 맥락은 특정 문화와 기관에 따라 특징 지어진다. 특정 맥락의 구성원들은 지역 문화와 연결되고 이 문화에 따라 일제히 형성되는 독특한 의사소통 형식을 개발한다. 이 개발의 결과로 사회는 점점 더 내적 일관성과 응집력을 잃어가고 있다.

독일 사회학자 니클라스 루만Niklas Luhmann은 다음과 같이 말하고 있다. "'초복잡계 현상hypercomplexity' 체계는 그 자신의 복잡성에 수많은 의견과 해석이 더해지는 경향이 있다(Luhmann, 1998, p.876)." 이 주장에 따르면, 특정 사회 현상이나 사회 전체에 대한 통일되고 일치된 이해와 해석은 불가능하다. 특정 관찰자의 관점은 세계를 인식하는 방식을 결정한다.

우리는 세상을 보기 좋은 입장과 시선에서 세계를 창조한다. 이 상태를 잘 표현하는 용어는 우연성contingency이다. 우연성이란 모든 것이 항상 다르게 보이거나 해석될 수 있다는 개념을 말한다. 이런 증가된 복잡성 또는 우연성은 새로운 행동 가능성을 수반하는 스트레스나 자유의 의미로 이어질 수 있다. 그러므로 사회 시민으로서 우리는 인식의 차이를 어떻게 조정 관리가 가능한가라는 질문에 직면하게 된다. 또한, 각 환경과 문화에 따른 언어를 구사하며 그 방식의 해석이 더해짐에 따라 다양한 사회적 환경과 문화가 어떻게 소통할 것인가라는 질문에 점차 더 직면하게 된다.

심지어 같은 맥락에서조차 다른 인식과 다양한 형태의 우연성이 드러난다. 한편으로 개인은 특정한 문화적 규범, 가치, 행동의 일원(예: 조직, 직장)으로 기능하기 위해 자신의 능력을 개발하고 적응시켜야 한다. 다른 한편으로 동일한 문화 및 사회 분야 내에서 당사자들 간의 인식에도 큰 차이가 있다. 예를 들어, 직장에서 개인은 구체적 문제들을 어떻게 인식하는가? 또는 결혼생활에서 남편과 아내는 집안일에 개입하는 것에 어떤 서로 다른 인식을 가지고 있는가? 당사자들의 갈등이 유발되지 않는 한 그 차이는 관리가 가능하다. 하지만 한 당사자가 다른 당사자의 특정 입장을 자신의 관점으로 강요하려는 순간 당사자 간의 차이 및 불일치가 증가할 것이다.

문화적 다양성이 증대한 결과로 미국 사회심리학자이자 사회구성주의자 케네스 거겐Kenneth Gergen(2009a)은 "21세기의 가장 큰 도전은 우리가 지구상에서 어떻게 함께 살 수 있는가에 있다(p.114)"라고 말한다. 이 점을 코칭적 관점에서 살펴보면, 코치는 관련 맥락과 입장을 모두 조사하는 것이 필수적이다. 코치의 기본 입장은 '진리truth' 개념이 맥락과 지역 문화의 사회적 합의에 달려 있다고 보는 것이다. 따라서 '진리'는 권력이나 사회적 협상social negotiations의 문제이다. 그러므로 코치와 컨설턴트는 조직 및 개인적 상호 연관된 측면 모두와 관련해 개별 고객은 물론 고객 간의 문화적 민감성cultural sensitivity을 높이려고 노력해야 한다(예: 일과 삶의 균형work-life balance).

사실, 어떤 사람은 코치에게 관리자 같은 역할을 하는 것을 기대할 수 있다. 따라서 코치는 이해를 높이고 좋은 직장 관계를 발전시키기 위해 변혁적 대화transformative dialogues를 시작해야 한다. 물론 이는 코치뿐 아니라 관리자와 다른 사람을 책임지는 모든 사람들에게도 해당된다(Isaacs, 1999; Phillips, 2011; Strauss, 2002; Winslade & Monk, 2001). 거겐(2009a)에 따르면, 이런 대화는 당사자들이 지니고 있는 전통에서 끌어내지만, 그들이 새로운 현실과 관련 방법을 공동 창조할 수 있게 만든다(s.118). 이 과정은 상황이 어떻게 되어야 하는지를 규범적으로 나타내기보다 성공을 공유한 사례와 상황에 초점을 맞추는 전략을 지니고 있다. 또한 집단이 공유할 수 있는 미래를 위한 비전과 꿈을 분명히 하는 것은 이 전략에 도움이 된다.

2.1.3 탈근대의 성찰성

다음에서는 영국사회학자 앤서니 기든스Anthony Giddens가 오늘날 세계에서 개인이 직면하고 있는 특별한 문제들을 설명하기 위해 제시한 성찰성reflexivity[2] 개념을 이해하는 데 중점을 두고자 한다. 기든스는 탈근대에 펼쳐지는 거대한 사회적 변화 과정에 개인이 어떻게 영향을 받는지 의문을 갖는다. 이와 관련하여 기든스는 성찰성 개념을 소개하는 데, 이는 새로운 정보에 기반한 지속적 수정revision을 나타낸다. 이런 성찰성 개념은 탈근대 사회의 특징이자 요청이다. 기든스(1991)는 다음과 같이 말한다.

> 우리 각자는 가능한 삶의 방식의 사회적 및 심리적 정보의 흐름에 의해 성찰적으로 조직된 전기를 가지고 있을 뿐만 아니라 그렇게 삶을 살아간다. 근대성modernity은 탈전통적 질서post-traditional order이다. 이는 '나는 어떻게 살아야 하는가?'라는 질문에 어떻게 행동하고, 무엇을 입으며, 무엇을 먹을 지와 같은 다양한 일상적 결정에 응답해야 할뿐만 아니라 자기정체성의 시간적 전개 과정 안에서 해석되어야 한다(p.14).

기든스(1991)는 이것을 한편으로 개인의 영구히 지속적인 성찰 프로젝트인 자기정체성의 발달 과정으로 본다. 그는 자기성찰을 "자기정체성이 자기내러티브의 성찰 순서에 따라 구성되는 과정(p.244)"이라고 설명한다. 이와 대비하여 그는 제도적 성찰성institutional reflexivity을 말한다. "제도적 성찰성이란 새로운 지식이나 정보가 재구성되거나 재편성되는 행동 환경에 일상적으로 포함된 근대성의 성찰성이다(p.243)." 이런 맥락에서 기든스(1991)는 성찰성을 다음과 같이 설명한다.

---

2. 옮긴이 주 - 성찰성reflexivity은 사회학 용어이다. 이 개념은 하버드대학교의 탈콧 파슨스Talcott Parsons가 처음 사용하였는데, 그는 성찰성이 자신의 행위를 의식하고 설명할 수 있는 사회적 행위자의 능력을 의미한다고 밝혔다. 이는 앤서니 기든스가 더욱 발전시켰는데, 기든스는 성찰성이 더욱 중요해졌다는 사실이 후기 근대성의 주요 특징이라고 주장했다. 이에 대한 좀 더 자세한 내용은 앤서니 기든스/이윤희, 이현희 옮김. 『포스트모더니티』 (서울: 민영사, 1991). 앤서니 기든스, 권기돈 옮김. 『현대성과 자아정체성』 (서울: 새물결, 2001)을 참조하라.

근대성의 성찰성은 자기의 핵심으로 확장된다. 다른 말로 표현하자면, 탈전통적 질서의 맥락에서 자기는 성찰적 프로젝트reflexive project가 된다...근대성은 소규모 공동체와 전통의 보호 틀을 무너뜨리고 훨씬 더 큰 비인격적 조직impersonal organisations으로 바꿔버린다고 말할 수 있다. 개인은 더 전통적인 환경에서 제공되는 심리적 자원과 안전감이 부족한 세계에서 상실감과 혼자 있는 느낌을 갖는다 (pp.32-33).

사회에 대한 이런 분석은 개인 성장이라는 것도 단순히 고용주와 같은 '공적' 그룹의 요구사항만이 아님을 분명히 한다. 또한 그것은 오늘 개인이 해야 할 프로젝트인 것처럼 보인다. 자기성찰성self-reflexivity을 위한 능력을 강화하는 것은 사회적 질서(무질서) 안에서 자신의 위치를 찾고 이해하는 개인의 능력을 위한 핵심 요소가 되었다. 그렇기 때문에 최근 수십 년 동안 가속화된 성장을 위한 요구는 오늘날 사회에서 심리학과 코칭의 위치가 폭넓게 받아들여지게 만들었다.

위의 제시된 사회 분석의 연장에서 다음의 질문은 사회에서 코칭으로 인한 가치, 목표, 목적을 개발하려는 노력과 관련하여 시급해진다. 어떻게 개인 성장과 자기성찰의 요구가 코칭과 코칭심리학의 지속적인 발전에 기여할 수 있는가? 지금까지 코칭의 핵심 관점 가운데 하나는 결과와 해결에 초점을 맞추고 코치의 목표를 신속하게 달성할 수 있는 능력을 높이는 것이었다(Jackson & McKergow, 2007; King & Eaton, 1999; Pemberton, 2006). 많은 코치와 고객들은 목표 달성 과정을 계획함으로써 신속하게 변화를 성취할 수 있다는 신념으로 코칭에 임한다. "당신의 목표는 무엇인가? 가까운 미래에 어떤 성과를 달성하고 싶은가? 일단 당신이 알아내면, 나는 당신이 그곳에 도착하도록 도와줄 것이다."라는 코치의 말과 함께 코칭은 빠른 해결책에 초점을 맞추고 진행된다. 그러나 만일 우리가 기든스의 분석에 기반하여 종합해보면, 문제는 좀 더 복잡하고 뒤얽혀 있는 것으로 보인다. 이 분석에 따르면, 코치나 코칭심리학자는 빠른 해결책에 대한 간단한 경로를 제공하는 것이 가능하다고 제안하면 안 된다. 우리의 사회적 세계는 매우 복잡해져 코치가 성찰 공간reflective space을 제공하는 것이 코치이에게 좀 더 도움이 된다. 코치와 코치이는 성찰 공간에서 대화를 통해 파트너로 참여하여 본질적으로 존재하는 의미있는 주제에 대한 자기성찰 및 심층적인 성찰의 여지를 만든다.

이 접근 방식을 통해 코칭은 생각할 시간이 있고 일시중지할 공간이 있으며 생산 영역production domain 외부에 또 다른 장을 제공할 수 있다. 먼저 생산 영역에서 대화의 관점은 논리성을 유지하면서 초점을 객관적인 현실objective reality에 둔다. 또한 선형적이고 인과적인 사고방식이 강하게 드러나 있으며, 과정을 구성하는 목표가 규칙, 규범, 목적, 요구와 관련하여 명확성을 높이면서 모호성을 줄인다. 하지만 생산 영역에 초점을 맞춘 대화보다 훨씬 더 깊은 수준의 코칭 대화는 성찰 영역reflection domain과 미학적 영역aesthetic domain에서 이루어진다. 그것은 장기적 관점에서 구체적이고 때로는 어려운 상황에서 새로운 방식으로 행동하는 것을 볼 수 있게 만든다. 성찰 영역은 대화의 탐험적인 관점을 말한다. 여기서 코치와 코치이는 여러 가지 가능한 현실 버전에 초점을 맞춘다. 이 영역은 현실의 미묘한 이해를 달성하기 위해 다양성, 동등한 가치의 이야기 및 다양한 관점을 고려한다. 미학적 영역은 욕망, 가치관, 태도, 경험, 도덕을 제시하고 윤리적 이슈를 반영할 수 있는 개인 및 정서적 관점을 허용한다. 미학적 영역에서 우리는 주어진 행동에 의미를 부여한다. 이 영역 이론은 비록 실제로 자신에 대해 쓴 적이 없지만, 본래 움베르토 마투라나H. Maturana로부터 나왔고, 랭Lang, 리틀Little, 크로넨Cronen(1990)이 제시했다. 이 이론은 특히 체계적이고 사회적 구성주의 코치들 및 컨설턴트들 사이에서 널리 퍼졌다(Haslebo & Haslebo, 2012; Hornstrup, Loehr-Petersen, Vinther, Madsen, & Johansen, 2012; Stelter, 2002a; Storch & Søholm, 2005). 코칭 대화에서 영역의 역할과 상대적인 비중은 다음 다이어그램에서 설명되어 있다(그림 2.1).

그림 2.1 코칭 대화의 영역과 상대적 비중

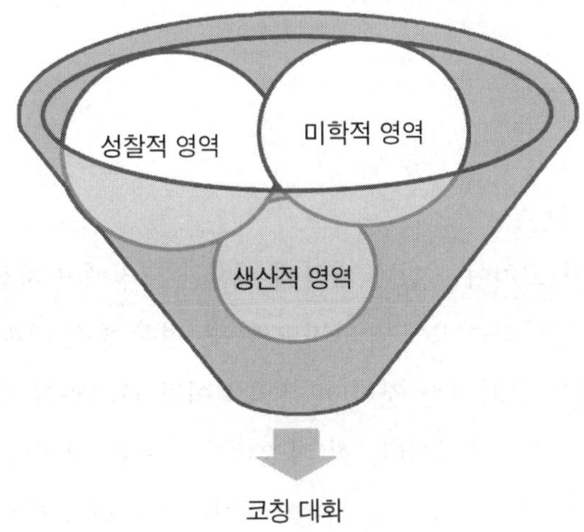

이 절에서 사회 및 사회 변화가 조직, 개인 상호작용 및 개인에 미치는 영향을 분명히 하려고 시도했다. 다음에서는 이 새로운 추세가 개인의 정체성 개발에 미치는 직접적 영향과 이 과정에서 코칭 및 다른 형태의 대화의 역할을 명시하고자 한다.

2.2 코칭, 정체성, 자기구성: 코칭 대화를 통해 발견되는 자기

대화 상대자/코치이는 깊은 대화에 기반한 코칭에서 자신의 정체성과 자기개념에 도전하려는 욕구를 가지고 있다. 성찰 중심 대화에서 이런 욕구는 바람직하고 불가피한 것이다. 정체성이란 환경과의 상호작용을 통한 개인의 자기성찰 과정이다. 이 과정에서 개인은 자신의 지속감sense of continuity과 순응성a degree of conformity 사이의 균형을 이루려고 시도한다. 마르쿠스Markus와 부르프Wurf(1987)는 다음과 같이 자기개념의 정의를 제안한다.

> 자기개념은 가장 중요한 자기이해 과정intrapersonal processes(정보 처리, 영향, 동기부여를 포함하는 과정)과 다양한 대인관계 과정interpersonal processes(사회적 인식, 상황 선택, 파트너, 상호작용 전략, 피드백에 대한 반응을 포함하는 과정)을 중재하는 역동적인 해석 구조이다(p.300).

그러나 현대에서 정체성을 찾아가는 개인은 점점 더 복잡한 과정을 겪게 된다. 패치워크 정체성patchwork identity이라는 용어는 현재 상황에 따라 다양한 방식으로 자신을 창조하고 구성한다는 개념을 반영하여 제안되었다(Keupp 등, 1999; Stelter, 1996, 1998). 이는 현재 우리 행동을 구성하는 상황과 환경에 따라 다양한 개인성을 지닐 수 있다는 것이다. 누비이불에서 개인의 '조각들patches'은 주어진 상황이나 자기표현에 따라 가능한 각양각색의 행동, 다양성, 정체성을 개발하는 방법을 설명한다. 그러나 개인의 정체성 조각들은 전체적으로 볼 때 개인 조각의 다양성에도 불구하고 일관된 인상이 나타난다.

정체성과 자기개념은 우리사회에서 핵심 이슈가 되었다. 우리는 개인적으로 되고 싶은 사람과 가고 싶은 곳을 표현하고, 이것을 평생 동안 발견하기 위해 노력한다. 케네스 거겐(1991)은 탈근대 존재를 "불안한 유목민restless nomad"으로 묘사한다(p.173). 거겐의 관점에서 볼 때, 탈근대 자기는 수많은 가능성과 그에 따른 행동에 압도당하고 있으며 그 상황을 해결하기 위한 최선의 방법을 찾는데 혼란스러운 상황에 직면해있다.

핀 스카르데루드Finn Skårderud(2000, 2001)는 신경성 식욕 부진증 환자를 치료하는 경험이 풍부한 노르웨이 정신의학자이며, 이 분야의 경험을 사회분석으로 연결시키는 작가이다. 그는 많은 사람들이 오늘날 직면하고 있는 심리적 어려움을 특징 짓기 위해 '불안unrest'이라는 개념을 쓴다. 그는 우리사회에서 점점 더 많은 사람들이 순수성purity, 통제control, 의미meaning을 찾기 위해 어떻게 자신들을 시험하는지 논의한다. 인구 증가 비율은 안정성, 통제성, 방향성을 성취하는 게 어렵다는 점을 발견하며, 이런 탐색을 통해 개인은 사회적으로 수용가능한 행동의 형태로 극한적 기술과 생활 방식을 갖게 되었다. 예를 들어, 지속적인 철인 스포츠 도전이나 극단적 스포츠에 몰입하거나 스트레스와 우울증에서부터 섭식 장애와 자해 행동에 이르기까지 정신의학적 '기능장애dysfunction'의 형태로 가장해서 나타나고 있다.

우리는 코칭 대화와 관련하여 어떤 결론을 도출할 수 있는가? 코치는 코칭대화에서 코치이가 특정 환경 상황과의 상호작용에서 자신을 탐구하려는 뚜렷한 욕구를 가지고 있다고 가정할 수 있다. 예를 들어, 직장 동료나 관리자와의 관계에서 원만한 대화를 하려는 욕구, 경력을 잘 활용하고 싶은 욕구, 좀 더 건강한 삶을 누리고 싶은 욕구 등이다. 변화와 발전에 대한 코치이의 근본적 관심은 성공적 대화 과정의 조건이다. 또한 코칭 대화는 여러 상황에서 코치이의 다른 행동 패턴을 탐색할 수 있으며 코치이가 자신에 대해 언제 어떻게 가장 잘 느끼는지 다룰 수 있다. 여기서 코치 또는 코칭심리학자는 후기나 탈근대 사회에서 개인이 직면한 특정한 심리적 도전에 이론적 지식을 활용할 수 있다. 이를 위해 정체성과 자기개발의 근본적 과정에 대해 심층적인 심리적 이해를 적용하는 것이 도움이 될 것이다. 필자는 이를 여러 연구 프로젝트을 통해 개발하고 검증한 결과를 토대로 설명하고자 한다(Stelter, 1996, 1998).

2.2.1 정체성 이론: 현상학과 사회구성주의 사이에서

필자가 이론을 개발할 때 목표로 삼은 것은 정체성과 자기개념에 대한 현상학적 이해와 사회구성주의적 이해 사이의 균형이다. 두 가지 이론의 연결은 필자의 기본 입장을 특징 짓는 일관적인 특성이다. 이것은 코칭(심리학)을 위한 실천 및 개입 이론을 제시할 때 분명하게 드러날 것이다.

정체성과 자기개념의 발전에 대한 두 가지 이론적 관점의 중요성은 무엇인가? 현상학적 관점은 주관적 인식 및 경험과 개인의 현실 개념과 자기개념의 기초로서 지금-여기 상황에 대한 개인의 개방적 접근방식에 초점을 두고 있다. 반면에, 사회구성주의 관점에서 개인의 정체성 개발은 개인이 관계 맺기의 결과로 구성된다.

경험적 및 관계적 관점의 이론적 결합은 크로슬리Crossley(2003), 샘슨Sampson(1996), 셔터Shotter(1993, 2003), 셔터와 란나만Lannamann(2002), 스탬Stam(2001, 2002)이 널리 보급하고 있다.[3] 크로슬리(2003)는 다음과 같이 자신의 입장을 제시한다.

> 나는 다른 종류의 심리학이 필요하다고 느꼈다. 즉, '자기'와 '경험'의 언어적 및 담론적 구성을 이해하는 능력을 유지했지만, 본질적으로는 개인적이고 일관성이 있는 개인 주체성의 '실재real' 본성을 유지했다(p.289).

다음에서 자기와 정체성의 발달에 대한 필자의 이론적 접근[4]은 자기가 환경과 상호작용할 때 가지고 있는 두 가지 기본 방향에 기초할 것이며, 이는 특정 행동 맥락에서 불가분하게 통합되어 보여야 한다.

1. 특히 내적 과정에 집중되는 안정성stability과 일관성consistency을 위해 자기를 추구한다. 여기서 지각과 경험은 자기개발에 주요 차원이다.
2. 개인이 환경과 사회적 관계에 중점을 두는 다양한 사회적 맥락과 상황에서 지속적으로 재정착하기 위해 자기를 추구한다. 여기서 자기표현은 정체성 개발의 주요 측면이다.

다음에서는 두 가지 기본 방향을 제시하고자 한다. 다양한 맥락과 상황의 역동적 상호작용에서 자기가 발전하며, 두 가지 관점은 끊임없이 상호작용한다.

2.2.1.1 안정성과 일관성을 추구하는 자기개념

자기는 안정성과 일관성을 위해 노력하는 내적 보수성inner conservatism을 특징으로 한다. 어느 정도 사람은 스스로 한결같다고 인식한다. 다른 사람의 인식에 대해서도 마찬가지다. 일부 정체성 이론에서 대부분 안정된 자아의 특성화는 중심 관점으로 가정한다(Greenwald, 1980). 여기서 제시된 이론적 이해는 자기와 정체성의 구성에 대한 하나의 견해일 뿐이지만 안정성에 대한 노력을 강조한다. '정체성'이라는 단어는 실제로 '같음the same'을 의미하는 라틴어 'idem'에서 유래한다. 그러나 이 관점은 사회적 맥락과 상황에 관계없이 개인이 시간이 지나도 변하지 않고 영구적으로 안정된 성격이라고 인식되어서는 안 된다. 필자는 개인이 특정 상황에 '들어갔

---

3. 2009년 8월 필자는 컨설팅 회사 어트랙터Attractor가 주최한 코칭 여름 대학의 발표자들 가운데 하나였다. 여기서 체계적으로 고정된 컨설팅 회사가 체계적/사회구성주의자의 입장을 개발하는 데 필요한 요소로서 주체적이고 경험적인 관점에 초점을 맞춘 여러 연사를 초청했다는 사실에 놀랐다. 필자뿐 아니라 헬레 알뢰Helle Alrø, 존 셔터John Shotter, 모르텐 지텐Morten Ziethen, 핀 토르비에른 한세Finn Thorbjørn Hansen 등이 포함되었다. 많은 참여자들은 이 관점을 환영했다. 아마 우리는 새로운 이해에 접근하고 있는 중인 것일까?
4. 이 이론은 원래 필자의 Ph.D. 논문에서 개발되었고, 계속적인 발전을 거듭하고 있다(Stelter, 1998, 2002b, 2006, 2008b).

을 때' 어떤 일이 일어나는지에 대해 다음과 같이 질문하고자 한다. "그 사람과 특정 상황 사이의 상호작용은 무엇인가? 그리고 개인의 자기개념에서 이런 형태의 안정성의 원천은 무엇인가?"

이 질문에 답하기 위해 특히 환경을 인지하고 감지하는 능력적 측면에서 중요한 몸(신체)을 강조하고자 한다. 환경적 상황과 개인의 만남은 늘 처음에는 신체적corporeal이다. 몸은 항상 사람의 행동 실천의 일부이다. 개인의 경험과 체현embodiment을 이해하기 위해 필자는 몸을 세계에 연루된 주체로 보는 현상학적 이론을 포함한다(Merleau-Ponty, 2012). 개인은 몸을 통해 항상 자신의 환경과 관련하여 의도적으로 지향되며, 이 방향은 개인 자신과 상황을 의미 있는 것으로 인지하는 능력을 결정한다. 몸은 감각 기관으로서의 기능 덕분에 주어진 상황에 대한 개인의 관점에서 비롯된 의미를 외부 세계에 부여한다. 이런 감각적이고 경험적 과정에서 개인은 자신의 몸을 개발하는데, 이는 주어진 환경적 상황에서 몸 감각으로부터 나타나는 감각sensations, 지각perceptions, 인지cognitions를 통해 지속적으로 실현된다. 몸 감각은 감각 기관sensory organs, 고유 수용기proprioceptors, 운동 감각kinetic sensations, 전정계vestibular system를 통해 우리의 의식consciousness에 도달한다. 자기에 대한 감각적 인식은 항상 실제 실천과 관련이 있다. 곧, 환경과 관련하여 몸의 의도적 방향에 따라 특정 상황에서 수행되는 동작과 연관된다.

몸 자체는 부엌에서 요리, 직장에서 특정 기술 수행, 퇴근 후 정기적인 조깅과 같은 개인의 일상생활에서 발생하는 습관과 일상을 통해 발전된다. 이런 습관과 일상의 결과로 개인은 자기인식과 관련하여 안정성과 내적 일관성의 형태를 발전시키게 되며, 개인의 자기개발을 위한 중요한 조건인 안전safety과 보안security의 기본 감각을 생산한다. 또한 개인은 경험 많은 다른 사람들과의 특정 모델에 기초한 관찰 학습이나 지원 학습 과정 기반 관찰 학습을 통해 안정된 자기 및 정체성 개발에 매우 중요한 자기지각에서 이런 본질적인 보안 감각을 성취할 수 있다(Stelter, 2008b). 예를 들어, 직장이나 교육 훈련 상황에서 그러하다. 이런 자기지각은 도제 학습apprenticeship learning의 교훈적인 개념didactic concept에서도 설명되었다(Nielsen,

2006; Nielsen & Kvale, 1997).

사람의 자기개념은 몸 자체를 통해 발달한다. 몸 자체와 자기개념은 불가분의 관계로 연결되어 있다. 필자는 자기개념을 정서적 인지 구조affective-cognitive structure를 통해 정의할 것이다. 정서적 인지 구조는 주관적 환경이나 개인적 현실로 환경의 체현화를 통해 지각과 경험을 형성한다. 사람의 자기개념은 자신이나 자신이 살고 있는 환경 이해를 반영한다. 이런 자기개념을 통해 사람은 주관적 현실을 제시한다.

2.2.1.2 사회적 맥락에 연결된 자기개념

여기서 몸 자체와 자기개념으로 정의되는 이런 개별적인 상호 연결 구조를 가진 사람은 '공적인 차원으로' 나아간다. 우리는 이 이론의 제시를 통해 상황을 시간적으로 분리하여 보게 될 것이다. 사실 자기 구조의 두 측면은 일시적으로 통합되어 있지만, 이 질적 영역은 말로 표현될 수 없다. 개인의 자기개념에 고정되어 있는 주관적 현실은 특정 사회적 맥락과 상황에서 다른 개인의 현실들을 만난다. 이는 사회적 환경과 대화가 시작되는 지점이다. 따라서 정체성은 단순히 환경에 대한 주관적 지각의 결과가 아니라, 다양한 사회적 환경 안에서 결정된다.

그렇게 정체성은 A 환경에서 A 방향으로(예: 직장), B 환경에서 B 방향(예: 가족)으로 형성된다. 즉, 우리는 현재의 사회 환경에 따라 우리의 정체성을 결정하거나 우리 스스로를 다르게 보여준다. 따라서 자기는 개인적 차원을 가질 뿐만 아니라, 개인이 속해있는 사회적 관계의 영향을 받는 사회적 차원을 가지고 있다. 사회적 자기개념은 사회적 환경과 적극적인 대화에서 발전된다. 사회적 구조로서 자기 또는 관계적 자기(Gergen, 2009a,b)는 다양한 사회적 맥락 속에 지속적으로 뿌리내리고 있다. 이런 이해는 초점을 분명히 개인으로부터 멀어지게 한다. 이처럼 전통 심리학에서 사회구성주의로 오면서 관점은 완전히 바뀌었다. 전통적 심리학에서는 의식, 인지, 감정을 철저히 개인적 속성으로 가정하였지만, 이와 달리 사회구성주의에서는 "지속적인 관계 맺기의 속성the property of ongoing relationships(Gergen, 2009a, p.106)"으로 보았다.

여기에 제시된 이론적 확장은 관계적 대인 관계 역동relational interpersonal dynamics에 중점을 두고 있는데, 이는 사회적 변화가 우리의 자기와 정체성 개발에 미치는 거대한 영향과 관련하여 새로운 방향으로 나아가는 중요한 단계이다. 개인 삶의 방식과 각기 다른 사회적 맥락에 대한 개인의 애착을 이론적으로 파악하기 위해서는 엄격하게 자기중심적이며 개별적 정체성 지향 개념에서 벗어나야 한다. 사회 중심적 가정에 근거한 이론에 개방적인 태도를 통해 관점을 풍부하게 하는 것이 도움이 된다. 사회 중심적, 관계적, 사회구성주의적 지향은 여러 사회적 관계와 다양한 사회적 맥락의 체제에서 자기를 고찰하고자 했다. 이미 약 반세기 전 샘슨Sampson(1985)은 개인이 전통적 인격 개념을 포기하면서 사회 중심적 관점에서 자기를 이해하는 것이 도움이 될 수 있다고 다음과 같이 주장했다.

> 우리의 인격적 이상personhood ideal은 개인성이나 자유를 향하지 않는다. 이런 개인성과 자유를 향하는 것은 우리를 좌절감에 빠지게 만들고, 필연적으로 사회에서 자기 파괴적 패턴self-destructive pattern이라는 모순 속에 몰아넣을 뿐이다. 자기 조직화 체계self-organizing systems가 나타내는 자유는 결코 인격에 대한 자기 충족적 입장self-contained stance으로 도달할 수 없다. 우리의 다양성과 상호연결성을 살릴 수 있는 인격에 대한 분산적이고 비평형적인 개념만이 우리가 공유하는 유토피아적인 꿈을 달성하는 데 필요한 문제 해결을 장려할 수 있다(p.1210).

오늘날 세계에서 자기개발과 정체성 형성은 주로 사회적 상황과 맥락에 무게를 두고, 적응하고, 변화하며, 선택하는 사회적 과정에 의존한다. 이런 과정은 개인이 사회적 관계 네트워크에서 지속적으로 자신을 고정시키려는 노력을 강조한다. 따라서 자기는 전통적(자아중심적) 성격심리학에서 가정한 바와 같이 자율적 실체autonomous entity가 아니지만, '사회적 관계망의 접속점a node in a chain of social relationships'으로 정의될 수 있다(Gergen, 1990). 그러므로 정체성은 사회적 구성, 곧 "일상적으로 이루어지는 정체성 작업의 과정적인 사건processual event of ongoing day-to-day identity work[5]"이 된다(Keupp 등, 1999, p.30).

사회구성주의에 따르면, 사회적 자기구성 과정은 개인의 정체성이 다른 사람들을 통해 그리고 특정 사회 맥락과 관련하여 발전하기 때문에 관계적이라는 특징을 지니고 있다. 다음 정의는 사회적 관계 네트워크에서 자기를 말한다.

> 사회적 구성으로서 자기는 일반적으로 사회적 환경과 사회와의 적극적인 교류로 형성된다. 구두 담화verbal discourse에서 주체는 (주요) 타자들과 관련해서 세계의 개인적 구성을 스스로 보호할 수밖에 없다. 또한 일반적으로 사회 집단 또는 사회의 권력 구조에 따라 개인적 관점을 전환할 수밖에 없다. 뿐만 아니라, 다양한 인상관리impression-management 전략과 사회적 환경의 선택을 통해 언제든 자신의 정체성을 다룰 수 있는 가능성을 지니고 있다(Stelter, 1998, p.18).

2.2.2 코칭 대화와 정체성 협상

다음에서는 코칭 대화가 자기개발에 미치는 영향을 다루고자 한다. 주관적 삶의 세계에 대한 코치이의 인식과 사회적 관계 사이에 통합을 촉진하기 위해 개인의 경험과 자기표현에 초점을 맞추는 두 가지 정체성 형성 관점two key identity-forming perspectives을 연결하는 것이 중요하다. 이런 통합은 코칭 대화의 기초를 형성한다. 여기서 대화 자체는 코치이의 삶의 상황에 대한 전체적인 관점을 확립하는 데 기여하는 정체성 협상의 한 형태로 간주될 수 있다. 이런 관점에서 코칭 대화는 (a) 코치이 자신의 경험에 관해 기술하고, 반영하고, 이야기하며, (b) 선택된 사회적 맥락에서 코치이 자신의

5. 이에 대한 내용은 독일어 원서: "Prozeßgeschehen beständiger 'alltäglicher Identitätsarbeit'."를 참조하라.

자기표현을 반영함으로써 발전, 변화, 새로운 관점과 앞에서 언급한 두 영역의 통합을 만들어낸다. (c) 이런 정체성 협상 과정은 코칭 대화 자체에서 이루어지며, 코칭 대화 자체는 자기성찰과 새로운 형태의 자기내러티브 및 자기표현을 시험할 수 있는 지점이 될 수 있다. 다음에서 이 세 가지 측면에 대해 자세히 설명하고자 한다.

a) 개인은 자신의 경험을 이야기함으로써 개인은 자신의 주관적 현실을 사회적 세계에 대한 도전과 연결할 수 있다. 주관적 인식, 경험, 개념과 그에 따른 개인적 자기구조는 코칭 대화에 살아있는 사회적 담론으로 시험, 확인, 방어, 교체, 수정될 필요가 있다. 이 대화에서 이야기는 코치와 코치이 또는 코칭 집단의 공동 창작 과정을 통해 형성된다(Bruner, 2002; Gergen & Gergen, 2006; Kraus, 2006). 또한 이야기는 대화의 사회적 맥락에서 코치이와 특정 개인 간의 상호작용에 기초하여 생성된다. 코칭 대화는 특별한 관점을 추구한다. 곧, 일상 대화의 이야기가 이상적으로 진보적이고 고양된 줄거리를 형성하기 위해 더욱 발전한다(Gergen, 1994). 대화 중에 발생된 흥미로운 이야기는 코치이의 자기개념에 영향을 미칠 수 있으며 대화의 주제였던 사회적 상호작용에도 긍정적인 영향을 줄 수 있다. 이런 식으로 언어와 행동은 서로에게 긍정적 상호 영향을 미친다(Cronen & Lange, 1994). 이것은 코칭 대화의 가장 중요한 특징이다.

b) 자기는 특정한 정체성 안정화 환경particular identity-stabilizing environments과 상황 선택을 통해 사회적 맥락에서 제시된다. 이런 환경과 선택은 자기표현 전략으로 선택한 형식과 개인의 정체성 프로젝트와 사회적 자기구성을 촉진시킨다.

우선, 정체성 협상은 선택된 사회적 맥락에서 기대를 예측할 수 있는 개인의 역량에 달려 있다(예: 동료와 다루기 힘든 대화). 이런 '내적 분석internal analysis'은 개인이 자기표현 전략을 개발하기 위한 전제조건이다. 고프만Goffman(1959)에 따르면, '겉모습appearance'(그 사람의 사회적 위치), '관습

manner'(사회적 관습), '환경설정setting'(상황의 사회적, 조직적 및 상호작용적 환경)과 같은 개인적 측면은 모두 그 사람의 자기표현을 구성하는 데 관여한다. 개인은 주어진 맥락의 사회적 신호와 사회적 규범에 특별한 의미를 부여한다. 사회적 신호는 조직 구성원의 위치에 대한 지표로 직위와 같은 집단 합병, 멤버십, 사회적 위치를 나타낸다. 사회적 규범은 통합된 신호 체계를 나타낸다. 예를 들어, 에티켓이 그러한 데, 이는 특정 사회적 상호작용 및 유행하는 방식이 특정 사회적 정체성의 반영이다(Manning, 1987). 전반적인 삶과 코칭 대화에서 선택된 사회적 맥락은 '내적 분석'이라고 부르는 것을 통해 특정한 의미와 중요성을 부여받았다. 이것은 좀 더 만족스러운 방식으로 상황을 다루려는 의도와 함께 자신을 표현하는 사람/코치이의 방법에 영향을 미친다.

둘째, 개인은 특정 맥락적 환경을 선택하여 자기표현을 관리한다. 그 사람의 정체성과 자기개념을 촉진시키는 특정 환경적 상황을 찾는 것은 그 사람의 정체성 개발에 결정적이다. 스완Swann(1987)은 여러 저자를 참조하여 종종 사람들이 자기 확신 피드백self-confirmatory feedback을 반드시 제공하고, 자기표현의 특정 선호 모드를 지원하는 사회적 맥락을 추구한다고 지적한다. 코치이가 선택하거나 선호하는 이런 사회적 상황, 맥락, 환경은 개인의 기존 자기개념을 강화시키거나 적어도 위협하지 않는 사회적 관계를 포함한다. 코치이는 특정 사회적 상황을 선택하고 그 외 다른 것들을 거절함으로써 '자기 성격 특성personality characteristics'을 강화할 수 있다. 따라서 맥락에 대한 선택은 실존적 맥락과 사회적 관계가 사람의 행동 및 모습의 범위를 결정하기 때문에 자신의 정체성을 안정화시키는 효과적인 수단이다(Gergen, 2009a).

c) 코치와 코치이는 코칭 대화에서 함께 협력하여 이 두 가지 전반적인 차원과 관련하여 발전과 통합을 성취한다. 이 의도는 특정 상황에서 주관적 경험에 대한 깊은 이해를 개발하고, 다양한 사회적 맥락에서 여러 관여자와 상호작용을 통한 통찰을 용이하게 하는 것이다. 대화는 새로운 의미

를 창출한다. 의미는 특정 경험, 작업, 상황, 사건에 관한 새로운 이야기에서 나타난다.

따라서 정체성 개발은 개별적으로 특정한 경험과 관계적 상호작용 사이의 균형을 이루는 통합적 과정이다. 코치는 이런 정체성 개발에 집중할 수 있으며, 위의 이론적 고려사항들은 대화 상황 안의 특정 차원에 대한 코치의 관심을 높이는 데 도움이 될 수 있다.

다음에서는 학습 이론과 관련하여 몇 가지 고려사항에 초점을 맞출 것이다. 코칭과 학습은 밀접하게 연결되어 있다. 광범위하게 볼 때, 코칭은 항상 학습 상황을 구성한다. 여기에 이론적 차원으로 제시된 학습 개념은 이전 절에서 제시된 이해의 연속선상에 있다. 따라서 경험과 관계/사회적 관점을 통합하기 위해 계속 노력할 것이다.

2.3 코칭과 학습: 개인 경험과 상호협력 사이

학습은 직장과 생활에서 적극적인 참여에 대한 사회의 요구를 충족시키기 위한 개인이나 집단의 노력의 일환이자 평생 연구 과정이다. 이 학습 개념은 근대인의 평생 교육과 사회의 민주적 과정에서 기본적 조건이 되었다. 20세기 들어서 지난 수십 년 동안, 위치 및 맥락 의존적 학습 개념은 단순한 행동 패턴 또는 인지 과정의 암기 습득과 관련이 있는 이전 학습 개념을 대체했다. 새로운 학습 개념은 후기 근대 사회에서 코칭의 인기가 커지고 있는 원인 가운데 하나다. 이제 평생 학습과 개발은 모든 사회 구성원에게 근본적인 요구사항이 되었다. 이런 맥락에서 코칭은 개인과 집단이 학습하고 발전하기 위한 노력을 지원할 수 있는 대화 형식으로 볼 수 있다.

구체적인 개발 목표를 수립하기가 점점 더 어려워지면서 코칭과 학습은 그 과정 및 개인적 상호작용에서 전개될 수 있는 것에 초점을 맞추게 된다. 학습과 개발은 개인이 일하고 다른 사람들과 함께 발전하고 배우는 창조적 실천 공동체에서 발생한다.

학습은 자신의 경험을 재해석하는 변혁 과정(Mezirow & Associates, 2000; Illeris, 2004)이다. 우리가 배우고 발전하는 방법은 우리가 의미를 창조한 방식을 재해석하는 것을 포함한다. 재해석은 새로운 이해와 새로운 평가를 달성하기 위한 노력에서 개인이 특정 인식과 경험을 탐구하는 성찰 과정을 포함할 수 있다. 그러나 학습은 다른 사람들이 의사소통의 의미를 이해하는 것을 목표로 하는 의사소통 과정이기도 하다. 머지로우 Mezirow(1990)에 따르면, "가치, 이상, 감정, 도덕적 결정, 자유, 정의, 사랑, 노동, 자율, 헌신, 민주주의와 같은 개념들(p.8)"에서 그렇다. 특정 사건은 관점 변혁perspective transformation 또는 관점 전환shift in perspective을 하게 만들 수 있지만, 그것은 다른 사람들과 대화에서도 촉발될 수 있다. 3장에서는 코칭의 핵심 목적인 관점 전환을 언급할 것이다. 머지로우는 관점 변혁을 다음과 같이 설명한다.

> 관점 변혁은 우리의 전제인 세상을 어떻게/왜 인식하고 이해하며 느끼는 방식을 제한하는 것을 비판적으로 깨닫는 과정이다. 또한 더 포괄적이고 차별적이며 침투성이 있으면서 통합적인 관점을 허용하기 위해 이 가정들을 재구성하는 것이다. 뿐만 아니라 이런 새로운 이해에 대한 결정을 내리거나 달리 행동하는 것이기도 하다(p.14).

이런 점에서 성찰은 의미의 발전을 위한 기초이자, 학습 이론의 틀 안에서 코칭을 특징 짓는 변혁적 학습에 중요한 역할을 한다.

다음에서는 실제 코칭에서 중요한 두 가지 측면에 초점을 맞춰 학습을 다루고자 한다. 두 가지 측면은 (1) 경험을 통해 학습하기, (2) 사회적 및 상호협력적 실천으로서 학습하기다.

2.3.1 코칭과 경험적 학습

미국 조직심리학자 콜브Kolb(1984)는 학습을 다음과 같이 정의한다. "학습은 경험의 변혁을 통해 지식이 창조되는 과정이다. 지식은 파악하고 변혁시키는 경험의 결합에서 비롯된다(p.41)." 따라서 학습은 인지와 발달의 경험적이고 행동 지향적 과정이다. 이런 맥락에서 바렐라Varela, 톰슨Thompson, 로쉬Rosch(1993)는 인지를 '제정enaction[6]'이라고 설명한다.

> 우리는 인지가 미리 주어진 세계에 대한 미리 주어진 마음의 표상이 아니라, 오히려 세계 내 존재가 수행하는 다양한 행위들의 역사에 기초해 있는 마음과 세계의 '제정enactment'이라는 확신을 강조하기 위해 'enactive'라는 용어를 새롭게 제안한다(p.9).

이런 이해는 경험, 인지, 행동이 하나의 동일한 의미 형성 과정으로 짜여 있음을 시사한다. 필자는 이것을 경험적 학습이라고 부를 것이다. 여기에 제시된 이해에 따르면, 인지는 사람의 내면 의식에서 비롯된 것이 아니다. 인지는 개인 내 요인intrapsychological factors에 고정되어 있는 것이 아니라 사람과 자신에게 주어진 환경 사이에서 발생하는 대화나 상호작용의 결과이다. 이렇게 인지가 발생하는 곳에서는 경험과 행동이 인과 관계에 있지 않다. 대신에, 경험은 항상 행동 관점을 포함하고, 행동은 항상 경험과 인식에 근거한다. 이런 맥락에서 경험과 행동은 순환 과정에 있는데, 이를 통해 서로를 조건지어 준다. 사람은 행동을 통해 자신의 환경을 인식하고 발견하며 이해한다. 행동은 인식과 경험의 전제 조건이다. 따라서 행동은 특정 의미 관계의 실현으로 정의될 수 있으며, 인지는 행동 과정 자체에 포함된다. 사람과 상황 사이의 대화를 통해 사람은 주어진 상황과 관련하여 자신의 의미를 형성한다. 이런 대화적 과정dialogical process은 코칭의 이론적 기반을 형성한다. 여기에서 목표는 코치이가 환경의 특정 상황에 대한 대화를 좀 더 잘 이해하고 이런 이해를 사용하여 자기 자신과 자신의 행동에 관한 인지를 형성하는 것이다.

콜브(1984)에 따르면, 학습 과정 진행은 별개의 단계로 나누어지며(그림 2.2), 각 단계는 다음과 같은 다양한 유형의 지식 생산과 관련된다.

1. 구체적 경험concrete experience
2. 성찰적 관찰reflective observation
3. 추상적 개념화abstract conceptualization

6. 옮긴이 주 - 바렐라 등(2013)은 『몸의 인지과학Embodied Mind』에서 계산론적 인지과학이 인식의 객관과 주관을 날카롭게 분리하는 심신이원론에 기초하고 있음을 비판하며, 반객관주의적 연구의 새로운 이름으로 'enactive'를 제안한다. 이들에 따르면, 이 개념은 이미 주어진 객관세계란 없으며, 선험적/초월적 주관도 없음을 나타낸다. 즉, 객관주의와 주관주의의 양 극단을 벗어나 '중도entre deux'로 나아가야 한다는 것이다. 또한, 바렐라 등은 인지가 세계의 표상이 아니라 반표상주의적임을 보여준다. 뿐만 아니라 'Enactment'를 'cognition as embodied action'으로 표현하는데, 이는 인지가 유기체의 체화된 행위라는 점을 드러낸다. 이런 주장을 종합해보면, 인지는 미리 주어진 객관세계에 대한 선험적 주체의 표상적 인식이 아니라, 신체를 가진 세계 내 존재가 세계와 마음을 생성하는 행위이다.

4. 행동적 실험active experimentation(action)

이 단계적 구조는 전적으로 분석적 이해로 간주되어야 한다. 실제로 각 단계가 균일하고 연속적으로 서로 전환된다.

그림 2.2 콜브의 경험적 학습 사이클(콜브, 1984, p.42)

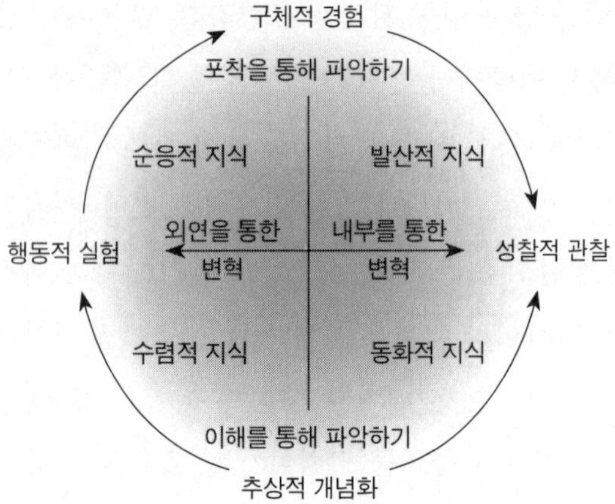

코칭 대화의 과정을 위한 가능한 방향틀로 이 4 단계를 제시하고자 한다. 이는 주어진 도전에 대한 감각적이고 경험적인 지각에 특별한 주의를 기울이게 하는 방법이다.

1 단계: 학습은 특정 상황이나 사건과 관련하여 코치이의 구체적인 경험을 통해 발생할 수 있다. 이 상황이나 사건은 코칭 대화를 위한 출발점이 될 수 있다. 상황 감각을 개발하기 위해 코치는 코치이에게 사건의 감각 미학적[7] 차원sensory-aesthetic dimension에 집중하도록 요청할 수도 있다. 여기서 코치이는 1인칭 입장을 택한다(Stelter, 2008a). 바렐라Varela와 쉬어Shear(1999)에 따르면, 1인칭 사건은 인지적 및 정신적 사건과 관련이 있는 살아있는 경험이다. 1인칭 관점은 자기개발이 구체적인 행동 분야에서 사

7. 미학이라는 용어는 그리스어 aisthetikos에서 유래한다. aisthetikos는 감각 지각을 의미한다(Stelter, 2008a 참조).

람과 환경의 상호작용에 달려 있는 자기의 감각적이고 경험적인 기초로 간주될 수 있다. 코치이는 사건에 직접 관여하며, 상황은 처음에 코치이가 재현한 구체적인 경험으로 인해 매우 감각적인 용어로 인식된다. 코치이의 구체적인 경험에 초점을 두는 것은 이후의 성찰 과정을 구성하는 기본적 태도로 형성된다(Stelter, 2008a).

- 코치이는 항상 상황에 대한 의도적 관점을 택한다. 특정 실천 맥락에서 코치이의 의도적 관계는 상황에 대한 자신의 감각 미학적 관여를 위한 필수적 초석이다. 이 감각적 관여는 코치이의 상황-구체성situation-specific과 체화된 경험embodied experience에 기초한다. 이 경험은 종종 습관과 일상에 기반하며 일반적으로 말로 표현되지 않는다.

- 감각 미학적 경험은 코치이의 지금 여기 상황에 따라 가능해진다. 지금 여기라는 선택된 현재는 순간의 형태로 나타나고, 여기서 초점은 상황과 관련된 즉각적 경험에 있다. 스턴Stern(2004)은 이 순간을 "사람이 알고 있는 주관적이고 심리적인 과정 단위"로 설명한다. 그는 현재 순간을 더 구체적으로 정의하는 특징들을 강조한다. 그 가운데 주요 특징으로 "현재 순간은 경험에 대한 언어적 설명verbal account of an experience이 아니다(p.32)"라고 언급한다. 예를 들어, 현재 순간은 구체적 실천 상황에서 경험될 수 있다. 곧, 나는 내가 하고 있는 일을 알고 있으며, 사건은 행동의 흐름 속에서 전개된다.

- 상황에 대한 지금-여기에서 주의와 각성은 에포케epoche[8]에 기초한다. 에포케는 개인이 상황이나 자신의 판단을 피하고 중단하는 기본 입장을 설명하는 그리스어다. 현상학 창시자 에드문드 후설Edmund Husserl(1931; Zahavi, 2003)은 자기인식을 향상시킬 수 있는 기회로서 에포케에 대한 이해를 기술한다. 에포케의 핵심인 비편견unprejudiced 또는 비판단non-judging 태도는 코칭 대화의 특정 단계에서 근본적인 기본

입장을 구성할 수 있다.

2 단계: 코치이는 성찰적 관찰을 통해 구체적 경험의 의미를 확장하고, 그 자신과 환경에 대한 상황에서 오는 영향을 포착할 수 있다. 코치이의 목표는 상황, 다른 사람, 사건에 대한 인식을 높이고, 뉘앙스와 차이를 탐구하는 것이어야 한다. 코치이는 성찰적 관찰을 통해 상황의 다양한 양상과 유리한 점을 좀 더 깊이 이해할 수 있으며, 이 성찰적 과정에서 코치이

---

8. 옮긴이 주 – 에포케(판단중지)는 후설이 사용한 현상학의 개념이다. 후설에게 있어서 현상학의 목표는 '사태 그 자체로zu den Sachen selbst'를 돌아가는 것이다. 현상학에서는 사태와 사태 자체를 구분하는데 사실은 드러난 것이고 사태 자체는 드러난 사실 속에 드러나 있지 않게 있는 것이다. 이러한 측면에서 볼 때, 사태 자체는 본질을 의미하는 것이기도 하다. 사태 자체를 어떻게 파악할 수 있을까? 그것은 '본질 직관'을 통해서 가능하다. 여기서 본질 직관은 '바로 보는 것'을 의미한다. 후설의 현상학의 방법론은 인간의 순수의식 속에 드러난 것을 그대로 보면 된다는 것이다. 현상학에서 말하는 순수의식은 '낯설게 하기'라고 표현할 수 있다. '낯설게 하기'라고 하는 것은 '다르게 말하는 것'이다. 다르게 말하는 것은 'ἀλλος(다르게)'와 'ἀγορεύω(내가 말한다)'의 합성어인 '알레고리아ἀλληγορία'이다. 결국 인간이 사용하는 모든 언어들은 '존재의 낯설게 하기'이다. 하이데거는 언어는 존재의 집이라고 했다. 반면, 언어는 존재를 가두는 것이기도 하다. 이런 하이데거의 관점은 동양 사상의 '도가도비상도道可道非常道', '명가명비상명名可名非常名'과 유사하다고 볼 수 있다. 이처럼 우리는 존재 자체를 표현할 길이 없다. 따라서 일상적인 언어보다 시적인 언어가 더 존재를 나타내기 적합하다. 이런 연관성에서 볼 때, 예술 작품 역시 이러한 낯설게 하기라고 볼 수 있다. 여기서 '순수의식은 어떻게 확보할 것인가?'라는 의문이 생길 것이다. 현상학에 있어서 순수의식을 확보하기 위한 방법론을 '현상학적 환원'이라고 한다. 현상학적 환원은 소박한 태도, 즉 자연적인 태도를 잠시 보류하는 것에서부터 시작된다. 다시 말해, 우리가 사실이라고 생각하는 것을 일단 괄호로 묶어놓는 것이다. 이것을 '에포케(판단중지)'라고 한다. 우리는 '에포케'할 때, 현상학적 태도로 '환원'되는 것이다. 이런 현상학적 환원에는 선험적 환원과 본질적 환원이 있다. 먼저, 선험적 환원은 대상으로부터 순수의식자체를 확보하는 것이다. 이런 연관성에서 볼 때, 선험적 환원은 판단중지와 같은 이치이다. 데카르트의 표현을 빌리자면, '의심하는 것'이다. 일단 대상이 사실이 아닐 것이라는 생각으로서 이미 소박하게 밖에 있던 대상이 내 안으로 들어오는 것이다. 즉, 대상을 내재화하는 작업이 필요하다는 것이다. 대상을 내재화되었을 때, 의심할 수 없는 대상이 된다. 하지만 일단 대상이 의식 속에 내재화할지라도 그것이 아직까지도 본질 그 자체로서 내재화 된 것은 아니다. 하나의 측면만이 나에게 내재화된 것이다. 따라서 본질을 보기위해서는 '시선변경'이 필요하다. 시선변경을 통해 대상에 바라볼 때, 겹치는 부분이 생길 것이다. 그것이 바로 본질이라 할 수 있다. 이처럼 본질을 확보하는 작업을 '본질적 환원'이라고 한다. 본질적 환원이 가능한 근거는 무엇일까? 그것은 '시간의식(베르그송의 지속의 개념)'으로 인해 가능하다. 인간은 과거에 있던 경험을 현재로 가져올 수 있는 능력이 있다. 그것을 '기억'이라고 한다. 그리하여 인간은 앞으로 일어날 일을 예측할 수 있다. 다시 말해, 생생한 현재에 과거의 것을 기억하고 미래의 것을 예측하는 의식을 '시간의식'이라고 한다. 그리고 이런 '시간의식'은 인간의 의식이 가지고 있는 상상력(칸트의 구상력)을 바탕으로 두고 있다. 이 상상력 때문에 본질적 환원이 가능한 것이다. 그리하여 선험적 환원과 본질적 환원을 통해 드러나는 것을 바로 보는 것이 앞에서 말한 '본질 직관'이다. 또, 이러한 '본질 직관'으로 사태 그 자체를 볼 수 있다.

는 점점 더 의미 있는 상황으로 자신의 상호작용을 인식한다. 이 단계에서 특히 지식 생산과 학습은 다양하고 탐구적인 형태를 취한다. 여기서 핵심은 상황의 다양성과 세부사항을 포착하고 명확하게 표현하는 것인데, 이는 처음에 놀라울 수도 있다. 이 성찰적 관찰 과정의 기본 입장은 마음챙김mindful/mindfulness으로 설명될 수 있다. 마음챙김은 특정 방식으로 주의를 기울이는 것과 관련이 있는 특정 지향적 방향specific intentional orientation으로 정의된다. 이는 특정 목적을 가지고 있으며, 무작정 판단하지 않는다. 또한 개방적이며 호기심과 받아들이는 태도로 지향적 인식과 각성을 키우는 것에 집중한다(Germer, 2005; Kabat-Zinn, 1994). 하버드대학의 심리학자 엘렌 랑거Ellen Langer(1997)는 "마음챙김 접근은 세 가지 특징이 있다. 그것은 바로 새로운 범주의 지속적 창조, 새로운 정보에 대한 개방성, 한 가지 관점보다 더 많은 잠재적 알아차림implicit awareness이다(p.4)"라고 설명한다. 엘렌 랑거에게 마음챙김은 주어진 맥락과 상황의 세부사항에 대한 기본 인식이다.

이 성찰적 관점을 통해 코치이는 차이점과 세부사항을 말로 표현하므로 일상생활에서 종종 눈에 띄지 않는 상황의 풍부함을 인식할 수 있다. 그러나 이런 잠재적, 즉 표현되지 않은 경험unarticulated experiences에 관해 대화하는 것은 쉬운 일이 아니다. 감각 미학적 경험을 말로 표현하는 데에는 변혁이 필요하다(Stelter, 2000). 상징화 과정에서 구체적 인물, 상황, 과제, 사건에 대한 감각느낌(Gendlin, 1997)은 구체적 실천 상황에 체현된 잠재적 경험과 관련하여 의미 있는 언어 표현으로 재형성된다. 이 표현은 특정 전략을 통해 가장 잘 달성될 수 있다. 이는 4.3.1.1에서 좀 더 자세하게 살펴볼 수 있다.

3 단계: 추상적 개념화 단계에서 코치는 2 단계에서 눈에 띄는 구체적인 지각과 경험에 대한 수많은 성찰을 파악하는 데 코치이의 관심을 집중시킨다. 이 단계에서 주안점은 이해에 있다. 콜브(1984)는 이것을 학습과 인지의 동화 과정assimilative process으로 묘사한다. 예를 들어, 성찰적 관찰은 이전 상황에서 얻은 코치이의 경험과 지식을 결합하며, 코치이는 특정 상황

에서 자신의 행동 방식으로 패턴을 식별하려고 노력한다. 코치이는 눈에 띄는 것에서 시작하는 인식된 현실과 비교할 수 있는 입장을 찾고자 한다. 코치이는 자신의 경험에 대한 개인적 설명을 만들기 위해 구체적인 상황과의 상호작용과 관련하여 주관적 이론의 한 형태[9]를 개발한다. 이 과정을 통해 코치이는 상황에 대해 기본적이고 일반화된 추상적 이해를 발전시킨다. 예를 들어, 코치이는 '저는 갈등상황이 일어날 때면 불안해하지만, 상대방에게 다소 공격적으로 반응해요.'라고 진술할 수 있다. 이 단계는 합리적인 고려사항, 논리, 일반화 개념이 지배한다. 여기에 내러티브의 이론적 입장을 통합하려면, 그 상황이나 사건에 관련하여 개인의 일반화된 경험을 가장 잘 포착하는 용어를 이름붙이거나 찾는 것이 중요하다. 코치이는 구체적 상황에서 경험과 관찰을 일반화하기 위해 현재 상황을 이전 상황과 비교한다. 대화 도중에 이름붙이기는 코치가 코치이의 정체성에 관해 밝히는 일반화/이름붙이기 및 코치이의 가치와 포부와 관련된 방법에 초점을 맞출 수 있다.

4 단계: 이것은 코칭 과정의 맥락에서 행동 단계 또는 코치이가 코치와 만남에서 시작할 수 있는 잠재적 행동과 관련된 적극적인 실험 단계이다. 3 단계에서 개발된 주관적 이론과 일반적 성찰(이름붙이기를 통한)은 유사한 상황에서 미래 행동 패턴에 관한 가설을 수립하기 위한 초청 및 전제 조건으로 볼 수 있다. 그것은 새로운 상황 또는 특정 미래의 사건을 계획할 때 자발적으로 사용될 수 있다. 코치이의 갈등 상황과 관련하여 이런 이해를 구체화하기 위해 코치이는 "갈등 상황에 처했을 때 제 자신의 불안을 인식하고 그것을 상대방에게 설명하며 갈등으로부터 건설적인 길을 제안하려고 시도할 거에요."라고 말할 수 있다. 가능한 해결책을 개략적으로 설명하거나 미래 상황을 처리할 수 있는 방법에 관한 구체적인 가설을 세우는 과정은 학습과 인지의 수렴 과정convergent process을 제공한다. 3단계의 주관적 이론과 일반화된 고려사항은 새로운 행동 상황을 위한 방향틀을

9. Groeben and Scheele(2000), Groeben, Wahl, Schlee, and Scheele(1988)을 참고하라.

제공한다. 그러면 그 사람의 행동이 새로운 학습주기를 시작하기 위한 기초가 될 것이다.

그림 2.3 학습 바퀴(Law 등, 2007, p.36)

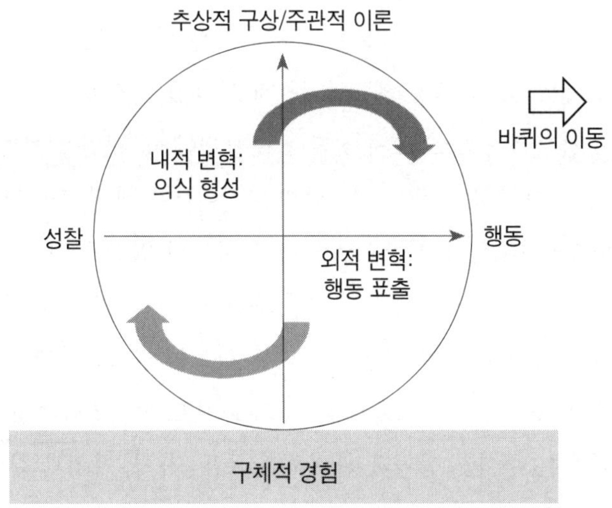

영국 코칭심리학자 집단(Law, Ireland, & Hussain, 2007)은 콜브의 학습주기를 거꾸로 뒤집었다. 이는 코치이의 학습 진행과 관련하여 좀 더 강력한 역동성을 제시한다. 여기서 콜브의 학습주기는 앞으로 나아가는 바퀴가 되며, 내부 및 외부 변혁 과정이 뒤섞여 있다(그림2.3).

2.3.2 사회 및 상호협력 실천으로서 코칭과 학습

앞에서 콜브의 학습주기를 출발점으로 삼아 코칭이 코치이의 구체적 지각과 경험을 중심으로 진행되는 학습 과정이 어떻게 나타나는지 설명했다. 다음에서는 학습의 구성요소를 살펴볼 것이다. 여러 맥락에서 우리는 교실, 부서, 생산팀, 스포츠팀, 직장 또는 자조집단self-help group에서 다른 사람들과 상호작용을 하면서 배운다. 집단 학습 과정은 코칭 방법 및 코칭 질문 기술을 통해 강화될 수 있다. 집단 리더는 코치 역할을 할 수 있다.

여기서 리더는 참여자와 코치로서 이중 역할을 모두 인식해야 한다. 이런 이중 역할은 특별한 도전을 야기할 수 있으며, 효과적인 코치가 되기 어려울 수도 있다. 따라서 특히 업무 상황에서 코칭 지향적 리더coaching-oriented leaders는 자신의 권력의 위치를 알고 있어야 한다.[10]

그룹코치 또는 팀코치는 그룹이나 팀에 속한 외부 사람일 수 있다. 예를 들어, 전략 개발, 집단 갈등 해소 또는 개발 작업 촉진과 관련된 사람들이다. 사회적 관점은 일대일 코칭 상황에 포함된다. 그러면 코치는 대화에서 새로운 관점을 개발하고 창조하기 위해 코치이에게 한명 또는 여러 동료들의 성찰을 고려하도록 요청함으로써 다른 사람의 입장을 적극적으로 구축한다. 많은 경우, 코칭 상황에서 현실적 차이를 만드는 것은 이런 다양한 관점의 개입이다(Bateson, 1972). 이런 기본 사고는 단일순환학습 모델과 이중순환학습 모델model of double-versus single-loop learning에도 존재한다(Argyris, 1992). 단일순환학습은 주어진 상황과 관련하여 목표, 가치, 가정과 같이 다소 안정적 조건이라는 가정을 전제로 한다. 반면에, 이중순환학습은 기존 가정을 거부하는 것을 의미한다. 따라서 코치는 상황에 대한 새로운 관점과 코치이의 가정을 포함한 입장으로 코치이를 안내하는 데 도움을 준다.

사회적 매개 학습 과정socially mediated learning process으로서 코칭의 기본 요점은 다른 사람들과 상호작용에서 '배우는learn' 것이다. 이 집단은 학습 및 상호협력 실천의 공동체 역할을 한다. 이를 설명하기 앞서 이번에는 문제가 복잡해지는 것을 피하기 위해 코치의 입장에서 권력 논의를 잠시 중단할 것이다. 미국의 사회적 학습 연구자 레이브Lave와 웽거Wenger(1991)는 사회적 학습 이론에서 실천 공동체의 학습에 관해 말한다. 그들의 이해의 핵심은 모든 학습자가 '정당한 주변 참여자legitimate peripheral participants'라는 것이다. 즉, 참여자는 실천 공동체에 참여하기 위한 의도적 방향을 가지고 있으며, 모든 참여자는 정당한 참여자로 다른 모든 사람이 받아들인다. 학습 형태

10. 『리더십 기반 코칭Ledelsebaseret coaching, Leadership-based coaching』에서 쇠홀름 등(2006)은 코치로서 역할에 있어서 관리자의 잠재성과 한계성을 기술했다. 그러나 키르케뷔(2009)에 따르면, 리더십 코칭은 리더십 권력이 균형symmetry을 위한 대화적 잠재력을 얼마나 차단하는지를 적절하게 자문하지는 않는다. 따라서 키르케뷔는 특정 맥락에서 우리의 행동을 이끌어내는 근본적인 가치에 대한 성찰에 초점을 맞춘 권고형 코칭protreptic form of coaching을 제안한다.

의 주변 측면은 다음과 같이 설명된다: 요점은 한 사람에게서 다른 사람으로 지식을 전이시키는 것이 아니다. 대신에, 지식은 모든 당사자가 할 수 있는 최선의 방법으로 기여하는 공동 실천의 산물로 나타난다. 레이브, 웽거, 사회구성주의자들에 따르면, 학습과 지식 생산은 지역적 및 문맥적 기반을 두고 있다(Gergen, 2009a, b; Paré & Larner, 2004).[11] 따라서 이 입장은 후기 근대 또는 탈근대를 특징짓는 학습 개념과 일치한다(Lyotard, 1984). 여기서 지식생산과 학습은 과정 참여자들의 효용 가치에 의존한다.

가장 작은 실천 공동체는 코치와 코치이 두 사람이 하나의 쌍dyad이 되는 것이다. 이상적으로 이 관계는 새로운 자기통찰은 물론 자신과 각각 다른 사람의 삶의 세계에 대한 통찰을 위해 노력하는 두 명의 동등한 사람 사이의 상호작용이다. 어떤 실천 공동체에서도 '학습 조건'에는 차이가 있을 수 있지만, 실천 공동체의 어느 당사자도 지식에 대한 독점권이 없다. 예를 들어, 특정 세계관이나 해결책의 타당성을 결정할 수 있다는 측면에서 그러하다. 비록 참여자가 지식을 생산할 때 다른 지분을 가질지라도, 지식은 항상 공유 산물이다. 따라서 코칭 대화를 대칭symmetrical 또는 비대칭asymmetrical으로 묘사하는 것은 도움이 되지 않는다(Stelter, 2002a).

코칭을 비대칭 대화로 묘사하는 것은 코칭 문헌에서 일반적인 가정이었지만, 여기서는 좀 더 역동적인 이해로 대체되고 있다(Hede, 2010). 코칭은 공동 창조 및 상호협력 과정co-creative and collaborative process이다. 이 과정에서는 양 당사자가 각각의 영역에서 동등한 당사자 및 전문가로 정의될 수 있다(Anderson, 2007a). 이런 대화의 틀에서 서로의 자기지각과 세계관을 풍부하게 할 수 있다.

필자는 코칭 대화에서 상황 학습(Lave & Wenger, 1991; Wenger, 1998)과 협력 실천(Anderson & Gehart, 2007; Paré & Larner, 2004)과 이런 이론들의 구체화를 위한 이론을 이해하는 데 중요한 차원을 다음과 같이 고려한다.

---

11. 필자는 레이브와 웽거와 사회구성주의자들이 일반적으로 각각 서로와 관련이 있지 않거나 동일한 범주에 배치되지만, 지식 생산과 학습에 대한 그들의 기본적인 아이디어는 공정하게 양립할 수 있다고 생각한다. 이 절의 뒷부분에서 필자는 다양한 접근 방식을 연결하는 개요를 제공한다.

- 지식과 학습은 관계적이며 상황적인 특징을 띠고 있다. 예를 들어, 지식과 학습은 코치와 코치이의 상호작용에서 생길 수 있다. 코치이의 삶의 세계는 대화의 특수한 맥락으로 포함된다. 예를 들어, 특정 사람, 구체적 사회 환경, 신체 환경, 구조적 조건, 다른 위치, 특별하고 가능한 다른 이야기들이 있다.

- 학습은 코치와 코치이가 함께 만드는 사회적 실천의 고유한 영역이다. 따라서 학습은 반드시 계획된 행동일 필요는 없지만 여러 유형의 공동 작업의 일부가 될 수 있다. 당사자들이 창조하는 대화는 대화에서 다루는 주제와 상황과 관련하여 공유하고 개별적 이해를 발전시키는 기초를 형성한다.

- 사람, 행동, 맥락은 구체적인 사회적 실천에서 서로를 구성한다. 코치이는 자신의 행동 및 코치이가 특정 맥락과 상황에서 대화에 포함하는 사회적 관계로부터 독립적이고 안정된 특성을 가진 사람으로 인식되지 않는다. 코치이의 행동은 사회적 환경 및 물리적 환경이 제공하고 허용하는 가능성과 관련되어 형성된다. 코치와 코치이는 그들 사이에 펼쳐지는 대화를 통해 그들의 세상을 함께 창조한다. 동시에, 대화를 통해 다른 사회적 장도 코치이의 세계로 초대된다.

- 코치와 코치이는 모두 그들의 실천 공동체에서 정당한 주변 참여자이다.[12] 그들은 서로 영감을 얻기 위해 상호 계약을 맺고 있다. 또한 코치이는 대화의 방향과 목적에 대한 특별한 기대를 가지고 있다. 비록 코치가 코칭과 심리학에 대한 전문적 지식을 바탕으로 대화에서 특별한 역할을 할지라도, 어느 누구도 대화에서 구체화되는 지식과 학습에 관해 중심적인 위치를 차지할 수 없다. 코치 또는 코칭 교육자,

12. 이 개념은 레이브와 웽거(1991)에서 나왔고 (학습) 상황에 참여자 가운데 누구도 지식 독점이 없는 상황을 설명한다. 양측 모두 출발점에 관계없이 상황으로부터 배울 수 있다.

치료 전문가 또는 리더는 다른 참여자들이 무엇을 배워야 하는지 알 수 없다. 왜냐하면 코칭 대화에서 논의된 구체적인 상황이 다른 참여자들에 의해 다르게 인식될 것이기 때문이다. 상황과 관련하여 채택될 수 있는 다양한 입장과 관점은 처음부터 대화의 명확한 목표 또는 목적을 정의하기 어렵게 만든다. 대화의 흐름에 따라 참여자의 사회적 실천과 대화를 통해 펼쳐지는 것에 세심한 주의를 기울이는 것이 중요하다.

- 코칭 대화의 사회적 실천에 참여는 항상 성찰 과정, 즉 개인이 연관된 상황과 관련된 의미의 '협상'을 수반한다. 코치와 코치이는 자신의 지각과 경험을 바탕으로 상황에 들어가며, 이는 대화(경험적 관점)에서 다루어지는 사건과 상황과 관련하여 자신의 개인적 의미에 영향을 미친다. 상황과 사건에 대한 이런 (개인적) 관점은 대화에 제기되며, 여기서 의미는 대화에서 더 발전한다. 코치와 코치이는 대화에서 다루는 주제와 관련하여 공유된 이해를 확대하는 과정에서 공동 학습자co-learners가 된다.

- 코치는 모든 주제에 대한 전문가가 아니다. 단지 대화 상대 역할을 할 뿐이다. 대신에 코치의 전문성은 협력 관계의 발전과 새롭게 떠오르는 학습을 촉진하고 지식 공동체를 활성화시키는 코칭 대화의 조건을 조성하는 데 있다. 이런 상호협력 과정은 실천 공동체의 모든 참여자들 사이에서 지속적인 상호작용이 필요하다. 최적의 학습 및 코칭 환경을 위해서 대화 상대는 무언가를 각자 이야기하기to each other보다는 서로 이야기with each other를 해야 한다. 영국 의사소통 연구자 존 셔터John Shotter(2006)는 '관해 생각하기about thinking' 대신 '함께 생각하기withness thinking'에 대해 말한다. 체계적인 관점에서 볼 때, 대화는 성찰 영역에서 출발하고 다양한 성찰적 관점을 가지고 온다고 말할 수 있다. 코칭은 다중다양성multiversality, 즉 대화에서 여러 목소리multiple voices

와 부분적 진실local truths를 포함시키는 것에 중점을 둔다. 따라서 코칭은 공유된 의미 형성 과정이 된다. 이 관점은 코칭이 집단 또는 팀 과정인 경우 더욱 돋보인다.

- 상호협력적 대화는 새로운 지식을 창출할 뿐만 아니라 개인적 참여자의 정체성과 자기개념에 영향을 미친다. 공유 학습과 상호협력 코칭 실천은 개인 및 사회 발달 과정을 촉진한다. 이 과정에서 자기는 코치와 코치이 사이에 전개된 관계와 대화로 구성되듯이 명확한 관계로 나타난다.

2.3.3 요약: 코칭 및 학습 - 주관적 경험과 상호협력적 대화 사이

앞에서 필자는 코치가 (1) 특정 상황과 관련하여 개인의 주관적 경험, (2) 코칭 당사자들 사이에 펼쳐지는 상호협력적 대화에서 코치가 출발점으로 취하는 두 가지 학습 접근법을 설명했다. 이전에는 이런 입장이 인식론적 의미에서 화합할 수 있는 것으로 간주되지 않았지만, 지난 수십 년 동안 이 입장이 바뀌었다. (1) 현상학적-경험적 실천phenomenological-experiential practice, (2) 사회구성주의 상호협력 실천social constructionist collaborative practice 간의 격차가 좁아지는 것처럼 보인다. 정신역동에서 체계적-관계적 방향systemic-relational directions에 이르기까지 더 많은 수의 심리치료 접근이 서로 다른 전통을 융합하는 혼합된 형태로 발전하고 있다. 코치는 성찰적 프랙티셔너[13]로서 주어진 코칭 상황에서 자신이 선택한 출발 지점과 위에서 언급한 두 가지 관점이 어떻게 코칭 과정에서 참여자 사이에서 지속적인 대화로 통합될 수 있는지 알고 있어야 한다. 학습은 항상 (1) 코치가 특정 경험과 상황에 집중하도록 권장하는 감각 미학적 차원sensory-aesthetic dimension, (2) 코치가 다른 사람들과 상호작용하는 것을 배우는 사회적 차원을 지닌다(Stelter, 2008b). 두 가지 학습 차원 모두 역동적 순환성dynamic circularity에 의존하는데,

여기서 개인은 구체적으로 인식된 상황과 구체적이고 신체적인 감각 또는 개인의 사고와 행동에 영향을 미치는 감각에 존재하는 중요한 사람들과 적극적으로 상호작용한다.

이 장의 다음과 마지막 절에서는 조직과 리더십 이론의 관점에서 코칭을 다룬다. 이를 통해 코칭이 널리 보급된 구체적 상황을 소개하고자 한다. 이런 상황 소개는 코칭 분야를 협소하게 만들 수는 있겠지만, 사실 이런 관점은 코칭이 진료, 질병 예방, 건강한 삶의 증진과 관련하여 엄청난 성장을 보여주는 방향이라고 생각한다.

---

13. 자비스Jarvis(1999)와 레인Lane과 코리Corrie(2006)에 따르면, 성찰적 프랙티셔너는 항상 두 가지 차원을 기반으로 자신의 지식을 개발한다. (1) 연구-기반 근거research-based evidence와 학문적 이론, (2) 자신의 실천의 성찰을 바탕으로 나타나는 자신의 주관적 이론이 바로 그것이다. 이는 6장에서 좀 더 살펴볼 것이다.

2.4 조직과 리더십의 이론적 관점에서 코칭

코칭은 관리 및 조직 개발 분야에 매우 널리 보급되었다. 한편으로는 리더가 어떤 형태로든 코치나 코칭 지향 리더coaching-oriented leader로서 행동하기를 원하는 탁월한 코칭 리더십 스타일coaching-inspired leadership style이 있다. 2009년 필자가 실시했던 설문조사(Wittrock, Didriksen, & Stelter, 2009)에 따르면, 조사 대상 HR 관리자의 30%는 코칭 교육을 받았으며 20%가 코칭을 회사의 리더십 교육의 일환이라고 말했다.

다른 한편으로 관리자도 자신의 리더십을 성찰하기 위해 코칭을 활용한다. 코칭이 경영에서 이런 역할을 하는 이유는 지난 수십 년 동안 경영 및 리더십 분야에서 중요한 변화가 있었기 때문이다. 이제 회사나 조직을 이끄는 것은 다른 사람들을 자기관리로 끌어들이는 것을 의미한다(Helth, 2009a; Ladkin, 2010). 다양한 분야의 권위자들처럼 관리자/리더는 지식 독점을 잃어버렸으며, 이제 대부분의 경우 궁극적 전문 지식이 더 이상 리더십 역할의 일부가 아닌 상황이 되었다. 이전의 관리자/리더는 전문 지식의 독점을 통해 자신의 역할을 부여받았고, 자신의 위치에 따라 자동으로 구성원들에게 존경을 받았다. 하지만 오늘날 관리자는 개인적 권한을 얻는 문제에 직면하면서 새로운 방식으로 자기 역할을 관리해야 한다. 관리자는 그들이 이끌어가는 사람들의 신뢰를 얻을 필요가 있고, 리더십을 발휘해야 한다. 이런 맥락에서 관리자는 역할 기반에서 사람 중심으로 전환했다. 따라서 관리자/리더는 완전히 새로운 역량 및 행동 전략이 필요하다. 앞으로 관리자/리더의 대화 능력은 필수 자격 조건이 될 것이다.

2.4.1 리더십과 대화의 연관성

관리자/리더는 직원의 신뢰를 얻고 조직 및 업무에서 직원의 관점으로 통찰을 얻으려면, 회사 안에서 다양한 수준의 대화를 진행해야 한다. 대화는 당사자들 사이의 이해를 높이고 협력에 건전한 기반을 구축한다. 전통적 리더십과 통제된 생각을 극복할 필요가 있다. 관리자는 회사의 기본 인상을 위한 지원을 지속해야 한다. 또한 통제하지 않으면서 건전하고 상시적이면서 상호협력적 기반을 구축해야 한다(Hansen, 2009; Helth, 2009b). 관리자/리더는 공동체 의식과 지원 및 조직의 정체성을 공유할 수 있어야 한다. 영국의 경영 연구원 랄프 D. 스테이시Ralph D. Stacey(2007)는 조직의 속성을 기술하고 지속적 성장에 기여하기 위한 내러티브 및 의사소통 능력을 다음과 같이 강조한다.

> 조직의 모든 사람들에게 그것이 무엇에 관한 것인지와 그들이 하는 일을 어떻게 수행하는지 물어보라. 그러면 그들은 당신에게 이야기 할 것이다. 그들에게 전략이 무엇인지 물어보라. 그러면 그들은 당신에게 조직 확장expansion, 인수acquisition, 인원 감축downsizing 등의 이야기를 들려줄 것이다. 그러므로 전략은 평범하고 일상적인 방법에서 조직의 사람들이 공동으로 창조한 정체성의 내러티브이다(p.375).

리더십과 조직 개발 및 협력은 모든 당사자가 서로 관련되고 접근하는 의미를 공동 창조하며 협력하는 과정이다. 관리자/리더는 직원들이 함께 일할 수 있도록 해야 하며, '팀의 일원part of the team'이 되기 위해 노력해야 한다. 관리자/리더는 모든 당사자와 협상을 통해 결과를 만들어야 한다. 이 과정의 초점은 전략과 구체적 업무에만 국한되지 않는다. 리더십과 조직 개발을 통합하는 과정에서 리더와 직원의 인격과 정체성도 해당된다. 이 과정의 목표는 덴마크 리더십 연구 프랙티셔너 폴라 헬스Poula Helth(2009b)가 말한 관계적으로 창조되는 조직relationally created organization을 개발하는 것이다. 동시에, 협상 과정에서 내재된 딜레마와 이해의 충돌을 무시하지 않는 것이 중요하다. 관리자와 직원은 서로 다른 아젠다가 있다. 이끄는 것과 이끌리는 것은 항상 당사자들이 다루어야 하는 특정한 권력 서열에 따라 좌우되며, 구체적인 협상 상황에서도 분명하게 표현되어야 한다. 따라서 리더십은 정당성을 위해 노력해야 한다. 직원들의 충성심을 당연하게 여길 수는 없다.

2.4.2 복잡성 관리와 리더십

관리자와 직원 모두 우리의 직장생활, 조직, 회사, 사회를 일반적으로 특징짓는 복잡성 정도의 증가에 대처해야 한다. 체계 이론의 우연성 개념은 이 특별한 도전을 묘사하는 좋은 방법을 제공한다. 독일의 체계 이론가 니클라스 루만Niklas Luhmann(1995)은 이 개념을 다음과 같이 설명한다.

> 복잡성이란 선택을 강요당하는 것을 의미한다. 선택을 강요당하는 것은 우연성을 의미한다. 우연성은 위험risk을 의미한다. 모든 복잡한 사건의 상태는 그것이 스스로를 구성하고 유지하기 위해 사용하는 요소들 사이의 선택에 기초한다. 비록 다른 관계가 가능했을지라도, 그 선택은 요소의 위치를 정하고 한정한다. 우리는 '우연성'이라는 전통 용어를 빌려 이것이 '다른 방법도 가능하다'라고 지정한다. 그것 또한 최고의 가능한 형태를 성취하지 못할 가능성이 있다(p.25).

루만은 우연성 개념이 명확한 해결책을 찾는 것이 불가능하다는 것을 설명한다. 리더십은 이 우연성을 다루고, 명확성clarity, 안전성safety, 확실성certainty을 달성하기 위해 영구적 불가능성을 수용한다. 오늘날 우리는 예전보다 훨씬 더 많은 시간 동안 잘못될 수 있는 위험을 안고 살아가는 법을 배워야 한다. 우연성을 다루기 위한 한 가지 전략은 영구적 성찰 공간에 머물면서 이를 제대로 인식해야 하는 것이다. 이와 관련하여 덴마크 리더십 연구원 베티나 레니슨Bettina Rennison(2009)은 성찰성 기반 리더십reflexive leadership을 말한다. 이 리더십의 목표는 "경영 체계가 자신의 사고방식과 행동 방식을 관찰하는 운영상의 폐쇄적 자세에서 스스로 관찰하는 성찰성"으로 옮겨가는 것이다(p.123). 자신의 자기성찰성self-reflexivity에 반성적 입장을 취하여 메타입장을 채택할 수 있어야 한다. 자기성찰self-reflection을 위한 더 큰 역량을 개발하는 것과 관련하여 깊이 있고 새로운 시각을 얻기 위해서 관리자가 코치를 만나거나 코칭 지향 리더십 네트워크에 참여하는 것이 도움이 될 수 있다.

성찰성 기반 관리reflexive management는 항상 2차 관리second-order management이다. 헬스Helth(2009b)는 성찰성 기반 리더가 참여자와 관찰자 입장을 동시에 취할 수 있으며, 자신과 지속적인 내적 대화를 유지할 수 있는 사람으로 설명한다. 여기서 특별한 도전은 상황을 다른 각도에서 보는 데 있다. 관리자는 구체적 상황, 작업, 사건과 관련하여 조직에 실존하는 다양한 목소리와 입장을 포함할 수 있어야 한다. 관리자는 다성적 리더십polyphonic leadership을 받아들여야 한다. 이 리더십은 서로 다른 목소리를 듣고 조율하며 서로 다른 입장과 역량 프로파일을 전환할 수 있는 능력을 포함하고 있다. 따라서 리더십은 이제 과거보다 위계질서 지향이 훨씬 적으며, 관리자는 자기창조, 다분야 접근multidisciplinary approaches, 협상, 대응성responsiveness이 훨씬 더 요구되는 상황에 부응해야 한다(Pedersen, 2001). 이런 다원적 상황hypercomplex situation에서 조직의 성공과 발전을 촉진시키기 위해서 훌륭한 리더십은 직원의 성찰 역량을 증진시키고, 전문직과 사회적 및 개인적 역량에 관련하여 개발 및 학습을 위한 최적 조건을 제공해야 한다.

그러나 어느 시점에서 복잡성과 우연성을 다루려면, 명확하고 가시적 리더십이 필요하다. 많은 잠재적 선택에 있어 영구적 개방성은 훌륭한 리더에게 기대되는 점이 아니다. 리더십 부족은 직원들을 불확실성으로 이끌고 궁극적으로 스트레스를 양산할 수 있다(Brandi & Hildebrandt, 2008; Hildebrandt, 2003). 방향을 제시하고 주도권을 잡는 것은 훌륭한 리더십과 개인적 행위성의 특성이다. 셰룰프Kjerulf(2008)는 의도를 행동으로 옮기는 능력인 리더십에서 개체를 정의한다. 그는 다음과 같이 덧붙인다.

아이디어와 의도를 행동으로 옮기려면...한 개인의 다섯 가지 속성이 필요하다. 자기통찰, 개인적 배경, 정서적 능력은 기관의 바퀴의 살spokes을 형성하는 반면, 포부는 바퀴를 결합시키고 바퀴를 움직이게 한다. 바퀴를 둘러싸고 있는 관계의 고리가 강할수록 더 멋지게 회전하고 구멍이 줄어든다(p.21).

2.4.3 개인 리더십과 가치 지향적 행동

만일 리더십이 다양한 기상 조건의 변화 가운데 항해를 할 경우, 리더십은 특정한 지점에 닻을 내리고 있어야 탐색이 가능하다. 리더는 방향을 제시해야 한다. 점점 더 많은 경영 이론가들은 가치가 개인 관리자(및 직원)의 행동의 기준 및 지침 역할을 할 수 있으므로 조직의 유지를 돕는다고 확신한다. 가치는 리더의 행위성를 통해 표현된다(Kirkeby, 2006b, 2007). 분석적 관점에서 크누센Knudsen과 티게센Thygesen(2009, pp.77f.)은 가치가 프레임 담론의 한 형태로 작용할 수 있는 네 가지 영역을 다음과 같이 언급한다(Thyssen, 2009).

1. 조직 브랜드화: 경쟁 제품 가운데 하나를 선택하는 시민/고객을 기준으로 신뢰할 수 있는 이미지를 만든다.
2. 가치에 따른 조직 통제: 시민이나 고객이 조직과 접촉에서 일관된 입장을 취할 수 있도록 한다.
3. 공동체 구축: 가치를 통해 시민이나 고객을 공동의 이해 관계자로 보고 공동체를 형성한다.
4. 비판에 대한 자격 제공: 성장 문화를 창조하는 데 가치에 기반하여 검토할 수 있다.

여기 제시된 것처럼 가치는 생각 및 행동과 밀접한 관련이 있다. 가치는 윤리적 대인관계 기반을 성찰하는 기본 방향을 제공한다. 가치는 행동의 목적과 목표 방향을 구성한다(Stelter, 2009a). 따라서 우리 행동의 지향적 방향을 표현하고 우리의 행동에 정당성을 부여한다. 가치는 방향을 제공하고 조직을 생성하며, 활동하는 개인의 권한이 표현되는 공간과 의사 결정이 윤리적이고 진정한 기반에 놓이도록 행동할 수 있는 공간을 제공한다. 또한 규칙과 다르며 일반적으로 범주적이고 변경할 수 없으며 종종 무분별한 특성을 나타낸다. 뿐만 아니라 우리의 행동에서 의미 형성과 중요한 것을 나타낸다. 따라서 가치는 우리의 전문적 및 개인적 정체성을 반영한다.

키르케뷔(2000, p.72)는 규범과 가치를 "우리 행동에 대한 설명적 배경the explanatory setting of our actions"이라고 말한다. 키르케뷔에 따르면, "리더십은 고정된 지점에 바로 그 순간right moment과 바로 그 분위기right mood로 이루어진 흐름을 일컫는다(p.74)". 따라서 가치는 종종 우리 행동의 내포된 측면을 반영하기 때문에 언제나 명확하게 표현되지는 않는다. 키르케뷔(2000)는 리더십의 한 기능이 사회적 역량에 대한 우리의 이해에 접근한다고 말한다. 이 역량은 (1) 조직 자체, 즉 직원을 격려하고 참여시킬 수 있는 능력, (2) 고객의 요구와 회사의 기술적 현실 사이의 연결, (3) 공급 업체, 컨설턴트, 노동조합 및 주주를 포함하는 나머지 네트워크에 관심이 있다. 키르케뷔의 이해에서 리더의 가치 기반 행동leader's value-based actions은 특정 미덕에 근거하고 있다. 그는 다음과 같은 여섯 가지 미덕을 언급한다.

1. 유볼리아eubolia = 좋은 숙고 기술, 새로운 관점으로 사물을 보는 능력, 풍부한 자원
2. 유포리아euphoria = 분명한 참여 표현; 현실감, 이끌 수 있는 능력
3. 히포모네hypomoné = 인내심, 자제력, 말하게 하는 능력
4. 프로렙시스prolépsis = 상상력, 예측, 예상 능력
5. 메이유틱maieutics = 리더십 아래에 있는 사람들이 자신이 하는 일에 동기를 부여하게 만드는 조산술
6. 에피볼레epibolé = 체현된 직감의 한 형태

키르케뷔(2000)는 이런 미덕이 '조작가능operationalizable'이라는 의미를 지니는 가치가 아니라고 지적한다. 이것들은 특별한 무언가를 의미하는 개인으로서 사람을 정의할 수 있는 일종의 '조율attunement'의 형식이나 분위기로 개인을 표현한다.

따라서 가치에 기반한 행동acting on the basis of values은 가치 기반 리더십value-based leadership과 동일하지 않다. 덴마크 조직 컨설턴트 토킬 올센Thorkil Olsen과 도르테 룬드 야콥센Dorthe Lund Jakobsen(2006)은 다음과 같은 코멘트에서 가치 기반 리더십의 경험과 비판적 성찰을 표현한다.

> 우리의 관점에서 보았을 때 가치 기반 리더십은 비윤리적 실천 및 리더십 사례를 잠재적으로 창출한다는 위험요소가 있다. 이는 부주의하게 권력과 의사결정의 근거가 조직의 행위자들에게 숨겨지기 때문이다. 거액의 시간과 돈은 가치 활동에 계속 투자된다. 우리의 관점에서 볼 때, 많은 조직은 그것을 포기하는 것이 더 나을지도 모른다. 심지어 가치는 의사결정의 주제가 될 수 없다고 말할 수도 있다. 우리가 어떤 의미에서는 공유된 가치가 주어진 문화의 틀 안에서 의미 있는 행동으로 우리 언어에 내재되어 있다(p.52).

이런 성찰 기반 가치 활동은 전체 조직을 위한 프로젝트보다 각 관리자를 위한 개인 개발 프로젝트personal developmental project가 된다.

2.4.4 리더십 맥락에서 코칭

필자는 이런 성찰과 리더십의 이론적 개념을 토대로 리더십과 조직 개발과 관련하여 코칭이 어떠한 역할을 할 수 있는지 제기하고자 한다. 코칭은 관리자가 코치와 대화하기로 선택하는 대화 접근 방식으로 적용할 수 있거나, 관리자가 코칭의 영감과 방법을 자신의 리더십 실천에 포함시킬 수도 있다. 다음은 리더십 맥락에서 코칭을 사용하는 세 가지 다른 방법을 제시한다.

1. **리더를 위한 성찰 공간으로서 코칭**: 리더는 다른 사람들과 상호작용, 조직의 도전과 관계, 특정 과제에만 집중하지 않는 발달 관점, 바람직한 해결책을 좀 더 깊이 성찰할 수 있는 시간과 기회를 갖는 대화에 참여 기회가 반드시 필요하다. 왜냐하면 리더십은 부분적으로 복잡성과 우연성을 관리하고 행동과 말에서 가치 지향을 증명하는 것이기 때문이다. 이런 형태의 대화에는 회사와 관련이 없는 임원 코치 또는 경영관리 코치management coach가 참여할 수 있다. 리더는 외부 경영관리 코치와 함께 일하면서 대화와 성찰의 핵심 조건에 필요한 신뢰와 확신을 키울 수 있는 시공간을 찾을 수 있다. 그것은 리더에게 일상적 사건의 압력으로부터 뒤로 물러나고, 성찰할 수 있는 조용한 공간을 찾도록 자유를 준다(O'Broin & Palmer, 2010).

필자는 추가적인 가능성으로서 리더를 위한 그룹 코칭을 언급하고자 한다. 다양한 조직과 회사의 리더들은 특정 조직 및 개인적 과제에 초점을 맞춰 개인적 리더십을 개발하기 위해 공유된 성찰 공간을 만들기 위해 코치를 만난다. 만일 그룹 코칭이 상호 발전을 위한 자유 공간의 역할을 한다면, 참여자들의 상호 신뢰 형성은 중요하다.[14] 리더십 코칭의 전반적 목표는 가치 지향적 조직을 위한 리더의 역량을 키우는 것이다. 그러므로 필자는 특히 리더십 덕목의 발전에 초점을 맞출 것이다. 리더가 자신의 덕목을 성찰하는 것은 조직을 지속적으로 강화한다. 따라서 코칭은 이때 코치가 리더의 긴급한 조직적 문제의 답변과 해결책을 찾을 수 있게 도움으로써 교양 프로젝트에 더 가까워지고 작은 충돌이 노출되는 과정을 적게 만든다.

경영관리 코치는 문제 해결 컨설턴트trouble-shooting consultant로 축소되어서는 안 되고 대화 상대로서 일해야 하며 리더의 개인적 리더십을

14. 에이에스뜨리-워크 앤 케어 티나 포스트 오거드AS3-Work & Care Tina Post Aagaard의 책임자는 많은 관리자들이 개인적 자기표현과 회사의 브랜드 및 리더십 기술에 초점을 맞추는 데 어려움을 겪고 있다고 말했다(personal conversation on 29 June 2010). 따라서 모든 참여자가 그룹 코칭을 최대한의 개방성을 특징으로 하는 개발 공간으로 사용하는 데 동의하는 공유된 계약을 만드는 것이 중요하다. 또한 오거드Aagaard는 그룹 코칭이 개별 세션과 결합될 수 있다고 언급했다.

개발해야 한다. 리더십 역량 개발은 코칭 대화에서 문화, 맥락, 대인 관계 차원에 초점을 맞추는 것을 의미한다. 이 과정은 리더가 리더십 실천에서 무엇이 의미가 있는지, 무엇을 나타내는지, 무엇에 열정이 있는지, 무엇이 개인뿐만 아니라 조직과 직원에게 도움이 되는지 발견하도록 도와주어야 한다. 또한 인간 실천의 규범적 측면에 중점을 두어야 한다. 키르케뷔에 따르면, 코칭의 핵심 격언 및 목적은 "그 사건을 위한 스스로의 가치를 증명"하는 것이다. 즉, 코치는 관리자/리더가 "중요한 사건에서 배우기"를 도울 수 있다(Kirkeby, 2008, p.271). 리더는 이 사건들을 성찰하여 리더십의 의미 있고 가치 있는 측면을 탐구할 수 있다. 이런 탐구는 조직의 비전과 사명, 직원 복지와 개발 및 환경, 고객, 비즈니스 상대와 관계를 고려하여 수행한다.[15]

2. **직원 성장을 위한 도구로서 코칭**: 코펜하겐대학교에서 진행된 코칭 바로미터 2009Coaching Barometret 2009(Wittrock 등, 2009)에서 논의된 바와 같이 점점 더 많은 리더들은 리더십 실천의 일환으로 코칭을 사용하는 데 관심을 가지거나 훈련을 받았다. 또한 많은 리더들이 어떤 형태로든 코치 또는 코칭 지향 리더로서 역할에 관심이 있다는 인상을 받았다.[16] 또한, 덴마크 컨설턴트 레델세Ledelse(2005)의 배크스투스Væksthus의 설문 조사는 우수한 리더십의 핵심이 관계의 차원을 이해하는 것이라고 강조한다. 이는 코칭 또는 코칭 활용 리더십 실천coaching-inspired leadership practices의 틀에서 펼칠 수 있는 역량이다.

이런 사실에도 불구하고, 리더와 코치의 역할을 동시에 수행하는 것은 여러 문제들과 잠재적으로 불행한 결과가 따를 수 있다. 리더

15. 키르케뷔(2000)의 사건 이해와 영향력 관리 및 리더십 개념을 읽어보라.

16. 필자는 2009년부터 코펜하겐 비즈니스 스쿨과 코펜하겐대학교 간의 파트너십으로 제공되는 공공 지배구조 석사 과정 프로그램에서 "개인적 리더십 및 대화 코칭Det personlige lederskab and dialogisk coaching"을 담당했다. 이것은 어떤 형태로든 코칭에 참여하는 관리자들의 관심을 명확하게 보여주었다.

십은 권력의 위치를 의미한다. 이 권력의 위치는 코칭 관계에 영향을 주거나 빛을 읽게 만들어서는 안 된다. 이 딜레마를 어떻게 해결하거나 최소화할 수 있을까? 코칭이 리더십에 포함될 때 어떤 기회들이 발생하는가? 이 딜레마를 해결하기 위한 노력에서 코칭 맥락과 다양한 형태의 코칭 활동에 중점을 둘 수 있다. 필자는 코칭을 사용할 때 다음과 같은 기회들을 보았다.

- 코칭을 받는 데 관심이 있는 관리자/리더에게 직원이 오는 경우 한 가지 기회가 제공된다. 이것은 코칭이 조직에서 인정되고 널리 퍼진 대화 형식이라는 것을 전제로 한다. 예를 들어, 그런 요청은 직원이 관리자를 신뢰하고 직원이 관리자와 코칭 대화에 '적합suited'하다고 생각되는 주제를 토론하기 원한다.

- 코칭의 또 다른 잠재적 맥락은 연례 직원 개발 대화annual staff development conversation이다. 하지만 관리자는 주의를 기울여야 하며, 직원이 이런 맥락에서 수용 가능한 코칭 접근을 찾는지 확인해야 한다. 코칭은 직원이 새로운 개발의 기회를 열어 볼 수 있고, 관리자가 직원이 보는 미래의 특정 맥락을 듣는 것에 진심으로 관심을 기울이고 있는 상황에 적합하다.

- 세 번째 기회는 리더가 목적이 직업, 열망, 꿈, 목표의 의미 있는 측면에 초점을 둔 가치 관련 코칭value-related coaching을 독점적으로 제공하는 직원과 대화하는 경우이다. 키르케뷔(2009)는 이런 맥락에서 권학protreptics[17]을 언급한다. 리더는 예를 들어 다음과 같이 질문을 할 수 있다. "이 일에 참여하는 것은 당신이 무언가를 얻으려고 노력하는 것, 올바르게 인식하는 것과 어떤

17. 옮긴이 주 - 대화는 권학적 기능을 지니고 있다. 권학은 독자에게 연구 주제의 가치를 설득하고 그를 열광시키며 그것으로 '돌아서도록προτρέπειν' 설득하는 대화 장르에 속한다.

관련이 있나요? 성취하고자 하는 것은 무엇인가요? 이 일은 당신과 당신의 일에 어떤 의미가 있나요?" 여기서 주의해야 할 점은 항상 직원을 놀라게 하는 것을 피해야 한다는 점이다. 따라서 관리자는 특별 형식 및 코칭 가능성에 대한 간략한 대화 형식 안에서 계약을 권유하고 제안하는 것이 좋다. 그리고 직원은 부정적인 결과에 두려움 없이 제안을 거부할 수 있는 불가침한 권리를 가져야 한다. 여기서 다시 한 번 코칭 기회를 받을만한 자격을 증명해야 하는 것은 직원이 아니라 리더이다.

3. **조직 및 팀 개발자로서 코칭 중심 리더**: 리더는 코치로서 역할을 하거나 특히 미시적 수준의 조직 개발에서 코칭 지향 리더로서 더 적절하게 참여할 수도 있다. 예를 들어, 관리자와 직원이 협력과 복지를 개선하기로 합의했을 때, 작업 과정들을 개선하거나 향후 프로젝트를 계획할 수 있다. 코칭 지향 리더십의 전제 조건은 (1) 상황이 갈등이 들끓지 않고 (2) 관리자가 관리 입장에서 이야기할 때 관리 입장이나 코칭 지향 리더로서 이야기하고 있는지 여부를 명시해야 한다(Søholm, Storch, Juhl, Dahl, & Molly, 2006). 덴마크 컨설턴트 티브링Thybring, 쇠홀름Søholm, 율Juhl, 슈토르히Storch(2005)는 팀 개발 대화 설명에서 코칭 지향 리더의 좋은 예를 제시한다. 그들에 따르면, 팀은 다음과 같은 6가지 범주 내에서 특별 과제를 해결하고 자기평가를 수행하며 내년의 목표 또는 과제를 계획하거나 팀 점검을 수행하기를 원할 때 매우 적절한 접근 방법이라고 생각한다. 6가지 범주는 목표, 결과, 관리, 협력, 학습 문화, 관리 관계이다. 이 책의 저자들은 핵심 조건으로 '내용의 통제 없이 대화를 관리하라!'는 원칙을 강조한다. 이와 관련하여 코칭 지향 관리자를 위한 몇 가지 필수 지침을 살펴보자.

- 프로세스 촉진자 역할을 하는 관리자로서 직원의 어떤 능력에 대해 말하고 있는지 분명하게 표시하라.
- 대화의 단계를 표시하라(예를 들어, '나는 우리가 모든 관점을 들었다고 생각한다. 다음 단계는……').
- 팀이 어디에 있는지 명확한 이미지를 파악하기 위해 프로세스 중 요약하라.
- 연결 질문bridging questions을 하라(예를 들어, '우리가 지금까지 말한 것에 공통적으로 나타나는 특징은 무엇인가?', '다른 사람들이 지적한 것들 가운데서 당신은 어떤 영감을 얻었는가?').

2.5. 맺음말

2장의 목적은 일반적인 이론적 관점과 구체적인 코칭 실천 위에 떠오르는 코칭의 기원 및 발전의 통찰을 제공하는 것이었다. 코칭은 실천 분야이자 이론 분야로서 반드시 자리매김해야 한다. 어떤 상황에서도 코칭을 단순히 기술로 축소시켜서는 안 된다. 따라서 필자에게 있어서 코칭 대화가 어떻게 우리 사회의 도전에서 비롯된 것인지, 코칭이 어떻게 완전히 새로운 학습 방식의 기초를 형성하는지, 코칭이 어떻게 자기성찰과 정체성 개발을 촉진할 수 있는지, 코칭이 어떻게 리더십 개발 및 개인적 리더십에 중요한 기여를 하는지 보여주는 것이 중요했다. 필자는 이런 일반적인 토대에 대한 윤곽을 보여줌으로써 코칭 실천의 이론적 근거에 기여하기를 희망한다. 스토버Stober 등(2006)에 따르면, 코칭 기반 특정 연구와 관련 분야 연구뿐만 아니라 자신의 전문 지식 및 코치의 특성 이해를 포함하는 근거 개념에 폭 넓은 이해가 필요하다.

코칭은 연구 및 실천 분야로 개발되었으며, 이는 대화 형식 및 전문성을 지향하는 코칭 개발에 중요한 조건이다. 코칭은 상당히 다양해졌다. 점점 더 많은 코칭 버전들이 등장하고 있다. 이는 책과 무수한 과정들 그리고 교육 프로그램들에서 발표되었다. 이 장의 주요 목표는 코칭이 어떻게 사회 변화, 정체성, 학습 및 리더십과 관련한 지배적인 사회적 현상에 뿌리내리고 있는지 설명하는 것이었다. 코칭 접근들의 차이는 이상적으로 코칭 개입의 이론적 근거(심리역동psychodynamic, 인지cognitive, 철학philosophical, 체계systemic 등)의 차이에 따라 발생하지만, 실제로 대부분은 코칭 제공자가 다른 코칭 접근들과의 경쟁에서 눈에 띄기 위해 자신만의 브랜드의 차이점을 강조하면서 발생한다. 어느 정도 이런 일반 사회 과학 기반은 이론 및 실천에서 코칭 및 코칭심리학의 형식을 구성한다.

3장 코칭과 코칭심리학의 개입 이론들

THIRD GENERATION COACHING

이 장에서는 대화의 주요요소인 관계적 및 공동 창조적 특성에 중점을 둔 특별한 대화 형식을 지향하는 코칭에 대한 일반적 생각들을 제공한다. 그 다음, 코치가 코치이와 관련하여 적용할 수 있는 세 가지 핵심 기본 의도를 다룬다. 필자는 코칭에 제3세대 접근의 성찰적 관점에서 코칭을 강조한다. 코치의 기본적 지향점은 대화 형식에 중대한 영향을 미친다.

이 장의 중간에서 코칭 및 코칭심리학의 접근법에 특정한 기본적 지향점이 어떻게 반영되는지 명확해질 것이다.

3.1 특별한 대화 형식으로서 코칭

코칭은 발달 및 자기성찰적 대화를 위한 특별한 틀을 제공하는 대화 형식이다. 여기서 대화는 특정 전제와 참여자들의 특정 입장에 근거하기 때문에, 발달적이고 자기성찰적일 수밖에 없다. 필자는 대화dialogue와 의사소통conversation을 동의어로 사용한다는 점을 미리 밝혀둔다.[1] 현재의 맥락에서 대화는 참여자들이 서로의 가정, 생각, 의견, 세계 인식을 탐구하는 의사소통으로 이해해야 한다. 대화는 토론과 다르다. 오히려 토론의 끝 지점에서 시작된다(David Bohm, 1996). 대화는 상대방을 설득하려고 시도하지 않고, 자신의 입장을 풍부하게 할 수 있는 관점의 차이를 듣고 받아들이는 것이다. 이런 기본 조건을 통해 대화의 질을 높이고 긍정적인 결과를 얻을 수 있다. 철학자 미하일 M. 바흐친Mikhail M. Bakhtin(1895-1975)은 사람들을 위한 대화의 근본적 중요성을 다음과 같이 강조한다.

> 산다는 것은 대화에 참여하는 것을 의미한다. 질문하기, 주의하기, 응답하기, 동의하기로 말이다... 이 대화에서 한 사람은 그의 온몸과 행동 즉, 눈, 입술, 손, 정신, 영혼과 함께 전적으로 전 생애에 걸쳐 참여한다(Gergen, 2009a, p.250에서 재인용).

1. 옮긴이 주 - 장 그롱댕Jean Grondin(2012)은 한스 게오르그 가다머Hans Georg Gadamer의 대화와 위르겐 하버마스Jurgen Habermas의 의사소통을 구분한다. 그롱댕에 따르면, 가다머의 대화는 소크라테스식의 질문과 대화의 변증법적 형태를 취하는 반면, 하버마스의 의사소통은 대화참여자들이 특정 주제에 대해 논쟁적으로 서로의 주장을 나누는 데 관심을 둔다. 물론, 가다머와 하버마스의 대화방식은 대화 참여자 모두 상호주관적인 행위인 대화에 적극적으로 참여한다는 점에서 공통점을 지니고 있다. 하지만 분명한 것은 가다머가 인간의 유한성에 기초한 실존적이고 존재론적인 측면에서 대화를 상정하지만, 하버마스는 실제적 삶에서 일어나는 의사소통에 대해 더 주안점을 두고 있다는 점에서 큰 차이를 보인다. 자세한 내용은 장 그롱댕/최성환 옮김, 『철학적 해석학 입문』 (서울: 한울아카데미, 2012)를 참조하라.

다음에서는 대화의 특성을 탐구할 것이다. 그리고 의사소통 현상으로서 대화를 밝히고, 대화의 발현 및 특성을 조사하는 이론을 선정하여 제시할 것이다.

3.1.1 마르틴 부버의 진정한 대화

마르틴 부버Martin Buber(1878-1965)는 오스트리아-이스라엘 신학자이자 세계적인 '상호주관주의 철학자intersubjectivity philosophers'이다. 부버는 대화가 깊이 있는 실존적 수준에서 자신과 다른 사람을 이해하기 위해 연결 및 관계를 만드는 목표를 지닌다고 말한다. 그리하여 대화를 두 사람 사이의 근본적인 만남으로 간주한다. 부버는 대화를 호혜적 관계를 유지하기 위해 각 참여자가 존재하는 특정 방식과 함께 다른 사람을 염두에 두는 사건이라고 본다. 부버(2004)는 대화를 다음과 같이 설명한다.

> 사람은 '너Thou'를 통해 '나I'가 된다. 마주 서는 자는 나타났다가 사라진다. 관계 사건은 응축되었다가 흩어진다. 그리고 이러한 변화 속에서 그때마다 자라가면서도 언제나 동일한 것으로 머물러 있는 동반자에 대한 의식, 곧 '나'라는 의식은 명확해진다. 물론, '나'라는 의식은 도달하는 것이 아니라 여전히 관계의 짜임 속에서만 나타난다. 그러나 이 '나'라는 의식이 점점 드러나게 되면 마침내 '나'와 '너'의 맺어짐이 깨지고, '나'는 자기 자신과 마주하게 된다. '나'는 곧 자기 자신에 대한 소유권을 얻게 되고, 그때부터 자기 자신을 의식하면서 관계에 들어서게 되는 것이다.

부버에 따르면, 나-너I-Thou는 근원어primary word이다. 나와 너는 각각 서로의 전제조건이므로 상호의존적이거나 공동 의존적이다. '나'는 관계에서 창조된다. 나-너는 근원적 관계를 표현하고 관계의 세계를 특징으로 하는 반면, 나-그것I-id은 경험 세계의 근원어다. 나-너 관계는 다른 인간과 긴밀한 관계를 묘사하는 반면, 나-그것 관계는 다른 인간과 관계를 자신의 기능이나 역할로 묘사한다. 부버는 대화가 아닌 것이 무엇인지 밝혀냄으로써 대화 개념을 정의한다. 부버에 따르면, 개인 간 구두 의사소통은 다음 세 가지 형식에서 택할 수 있다. (1) 다른 사람과 관계 형성에 실질적 관심을 기울이지 않고 하는 위장된 대화인 독백monologue, (2) 한쪽 당사자가 정보와 사실을 다른 사람에게 전달하는 기술적 대화technical dialogue, (3) 각 대화 상대가 다른 상대를 염두에 두고 있으며 모두가 서로 살아있는 상호 관계를 구축하기 위해 노력하는 실제이자 진정한 대화genuine dialogue가 바로 그 세 가지 형식이다. 진정한 대화에서 개인은 자신과 다른 사람 모두를 구성한다. 대화에서 한 사람이 다른 사람을 만드는 데 기여한다. 한 개인은 대화의 의미와 진실성을 통해 만들어진다. 곧, 한 사람은 다른 사람을 통해 존재하게 된다. 부버(1999)는 다음과 같이 전문 심리 대화의 기초로서 진정한 대화에 관한 자신의 인식을 확장시킨다.

> 모든 화자는 자신이 이런 개인적 실존으로 변하는 상대/상대들을 '의미한다'. 이와 관련하여 누군가를 '의미한다'는 것은 그 순간 화자에게 현재 가능성 있는 존재가 되도록 하는 정도의 행동을 하는 것이다. 하지만 화자는 단지 자기에게 이런 식으로 하는 사람만을 인지하는 것은 아니다. 화자는 그를 상대로 받아들인다. 그것은 그가 확인하는 한 그가 다른 존재를 확인한다는 것을 의미한다(pp.85-86).

따라서 관계는 개인적 의미 형성과 자기이해의 초석으로 간주될 수 있다. 대화를 통해 대화 상대는 상호 관계가 형성되는 것처럼 서로 공동 창조한다. 부버의 대화 개념은 코치와 코치이 사이에서 발전되어야 하는 관계 유형인 깊은 관계에 필수적인 것으로 간주될 수 있다. 코치이와 함께 경청-관계를 구축하는 코치 사이에서 발생하는 진정한 대화는 코치이(와 코치)가 자신에 관해 새로운 것을 배우고 한 사람과 한 전문가로서 발전하고 성장하게 한다.

3.1.2 피어스와 크로넨: 의미조정관리

다음에서는 대화를 두 명 이상의 당사자가 수행하는 행위로 제시된다. 피어스Pearce(1994)는 대화 또는 의사소통을 "함께 더불어 만들고 행동하는 행위 형태forms of conjoint actions, that is, as makings and doings(p.203)"로 정의하고, 관계를 "둘 이상의 대상이 구성하는 패턴화된 연결집합a set of patterned linkages in which two or more objects are constituted(p.203)"으로 정의한다. 즉, 관계는 당사자들이 참여하고 있는 대화와 구체적 실천을 통해 만들어진다. 코칭 대화를 수행 행위performative act로 보는 것은 코치와 코치이 모두가 특정 대화를 통해 자신을 표현한다는 것을 의미한다. 이는 그들의 관계를 확립하는 데 도움이 되며, 특정 방식(새로운 방식)으로 그들에게 나타나는 것을 허용한다. 코치는 코치이의 성장 과정을 위한 기초를 수립해야 하는 주된 책임을 수행한다. 대화에는 공동 창조적 공동체 내에서 모든 활동이 이루어지는 고유한 역동성이 있다.

이 작업은 특정 대화 상황에서 행위와 의미를 조정하는 것이다. 피어스Pearce와 크로넨Cronen(1980)의 의미조정관리Coordinated Management of Meaning, CMM 이론은 코칭 대화의 기본 구조를 조명하기 위해 여기에 포함될 수 있다. 의미조정관리 이론은 사람들이 대화와 행동을 통해 자신의 사회적 세계와 현실을 어떻게 함께 창조하는지 설명하는 데 도움이 된다. 피어스와 크로넨에 따르면, 개인(예를 들어, 코치이 또는 코칭 그룹과 상호작용하는 코치)은 상황 인식과 적절하고 의도적으로 행동할 수 있는 특정 규칙을 기반으로 행동한다. 이런 의미에서 코칭 대화는 새로운 가능성을 열어준다. 왜냐하면 이런 안전한 의사소통 공간을 통해 당사자들이 생각을 실험하고 새로운 행동 양식을 고려할 수 있기 때문이다. 코칭 대화는 의미와 행동과 관련하여 새로운 형태의 논리를 점검할 수 있는 기회를 제공한다.

코치는 의미조정관리 이론을 통합함으로써 코치이의 의미 세계를 (더) 발전시키기 위해 상호 협력할 수 있다. 의미조정관리 이론에 따르면, 코칭 대화 형식은 특정 규칙에 따라 구성된다. 구성 규칙constitutive rules은 당사자들이 사건 또는 메시지를 특정 방식으로 해석하는 데 사용하는 의미 규칙이다. 규제 규칙regulatory rules은 당사자가 상황에 적절하게 대응하고 도움을 줄 수 있도록 돕는 행동 규칙이다. 코치는 코칭 과정에서 이런 규칙과 그들의 행동 결과에 주의를 환기시키며 코치이가 다른 상황(예를 들어, 비판적 또는 스트레스가 많은 상황)에서 행동할 수 있게 하기 위해 아마도 새로운 시각으로 성찰의 주제를 삼을 수 있다. 코치는 이런 규칙이 어떻게 자신을 특정 상황이나 맥락에 묶는지, 다르게 행동하기 위해 취할 조치는 무엇인지 고려할 수 있다. 다음에 제시한 조정, 일관성, 미스터리 개념은 사회적 세계에서 의사소통, 사건, 대상 사이의 관계를 설명한다. 따라서 이 세 가지 개념은 코칭 대화가 가능하도록 의미 형성 과정을 다음과 같이 구성한다(Pearce & Cronen, 1980).

- 조정coordination은 우리의 행동이 교차하는 방식에 주의를 집중시키고, 우리의 사회적 세계에서 사건과 대상을 포함하고 특징짓는 패턴을 만들며 참여자가 기여한 활동을 통해 구성된다. 따라서 이론의 중점은 개인에 초점을 맞추는 것이 아니라, 관계와 패턴에 초점을 맞추는 것이다. 코치는 코치이의 개인적 삶과 직장 생활에서 관계와 패턴을 밝히는 데 도움을 줄 수 있으며, 이런 인식은 미래 상황에서 새로운 행동 방식을 촉진하고 시작하게 한다.

- 코치와 코치이는 일관성coherence에 초점을 맞춤으로써 코치이의 삶을 이해하는 데 도움이 되는 이야기와 내러티브에 주목한다. 일관성을 만들고 이해를 하는 것은 인간 생활의 근본적인 부분이며, 이야기는 이 과정에서 핵심적 요소이다. 코치이는 개인적 정체성, 집단적 정체성, 주변 세계 및 자신의 세계를 형성하는 사실과 행동에 관한 이야기를 끊임없이 형성한다. 코치는 코치이가 이런 이야기를 빛으로 이끌고, 그것을 확장할 수 있도록 도울 수 있다. 그렇게 이야기에서 초점을 이동하거나 변경하여 변화를 시작한다. 이

런 변화는 결함과 약점에 초점을 맞춘 언어language that is focused on flaws and shortcomings에서 강점의 언어appreciative language로 옮겨가거나, 문제와 과거에 중점을 두기보다는 가능성과 미래에 중점을 두고, 개인적인 관점에서 사회적 및 관계적 사고방식으로 옮김으로써 성취될 수 있다. 이를 통해 개인, 그룹, 팀은 세계관에 도움이 되지 않는 장애를 제거하고, 새로운 지평으로 나아갈 수 있다.

- 미스터리mystery 개념은 일상적 실존보다 삶에 더 많은 것을 우리에게 상기시키는 이론에서 사용된다. 피어스와 크로넨(1980)은 자신의 관점을 일상적인 사건으로 축소하는 것이 실수임을 확신한다. 미스터리라는 용어는 우리의 세계가 삶에 대한 완전한 묘사를 제공하는 것처럼 보이는 이야기와 내러티브보다 훨씬 크다. 피어스와 크로넨은 어떤 패턴과 어떤 관계에 대해서도 성찰하기 및 의문제기하기가 중요하다는 것을 지적한다. 또한 어떤 형태의 사회 조직이나 패턴을 언급하고 그것이 어떻게 만들어졌는지 물어보고, 아마도 더 나은 것을 만들 수 있는 방법을 물어보는 것도 도움이 된다고 주장한다.

의미조정관리 이론의 근본적 목표는 더 나은 사회 세계를 창조하는 것이다. 이 세계는 우리가 차이를 인식하고 서로를 더 잘 이해하려고 노력할 때 성취될 수 있다. 이 접근법의 중요한 요소는 우리가 기여하는 의사소통 패턴 인식을 개별적으로 또는 관계적으로 향상시키는 것이다. 우리는 이런 의사소통 패턴에 도전할 수 있다. 예를 들어, 좀 더 고양되고 영감을 주는 특징의 대안적 이야기를 개발하거나 순환 질문을 던짐으로써 가능하다. 우리는 성공적인 코칭 대화를 통해 코치이가 자신의 삶과 일에서 변화와 긍정적 개선을 창조할 수 있게 하는 새롭고 구성적인 이야기를 개발할 수 있다.

3.1.3 하린 앤더슨의 상호협력 언어체계 이해

하린 앤더슨Harlene Anderson은 하롤드 굴리시안Harold Goolishian과 협력하여 상호협력 언어체계 접근collaborative language systems approach(Anderson, 1995) 또는 단순히 상호협력 접근collaborative approach(Anderson, 1997)이라고 부르는 치료에서 대화 과정에 대한 이해를 발전시켰다. 그녀의 접근은 치료사(코치)와 고객(코치이) 사이에 맺어진 동맹관계를 강조하면서 좀 더 나아간다. 그녀는 치료 맥락에서 대화에 대한 탈근대 접근 방식을 "사람들이 상호협력 관계와 대화에 참여하는 언어체계 및 언어사건, 즉 가능성을 향한 상호 노력"이라고 설명한다(Anderson, 1997, p.2).

이제 이 대화의 개념을 코칭과 코칭심리학 개입에 적용할 것이다. 코칭 대화는 탈근대 사고와 사회구성주의의 영향을 크게 받은 앤더슨의 사유에서 영감을 얻었다. 이런 코칭 대화는 관계형 지식 생산의 과정으로 볼 수 있으며, 코치가 더 큰 자기이해와 자기통찰을 얻을 수 있는 기회로 간주될 수 있다. 이는 코치와 코치이가 상호 관련되어 있는 구두 담화를 통해 정확하게 달성된다. 코칭 대화는 치료사-코치와 고객-코치이가 함께 세계를 탐험하며 대화 파트너십을 만드는 탐험의 공유 과정이다. 필자의 평가에서 앤더슨(2007a)이 자신의 치료 작업에 대해 설명하는 근본적인 철학적 입장은 코칭(심리학)에서 상호협력과 공동 창조적인 실천을 위한 적절한 기초이기도 하다. 코치와 코치이는 모두 전문가와 대화 파트너로 간주되며, 그들은 코칭 대화의 개발, 학습, 변혁의 성찰 과정에서 발생하는 의미와 지식의 공유된 생성에 모두 관여한다. 코치는 대화에 대한 코치이의 기여를 확대하고자 하는 관대한 경청자generous listener가 되어야 한다(Stelter & Law, 2010). 코치는 관대한 경청자가 되기 위해 여러 가지 노력을 한다. 이를 위해 코치는 자신의 위치나 세계관과 관련하여 적어도 호기심을 가지고[2] 판단하지 않는 것이 도움이 된다. 또한 대화에 등장하는 주제와 관련하여 새로운 해석을 열어두며 궁금하며 판단하는 않는 태도를 취하는 것이 도움이 된다.

3.1.4 코칭 대화의 중심 초점인 관계

여기에 설명된 세 가지 이론은 코칭 대화에서 관계가 얼마나 중요한지 보여준다. 부버의 이해는 대화의 실존적 차원에 정확하게 초점을 두고 있다. 개인은 대화를 통해서만 만들어지며 스스로를 이해할 수 있다. 너Thou는 나I의 전제 조건이므로 자기인식의 전제 조건이다. 코칭 대화 맥락에서 볼 때, 코치이는 자기이해에 접근하고 자신의 경험과 관련하여 의미를 발전시키는 코치의 기여가 필요하다는 것을 의미한다. 동시에 코치는 대화를 진행하는 방식을 통해 코치의 정체성, 경험적 공간, 행위성을 개발하고 갱신하는 것을 도와줄 수 있다. 여기서 관계는 단순히 비옥한 토양이 아니라 코치이의 실존적 발전을 위한 근본적인 필요성이다.

앤더슨, 피어스, 크로넨의 대화 개념은 사회구성주의 패러다임에 기초한다. 이들은 관계의 실존적 의미에 초점을 두지 않고, 대화를 가능하게 하는 공동 창조적 실천과 공유된 의미 생산에 초점을 둔다. 따라서 대화의 발달적 잠재력을 위한 결정적 요소는 개인이 아니라, 당사자 사이에서 발전하는 관계에 있다. 이 대화 개념은 코치가 특히 앤더슨의 상호협력 실천으로서 대화 개념concept of the dialogue as a collaborative practice으로 간주할 때, 적극적인 역할을 명확하게 부여한다. 코치는 단순히 코치이를 위한 조력자가 아니다. 때때로 당사자 간의 관계는 대칭 관계가 될 수 있다. 코치는 일반적 인간의 측면에 적극적으로 대처하고 대화에서 가치 있는 관점을 성찰한다. 코치가 자신의 성찰을 더 분명하게 제시할수록 당사자들 사이의 대화에서 새로운 의미와 이야기의 생성이 좀 더 두드러진다. 이야기는 궁극적으로 코칭 대화의 공간 밖에서 행동의 새로운 방법과 가능성을 찾는 코치의 역량을 향상시킨다.

2. '순진하게 궁금해하기Naively wondering'는 '호기심curious'이라는 단어보다 코치로서 노력하는 존재 상태를 훨씬 더 잘 묘사한 것이다.

3.2 코칭 대화의 기본 의도

코칭 문헌에는 엄청난 수의 개입 이론과 방법론이 포함되어 있다(Cox, Bachkirova, & Clutterbuck, 2010; Palmer & Whybrow, 2007; Passmore, Peterson, & Freire, 2012). 코칭 자체 분야에서 일부 접근법(예, GROW 모델)이 개발되었지만, 대부분은 심리학 및 심리치료(예, 게슈탈트, 실존적, 인지 행동, 해결 중심, 긍정심리학, 내러티브 접근)에서 시작되었다. 우리는 심리 치료 연구에서 치료 효과에 결정적인 것으로 간주될 수 있는 치료 형태의 독립적 요인인 '공통 요소common factors'에 대한 관심이 증가하는 것을 본다(Wampold, 2010a, b). 예를 들어, 치료사 측에서 공감, 긍정적 관심 및 일치성/진실성과 같은 요인이 치료할 때 고객의 유익에 중대한 영향을 미친다는 연구 결과가 있다. 코칭 분야에서 연구 근거가 부족함에도, 심리 치료와 코칭의 유사성은 '공통 요소'가 코칭에도 적용된다는 가정을 정당화할 수 있다.

필자는 좁은 초점을 지닌 코칭 접근과 기술에서 벗어나 좀 더 차별화를 두기 위해 독자들에게 코칭의 주요 형태를 구조적으로 3세대로 범주화하여 자신의 코칭에 반영하도록 권유한다. 이런 범주는 시간이 지남에 따라 코칭 실천의 진행과 발전을 설명하는 데 활용된다. 제 1세대 형태는 가장 오래되었고, 최근의 형태는 상대적으로 새롭고 코칭 및 코칭심리학의 최신 동향을 반영한다. 필자는 오늘날 1세대부터 3세대까지 모든 세대의 형태를 코칭 프랙티셔너들이 계속 사용하고 있음을 알고 있다. 아마 서로 다른 3개의 세대들은 개인 코치나 코칭심리학자가 서로 다른 세대를 혼합하는 것과 마찬가지로 계속 공존할 것이다. 그러나 3세대 코칭을 향한 움직임을 사회가 개인에게 부여하는 자기성찰self-reflection과 자기성찰성self-reflexivity에 대한 새로운 요구에 가장 민감한 반응으로 간주될 수 있다. 필자는 3개의 세대들을 구별하는 기준으로 코치의 이론적 기반과 입장에 따라 결정되는 대화에서 코치와 코치이의 기본 지향적 방향을 사용한다. 그러나 주요 관심은 코치의 이론적 입장보다는 코치의 지향적 방향일 것이다. 물론, 이 둘은 관련이 있다.

3.2.1 3세대 코칭

다음에서는 세 가지 관점에서 코칭을 범주화한다. 이는 코칭과 코칭심리학에서 광범위한 접근을 단순화할 수도 있다는 위험이 있지만, 그럼에도 세 가지 관점에서 코칭을 범주화하여 제시한다(Passmore 등, 2012). 그 이유는 사실 이렇게 분류하는 것은 약간 거칠다고 볼 수 있지만, 이 범주화는 의사소통을 위한 코치의 기본 포부 및 목표와 관련하여 코칭이 어떻게 특징지어질 수 있는지 명확히 하는 데 도움이 될 수 있기 때문이다. 개략적으로 3세대 코칭은 다음과 같은 특징을 지니고 있다.

문제와 목표 관점에서 코칭: 1세대 코칭에는 스포츠 코칭sports coaching(Gallwey, 1974; Robinson, 2010), GROW 모델(Whitmore, 2002)[3], NLP(O'Connor & Lages, 2004), 정신역동 코칭psychodynamic coaching(Sandler, 2011), 인지 행동 코칭cognitive-behavioural coaching(Palmer & Szymanska, 2007)이 있다. 개입의 주요 관점은 구체적인 목표를 달성하고 행동 전략을 개발하기 위해 코치이가 자신의 특별한 도전과 문제

3. GROW 모델은 다음 네 단계로 나뉜다. (1) 목표Goals는 다음과 같은 질문에 초점을 맞춘다: 무슨 이야기를 할까요? 당신이 그것을 제기한 이유는 무엇인가요? 대화를 통해 얻고 싶은 게 무엇인가요? (2) 현실Reality는 다음과 같은 질문에 초점을 맞춘다: 현재 일어나는 현상은 무엇인가요? 무슨 일이 일어난 건가요? 누가 무엇을 했나요? 얼마나 자주 문제가 발생하나요? 그리고 어떻게 발생하나요? 지금까지 무엇을 했나요? (3) 선택Options은 다음과 같은 질문에 초점을 맞춘다: 상황을 바꾸기 위해 당신은 무엇을 할 수 있나요? 어떤 선택사항이 있나요? 그 가능성에 대한 찬성과 반대 의견들은 무엇인가요? 어떤 해결책이 더 매력적인가요? (4) 결론Wrap-up은 다음과 같은 질문에 초점을 맞춘다: 다음 단계는 무엇인가요? 언제 당신이 무엇을 할 것인가요? 당신의 성공 기준은 무엇인가요? 무엇이 방해가 될 수 있을까요?

를 해결할 수 있도록 돕는 것이다. 예를 들어 1세대 코칭은 다음과 같이 접근한다.

> 나는 새로운 직업을 원한다. 나는 새로운 직업을 어떻게 성취할 수 있는가?
> 10kg을 빼고 싶다. 나는 최대한 짧은 시간에 어떻게 할 수 있는가?

1세대 코칭에서 코치는 코칭의 기본 원칙에 궁극적으로 위배되는 위험에 빠지게 된다. 실제로 코치는 관계 속에서 전문가 또는 지혜가 넘치는 소크라테스와 같은 역할로 빠지는 경우가 많다.

해결 중심 및 미래 지향적 관점에서 코칭: 2세대 코칭에는 체계적이고 해결 중심 코칭(Berg & Szabo, 2005; Moltke & Molly, 2010; Stelter, 2002a), 강점탐구 코칭Appreciative Inquiry coaching(Orem, Binkert, & Clancy, 2007), 긍정심리학 코칭positive psychology coaching(Biswas-Diener, 2010; Biswas-Diener & Dean, 2007)이 있다. 2세대 코칭 접근법의 주요 목표와 의도는 코치이가 이미 소유하고 있는 실존적 자원과 강점에 집중하고, 코치이가 구축할 수 있어야 하는 긍정적 미래 시나리오를 생성하는 것이다. 여기서 대화는 이전에 경험한 도전과 문제보다는 가능성과 선호하는 미래에 중점을 둔다. 1세대 코칭보다 좀 더 좁은 목표narrow goals를 설정하는 경향이 있다. 대화에서 코치의 관심과 의도는 가능한 (또는 이미 확립된) 해결책을 탐색하고, 코치이가 이전에 알지 못했던 잠재적인 미래 시나리오와 강점 및 자질에 초점을 맞추는 것에 있다.

성찰적 관점에서 코칭: 3세대 코칭에는 내러티브 코칭(Drake, 2007, 2009a; Nielsen, 2010), 내러티브 상호협력 코칭narrative collaborative coaching(Stelter, 2012; Stelter & Law, 2010), 권학적 또는 철학적 코칭

protreptic or philosophical coaching(Kirkeby, 2009)이 있다. 3세대 코칭은 2세대 모델 및 이론적 접근에서 발전되었다. 그러나 코치의 기본 방향과 코치이와 관계가 바뀌어야 한다. 1세대 및 특히 2세대 코칭은 코치와 코치이 사이의 명확한 비대칭성이 특징이다. 3세대 코칭에서 코치의 기본 입장은 중립적neutral이고 알지 못함의 태도not-knowing를 지니며 코치이의 도전에 직접적 관여나 개입을 피하는 것이다. 3세대 코치는 동료가 되는 것being a fellow human being에 더 중점을 둘 것이다. 어떤 단계와 상황에서 코칭 대화는 두 명의 인간 사이의 진정한 대화가 될 것이다(Buber, 1999). 예를 들어, 코치는 대화에서 증인이자 공동 창조자로서 봉사하기 위해 코치이와 함께 고려사항 및 성찰을 공유한다. 코칭 대화는 공동 창조 및 상호협력 과정으로 설명할 수 있다. 왜냐하면 코치 및 코치이는 각자의 영역에서 전문가인 동시에 대화 시작에서 전혀 알지 못하는 사이기 때문이다. 이런 연관성에서 지식은 두 사람의 대화 과정에서 발생한다. 이 대화는 두 사람 모두에게 새로운 무언가를 낳게 한다. 이런 코칭 대화의 두드러진 특징은 삶의 가치와 의미를 만드는 측면(특히, 사람들의 삶의 중심적 측면)을 중심으로 삼으며, 코치와 코치이 모두의 삶과 도전을 초월하는 성찰 공간으로 초대한다는 점이다. 코치와 코치이는 철학자의 역할을 하며, 그들의 성찰은 때때로 삶에서 발생하는 존재론적 질문big questions을 밝혀준다. 두 사람 모두 본질적 인간, 실존, 가치 지향적 이슈에 의문을 갖는다. 그렇게 코치와 함께 코치이는 자신의 실존과 삶을 이해하는 새로운 방법을 탐구한다.

이런 범주화는 코치들에게 전반적인 방향을 제공하는 것을 목표로 한다. 코칭 과정에서 유능한 코치는 어느 정도 접근 방식을 혼합할 수 있다. 그러나 코칭의 새로운 경향과 발전을 조명하고 싶다. 이런 경향이 3세대 코칭을 특징으로 하는 성찰적 관점에 더 중점을 두고 있다고 확신한다. 또한 이런 코칭의 형태가 코치의 기본 지향적 방향이라고 생각한다. 이처럼 필자의 신념은 이 책의 첫 부분에 제시된 고려사항과 결론에 기초한다.

(1) 사회의 변화(글로벌리티, 초복잡성, 탈근대의 성찰성), (2) 자기에 대한 주요 도전(패치워크 정체성, 자기성찰에 대한 요구), (3) 학습과 자기개발을 위한 영구적 요구, (4) 개인 리더십을 위한 새로운 요구사항에 기반을 둔다. 코칭이 점점 더 성찰 공간을 제공하는 방향으로 움직이는 것을 상상하는 것은 쉽다. 코치와 코치이는 양쪽 모두에게 성장 기회를 제공하는 공간에서 상호 협력적 파트너 역할을 할 수 있다.

기본 이론과 방법론(3.4 참조)에 대한 차후의 설명은 2세대 및 3세대 코칭의 기초를 형성하는 특별한 선택을 나타낸다. 이 이론은 특정 공유된 기본 가정에 기초하여 선택했으며, 모두 과학과 인지에 대한 탈근대적 관점에 기반을 두고 있다.

3.2.1.1 코칭에서 공유하는 기본 가정

2세대 및 3세대 코칭에서 대부분의 접근법과 이론은 공유된 존재론적 및 인식론적 기초를 가지고 있다. 이론은 좀 더 세부적인 면에서 다르므로 여기에서 설명하고자 한다. 필자는 이 이론을 뒷받침하고 코칭 실천에서 직접적인 영향을 미치는 네 가지 핵심 기본 가정을 다룰 예정이다.

- **해석학적 구성주의자의 가정**Hermeneutic constructionist assumption: 인간으로서 우리는 항상 우리가 살고 있는 시간, 문화, 맥락에 의존한 해석을 통해 세계를 포착한다. 이 가정은 새로운 가능성을 가능하게 한다. 즉, 세계에 대한 우리의 해석은 고정된 것이 아니라, 수정될 여지가 있다. 하나를 예를 들면, 부정적인 해석에서 긍정적인 해석으로 나아갈 수 있다. 이 기본 가정은 사실주의realism에 대조된다. 사실주의는 실재reality가 규칙성에 기초하고 관찰을 통해 연구할 수 있는 객관적인 실존을 가진 것으로 본다. 반면에, 해석학 및 사회구성주의자의 사고에는 최종적이고 보편적인 진리가 없다. 따라서 시간이 지남에 따라 유

효성을 유지하거나 확실성을 위해 노력하는 것보다 개인이 세상에 대한 해석에 어떻게 도달하는지 연구하는 것이 더 흥미로운 것으로 간주된다.

- **관계적 가정**The relational assumption: 개인은 개인의 안정된 성격이나 본성이라고 할 수 있는 내부 요인보다는 맥락과 관계에 따라 창조되고 형성된다. 여기에서 다루어진 이론은 인간의 '질적 영역qualities'을 사회적 구조로 보거나 사회 체계의 역동성의 결과로 간주한다. 그러므로 사람은 맥락에 따라 매우 다른 발현을 가질 수 있으며, 사회 맥락에 따라 다양한 입장을 채택할 수 있다.[4] 실제로 코치나 코칭심리학자는 '내면의 나inner I'를 찾는 것보다 어떻게 코치이가 여러 가지 방법으로 나타나는지와 코치이의 자기표현이 현재 관계에 따라 어떻게 변화하는지 다룰 것이다. 이 기본 가정은 본질주의essentialism에 대조된다. 본질주의는 모든 것이 주어진 현실을 특징짓는 본질을 가진 존재론적 입장으로 기술될 수 있다. 성격심리학에서 본질은 성격 핵심personality core으로 묘사될 수 있으며, 이는 그 사람과 그들의 행동을 반박 없이 정의하고 설명한다.

- **협상 또는 상호작용 가정**The negotiation or interaction assumption: 우리가 우리 자신, 다른 사람, 우리가 살고 있는 세계에 관해 이야기하는 맥락과 방식은 세계에 대한 우리의 이해에 영향을 미친다. 언어는 맥락 생성에 관여하며, 맥락은 특정 행위와 특정 언어 사용을 유도한다. 개인은 세계의 형성 방식을 독립적으로 결정하지 않지만, 주어진 문화에서 구체적인 사회적 맥락과 상호작용은 특정한 가능 행위를 유도하고 특정 방식으로 세계를 형성한다. 그러나 동시에 개인은 사물에 관해 이야기하고 다른 사람들과 이야기하는 행동과 방식을 통해 자신의 세계를 공동 창조한다. 변화와 발전을 위한 가능성을 지닌 개인과 맥락 사이

4. 입장term position이라는 용어는 기존의 역할 개념보다 훨씬 역동적이고 덜 고정적인 용어로 사용된다.

의 상호 작용이 있다. 따라서 개인은 다른 사람들과 협상에 참여하며, 이런 상호협력 및 공동 창조 과정은 관련 당사자들을 위한 현실 형성에 필수적이다. 내러티브 상호협력 코치 또는 코칭심리학자는 코치이의 사회적 협상 실천에 중점을 두고, 새로운 미래 협상 전략으로 이끌어낼 수 있는 현실의 재해석을 요청한다.

- **우연성 가정**The contingency assumption: 세계는 초복잡성을 지니고 있고 수많은 해석을 요구한다. 인과적인 사회적 삶을 설명하는 인과 및 선형 논리는 없다. 주어진 행위 A가 항상 특정한 결과 B로 이어질 것이라고 주장할 수는 없다. 우리는 현실에 대한 인식이 계속 변화할 수 있고 반드시 변해야 한다는 것을 의미하는 우연성에 대한 경험으로 살고 있다. 사회적 삶은 여러 요소들이 얽혀있는 복잡성과 다중 종속적 독립체multi-dependent entity이며 많은 현실 인식을 충족시킨다. 설명 논리는 혼돈과 변화하는 역학에 따라 특징지어 지며, 기껏해야 관찰이나 위치해 있는 조건에 기초하여 가능한 설명을 제공하려는 시도를 하는 귀추적 분석abductive analysis에 도달할 수 있다. 체계 이론systemic theory(Tomm, 1988)에서 개발된 순환 논리는 대인상호작용의 복잡성을 관찰함으로써 의사소통과 발달을 다루는 새로운 방법을 소개한다(Hieker & Huffington, 2006). 순환 논리에서 원인은 동시에 효과이다. 우리는 관찰하는 조건을 구성하고, 관찰하는 조건은 우리를 구성한다. 상황에 대한 어떠한 단일 설명은 결코 최종적일 수 없다. 모든 설명은 항상 해석에 열려 있으며, 그 열림은 여러 관찰자의 관점을 포함하여 형성된다. 이것은 우리로 하여금 삶의 맥락을 새롭게 이해하고, 궁극적으로 우리가 새로운 삶의 조건을 형성하는 데 참여하게 한다.

코치, 코칭심리학자, 컨설턴트의 경우, 이런 가정은 문제를 해결하려는 포부와 우리가 '현실'을 다른 각도에서 바라보는 새로운 위치로 자신과 고객을 이동시키는 사고방식과 접근방식의 기초를 형성할 수 있다. 그리고 현실에 대한 새롭고 시간적 이해를 목적으로 하는 상호협력 과정을 위한 조건들을 창조한다. 사실주의 패러다임의 영향으로 문제 해결이 시도되었을 때, 목적은 어떤 것이 진짜였는지 이해함으로써 원인을 밝히는 데 있었다. 그 경향은 바람직하지 못한 상황의 진실과 근본적인 원인이 있다고 가정한다. 예를 들어, 집단에서 갈등이나 동기부여가 부족한 경우이다. 문제 해결 논리problem-solving logic는 인과 관계 관점과 문제를 해결하는 방식으로 조건을 제어하려는 욕구에 기반을 두고 있다. 사회적 세계의 초복잡성은 1세대 코칭을 특징짓는 문제 해결 논리를 거부한다. 새로운 탈근대 논리에서, 요점은 (어느 정도까지는) 우리가 모든 삶의 영역에서 불확실성과 함께 살아가는 법을 배워야 한다는 것이다. 필자는 불확실성을 허용할 수 있는 이런 역량과 함께 다양한 사회적 영역(예: 직장 또는 가정생활)에서 자기성찰, 가치 창출, 의미 형성이라는 개념에 초점을 맞출 수 있는 토대를 마련하고자 한다. 이 세 가지 개념은 위에 개괄한 네 가지 기본 가정을 공유하는 개입 이론과 방법론(3.4)에서 설명된 것처럼 코치, 코칭심리학자, 컨설턴트의 사고를 뒷받침해야 한다.

3.3 코치의 기본 방향

다음에서는 코치와 코칭심리학자의 성찰 공간 창출에 대한 지향적 초점을 지원하고, 3세대 코칭의 프레임워크에 속하는 코칭 개입의 형태에 대한 몇 가지 핵심 전제를 검토할 것이다.

- 간단하거나 빠른 해결책을 제시할 수 있는 접근방식이 아니다. 복잡한 세계에서는 코칭을 통해 성취하기가 어려운 경우가 많다.
- 그 접근법은 코치이의 자기성찰을 위한 자리를 마련해야 한다. 여기에서 다른 무엇보다 더 중요하고 철학적 기반을 둔 가치 지향은 중요한 역할을 한다. 명확한 가치관은 그 자체로 발달 지향성 또는 더 명확한 목표 관점 및 추구 가능한 '해결책'의 근거가 될 수 있다.
- 코칭 과정은 단기간 개입이다. 장기적 효과를 얻기 위해서는 자기 교양의 과정에 참여해야 한다. 그것은 코칭이 때때로 대화 상대로서 역할을 하는 평생 발달 프로젝트life-long developmental project가 될 수 있으며, 개인은 관련된 다른 사람들과 지속적으로 상호작용하면서 발전한다.

필자는 심리치료 연구 결과와 함께 성공적인 코칭 개입에 중요하다고 생각되는 두 가지 추가적 조건을 언급할 것이다.

- 코치의 본질적으로 감사하고 고양시키는 기본 지향은 코치이의 긍정적인 (자기) 발달을 위한 기본적인 조건으로 간주될 수 있다. 코치이의 강점, 자원, 개인적 행위성을 지지하는 것이 필수적이다(심리치료와 관련하여 이런 차원을 강조한 Bohart & Tallman, 2010을

참조).

- 코치로서 우리가 하는 모든 일에서 한 가지 필수적인 측면을 기억해야 한다. 궁극적으로, 그것은 코칭 안에서 발달과 진보를 창출하는 코치이이다. 심리치료와 관련하여 보하트Bohart와 톨만Tallman(2010)은 다음과 같이 표현한다.

> 간단히 말해, 치료를 효과적으로 만드는 것은 치료사나 기술이 아니라, 고객이다. 고객은 개입의 순종적 수혜자submissive recipients가 아니다. 그들은 결국 변화를 발생시키곤 하는 정보와 경험으로 과정의 일부분을 변혁시키는 치료사의 의견을 적극적으로 반응한다. 그들의 노력, 개입, 지능, 창조성은 다양한 치료적 접근을 수용하고 신진 대사를 시키며 긍정적인 결과를 얻을 수 있게 한다(pp.94-95).

덴마크의 임상 심리학자 켄 반 한센Ken Vagn Hansen(2010)은 심리치료에 대한 매우 광범위한 정의를 제안했다. 필자는 이런 한센의 제안을 토대로 치료할 때 당사자들 사이에서 창조되는 것을 강조하며, 이 정의를 코치와 코치이의 관계를 설명하는 출발점으로 삼을 것이다. 먼저 한센의 정의를 살펴보자.[5]

> 내가 가장 복잡한 형태라고 생각하는 심리치료로 예를 들어본다면, 심리치료는 두 사람 사이의 삶이다. 정확히 말하자면, 삶이 있기 때문에 심리치료는 양 당사자의 외적-내적 세계와 그 둘 사이에서 일어나는 상호작용을 수반한다. 심리치료는 치료사와 내담자라는 두 사람 사이의 만남이다. 따라서 심리치료는 그 둘 사이에 최적의 삶을 창출하기 위해 끊임없이 노력한다. 양 당사자는 그들이 만날 때마다 전개되는 삶에 기여한다. 치료사는 고객과 만남에서 살아있고 건강하며 기민할 수 있는 충분한 정서 및 인지 능력이 지니고 있어야 하며, 내담자의 부족한 생존 역량을 보완하기 위해 끊임없이 노력해야 한다. 치료는 그들의 만남에서 전개되는 삶이 최적의 상

5. 필자는 켄 반 한센Ken Vagn Hansen이 정신분석요법psychoanalytic therapy 전통에서 새로운 방향을 제시한다는 것을 알고 있다. 이는 관계적 심리치료relational psychotherapy이다. 필자는 코치로서 정신분석 전통을 코칭에 활용하지 않는다. 언어적 '변혁 게임'에서 필자는 정의의 관계적 성격과 코칭의 주된 의도로 강조하고자하는 성찰에 초점을 맞추어 그것을 변혁시킨다.

태가 아니기 때문에 시작되며, 최적의 상태가 성취되었을 때 비로소 끝난다(p.17).

치료와 코칭의 차이는 코치이가 본질적으로 한센이 말한 것처럼 '생존 역량이 부족하다inadequate capacity for being alive'라고 생각할 수 없다는 것이다. 코칭은 자기개발과 관계개발의 수단으로 더 많이 사용되기 때문에 반드시 정서적 또는 실존적 고통감에서 비롯된 것이 아니다. 따라서 코칭은 코치이를 위한 기본 역량에 초점을 두지 않는다. 실제로도 그 지점은 코치이가 일반적으로 도움을 구하는 것이 아니다. 3세대 코칭은 다음과 같은 기본 가정에 기초해 개발되었다. 코치이는 자신의 일과 사생활에서 특정한 문제와 관련하여 명확성이 결여되어 코칭을 찾는다. 그렇게 코치이는 더 깊은 통찰, 이해, 새로운 관점을 찾기를 원한다. 그들의 목표는 일반적으로 당사자 모두의 내적 및 외적 삶이 이상적으로 수반되는 성찰 과정을 통해 추구되기를 원한다. 이를 바탕으로 3세대 코칭의 기본 의도를 다음과 같이 설명할 수 있다.

> 코칭은 두 사람 사이의 성찰이다. 정확히 코칭은 성찰이기 때문에 두 당사자의 내적 및 외적 삶은 물론 그들과 그들의 상호 성찰 사이에 발생하는 상호작용을 포함한다. 코칭은 코치와 코치이 두 사람의 만남이다. 코칭의 목표는 그들 사이에서 최적의 성찰을 만들어내는 것이다. 당사자 모두는 그들이 만날 때마다 깊어지는 성찰에 기여한다. 코치는 코치이와 만남에서 반영할 수 있는 충분한 성찰 능력을 가지고 있고, 성찰적 측면에 있어 코치이의 부적절한 능력을 보완하기 위해 끊임없이 노력한다. 코칭은 그들의 만남에서 성찰이 최적이 아니기 때문에 시작되었고, 그것이 성취되었을 때 비로소 끝난다.

충분한 성찰 능력을 보이고 코치이와 만남에서 성찰을 유지하기 위해 코치는 두 가지 필수 기본 방향에 초점을 맞추어야 한다.

- 관점 변화를 위한 역량
- 상황 특수적 관점

3.3.1 코칭 대화에서 필수 발달 지향 관점의 변화

코칭 대화 역량은 코치이가 관점 변화 또는 관점 변혁을 달성하고 새로운 눈으로 현실을 바로 볼 수 있게 한다. 이런 역량은 코치이가 자신의 개인적 삶이나 직장에서 경험하는 어려움과 관련하여 개발과 방향전환을 일으키는 열쇠로 간주될 수 있다. 자기 자신, 구체적 맥락, 특정 과제나 다른 사람들에 대한 코치이의 관점은 코치이가 살고 있는 현실에 대한 특정 인식 발달에 기여한다. 이런 인식은 코치이의 전반적인 현실의 일부가 되는데, 여기서 현실은 코치이가 자신의 삶에서 자기 자신과 과거, 능력, 가족, 직장, 동료, 그 밖의 모든 일에 관하여 가지고 있는 특정 이야기에 나타난다. 이런 삶의 구조와 이야기는 희망을 주고 삶에 활기를 주지만, 그것들은 사람을 제한하고 코치이의 미래 발전이나 조직의 미래 발전 또는 전반적으로 윤택한 삶을 위한 장애물을 제공하는 형식과 내용을 가질 수 있다. 모든 관점은 특정 관찰자 입장과 관련이 있다(Tomm, 1988, 1989, 1998). 코치의 질문은 코치이가 다양한 관찰자 입장을 채택하는 것을 돕는다. 코치이와 대화에서 코치의 주된 의도는 새로운 관점을 통합하고 코치이에게 새로운 관찰자 입장과 상황에 대한 인식을 채택하도록 초대하는 것이다. 이런 관점 변화 또는 관점 변혁은 변혁 학습 과정의 기초이다(Mezirow & Associates, 2000; Illeris, 2004; 2장 2.3 참조). 그리고 그것들은 코치이가 발달과 방향전환 과정에 참여하도록 돕는다.

이후 다양한 코칭 접근법을 제시하고 적용 중심 장에서는 이 책에서 제시된 이론과 방법이 어떻게 관점 변화를 시작하는 데 도움이 되는지 살펴보고자 한다.

3.3.2 상황 특수적 관점

개인은 특정 환경적 맥락과 상호작용을 통해 세계를 이해한다. 사람과 환경은 상호의존적이고 불가분한 것으로 가장 잘 묘사된다. 우리는 오직 그것 안에서 행동하거나 주어진 상황에서 구체적인 행동을 상상함으로써 세계를 감지하고 이해한다(Stelter, 1999). 그러므로 코칭에 대한 필자의 이해에서 볼 때, 특정 상황에 초점을 맞추는 것이 근본적으로 중요하다. 성공적인 성찰 과정을 위한 이런 초점은 무엇보다 중요하다. 상황 특수적 관점은 맥락 안에서 코치이의 구체적이고 특정 개입을 바탕으로 코치와 코치이에 초점을 공통적 성찰 초점을 가능하게 한다(그림 3.1 참조).

그림 3.1 상황 특수적 관점

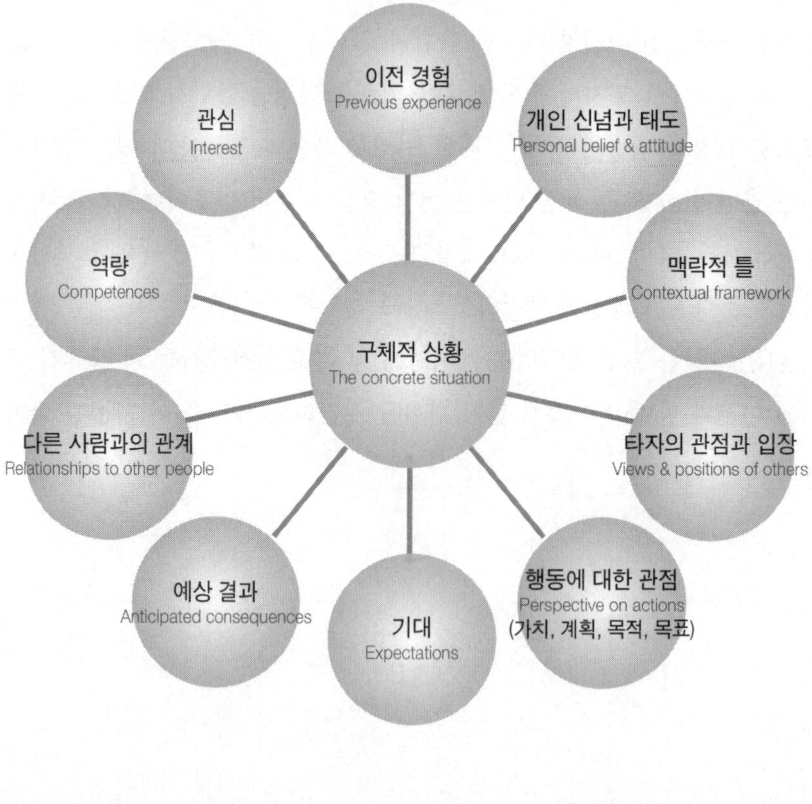

상황 특수적 관점은 코치와 코치이 모두 참조할 수 있는 맥락을 설정하는 데 도움이 된다. 상황 특수적 관점은 특정 관찰자 입장에서 세계를 바라보는 절대적인 필요 요건이다. 아래 예에서 살펴보겠지만, 상황 특수적 관점은 처음에 사람의 생활세계life world에 초점을 맞춘다. 생활세계는 개인의 일상적 이해를 포착하는 실존 현상학 이론 전통의 개념이다(Husserl, 1931; Merleau-Ponty, 2012). 이런 이해는 부분적으로 구체화되고 전성찰적pre-reflexive이어서 불분명unarticulated하다. 코치는 상황적 측면에 초점을 맞추고, 코치이가 습관과 행동 루틴에 뿌리를 두고 있는 것들을 말로 표현할 수 있도록 돕는다. 코치이의 생활세계나 일상의 현실로 뛰어 들어 갈 수 있는 능력은 코치이의 통찰과 상황의 복잡성에 대한 심층적이고 경험적인 검토에 따라 촉진된다.

여기서 올바른 후속 질문을 하는 코치의 능력은 매우 중요하다. 이런 질문은 (1) 관점에 깊이를 더하고 새로운 통찰을 가능하게 한다. (2) 특정 상황에 대한 사람의 이해와 해석과 관련하여 새롭고 추가적인 관점들을 가능하게 한다.

차이를 명확하게 하는 예를 들어보겠다. 우리는 '이전 경험previous experiences'에 초점을 맞출 것이다. 이 경우 코치이는 다른 사람들과 솔직하게 말하면서 자신의 어려움을 이야기한다.

- 첫 번째 단계로, 코치와 코치이는 아마 가까운 과거, 가능한 미래나 코치이가 상상할 수 있는 바람직한 상황과 관련하여 이상적으로 특정 상황을 조사할 수 있다. 선택된 상황과 관련하여 코치이는 그의 경험을 예시하고 구체적으로 기술하도록 요구받는다. 이것은 코치에게 상황에 대한 초기 이해를 제공하며, 코치이가 상황을 '조정tune into'하는 데 도움이 된다.

- 다음 단계에서 코치는 코치이가 상황에 스스로 몰두하고 상황에 대한 심층적 설명을 통해 새로운 측면을 내놓을 수 있도록 다른 각도

에서 질문을 할 것이다. 이 기술적 접근descriptive approach은 상황에 대한 좀 더 깊거나 새로워진 이해를 바탕으로 형성될 수 있다.

- 마지막 단계에서 코치는 의도적으로 새로운 방향을 시작하려 한다. 여기에서 코치이는 즉각적인 일상 경험에서 벗어나 포괄적인 관점에서 상황이나 이슈를 다룬다. 예를 들면, 이를 위해 코치는 순환 질문을 한다(가까운 동료가 당신의 의사소통 방법에 대해 뭐라고 말하는가?). 이 질문은 긍정적인 예외(당신은 다른 사람과 솔직하게 소통하고 있다고 생각한 상황을 기억하는가?)나 코치이의 강점(당신의 강점은 다른 사람들과 의사소통할 때 어디에서 나타나는가? 당신이 지금 하는 방식을 의사소통하는 것이 유익한 것으로 확인된 특별한 상황이 있는가?)에 초점을 맞춘다.

예시의 마지막 부분은 다양한 측면을 예상한다. 특히 최종 단계에서 제기될 수 있는 질문에 대한 필자의 설명과 관련하여 방향전환과 확장된 관점을 개발하는 데 중점을 둔다. 독자는 다양한 개입 이론이 제시되었을 때 더 깊은 이해를 얻을 것이다. 이 예시에서는 상황 특수적 관점에서 하나의 차원, 즉 이전 경험을 선택했다. 다른 차원들은 그림에 동그라미로 표시되어 있다. 그렇다고 이 차원들만이 유일한 것은 아니다. 비록 그 차원들을 완전한 것으로 보아서는 안 되지만, 코치이의 상황 특수적 탐구의 중요한 초점이 될 수 있다. 이로써 독자는 그림에 더 많은 차원을 추가하도록 초대된다.

3.4 코칭의 기본 이론과 역할

코치의 기본 지향적 방향, 대화에서 필수적인 코치이의 참여, 코치와 코치이 사이의 유익한 상호작용이 코칭 과정의 전반적인 성공 조건이다. 그럼에도 불구하고 기초가 튼튼한 코칭 대화를 실현하기 위해서는 반드시 이론적 토대가 필요하다. 코치나 코칭심리학자는 이론과 실천을 연결함으로써 성찰적 프랙티셔너로 활동할 수 있다(Schön, 1983)[6]. 이론적 이해theoretical understanding와 실천적 효과practical effectiveness 사이의 균형을 잘 맞추는 것이 중요하다. 시간이 지남에 따라 전문적 경험과 이론적 성찰을 통합할 수 있는 능력의 균형은 성찰적 프랙티셔너를 정의하는 복잡한 역량으로 발전할 것이다. 쇤Schön은 다음과 같이 전문 역량을 설명한다.

> 프랙티셔너의 예술성artistry은 … 그가 낯선 상황에 가져오는 레퍼토리의 범위와 다양성에 달려 있다. 왜냐하면 그는 이것을 그의 레퍼토리 요소로 볼 수 있기 때문에 독특성uniqueness을 이해할 수 있고 표준 범주의 실례로 축소할 필요가 없다(p.140).

다음에서는 코칭에 대한 기본 이론과 접근을 제시한다. 그 가운데 많은 부분이 심리치료 상황에서 10-15년 동안 다른 형태의 발달 대화, 코칭 및 코칭심리학에서 시험되었다. 그 이론들은 다음과 같은 주요 기준에 따라 선택되었다. 먼저, 제시된 이론들은 특히 3세대 코칭을 준비하고 지원해야 한다. 또한 코치가 동료 인간으로서 행동하고 코치이의 진정한 대화 상대자로서 일하는 관점을 지지해야 한다(Buber, 2004 참조). 뿐만 아니라 코치나 코칭심리학자가 코치이와 자신의 생각이나 성찰을 공유할 수 있는 작업 관점을 지지해야 하며, 따라서 대화의 증인이자 공동 창조자의 역할

6. 이 주제에 대한 자세한 내용은 6장과 7장을 참조하라.

을 수행해야 한다. 이런 틀에서 코칭 대화는 공동 창조이자 상호협력적 과정이 된다. 여기서 코치와 코치이는 전문적이고 알지 못함으로 동등한 위치에 있으며, 대화는 특히 자기성찰, 가치, 의미 형성에 중점을 둔다. 그러나 3세대 접근법은 명확하게 정의된 영역이 아니라, 이전 세대의 접근법의 일부로 등장한 전통과 방법을 기반으로 한다. 다음에 설명되는 이론들은 코칭, 코칭심리학, 심리치료, 다른 상담 맥락에서 확실히 구축되었고, 3세대 코칭 개발의 기초와 전제 조건을 형성한다.

다음과 같은 이론과 방법이 제시될 것이다:

- 체계적 사회구성주의자 영역The systemic-social constructionist universe:
  - 체계 이론의 발전
  - 체계 이론과 실천
  - 체계적 사고에서 사회적 구성 과정 및 상호협력 실천까지
  - 사회구성주의
    - 해결 중심 이론과 실천
    - 강점 탐구 이론과 실천
    - 내러티브 이론과 실천
    - 상호협력 이론과 실천

필자는 코칭에 강점적 관점의 연장이나 구성주의자-내러티브 접근의 확대로 볼 수 있는 이론의 선택과 함께 체계적 사회구성주의자 영역에서 제시된 이론과 방법을 보충한다.

- 추가 이론과 접근들:
  - 긍정심리학: 강점에 초점
  - 경험적이고 정서 중심 접근들
  - 정신화 기반 접근

3.4.1 체계적 사회구성주의자 영역

여러 간행물(예: Tomaschek, 2006)과 코칭 전문 분야에서는 체계적 구성주의자systemic-constructionist/구성주의자constructivist 영역을 종종 단 하나의 일관성 있는 이론적 영역으로 간주한다. 최근 수십 년 사이에 두 영역 간의 격차가 줄어들었다. 그러나 다음에서는 이 두 영역의 몇 가지 근본적인 차이를 명확히 밝히고자 한다.

체계적 접근 방식을 제시하기 전에 독자들과 몇 가지 인상을 나누고자 한다. 엄격하게 말해, 체계적systemic이라는 단어는 약간 오해의 소지가 있다. 오늘날 대부분 연구자와 프랙티셔너들은 구성주의의 기초를 형성하고 역동적 사회구성주의자 이론의 토대로 점차 옮겨가는 폐쇄적인 사이버네틱closed cybernetic 및 자가조직적 인식autopoietic perception(Maturana & Varela, 1980)에서 벗어났다.[7] 다음 설명에서는 체계적 사고를 본래 설명으로 제시하기로 선택했다. 그것은 특히 순환 질문의 사용과 관련하여 실제로 여전히 가치가 있기 때문이다. 스칸디나비아 문학(Moltke & Molly, 2010 참조)에서는 종종 두 학파 간의 기본 인식론적 차이를 독자에게 알리지 않고 체계적이고 사회구성주의자의 사고를 하나로 결합하는 경향이 있다.[8]

다음 설명에서는 근본적인 인식론 차이를 전하기 위해 (사회)구성주의

7. 덴마크의 심리학 및 교육학적 전문 용어 사전 **Psykologisk pædagogisk ordbog**에 따르면, '구성주의'는 인간 인지 및 지식이 곧 해석, 즉 인지 맥락의 틀에서 처리되는 감각적 인상에 기초한 하나의 구성이라는 인식으로 정의된다. 예를 들면, 특정 제한을 두는 인지 구조들이 그러하다. 예를 들어, 피아제Piaget는 구성주의자다. 그는 인지적 맥락을 '인지적 스키마cognitive schema'라고 기술하고, 두 가지 근본적 인지적 적응 기술cognitive adaptation skills를 다음과 같이 설명한다. 환경의 통합으로서 동화assimilation와 실존하는 인지적 스키마에 대한 적응, 그리고 실존하는 인지적 스키마에 대한 변형과 확장으로서 수용accommodation as a modification and expansion이 바로 그것인데, 이를 통해 개인은 새로운 행동을 개발할 수 있다. 구성주의의 급진적 변형radical variant of constructivism은 폰 글레이저즈펠트von Glasersfeld(1995)에 의해 시작되었다. 그는 감지되는 사람과 환경 사이의 상호작용을 폐쇄회로closed circuit로 정의한다. 이 개념을 설명하기 위해 마투라나Maturana와 바렐라Varela(1980)는 자기생산autopoiesis이라는 용어를 사용하는데, 이것은 나중에 본문에서 정의될 것이다. 반면에, (사회적) 구성주의는 사이버네틱과 자가조직적 이해에 초점을 두지 않지만, 다른 인간 존재와 관계의 결과로서 인간 발달, 인지, 학습에 주안점을 둔다. 거겐Gergen(2009b)은 이러한 관계적 관점을 데카르트의 유명한 진술로 다시 표현했다. "나는 대화한다, 고로 존재한다Communicamus ergo sum."

와 구성주의 이론을 구분할 것이다. 각각 이론적 체계의 가능성과 한계를 적절히 다루고 참여하기 위해서는 이론적 토대에 대한 명확한 이해가 필수이다. 그러나 실제 코칭에서 이런 인식론적 차이는 종종 덜 중요한 역할을 한다. 여기서 체계적 접근은 연구 방법론이 된다. 사회구성주의 접근은 이 분야를 주요한 인식론적 근거로 삼았다.

3.4.1.1 체계적 사고의 발전

체계 이론system theory은 사회학, 심리학, 조직 이론뿐만 아니라 생물학 및 공학에도 활용되는 학제간 개념 체계interdisciplinary conceptual framework이다. 체계 이론은 심리학적 실천에 적용되었다. 왜냐하면 정신분석적 체계에서 일하는 치료사들은 특히 문제가 있는 가정을 위한 서비스와 관련하여 자신의 업무를 좀 더 효율적이고 저렴하게 만들어야 하는 벽에 부딪혔다. 심리치료에서 체계적 접근은 소위 밀라노 학파Milan school로 거슬러 올라간다.[9] 밀라노 학파는 1967년에 시작되었고, 자신들의 방법론에 대한 지속적인 개발을 통해 반영하면서 여러 단계를 거쳤으며, 베이트슨Bateson과 같은 체계 이론가에서 비롯된 이론으로부터 성장했다.

지난 10년 동안 체계적 사고는 코칭(Cavanagh, 2006; Stelter, 2002a)과 조직 컨설팅(Hornstrup, Loehr-Petersen, Madsen, Johansen, & Vinther, 2012)에서 매우 널리 보급되었다. 조직 및 대화 실천을 발전시키는 데 있어 체계적 사고의 중심 입장은 다음과 같은 주요 이유에서 비롯된다.

8. 필자는 케네스 거겐Kenneth Gergen과 대화를 통해 인식을 두텁게 했다. 그는 체계적 사고에 대한 인식론을 분명히 거부한다. 그의 견해에서 체계적 이론은 정신역동 이론과 성격 심리학이 안정된 특성을 지닌 성격의 개념에 고정되어 있는 것처럼 체계의 실체system entity와 자가조직적 특성autopoietic character에 빠져 있다. 사회구성주의의 강점은 어떤 형태의 실체와도 거리가 있다. 대신에 관계에서 사람들 사이에서 일어나는 일에 대한 역동적인 견해를 취한다.
9. 체계적 접근은 부분적으로 밀라노의 이탈리아 가족 치료사 그룹에 의해 개발되었다. 이는 덴마크에서 특별한 인정을 받고 있는 전통이다. 톰Tomm(1984, 2004)은 밀라노 학파 발달에 대한 훌륭한 개관을 발표했다.

- 지속 시간/개입의 수와 관련하여 증가하는 효율성 요구를 충족시킨다.
- 과정을 개인적 관점에서 해방하고, 체계(개인, 그룹, 조직, 사회)와 부분들 간의 상호작용을 살펴볼 수 있다.
- 다중 관점과 동일한 현상에 대한 다양한 해석을 허용하므로 체계를 개발하기 위한 새로운 생각과 새로운 자극을 불러일으킬 수 있다.
- 개인이나 조직의 변화 과정을 시작하기 위해 적합한 전략 및 조사 기법을 포함하는 방법론을 만들었다. 이는 3세대 코칭에서도 적용할 수 있는 방법론이다.

코칭 및 조직 개발에 대한 체계적 접근은 사회 이론(예: 조직, 가족, 직장 관계)과 체계의 개별 구성요소 간의 상호의존을 조사하는 체계 이론에 기반한다. 일반 체계 이론 창시자 루드비히 폰 베르탈란피Ludvig von Bertalanffy(1901-1972)에 따르면, 체계는 상호연관된 요소들의 복합체이다(Bertalanffy, 1981). 체계의 요소는 상호작용 과정을 통해 정체성을 생성하고 유지한다. 이런 맥락에서 체계 이론은 그 자체로 개별 구성 요소(개인)보다는 구성 요소 간의 의사소통과 상호작용에 초점을 맞춘다. 체계는 그 부분의 합보다 더 크며, 체계의 상호작용을 탐색하는 것이 개인 부분들을 연구하는 것보다 더 중요하게 여겨진다. 예를 들어, 갈등은 직원을 '문제가 있는problematic' 것으로 매도하는 대신 직장 체계에 초점을 맞춤으로써 조사될 것이다. 체계적 관점에서 시도는 선형적이고 환원주의적 사고방식을 피하고 베르탈란피가 '관점주의perspectivism'라고 부른 것으로 나아가는 것이다. 비록 우리는 실재가 존재한다는 것을 알고 있지만, 이 실재에 대해 객관적으로 진술할 수는 없다. 우리는 우리 자신의 관점에 따라 제한받지만, 베르탈란피는 모든 관점이 본질적으로 동등하게 유효하다고 주장한다(Tomm, 1998).

1970년대 그레고리 베이트슨Gregory Bateson(1972), 폴 바츨라비크Paul Watzlawick(1978), 움베르토 마투라마Humberto Maturana(1978) 등의 사이버네틱스와 구성주의자의 생각은 의사소통과 치료의 이해에 통합되었다. 규제와 통제에 대한 교차 과학적 접근인 사이버네틱스는 정보, 의사소통, 자기 조절 체계를 다룬다. 구성주의는 현실이 특정한 환경적 상황에 대한 관점에서 관찰자에 따라 구성된다고 가정한다(=자기생산autopoiesis).

■ 베이트슨

영국 사상가 그레고리 베이트슨(1904-1980)은 생물학자이자 인류학자였지만, 심리학 분야를 선도하는 대가가 되었다(Bale, 1995). (메타) 맥락, (메타) 의사소통, 지도와 풍경의 관계, 논리적 범주, 사이버네틱 인식론에 관한 복잡한 생각을 담고 있는 베이트슨의 책 『마음의 생태학Steps to an Ecology of Mind(1972)』 (Bateson, 1979; Nechansky, 2008)은 세 가지 기본 원칙에 대한 체계적인 실천을 이끌었다. 가설설정hypothesising, 순환 질문circularity, 중립성neutrality이 바로 그것이다(대표적 가족치료 분야에서 Selvini-Palazzoli, Boscolo, Cecchin, & Prata, 1980; Cecchin, 1987 참조; 자세한 내용은 이 절의 뒷부분 참조). 정보, 맥락, 의사소통에 관한 베이트슨의 생각은 이 개발에서 가장 중요할 수 있다. 또한 베이트슨(1971)은 선형 및 순환적 사고의 차이를 명확히 했으며, 이는 가능한 조사 형태와 관련하여 필수적이다.

베이트슨에 따르면, 정보는 "차이를 만드는 차이any difference which makes a difference(Bateson, 1972, pp.381, 453)"이다. 그는 이 정의가 체계와 조직에 대한 분석에 결정적인 것이라고 생각한다. 왜냐하면 이 정의는 체계를 활성화하고 변화를 일으킬 수 있는 차이를 감지한다는 것을 의미하기 때문이다. 맥락은 메시지가 발생하는 장소이고, 메시지를 범주화하며, 우리가 메시지에 부여하는 의미를 정의한다. 따라서 맥락이 너무 명확하지 않으면, 우리는 무슨 일이 일어나고 있는지 파악하지 못할 뿐만 아니라 불안하게 되고 행동하기가 어려울 수 있다.

베이트슨에 따르면, 맥락에는 여러 겹의 맥락이 포함되어 있다. 즉, 즉각적인 맥락immediate context과 (이론적으로 말하면) 끝없는 수의 메타 맥락meta-contexts을 제공한다. 각 맥락은 더 큰 맥락에 영향을 받는다. 그들 사이에 불일치가 있을 경우, 결과는 관련 당사자들에 대한 갈등과 행동 딜레마가 될 수도 있다. 이를 베이트슨(p.245)은 정신분열증과 의사소통에 관한 연구와 연결선상에서 '이중 구속double bind'이라고 불렀다. 사실, 의사소통은 우리의 세계에서 매우 중요하다. 베이트슨에 따르면, 우리의 의사소통은 세계와의 관계이다.

■ 바츨라비크

파울 바츨라비크(1921-2007)는 인간의 의사소통을 연구했다. 그는 베이트슨과 마찬가지로 체계의 부분 간 관계에서 의사소통과 상호작용에 중점을 둔다. 그는 '의사소통을 하지 않을 수 없다one cannot not communicate'라고 강조했다. 즉, 인간의 모든 행위는 의사소통이며, 모든 의사소통은 행동에 영향을 준다는 것이다. 의사소통의 모든 진술은 이전 진술의 해석을 반영한다. 예를 들어, 거부하거나 수락함으로써 진술과 관련이 된다. 이 일정한 피드백 흐름은 관련 당사자가 이해하는 상호작용 연속 패턴patterns of interaction sequences을 생성한다(Watzlawick, Jackson, & Beavin, 1967).

■ 마투라나

베이트슨에 따르면, 칠레의 생물학자이자 신경생리학자 움베르토 마투라나(1928-)는 베이트슨과 동일한 유형의 인식론적 이슈를 다루고 있다. 그리고 그의 사상은 스칸디나비아에서 발전(Ravn & Söderqvist, 1987)했을 뿐만 아니라, 밀라노학파의 체계적 (가족) 치료사(Boscolo, Cecchin, Hoffman, & Penn, 1987)에게 중요한 영향을 미쳤다.

여기에는 자기생산 및 구조적으로 결정된 체계에 대한 마투라나의 사유가 포함된다. 자기생산적 체계는 자기 준거적self-referential이다. 즉, 이 체계는 그 자체 내적 운동과 구조에 의해 스스로 창조된다. 따라서 마투라나는 모든 지식과 인지가 개인 스스로 안에서 발생하는 구성주의적 관점을 제시한다. 마투라나에 따르면, 우리는 우리 자신의 현실을 구성한다. 우리는 우리 자신의 내적 구조를 바탕으로 세계를 인식하기 때문에 우리는 객관적인 진리를 인식할 수 없다. 따라서 여러 버전의 현실이 실존하게 된다.

궁극적으로 마투라나는 순환 조직으로 폐쇄된 체계를 말하지만, 여전히 가능한 연결성을 제시한다. 또한 개별적 구조가 구조적 결합을 통해 상호 연결될 수 있다고 주장한다. 뿐만 아니라 모든 개인이 자신의 논리와 인식의 관점에서 최선을 다하고 상호협력을 한다고 믿는다. 그러나 그는 사람이 순응하지 않는다고도 주장한다. 하나의 체계는 자체 구조에 따라 행동하고 상호작용하며 변화할 수 있다. 즉, 체계 자체가 의미 있는 것으로 인식하는 방식이다. 그러므로 마투라나는 교훈적 상호작용이나 좋은 충고가 불가능하다고 간주한다. 마투라나에 따르면, 모두가 기꺼이 연결할 수 있는 것을 스스로 결정한다. 그렇게 되면, 인간으로서 우리는 상호연결되고 우리의 행동을 상호 조정할 수 있는 언어를 사용하게 된다. 우리는 다른 사람의 논리와 연결할 수 있고, 다른 사람에게 의미가 있는 것을 탐구하고 이해하려고 노력할 수 있다. 그것이 우리가 현실을 함께 만드는 방법이다 (Maturana, 1978; Maturana & Varela, 1992).

이 기본 이론들을 제시한 뒤에 필자는 체계 이론과 실천의 핵심 이론적 구성/원리를 설명할 것이다.

3.4.1.2 체계 이론과 실제

체계적 사고는 본질적 및 개인내 정신적intrapsychological 출발점에서 근본적인 방향으로 나아갔다. 그 초점은 사람의 심리적 과정과 창발적인 구성주의적 사고에 관한 것이다. 어떤 개념이나 현상도 그 자체로 고정된 의미(본질적 사고essence thinking)는 없다. 대신에, 의미는 의미 구성 과정의 결과(창발적 사고emergence thinking)로 생성된다(Luhmann, 2006). 이런 점을 확장함에 있어 정신역동 프랙티셔너와 달리 체계적 프랙티셔너는 개인을 병리적 또는 문제의 소지자로 특징짓는 이름표를 사용하여 개인을 기술하는 것을 지양한다. 대신에, 문제 행동이 표출되는 맥락과 환경에서 맥락과 상호 관계에 중점을 둔다(치료적 맥락에서 Boscolo 등, 1987 참조; 코칭에서 Tomaschek, 2006 참조).

체계적 프랙티셔너(치료사, 코치, 조직 컨설턴트)는 체계적 관점에서 스스로를 체계의 일부로 볼 것이므로 체계적 관점에서 볼 때 결코 자신의 연구 주제를 벗어난 객관적인 입장을 취하려 하지 않을 것이다. 목표는 특정 방향으로 변화를 달성하는 것이 아니라, 변화를 위한 공간을 창출하는 것이다. 이런 맥락에서 필자는 제시된 체계 이론 문헌에 기초하여 본래적으로 코칭에 대한 체계적 접근의 기초를 형성하고 관련 실천을 통해 현실에 대한 관점을 제공하는 기본 가정을 제시할 것이다.

1. 체계(예: 관계, 팀, 조직)는 항상 안정성(항상성homoeostasis)과 변화(변혁transformation) 사이에 있다. 체계가 영구적인 안정성의 상태로 보존될 수 있다고 생각하는 것은 환상일 뿐이다. 왜냐하면 항상 외적 영향(예: 서비스/제품 수요에 영향을 미치는 금융 위기), 내적 영향(예: 경영진에 대한 불만) 또는 체계를 불안정하게 만들 가능성이 있는 상태(예: 낭만적인 사랑 관계)에 대한 불만이 있기 때문이다. 어떤 상황에서는 변화가 체계의 생존을 위해 필수적이다. 변화 대 안정에 대한 평가는 상황에 대한 다양한 행위자의 관점에 따라 크게 다를 것이다. 변화는 기존의 틀에서 자유를 선사하지만 한편으로 불안이나 혼란의 원인일 수도 있다. 안정은 안전과 보호를 느낄 수 있지만 한편으로 깊은 지루함을 초래할 수 있다. 그러나 체계는 항상 불안정한 상태일 경우에도, 동료들 간의 관계에서 당사자들을 비생산적 패턴으로 고정시키는 경향이 있는 안정된 상태, 즉 항상성을 재확립하려고 노력한다. 여기에서 체계적 코치는 '두 사람이 맺은 관계를 유지하게 하는 것은 무엇인가?'라고 물을 수 있다. 이 질문을 통해 코치는 두 동료 간의 관계에 대한 안정적 측면을 탐구하고자 한다.

2. 체계는 피드백을 통해 구조화된 실체이다. 사이버네틱 사고는 두 가지 유형의 피드백을 구별한다. 1차 피드백의 전통적이고 간단한 형태는 우리가 알고 있는 라디에이터 온도 조절 장치radiator thermostat 유형이다. 자동 온도 조절 장치의 목적은 사전에 설정된 온도를 20℃로 유지하는 것이다. 일단 실내 온도가 떨어지면 라디에이터에 뜨거운 물이 반응한다. 따라서 온도 조절 장치는 20℃의 실내 온도, 곧 체계의 안정성(항상성)을 유지한다. 2차 피드백은 좀 더 정교하다. 우리가 예제를 고수한다면, 온도 조절 장치는 '반영적reflective', 즉 특정 전제 조건을 취할 수 있다. 이런 기술적 해결 유형은 이미 간단한 버전에 존재한다. 예를 들면, 식기세척기를 말할 수 있는데, 그것은 접시의 양을 측정하고 그에 따라 물의 양을 조절한다. 그러나 이제는 사회적 실천을 위해 이런 형태의 피드백이 사회 체계나 학습 및 개발에서 어떤 역할을 하는가?

교사와 '버릇없는 소년'의 관계 체계가 1차 피드백을 통해 어떻게 형성되고 유지되는지 예를 살펴보겠다. 학생은 교실 활동을 '방해한다disrupts'. 이를 교사는 질책한다. 학생은 시간이 지나면서 자신이 혼란을 일으킬 때마다 선생님이 관심을 준다는 점을 발견한다. 이것은 선생님과 특별한 학생 사이의 체계 맥락 및 패턴을 설정한다. 이와 같은 생각을 토대로 조직심리학자 아지리스Argyris와 숀Schön(1978)은 이중순환학습 용어를 도입했다. 여기서 개인이나 조직은 새로운 전제를 기반으로 새로운 방식에서 문제를 처리할 수 있도록 조치를 취하는 기본 가정, 규범, 가치에 의문을 제기한다. 예를 들어, 선생님은 학생을 다른 관점에서 보게 된다. 단지 '버릇없음'으로만 받아들이지 않고, 학생이 더 많은 관심을 요구하고 있음을 알아차리게 된다. 이중순환학습은 전통적 학습(단일순환)에서는 상상할 수 없는 관점을 보여준다. 이는 개발 및 학습 과정의 기초로서 완전히 새로운 조건을 야기하기 때문이다. 이중순환학습은 조직이 빠르게 변화하고 불확실한 조건에서 신중한 결정을 내려야 할 때 특히 중요하다.

3. 피드백은 시간이 지나면서 패턴을 발전시킨다. 위의 예에서 교사와 학생 사이에서 하나의 패턴이 생겼다. 이 패턴은 안정되고 반복적 피드백 메커니즘의 결과로서 유지된다. 교사가 이 학생과 관계에 대해 더 많이 성찰하기 위해 코칭에 참여한다면, 코치는 패턴을 해체하기 위해 2차 피드백 과정을 시작하고자 한다. 그렇게 해서 교사와 학생 사이의 새로운 관계를 위한 기반을 마련하고자 한다. 예를 들어, 코치는 교사에게 '기존 상호 관계의 전제를 바꾸려면 무엇이 필요할까요?'라고 물을 수 있다. 그러면 교사는 학생들의 행동을 형성하는 패턴을 꿰뚫어볼 수 있을 것이다. 상황에 대한 새로운 인식(해석을 위한 새로운 전제)은 새로운 패턴을 가능하게 한다. 예를 들어, 교사는 새롭고 건설적 방법으로 교실 활동에 포함되는 다양한 종류의 관심을 학생들에게 제공할 수 있다.

4. 패턴을 식별하는 것은 패턴에 대한 관찰자의 개념을 도입한다. 패턴은 누군가 특정 방식으로 사건을 규정하는 경우에만 존재한다. 관찰자는 특정 이해, 의미, 패턴을 상황 및 사건에 부여함으로써 특정한 방식에서 상황 및 사건을 정의한다. 상황과 사건은 그 자체로 특성을 가지고 있지 않다. 관찰자는 자신의 해석에 따라 특정 패턴의 상황을 만든다.

5. '문제', '어려움' 등과 같은 개념은 관찰자와 관찰 받는 자 사이의 상호과정을 설명한다. 당사자들이 상호작용하면, 그들은 체계를 형성하고 그들의 행동은 주변의 더 큰 체계에 의미를 부여하게 된다. 앞에서 제공했던 교실의 예시로 돌아가 보자. 학생이 교사에게 처음으로 말을 걸 때, 관찰자적 관점에서 교사는 그 상황을 '혼란'으로 묘사하고 학생의 행동을 '문제가 있는' 및 '버릇없는' 것으로 설명한다. 이 상황에 대한 설명과 교사 및 학생 간의 새로운 관계 패턴은 사건을 해석하는 한 가지 구체적 방법을 통해 상황에 대한 한 가지 관점

만을 제시한다. 관찰자(이 경우 교사)가 같은 방식을 통해 학생과 관련된 특정 사건을 반복적으로 해석하기 때문에 패턴이 나타난다. 그러므로 체계적 사고에서 우리는 사람들에게 붙이는 라벨이나 코치이 및 대화 상대가 자신과 다른 사람들에게 붙이는 라벨을 잘 알고 있다. 라벨은 사람(이 경우 학생)을 특정 위치에 고립시킨다. 하나의 라벨은 특정 관찰자 관점의 설명일 뿐이다. 이런 이해는 다음과 같은 가정으로 이어진다.

6. '문제'의 주요 측면은 '문제의 소지자'와 주변 체계 간의 상호작용의 근원적인 의미를 이해하는 것이다. 그러므로 당사자들이 상황과 사람을 다른 각도에서 바라볼 준비가 되어있을 때만 변화가 가능하므로 특정 패턴에 비추어 상황과 사건에 대한 설명을 구성하는 관찰자 관점에서 벗어난다(관점 변화; 3.3.1 참조).

7. 하나의 패턴은 맥락을 형성하고, 맥락은 의미를 취하는 사건 및 행위의 기초를 형성한다. 관찰자가 사건에 특별한 의미를 부여하기 때문에 하나의 맥락이 생성된다. 교사에게 의미는 다음과 같이 전개된다.

> 나는 전체 반에 책임이 있다. 교사로서 교실에 지시해야 한다! 나는 피터Peter(학생)가 항상 수업을 방해하고 혼란에 빠지게 할 수 없다. 나는 그가 예의 바르게 행동하는 법을 배웠는지 확인해야 한다.

이런 상황을 피터에 입장에서 본다면, 의심할 여지가 없이 다르게 나타난다. 그는 상황에 대한 그 자신만의 관찰자 관점을 가지고 있다. 아마도 그는 다음과 같이 상황을 해석할 것이다.

> 선생님이 왜 항상 나를 힘들게 하는지 이해하지 못하겠다. 나도 무언가를 말할 수 있어야 한다. 나는 선생님이 참 바보라고 생각한다. 선생님은

원하는 것을 무엇이든 할 수 있지만, 늘 마음에 드는 것만 소유하려 든다. 그래서 나는 선생님에게 이에 대해 말하려고 하자, 선생님은 나에게 소리를 지른다.

8. 의미는 계층적인 구조hierarchical structure를 지닌다. 우리의 사례는 의미의 계층적 구조를 보여준다. 교사의 관점에서 계층은 다음과 같다: 교사는 자신이 사회에서 필수적인 기관의 대리자라고 생각한다. 그녀는 교사로서 사회에 대한 의무와 학생에 대한 책임을 느낀다. 이런 맥락에서 그녀에게는 '학교는 교사가 제공하는 교육을 통해 운영되며 학생들은 그것에 적응해야 한다.'라는 사명이 있다. 이런 다른 무엇보다 가장 중요한 수준은 문화, 사회, 신념, 종교와 같은 개념의 틀에서 설명될 수 있다. 교사의 인식과 확신은 피터의 행동에 대한 그녀의 견해에 분명히 영향을 미친다. 그것은 의미의 두 번째 수준에서 관계와 궁극적으로 세 번째 수준에서 개별 행동에 영향을 미친다. 즉, 피터를 향한 교사의 행동에 영향을 미친다. 의미의 세 가지 수준은 각각 서로 영향을 미친다. 문화와 신념은 관계와 개인의 구체적인 행동에 영향을 미치고, 반대로 개인행동도 관계와 궁극적으로 개인의 삶이나 일을 구성하고 있는 문화에 영향을 준다.

9. 행동과 맥락은 상호 순환 관계mutual circular relationship에 있다. 새로운 관계나 새로운 패턴을 창조하려는 시도로 특정 행동이 나타나거나 시작된다. 우리는 맥락과 관련하여 특별한 인식이나 확신을 가지고 있기 때문에 행동한다(사회에서 학교의 역할에 관한 교사의 확신 참조). 반면에, 우리의 인식은 우리의 행동에 대한 피드백에 지지를 받거나 도전을 받는다. 또한 개별 행동과 우리가 서로 이야기하는 방식도 주변 환경에 영향을 미칠 수 있으며, 특정 관계와 맥락에서 변화를 시작하려는 시도로 볼 수 있다. 이런 관점은 코치 또는 조직 컨설턴트가 고객과 함께하는 일을 정당화하는 데 필수적이다.

10. 코칭 대화의 목적은 개인/조직이 도전이나 문제를 새롭고 다양한 방식으로 볼 수 있게 하는 것이다. 코치는 특정 초점 영역과 관련하여 개인 또는 조직 구성원의 관찰자 관점에서 변화를 시작하는 개인이나 그룹과 작업을 구성할 것이다.

이런 관점의 변화는 선택된 맥락과 관계를 새로운 시각으로 볼 수 있게 해주는 기본 조건이다. 코치나 조직 컨설턴트는 예를 들어 참가자의 인식과 행동에 영향을 미치는 순환 및 성찰 질문을 함으로써 변화를 시작할 수 있다. 체계적으로 말하자면, 이것은 '새로운 맥락new context', 즉 맥락에 대한 새로운 인식을 가져오는 것을 돕는다.

■ 체계적 실천의 세 가지 기본 원칙: 가설 설정, 순환 질문, 중립성

1차 사이버네틱스에 따르면, 체계는 관찰자와 독립적으로 이해될 수 있다. 여기서 초점은 '관찰된 체계observed system'와 그 (기계적) 피드백 과정에 있다. 이런 사고는 인간의 사회적 의미 구축을 무시하여 비판을 받았고, 비판에 대한 응답으로 2차 사이버네틱스가 개발되었다.[10] 2차 사이버네틱스에 따르면, 체계는 사람들의 경험과 기본 가정에 기초한 인간이 구성한 것으로만 이해될 수 있다. 여기서 초점은 이제 '관찰하는 체계observing system'에 있다. 코치는 항상 코치이와 대화에서 관찰하는 체계의 일부이다.

호기심은 체계적 가족 치료사 체친Cecchin(1987)이 원래의 용어인 중립성neutrality을 재정의하는 데 사용한 용어이다. 중립성 개념은 코치가 한 관점이 다른 관점보다 더 정확할 수 있다는 생각을 적극적으로 거부한다는 것을 의미한다. 따라서 코치는 모든 견해 및 관점과 스스로 결합하고 동시에, 그것들 가운데 무엇과도 결합을 하지 않는다.

그러나 중립성에 기반한 외적 행동은 무관심과 개입 부족이라는 내적 입장으로 오인될 수 있다. 따라서 호기심 개념은 아주 좋은 대안적 개념이다. 코치는 항상 모든 다양한 견해들을 탐구할 수 있는 호기심 상태에 있어야 한다. 코치는 코치이의 인식에 도전하기 위해 삐딱한 태도position of irreverence를 취하기도 한다(Cecchin, Lane, & Ray, 1993). 중립적 입장에서 코치는 코치이의 현실 인식에 도전하고 새로운 생각을 할 수 있는 질문을 시도한다. 피터 랭Peter Lang[11]은 호기심curiosity이라는 용어를 궁금함wondering으로 대체했다. 호기심은 약간 심문하는 것 같이 부정적 요소inquisitorial negative undertone를 가지고 있기 때문이다.

또한 이런 궁금증의 기본적 입장은 가설설정을 하는 데 사용된다. 가설은 코치가 코치이에게 상상할 수 있는 가능한 미래에 대해 성찰할 수 있게 해준다. 체계적 가설은 가정이다. 즉, 비록 다소 도움이 될 수 있지만, 그 자체가 옳거나 그름이 아니다. 가설은 체계 상태에 관한 코치의 가정에 기초한다. 가설은 (1) 코치가 코치이와 대화에서 도달한 통찰, (2) 비교 가능한 사례를 가진 코치의 경험, (3) 코치가 알고 있고 그것을 포함시키는 것과 관련된 특정 심리학 이론에 기반한다(Tomm, 1984, 1988). 코치는 가설 질문을 사용하여 가설을 확인하거나 반증할 수 있거나 수정해야 하는지에 대한 정보를 얻을 수 있다. 또한 가설과 그것의 기초 아이디어는 코치이가 부분적으로 체계에 대해 가장 가능성 있는 새로운 방향을 가늠하는 데 사용될 수 있다. 따라서 코치이는 체계나 특정 환경적 상황에 대한 자신의 관점을 변화시킬 것을 요청받는다.

호기심은 순환성 및 체계의 관련 패턴과 연결을 이해하는 데 중요한 조건이기도 하다. 특히 베이트슨(1972)은 인간 사고에서 지각적 차이의 중요성을 지적했다. 의식의 부분들 간의 상호작용은 차이를 중심으로 이루어진다. 차이는 특정 개체 간에 상호 관계 및 순환 관계의 결과로서 설정된다. 순환성은 모든 것이 다른 모든 것과 연결되어 있다는 개념이다. 따라서 선형 인과 관계 관점과 다르다. 순환적 사고는 단 하나의 방식으로 사건과 행동을 통제하고 이해할 수 있다는 생각을 버리는 것을 의미한다. 그것은 세계의 복잡성과 가능한 이해의 다양한 관점을 인정한다. 순환적

---

10. 이 개념은 밀라노학파 가족치료사 셀비니 파라질리Selvini-Palazzili 등(1980)이 처음 소개한 것이다.

11. 필자는 피터 랭이 2009년 8월 덴마크의 미델파르트Middelfart 타운에 있는 어트랙터스 섬머 대학교Attractor's Summer University에서 궁금함에 관해 이야기하는 것을 들었다.

사고에서 코치와 코치이는 차이에 대한 탐색을 공유하고 설명하는 데 관심을 둔다. 코치는 차이점과 유사점, 패턴, 습관, 연결성을 밝히기 위한 질문을 한다(Hieker & Huffington, 2006 참조). 이 아이디어와 관련하여 체계적 코칭에서 사용되는 질문 유형 및 범주의 전체 범위가 등장했다(특히 Tomaschek, 2006 참조). 인터뷰가 개입 형식으로 확립된 것도 바로 그런 이유 때문이다(Tomm, 1988, 1989, 1998). 체친(1987)에 따르면, 순환성은 고객의 '진실truths'을 손상시킬 수 있기 때문에 가설설정 및 중립성 유지에 적용되는 기술이다. 그는 가설설정, 순환성, 중립성이라는 세 가지 원칙이 서로 밀접하게 연결되어 있고 서로를 조건 짓는다고 결론을 내린다.

■ 순환 질문 대 선형 질문

캐나다 가족치료사이자 정신의학 교수 칼 톰Karl Tomm(1988, 1989, 1998)은 순환 질문과 선형 질문을 통합하는 질문은 물론 다양한 질문 유형의 의도를 총체적 개념으로 발전시키는 데 중요한 역할을 했다. 이 개념은 그림 3.2에 나와 있다.

대화는 대화 상태의 현실을 탐구하고 형성하는 것과 관련하여 두 가지 기본 의향, 즉 지향하는 의향orienting intent 또는 영향력 있는 의향influencing intent으로 인도될 수 있다. 이 두 가지 관점은 두 가지 형태의 다른 질문 논리를 통해 추구될 수 있다. 전통적 가족 선형 가정 또는 체계적 사고의 순환 가정이 바로 그것이다. 예를 들어, 선형 가정은 연대표 또는 인과 연결의 근본적 가정에 따라 작동된다. 대화의 시작에서 코치는 자신의 방향을 찾거나 자신의 삶의 세계에서 코치이들에게 더 많은 방향을 주는 데 목적을 둔다. 그리고 대화가 끝날 때까지 코치는 코치이가 결론에 대해 생각하고 있는 것을 물어봄으로써 새로운 행동을 향한 첫 걸음으로서 방향을 제공할 수 있다. 순환 가정은 서로 말하기의 '정상적normal' 방식으로 우리가 친숙하게 여기는 많은 특성과 단절시킨다. 순환 질문은 우리가 코치이의 직장에서 다른 사람들의 현실이나 특정 사건과 관련된 다른 사람들의 입장을 포함하여 현실에 대한 몇 가지 인식을 탐구하고 발견할 수 있게 해준다.

그러나 코치는 순환 질문을 함으로써 특정 인식에 도전하고 현실에 대한 다른 인식을 허용하는 가설적 질문을 통해 현실에 대한 개인의 성찰 방식에 영향을 미친다.

순환 질문은 코칭 훈련에서 코칭 대화를 구조화하는 데 매우 도움이 된다는 것이 입증되었다. 비록 다양한 측면에서 정통적 체계 전통orthodox systemic tradition은 오늘날 활동되지 않지만, 순환 질문의 개념은 그 유용성이 입증된 것이다.

그림 3.2 체계적 질문 서클(Tomm, 1988)

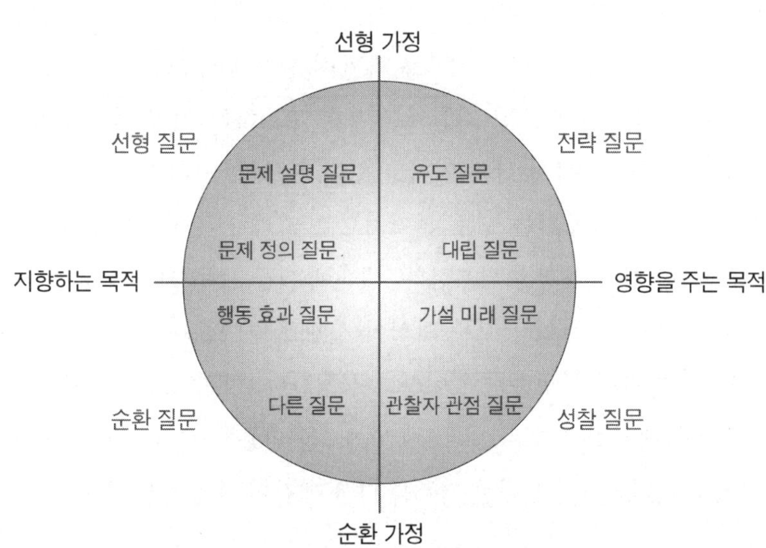

3.4.1.3 체계적 사고에서 사회구성 과정 및 상호협력 실천까지

치료 맥락에서 체계적 사고는 처음에 초기 체계 이론과 항상성을 향한 '폐쇄적' 체계의 사이버네틱 인식과 살아있는 존재의 자율성autonomy 및 자기생산autopoiesis에 관한 마투라나와 바렐라(1992)의 구성주의 사고에 영감을 받았지만, 지난 10-15년 동안 인간 사회 관계와 상호작용에 중점을 둔 사회구성주의 운동으로 움직임이 목격되었다. 체계적 관점은 개인과 구성적 의식을 강조하지만, 사회구성주의는 관계적 의식에 초점을 맞추고 의미의 발전을 담론적 과정으로 간주한다. 즉, 사회구성주의는 더 이상 개별 체계 구조에 중점을 두는 것이 아니라, 의미를 창출하는 공유된 맥락과 실천에 주안점을 둔다는 것이다.

여기서 우리는 여전히 진정으로 체계적 틀을 다루고 있는지 또는 '체계적'이라는 용어가 오도된 것인지 여부를 고려하는 것이 적절하다고 생각한다.[12] 그러나 양쪽이 함께 지니고 있는 유사성에 대해 살펴본다면, 구성주의와 사회구성주의는 모두 본질적으로 지식이 존재론적 실재ontological reality를 반영한다는 가정을 거부한다. 대신에 그들 모두 지식이 구성된다고 주장한다. 따라서 두 입장 모두 의식이 실재를 반영한다는 개념을 거부하고, 실재가 인간이 구성하는 것이라고 상정한다. 마지막으로 필자는 사회구성주의자 케네스 거겐Kenneth Gergen(2009a)을 인용하고자 한다. 그는 체계적-구성주의 패러다임에 대한 거부를 다음과 같이 분명히 밝힌다.

그러나 실천적 함의가 풍부하지만 대부분의 체계적 사고에서 체계의 단위

12. 덴마크 코칭 분야는 다른 나라의 경우보다 '체계적 코칭systemic coaching'이라는 용어를 고수하고 있는 점으로 볼 때 보수적인 것처럼 보인다. 2010년 한네 몰트케Hanne Moltke와 아스비욘 몰리Asbjørn Molly가 편집한 『체계적 코칭systemic coaching』 이라는 책이 출판되었다. 몇몇 덴마크 컨설팅 회사는 자신의 업무의 기초를 설명하기 위해 '체계'라는 용어를 지속적으로 사용한다. 비록 그들의 작업이 실제로는 본질적으로 사회구성주의적이지만 말이다. 몇 가지 새로운 국제 코칭 매뉴얼(예, Cox 등, 2010; Palmer & Whybrow, 2007)은 코칭 접근 방법을 제시하는 데 체계적 코칭을 사용하지 않는 대신 해결-중심 코칭을 활용한다. 체계적 작업을 위한 오랜 전통이 있는 독일어를 말하는 환경German-speaking environment에서 일부 문헌은 여전히 체계적 코칭이라는 용어를 사용한다(예, Backhausen & Thommen, 2006; Rauen, 2005).

는 근본적으로 경계가 있으며, 그 관계는 원인과 결과 중 하나라는 점에 유의해야 한다. 예를 들어, 역기능적 가정dysfunctional family에서 부모는 아이에게 행동하고, 아이는 차례로 부모에게 행동한다. 프랙티셔너에게 이 방향은 종종 변화를 일으키는 상호협력적 접근과는 반대의 전략을 제시한다. 이런 맥락에서 프랙티셔너는 '어떻게 체계에 변화를 줄 수 있을까요?'라고 물을 것이다(p.378).

결론적으로 인식론적 입장에 기반한 체계적 사고는 더 이상 쓸모가 없으며, 좀 더 역동적이고 관계적인 이해에 기반한 사회구성주의로 대체되었다는 점을 강조하고자 한다. 이런 역사적 경향은 심지어 자신이 사회구성주의자의 입장을 받아들이기 위해 전진한 체계적 사고의 공동창립자 체친Cecchin(1992)에 의해서도 촉진되고 있다. 그러나 순환성에 초점을 둔 체계적 방법론과 차이, 성찰, 새로운 관점에 대한 탐색은 계속해서 코칭 실천과 관련이 있다. 따라서 사회구성주의자, 내러티브 상호협력 프랙티셔너는 그것을 사회구성적 인식론과 일치시키기 위해 체계적으로 지향되는 방법을 적응하고 개발하는 방법을 고려해야 한다. 그것은 필자가 4장에서 코칭 실천을 위한 모델을 제시하면서 추구하고자하는 것이다.

3.4.1.4 사회구성주의

사회구성주의는 여러 코칭 접근의 주요 기초 이론이다. 심리학에서 사회구성주의의 도입은 케네스 거겐이 『역사로서 사회심리학Social psychology as history』이라는 논문을 발표한 1973년으로 거슬러 올라간다. 이 논문에서 거겐은 모든 지식이 역사적으로든 문화적으로든 구체적이어야 하며, 현대 심리학의 발전은 사회, 정치, 경제 현상을 포함하여 이해해야 한다고 강조한다. 그러나 사회구성주의의 뿌리는 시간이 지남에 따라 좀 더 이전으로 거슬러 올라간다. 그렇게 거슬러 올라가면, 사회학의 초기 태동에서 그 발전을 찾아볼 수 있다. 하지만 필자는 상징적 상호작용론symbolic interactionism이 사회구성주의의 가장 중요한 조상이라고 생각한다.

미국사회학자이자 사회심리학자 조지 하버트 미드G. H. Mead(1934)는 개인의 발달, 행동 및 자기표현과 관련하여 사회적 환경의 역할을 설명했다. 개인의 자기개념은 대면 대화에서 구체적인 다른 사람들과 상호작용뿐만 아니라 더 전반적인 영향 과정에서 사회적 규범, 가치, 태도, 입장에 따라 구성된다. 미드는 이 관점을 일반화된 타자generalized others로 언급했다. 사회 및 다른 사람들의 기대에 대한 개인의 인식은 주어진 사회적 상황에서 개인의 행동에 영향을 미친다.

그러나 버거Berger와 루크만Luckmann(1966)의 유명한 책 『실재의 사회적 구성The social construction of reality』은 심리학에서 사회구성주의 사고방식을 개척하는 길을 열어주었다. 반본질주의 입장에서 두 사회학자들은 사람들이 상호 사회적 실천을 통해 모든 사회적 현상을 창조하고 유지한다고 주장한다. 지난 40년 동안, 관련 학문은 담론심리학(Edwards & Potter, 1992), 비판심리학(Dreier, 2008, 2009; Sloan, 2000) 및 해체주의/담화분석(Parker, 1992) 등의 심리학에서 나타났다.

코칭과 코칭심리학이 사회구성주의에 주목하는 이유는 무엇인가? 그 답의 일부는 사회 변화 과정에 대한 필자의 초기 분석에서 무수한 가능성을 지닌 삶의 방식을 명확하게 다각화diversification한 결과에서 확인할 수 있다. 다시 말해, 삶의 방식은 다양하고, 목표에 이르는 길은 많으며, 열린 질문에 대한 답도 많다. 그러나 우리는 더 이상 필요한 역량을 지닌 인물이나 권위 있는 기관이 없고, 좋은 (일) 삶을 성취하는 방법에 대한 명확한 권고를 제공할 능력이 없다. 이런 사회적 발전은 심리학 및 기타 사회과학에서 새로운 경향 및 이론을 촉발시켰는데, 이는 다른 한편으로는 인식론과 과학에서 진리 추구 이상truth-seeking ideals, 전통적 객관주의자traditional objectivist의 포기를 이끌어냈다. 반면에, 코칭은 코치가 간단한 대답을 기대하지 않고 오히려 중요한 대화 상대와 함께 긴급한 문제와 우려에 대한 성찰을 하기 위한 열린 대화 형식을 취한다.

사회구성주의의 힘은 포스트모더니즘 전통과 보편적 진리 개념에 대한 도전과 관련된 인식론에 있다(Kvale, 1992). 그러나 사회구성주의 심리학에서는 개개인과 자신의 의식이 상호작용 과정을 통해 관계 안에서 확장되는 것으로 가정된다. 따라서 이 입장은 또한 사회중심적 관점sociocentric perspective(Bourdieu, 1993)과 심리 및 사회 현상을 형성하는 관계와 공동체의 역할에 초점을 맞춘다. 그러나 사회구성주의 사고는 대개 추상적이고 이론적이다. 치료, 코칭, 조직 개입과 같은 응용 분야와 관련하여 거겐과 기타 사회구성주의자들은 종종 사회구성주의 이론과 인식론에 기초한 방법과 대화 형식을 개발한 많은 혁신적인 프랙티셔너들을 언급하는 것을 제외하고 구체적인 제안을 제공하지 않는다. 따라서 필자는 이런 응용 접근들을 이장의 뒷부분에서 설명하고자 한다.

다음은 케네스 거겐에게 영감을 받은 사회구성주의 사고를 묘사하는 몇 가지 핵심 가정과 기본 입장에 대해 설명하겠다(Gergen, 2009a, b; Gergen & Gergen, 2003).

1. 맥락과 문화는 우리의 현실을 이해하기 위한 기반을 형성하며, 그 반대의 경우도 마찬가지다. 상호관계에 있는 사람들이 끊임없이 창조하는 사회적 실재social reality로서의 맥락을 이해하는 것이 중요하다. 그것은 독립적인 실체로 실존하지 않는다. 우리는 우리가 살고 있는 맥락과 문화를 창조하는 데 관여하고 동시에 문화와 맥락도 이런 공유된 실재를 공통의 기준틀로 만드는 능력을 형성한다. 거겐(2009a)은 이런 실재의 창출에 기여하는 세 가지 주요 요소를 언급한다. 그것은 "우리가 관여하는 언어the languages through which we relate, 일상 대화의 과정the process of daily conversations, 우리가 살고 있는 제도the institutions in which we live(p.32)"이다. 그는 계속해서 "지속되는 관계의 중심은 공유된 실재의 실존existence of shared reality이다(p.32)"라고 말한다. 이것은 코칭의 기본 조건이기도 하다. 개인 대화에서 코치와 코치이는 서로 공유하는 실재, 즉 서로 이야기하는 방식으로 형성되는 실재와 대화의 주제

인 사안subjects과 사건events을 다루는 방식을 공동으로 창조한다. 이런 맥락은 대화에서 시작된 발달 과정의 출발점, 즉 공유된 의미 형성의 기초가 된다.

2. '진리'는 우리의 환경과 대화하고, 의사소통과 공동 행동을 통해 만들어진다. 우리는 상호작용할 때 관계를 공유하는 사람들을 위한 유효한 실재를 창조한다. 사회적 실재는 대화와 상호작용에 참여하는 당사자들에게 '진리'로서 실존한다. 우리는 맥락과 관계에 대한 구체적인 이해를 공유하는 사람들에게 적용되는 특정 진리local truth에 대해 말할 수 있다. 대조적으로 전통적 진리 개념은 우리가 말을 사용하여 세상을 있는 그대로 그릴 수 있다는 것이다. 즉, 말이 세상을 그대로 묘사할 수 있다. 이런 이해에서 진리는 독점적인 지위를 얻는다. 사회구성주의자들은 이런 절대적이고 보편적인 진리 개념을 거부한다. 그들의 인식에서 개개인이 서로 사용하는 말은 개개인의 상호관계를 통해서만 의미를 얻는다. 말words과 담화speech는 우리의 실재를 창조하여 우리가 실재에 대해 개발한 특정 진리들을 창조한다. '말과 담화는 실재를 창조한다'는 가정은 모든 코칭 대화에서 중요하다. 만일 말과 담화로 실재가 창조된다면(예: 코칭 대화 외부), 코치와 코치이는 새롭고 다양한 실재를 함께 창조할 수 있다. 주요 도전 과제는 코칭 대화에서 통찰을 대화 공간 밖의 실재까지 변혁하는 방법을 찾는 데 있다.

3. 사회생활에서 문제는 특정 버전의 진리가 보편적 진리로 정의될 때 발생한다. 진리에 대한 사회구성주의자의 이해는 반드시 보편적으로 받아들여지는 것이 아니다. 심지어 그 가정이 이론적으로 받아들여지더라도, 우리 자신의 통찰에 반하는 상황이 삶에서 생길 수 있다. 특정 사회 집단이나 개개인이 자신의 '특정 진리'를 절대적인 것으로 본다면, 그에 따른 결과가 있을 것이다. 예를 들어, 실업자, 이민자 또

는 이슬람교도에게 보편적인 진리를 대표한다고 주장하는 꼬리표가 주어진다면, 사회 수준에서 그것은 특정 집단의 주변화marginalization를 초래할 수 있다. 궁극적으로 그것은 사회의 다른 집단들 사이의 차별과 긴장으로 이어질 것이다.

상사의 성격이나 직원의 업무에 대한 '특정 진리'는 직장에서 불필요한 긴장을 유발할 수 있다. 왜냐하면 특정한 '진리들'은 다른 사람들을 지배하는 데 영향을 주기 때문이다. 특정 진리를 보편적으로 만드는 시도는 갈등이나 권력 남용의 가능성을 수반한다. 코칭과 관련하여 이런 가정의 가능한 결과들을 간단히 살펴보자. 코치이는 자신이 특정 상황, 사건 또는 그 자신을 절대적 진리의 지위를 실제로 취하는 특정한 방식으로 본다는 것이 도전일 수 있다. 코치는 지속적인 대화에서 다른 진리나 입장을 소개하거나 조사하여(예를 들어, 순환 질문과 가설 질문을 통해[13]) 코치이가 개발 및 학습의 기초를 형성할 수 있는 새로운 관점에 개방적으로 대처할 수 있도록 해야 한다.

4. 사회구성주의자는 근본적으로 세계를 묘사하는 다양한 방법에 열려 있다. 어떤 의미에서 이것은 급진적 다원성radical pluralism의 형태이며, 단지 한 입장에서 세계를 보는 보편성에 대한 대안으로서 다중다양성multiversality의 도입을 의미한다. 코칭 대화에서 목표는 묘사되고 이름 붙여질 것이며, 가장 중요한 것은 특정 사건과 사람을 다른 방법으로 인식한다는 점이다. 위에서 언급한 순환 질문을 통해 코치는 코치이를 사건과 사람을 새롭게 받아들이거나 새롭게 인식하는 방식에서 이해되는 새롭고 다양한 '경험세계universes'로 들어가도록 초대할 수 있게 될 것이다. 사회구성주의자들의 다원적 인식은 비판을 불러일으켰다. 이를 비판하는 사람들에 따르면, 나치즘, 인종차별정책, 고

13. 입장 또는 관점의 변화를 가져오는 질문에서 입장 또는 관점의 변화는 외재화externalization를 촉진해야 한다. 여기서 외재화는 자신의 인식에서 코치이가 문제/도전으로부터 스스로를 분리시킨다는 것을 의미한다. 즉, 그것을 외부에서 새로운 입장이나 다른 관점으로 본다는 것이다. 예를 들어, 코치는 이렇게 물을 수 있다. 당신 아니라 당신의 상사/관리자와 동료/직원이라면 어떻게 다르게 보일까? 그 사람의 관점에서 당신의 문제는 어떻게 보일까?

문, 집단 따돌림과 같은 일부 입장들은 잘못된 것이기 때문에 용납할 수 없다!

셔터Shotter와 크베일Kvale(1992)은 도덕적 상대주의moral relativism를 거부하면서 인식론적 상대주의epistemic relativism를 옹호하는 것이 가능하다고 언급했다. 즉, 급진적 다원주의자 및 사회구성주의자 입장은 도덕적 기초를 배제하지 않는다. 거겐(2009a)은 도덕에 관한 토론이 새로운 관계적 토대를 제공하는 입장으로, 곧 관계주의relativism에서 관계적 책임성relational responsibility으로 이동을 보여줌으로써 이런 도덕적 입장을 분명히 하고 입다. 거겐의 인식에서 '간단히 용인될 수 없다!That simply cannot be tolerated'와 같은 진술은 1차 도덕성을 반영한다. 이런 도덕적 견해의 형태는 선과 악의 개념과 관련이 있다.

그리스와 라틴의 윤리와 도덕의 개념은 관습, 실천, 관례와 같은 단어로 거슬러 올라갈 수 있다. 직장과 조직에서 사람들이 '그것이 우리가 여기서 하는 방법이다!That's how we do it around here!'라고 말하는 것을 들어봤을 것이다. 이런 1차 도덕성을 따른다는 것은 사람 안에서 최선을 바라며, 만일 도덕적 행동이 그 자체로 드러나지 않으면 '도덕적으로 무책임한morally irresponsible' 것을 감시하고 궁극적으로 견책해야 한다는 것을 의미한다. 거겐(2009a)은 공동체[14]에 중점을 두고 다음과 같이 기술되는 2차 도덕성을 위해 노력한다.

> 2차 도덕성의 경우 개인의 책임은 관계적 책임relational responsibility, 즉 조직화된 행동의 잠재력을 유지하기 위한 공동의 책임으로 대체된다. 무엇보다도 관계를 책임지는 것은 공동의 의미를 만드는 과정을 유지하는 것이다. 관계에 대한 책임감에서 우리는 개인주의 전통을 벗어난다. 즉, 관계를 위한 돌봄이 중요해진 것이다(p.364).

14. 이와 관련하여 거겐(2009a)은 저자들이 올바른 기능을 하는 사회well-functioning society를 개발하는 데 매우 중요한 공동체에 대한 부적절한 초점을 가진 것을 유감스럽게 생각하는 두 가지 주요 간행물을 강조한다. 그것은 세넷Sennet(1992)의 「The fall of public man」과 퍼트넘Putnam의 「Bowling alone: The collapse and revival of American community」이다. 국제적인 맥락에서 덴마크는 사회적 공동체를 수립하고 유지하는 오랜 전통에 대해 종종 칭송받았다. 이것은 우리가 지켜야 할 것이다.

5. 사회구성주의자들은 다른 사람의 인식과 전통에 대해 호기심(궁금함), 개방성, 존중하는 입장을 취한다. 이런 기본 입장은 대화에 참여한 모든 참여자에게 개발의 기회를 제공하기 위한 토대이다. 체계적 사고에서 중립성neutrality과 삐딱함irreverence은 핵심 용어였다. 중립성은 모든 관점과 신념에 열린 마음을 유지하기 위한 전제 조건이었으며, 반면에 삐딱함은 고객의 가정, 입장, 행동에 의문을 제기하는 치료사의 도전적인 태도를 반영해야 한다. 이런 기본 입장은 고객과 관련하여 권력 남용의 가능성을 내포하고 있었다(Cecchin, 1992).

사회구성주의는 근본적으로 새로운 입장을 발전시켰다. 코치는 코치이를 향한 근본적 태도로서의 호기심을 발전시켜야 한다. 이때 궁금증, 개방성, 존중을 동반해야 한다. 우선, 이런 입장은 코치가 코치이의 맥락과 생활 세계를 이해할 수 있게 한다. 둘째, 코치의 궁금한 태도는 자신의 인식, 신념, 가치관, 행동에 의문을 제기할 수 있게 한다. 셋째, 코치의 궁금함, 개방성, 존중은 코칭 대화에 특별한 질과 깊이를 부여하는 개방적이고 진정한 대화(Buber, 2004)의 조건인 관계에 대한 책임을 촉진시킨다.

6. 핵심은 우리의 말이 진리이냐 객관적이냐가 아니라 실재가 사회적 구성으로 이해될 때 무슨 일이 일어나느냐는 것이다. 앞서 언급했듯이, 대화에 대한 모든 진술, 설명, 참여는 그 사람이 자신의 세계와 삶의 맥락을 해석하는 방식을 반영한다. 말은 우리의 실재를 구성한다. 그러므로 실천 현장에 있는 코치는 코치이가 묘사하는 세계를 이해하고 공감하는 것이 흥미롭다. 코치이의 진술이 '정확한correct'지 성찰하는 것은 적절하지 않다. 코치이는 자신이 사는 맥락에서 창조되는 자기 자신과 세계를 보여준다. 코치의 임무는 코치이의 설명과 진술을 인식하고 그것들을 기반으로 둔다. 코치와 코치이의 지속적인 대화에서 코치이의 실재에 대한 새로운 묘사와 인식을 공동 창조함에 따라, 현실을 다루는 새로운 방법이 코치이에게 어떻게 영향을 미치

는지, 코치이가 미래에 어떻게 사고하고 행동하는지를 보는 것이 흥미로워진다.

7. 의미는 주어지는 것이 아니라, 사회적 상호작용을 통해 이루어지는 것이다. 의미는 사회구성주의의 주요 개념이다(Gergen, 1994). 그러나 이 개념은 새로운 전환을 맞았다. 고전 인지심리학의 주요 초점은 외부 세계의 개인적 의미나 내적 상징화inner symbolization(재현representation, 개념화conceptualization)에 있었다. 사회구성주의자의 초점은 어떻게 그 사람이 다른 사람들과 의미를 창조하는지에 있다. 여기서 의미는 관계적 관점에서 볼 수 있다. 대화에서 코치이의 개인적 진술은 의미가 없다. 그 진술들은 그들이 배치된 관계와 맥락을 통해 의미를 얻는다. 코치가 의견이나 진술을 제공하면, 코치이의 진술과 함께 조화되므로 일종의 후속 (말하기) 행동이 된다. 따라서 코치이는 개별적으로 의미를 부여하지 않는다. 의미는 코치와 코치이의 대화에서 형성되고 지속적으로 발전하며 변화된다. 의미의 경험세계는 대화에서 함께 창조된다. 상호 만남에서 당사자들 모두에게 항상 새로운 무언가가 나타날 것이다. 따라서 서로 대화하지 않고 그것을 이해할 수 없다.

8. 새로운 이야기는 우리가 세계와 우리 자신을 인식하는 방식을 바꿀 수 있다. 사회구성주의의 기본 가정은 언어가 세계, 곧 우리의 실재를 형성하는 데 도움이 된다는 것이다. 우리는 새로운 방식으로 우리의 세계(우리가 스트레스를 받거나 도전받는 특정 상황 및 사건)에 관해 말할 때, 세계도 변화할 것이다. 이 변화는 미래 상황에 새로운 행동 방식에 궁극적으로 반영된다. 이런 발달 과정에서 언어와 행동은 항상 새로운 실체로 간주되어야 한다. 새로운 이야기는 코치와 코치이 사이의 공유된 의미 형성의 결과이다. 코칭 대화의 기본 관념은 코치가 코치이의 이야기를 듣고 이야기의 밝은 지점을 탐구하고 탐색하는 것이다. 그것은 아마도 긍정적인 예외positive exception일 것이며,

중요하고 사기를 북돋아주는 사람들의 기억, 중요한 삶의 가치를 인정 또는 삶과 에너지를 발생시키는 측면을 강조하는 재현일 수 있다.

이런 성찰 과정과 의미 형성 과정은 관점의 변화를 가져와 밝은 지점을 강조하고, 코칭 대화의 이상적인 결과인 힘을 북돋아주고 긍정적 이야기를 형성할 수 있게 한다. 대화는 코치와 코치이 사이의 공동 창조 과정이다. 이때 코치는 능동적이다. 즉, 코치는 코치이가 대안적이고 삶의 긍정적 이야기를 만들어낼 수 있게 하는 자기성찰적 상대이다. 여기서 창출되는 이야기는 대화의 핵심 주제와 관련하여 향후 실천 맥락에서 코치이에게 새로운 방식의 행동을 촉진시키는 이야기다.

9. 사회구성주의는 개인적 결정, 지향성, '개인적 행위성'과 같은 개념을 경계한다. 우리의 개인적 노력과 우리 자신의 행동에 대한 개인적 책임은 최소한 계몽주의 시대 이후로 서구 사상에서 중요한 가설을 형성했다(주의주의voluntarism: 자유의지 개념)[15]. 사람들의 행동에 대해 개인적으로 책임을 지움으로써 우리는 사회에서 도덕을 위한 기반을 마련한다. 기독교 전통은 용서를 하나님/하느님이나 동료 인간에 대한 죄의식에서 벗어나는 방법이라고 지적한다. 그러나 특정 환경 조건에 의해 결정된 것처럼 자유 의지 개념을 근본적으로 거부하고 결정론적 시각deterministic light에서 인간의 행동을 보는 심리학과 사회과학(예: 행동심리학)의 입장도 있다. 거겐(2009a)은 행위성에 대한 관계주의자적 관점을 다음과 같이 지지한다.

> 그러나 내가 현재 연구에서 논한 것처럼 이 두 개념 모두 본질적 분리의 세계를 창조한다. 이 경우의 시도는 자유의지/결정론 논쟁을 뛰어넘는 방식으로 행위성을 재구성하고 우리의 관심의 중심에 관계를 가

15. 옮긴이 주 - 주의주의는 주지주의와 대립되는 입장이다. 주의주의는 의지가 지성보다 우위에 있다고 주장한다.

져온다. 관계 속의 행동으로 행위성을 봄으로써 우리는 정확히 이 방향으로 나아간다(p83).

3.4.1.5 사회구성주의의 적용과 발전

사회구성주의는 잘 발달된 이론이지만, 그럼에도 사회구성주의 코칭(심리학)의 형태로 실천에 곧장 적용되지 않았다. 그러나 사회구성주의는 여러 가지 코칭 접근에 뿌리로 자리 잡고 있다.

- 해결 중심 이론과 실천
- 강점탐구이론과 실천
- 내러티브 이론과 실천
- 상호협력 이론과 실천

■ 해결 중심 이론과 실천

해결 중심 접근은 체계적 접근과 마찬가지로 특히 가족치료에 뿌리를 두고 있으며, 원래 미국 위스콘신 밀워키의 단기가족치료센터Brief Family Therapy Center의 스티브 드 세이저Steve de Shazer, 인수 김 버그Insoo Kim Berg와 동료들이 함께 개발했다. 역사적으로, 해결 중심 단기 치료Solution-Focused Brief Therapy는 알프레드 아들러Alfred Adler, 밀턴 에릭슨Milton Erickson, 존 위클랜드John Weakland[16](O'Connell & Palmer, 2003)에 영향을 받았다. 해결 중심 접근은 체계적 접근처럼 이론적으로 확립되고 정교하지는 않지만, 사회구성주의 인식론에 분명히 영감을 받았다. 필자는 다양한 조직 및 대화 실천에서 해결 중심 접근의 영향에 대해 다음과 같은 주장을 강조할 것이다.

16. 위클랜드는 대학에서 인수 김 버그의 수퍼바이저였고 가족 치료 발전에도 참여해왔다.

- 특히 지속 시간/개입 횟수와 관련하여 증가하는 효율성 요구가 증가하고 있다.
- 문제의 근본 원인을 찾으려고 종종 부정적인 악순환으로 이어지는 문제의 초점에서 벗어난다.
- 고객의 문제에 대한 답은 고객의 삶의 세계에서 찾아야 한다는 분명한 신념을 가지고 있다.
- 체계적 접근과 마찬가지로, 해결 중심 접근은 개인이나 조직의 변화 과정을 시작하는 데 효과적인 전략 및 탐구 기법을 사용하여 3세대 코칭에 통합될 수 있는 방법론을 개발했다.

미래 지향적인 관점과 강점 중심 관점strength-based perspective에서 볼 때, 해결 중심 접근은 특히 코칭에 적합하다. 해결 중심 코칭SFC는 다음과 같은 초점을 가지고 있다.

1. 세계는 사회적으로 구성된다. 따라서 코치이의 문제는 구성된 실재의 일부일 뿐이다. 해결 중심 코칭에서 대화는 다른 실재를 창조하는 것을 목표한다. 이것은 코치이가 가져 오는 도전 뒤에 있을 수 있는 문제를 조사하거나 분석하는 데 초점을 맞추지 않는다. 그보다는 해결책이 갑자기 떠오를 수 있는 고객의 삶의 세계와 지각된 세계에서 강점의 위치와 밝은 지점을 파악하는 데 있다. 문제에 초점을 맞추는 것은 코치이의 에너지를 소진시킬 수 있으며, 문제 및 결함을 파악하는 데 초점을 맞추면 조직의 발전은 혼란으로 끝날 수 있다.

   해결 중심 코칭은 자신이 무엇을 잘 하는지와 이전의 성공에 대한 인식을 높이기 위한 매우 실용적인 관점을 가지고 있다. 코치의 역할은 과거에 코치이에게 가능한 것으로 입증된 사항을 통해 자신의 역량에 대한 코치이의 인식을 제고하고 특별한 문제에 대한 해결로 이어지는 과정을 지원하는 것이다. 거겐(2000a)은 사회구성주의적 사고에 대한 해결 중심 실천의 영향을 인식하면서 다음과 같이 말했다.

아무 문제가 없다면 어찌 되는가? 사람들을 치료로 인도하는 모든 고뇌와 절망이 근거가 없다면 어떨까? 구성주의자 사고는 이런 종류의 질문을 촉발시킨다. 물론, 우리 삶의 어려운 문제들, 즉 매우 현실적이고 종종 매우 고통스러운 문제들에 직면하지 않는다는 것은 아니다. 그러나 구성주의자는 우리에게 이 실재들이 구성되어 있음을 상기시킨다. 문제들은 우리와 독립적인 실재로서 '밖에out there' 존재하는 것이 아니라, 우리가 실재를 다루는 방식 덕분에 생기는 것이다(p.170).

2. 코치이는 본질적으로 자신의 문제를 해결할 수 있다고 생각한다. 코치이는 변화와 긍정적 발전을 이루기 위해 필요한 자원[17]과 개인적 전문 지식을 가지고 있다. 따라서 코치이가 원하는 해결책을 포함하는 상황을 만들고 시작할 수 있다. 그러므로 해결 중심 코칭은 코치이에 대한 병리적 기본 인지pathologizing basic perception 또는 부정적 라벨negative labels을 절대로 사용하지 않는다. 코치는 자신의 대화 상대를 발달 자원 및 강점을 지닌 사람으로 본다. 버그Berg와 서보Szabo(2005)는 해결 중심 코칭에 대한 글에서 코치이에 대해 다음과 같은 가정을 한다. "모든 고객은 …

- 어려운 환경에서 최선을 다한다.
- 그들이 생성한 아이디어에 투자한다.
- 윤리적이고 정중하며 예의 바르고 정직하길 원하며, 그렇게 그들의 삶을 개선하길 원한다.
- 고객 및 동료와 같은 다른 사람들과 어울리길 원한다.
- 집단에 수용되고 소속되길 원한다.
- 사랑하고 존경하며 칭찬하는 사람들의 삶을 더 좋게 만들기를 원한다.
- 중요한 다른 사람들을 돌보고 그들에게 보살핌 받길 원한다.

17. 여기서 자원은 개인적, 개인 내 정신적 질intrapsychological quality로 이해되어서는 안 되며, 사회적으로 구성된 실재의 산물로 이해되어야 한다. 자원은 개인이 시작하는 관계와 사회적 환경을 통해 개인 속에서 발전한다.

- 긍정적인 유산을 남기고 세계에 긍정적인 변화를 주길 원한다.
- 다른 사람들에게 존경받고 다른 사람들을 존경하길 원한다 (p.21)."

3. 당신이 할 수 있는 일을 하라! 드 세이저De Shazer와 버그Berg(1997)는 이 관점을 명확하게 강조하고 해결 중심 접근의 네 가지 특성을 설명한다. 여기에서는 치료법에 중점을 두지만, 해결 중심 코칭에도 동일하게 적용된다.

   - 첫 번째 인터뷰의 어느 시점에서 치료사는 '기적질문Miracle Question'을 할 것이다.[18]
   - 첫 번째 인터뷰와 후속 인터뷰에서 적어도 한 번은 고객이 '0-10' 또는 '1-10'의 척도로 무언가를 평가하도록 물을 것이다.
   - 인터뷰 동안 어느 시점에서 치료사는 휴식을 취할 것이다.
   - 이 휴식 시간 뒤 치료사는 고객에게 때로는 (자주) 제안이나 과제(종종 '실험'이라고도 함)를 할 수 있도록 칭찬을 해줄 것이다 (p.123).

   또한 그들은 네 가지 특징 가운데 하나가 빠진 경우, 그 실천이 완전히 해결에 초점을 맞추고 있다고 말할 수 없음을 강조한다.

4. 해결 중심 코칭에서 코치의 역할은 코치이가 두 단계로 탐색하고 정의하도록 끊임없이 초대하는 것이다. (1) 코치이가 인생에서 변화하

18. 스텔터(2002a, p.240)는 기적질문을 다음과 같이 설명한다. "당신이 밤에 잠자리에 들고 잠이 들었는데, 그 밤에 기적이 일어났다고 상상해보라! 다음날 아침, 모든 문제가 해결되었다! 당신은 일어났을 때 이런 변화가 어떻게 일어났는지 아무것도 모를 것이다. 왜냐하면 당신은 자고 있었기 때문이다. 기적이 일어났다는 것을 어떻게 처음 알 수 있는가? 변화가 발생했다는 것을 알리는 신호는 무엇인가? 변화는 누가 알 수 있는가? 당신과 다른 사람들은 무엇을 다르게 하는가?" 좀 더 자세한 내용은 De Jong & Berg, 2002를 살펴보라.

길 원하는 것(목표 중심)은 무엇인가? (2) 코치이가 다른 '새로운' 현실을 창출하기 위해 사용할 수 있는 강점과 자원은 무엇인가? 코치는 대화에서 나타나는 코치이의 목표 관점, 신념, 이전 성공, 강점, 자원을 높이 평가하고 지원한다(Berg & De Jong, 1996).

5. 따라서 코칭 과정은 코치이에 대한 자체 지침 학습 과정을 시작한다(Cavanagh & Grant, 2010). 코치는 코치이가 실제로 과거에 경험했던 성공과 희망을 주는 느낌을 가지고 있었지만 '망각하고' 있는 것을 촉진하는 퍼실리테이터 역할을 한다. 코치는 코치이가 강점과 자원을 소유하고 있다는 것에 초점을 둔다. 왜냐하면 이런 강점과 자원은 현재의 문제와 관련하여 해결 방법을 찾을 수 있다는 코치이의 믿음을 강화하기 때문이다.

6. 카바나Cavanagh와 그랜트Grant(2010)에 따르면, 해결 중심 태도는 코치이가 탐구적이거나 깊이 생각하는 사고방식deliberative mindset에서 실행적 사고방식implementational mindset으로 변화할 때 발생한다. 탐구하거나 깊이 생각하는 사고방식에서 코치이는 특정 (바람직한) 상황과 가능한 목표 및 행동에 관련하여 장단점을 탐구한다. 이것은 소위 기적질문이 발생하는 단계이기도 하다. 실행적 사고방식에서 코치이의 초점은 설명된 문제와 관련하여 변화를 실현하고 발전을 창출하는 데 필요한 수단을 찾는 것에 있다.

해결 중심 코칭의 대화 모델은 노르웨이 코칭 전문가 에스페달Espedal, 스벤젠Svendsen와 안데르센Andersen(2006)이 제안했다.

- **문제와 도전!** 코치이는 무슨 문제와 도전에 빠져 있는가?
- **플랫폼 구축!** 코치와 코치이는 대화에 도움이 되기 위해 무엇을 이야기해야 하는가?

- **원하는 미래를 정의하기!** 코치이는 무엇을 성취하기 원하는가? 일단 문제가 제거되면 미래는 어떤 모습인가?

- **코치이의 목표!** 어떻게 하면 그/그녀가 바라는 것이 실현될 것인가? 이 지점은 코칭 과정에서 매우 중요하다.

- **예외 탐색하기!** 목표가 이미 달성된 사례는 언제 그리고 어떻게 있는가?

- **자원 식별하기!** 코치이는 어떤 기술과 자원을 가지고 있는가? 이 도구는 코치이가 자신의 목표를 달성하는 데 어떻게 도움이 될 수 있는가? 코치이가 이미 올바른 방향으로 가리킨 지점은 무엇인가?

- **진전에서 나타나는 작은 징후!** 좀 더 진전하기 위해 코치이는 무엇을 더 해야 하는가?

- **강점과 피드백!** 코치는 과정 동안 그리고 과정이 끝날 때 어떻게 코치이에게 지지와 강점을 표현할 수 있는가?

요점은 코치이의 목표이다. 이 목표는 선호하는 미래에 대한 코치이의 비전에 기반한다. 진행 중인 코칭 과정에서 코치는 코치이가 이미 보여주었던 것에 초점을 맞추고, 코치이가 꿈꾸는 실재를 창조하기 위해 실제로 가지고 있는 선호 방향 및 능력에 대해 지적한다. 마지막 요소인 해결 중심 코칭은 이미 목표를 향한 단계로 코치의 관심을 끌고 선호하는 방향으로 이미 향하고 있는 행동과 사건을 인식하고 지원함으로써 선호하는 미래를 향해 나아간다.

결론적으로, 필자는 위의 내용과 관련하여 다음 사항을 강조하고자 한다. 해결 중심 접근은 이론적 방향성을 가지고 있지 않지만, 분명히 사회구성주의 인식론에 기반하고 있다. 가장 중요한 점은 인식론을 코칭 실천의 기초로 삼는 것이다. 그러나 해결 중심 방법은 코치가 코치이의 명시된 목표를 중심으로 개발 과정에서 해결 중심 과정을 촉진하기 위한 특수 역량 및 기술을 개발해야 한다. 코치는 목표와 선호하는 미래에 초점을 맞추므로 코치이가 앞으로 나아갈 수 있도록 도와주는 인도자 역할을 한다. 이런 맥락에서 코치와 코치이의 입장에는 명백한 차이가 있다. 코치는 과정을 촉진시키며, 코치이를 탐구하거나 깊게 생각하는 사고방식에서 실행적 사고방식으로 움직이는 질문을 하는 전문가이다. 그러므로 해결 중심 코칭은 2세대 코칭의 좋은 예이지만, 아직 공동 창조적 사고를 완벽하게 구현하는 방법론 및 실천에 미치지 못한다. 따라서 필자는 코칭을 내러티브 상호협력 실천으로 제시함으로써 이후 단계를 시도하려고 한다(4장 참조).

■ 강점탐구이론과 실천

1980년 당시 24살이었던 데이비드 쿠퍼라이더David Cooperrider는 미국 오하이오의 케이스웨스턴리저브대학교Case Western Reserve University의 조직 행동 연구 프로그램 박사 과정 학생이었다. 그는 처음에 병원 조직에서 (완전 전통적) 대인 관계 문제에 대한 연구를 수행했다. 그러나 그는 조직에서 관찰할 수 있었던 긍정적 상호협력, 혁신, 평등주의적 관리방식에 놀랐다.[19] 그의 수퍼바이저 수레쉬 스리바스트바Suresh Srivastva는 쿠퍼라이더의 열정을 알아차리고, 그가 이 길을 더 추구하도록 격려했다. 클리블랜드 클리닉Cleveland Clinic의 원장은 쿠퍼라이더의 프로젝트를 지원하면서 클리닉이 최적이고 삶을 긍정하는 방식으로 기능할 때 존재했던 요소를 연구하도록 요청했다. '강점탐구Appreciative Inquiry'라는 용어는 클리닉 이사회에 제출한 보충 설명에서 처음 언급되었다. 쿠퍼라이더의 연구에서 영감을 얻는 중요한 이론적 원천은 1982년에 나온 케네스 거겐의 저서 『사회적 지식 변혁을 향하여Toward Transformation of Social Knowledge』이었다. 쿠퍼라이더는 거겐의 '생성이론generative theory'을 "문화의 지침이 되는 가정에 도전하고, 현대 삶에 대한 근본적인 질문을 제기하며, 당연하게 받아들여지는 것에 대한 재검토를 촉진하여 사회적 행동을 위한 새로운 대안을 제공하는[20]" 자원으로 보았다. 1986년에 쿠퍼라이더는 「강점이론: 조직 혁신을 이해하고 향상시키는 방법론Appreciative Inquiry: Methodology for Understanding and Enhancing Organizational Innovation」이라는 제목의 논문을 제출했다. 이 논문은 문제 해결 방법을 찾는 데 초점을 맞춘 전통적인 접근과는 완전히 다른 원칙을 기반으로 조직 개발 전략의 초석을 마련했다.[21] 이 논문의 초점은 다음과 같다.

- 무엇이 최선인지를 평가하고 가치를 매기기
- 무엇이 될 수 있다는 것을 장려하기
- 무엇이 되어야 하는지 대화하기(Cooperrider & Whitney, 2005, p.13).

이 세 가지 요점은 조직 변화와 발전을 위해 원래 개발되었는데, 다양한 조직 및 대화 실천에서 강점을 찾는 접근 방식의 중요성을 주장하는 핵심 요소로 볼 수 있다. 또한 그것들은 코칭 및 코칭심리학의 틀에서 개입할 때 충분히 적용 가능하다. 쿠퍼라이더Cooperrider, 휘트니Whitney, 스타브로스Stavros(2008)는 강점탐구이론에 대한 실천 중심 정의를 제시한다.

> 강점탐구는 사람, 조직, 주변 세계에서 최선을 위한 상호협력 공동 진화 연구cooperative co-evolutionary search이다. 이는 경제적, 생태학적, 인간적 조건에서 가장 효과적이고, 살아있고 구성적 능력이 있는 생태계에 '생명'을 주는 것이다. 강점탐구는 긍정적 가능성을 파악, 예측, 증진시키는 체계적 능력을

19. 강점탐구이론의 발전에 대한 역사적 검토는 왓킨스Watkins & 모어Mohr(2001)를 참조하라.
20. 인용문은 2010년 7월 30일에 피츠제럴드Fitzgerald, 뮤렐Murrell, 뉴먼Newman(2002)의 아티클에서 인용한 것이다. http://intranet.catie.ac.cr/intranet/posgrado/Met%20Cual%20Inv%20accion/2008/Semana %206/TheNewFrontier.pdf
21. 강점탐구이론은 매우 포괄적인 기능이 있다. 홈페이지: http://appreciativeinquiry.case.edu/

강화하는 질문을 하는 기술art과 실천practice을 포함한다. 이 탐구는 '무조건적 긍정 질문unconditional positive questions'을 만들어내는 기술을 통해 이루어진다(p.3).

강점탐구이론과 마찬가지로 강점 코칭은 원래 쿠퍼라이더가 개발한 다섯 가지 일반 원칙에 의존하며 코칭에서 대화 연습을 위한 철학적 기반과 방법론적 근거로도 사용된다(Orem 등, 2007).

1. **구성주의자 원리**the constructionist principle: 관계는 지식의 원천으로 여겨지고, 우리가 지식에 대해 말하는 방식이 실재를 형성하는 틀을 잡는다. 코치가 새로운 방식으로 자신의 현실에 관해 코치이와 이야기할 때, 코치이는 현실 인식에 대한 경계를 변경할 것이다. 예를 들어, 무엇이 최선인지 강조하고 인식하며, 무엇이 되어야 하는지를 생각하면서 무엇이 있어야 하는지에 대해 말한다. '새로운' 현실은 코치이가 대화를 통해 새로운 방식으로 행동할 수 있도록 해줄 것이다. 거겐이 너무나 유명한 데카르트의 가설을 재해석한 것도 강점탐구이론의 기초가 된다. '나는 생각한다, 고로 존재한다Cogito ergo sum'는 '나는 대화한다, 고로 존재한다communicamus ergo sum[22]'가 된다.

2. **동시성의 원리**the principle of simultaneity: 변화는 강점을 찾는 자세로 탐구하는 순간에 시작된다. 탐구와 변화는 동시에 일어난다. 즉, 미래는 현재 일어나는 강점탐구의 결과로 형성된다. 코칭의 맥락에서 이것은 코치이가 생각하고 말하는 것, 코치이가 발견하고 배우는 것, 코치이가 새로운 미래를 창조하도록 고무시키는 것이 코치가 묻는 질문에 함축적으로 존재한다는 것을 의미한다. 코치의 질문은 코치이가 생각하고 발견하며 표현할 수 있는 비옥한 토양을 조성한다. 만일 코치가 문제에 관해 질문을 한다면, 코치이는 문제에 대해 경고를 받게

22. Gergen(2009a, p.160)을 참조하라.

되므로 문제에 대한 관점을 채택한다. 만일 코치가 위대한 업적, 강점, 숨겨진 재능, 흥미롭고 새로운 아이디어, 가능성, 특별한 성공, 핵심 가치, 전통, 특수 역량, 흥미진진한 이야기, 특별한 통찰, 삶의 지혜, 선호하고 가능한 미래에 대한 비전을 묻는다면, 그 결과는 기본적으로 삶의 긍정적 발전을 위한 비옥한 토양과 강점에 대한 관점이 될 것이다.

3. **긍정성의 원리**the principle of positivity: 삶의 긍정적 발달을 위한 기초를 창조하는 것은 긍정적 정서와 사회적 애착, 희망, 영감, 열정, 흥분, 돌봄, 팀 정신, 지지와 즐거움과 같은 이야기로 코칭 대화에서 촉진할 수 있는 요인을 필요로 한다. 좀 더 사기를 높이고 긍정적인 질문은 변화가 좀 더 오래 지속되고 성공할 수 있다는 것을 의미한다. 코칭 대화에서 코치는 자신의 기본 태도로 코치이에게 긍정적인 변화 과정을 시작하는 데 도움을 주고 지지적이며 사기를 높이는 상대이다. 코치이의 발전에 대한 대화의 긍정적 효과는 코치이가 자신을 적극적 공동 창조자로 보는 상황을 강조함으로써 강화될 수 있다.

4. **시적 원리**the poetic principle: 삶은 심지어 우리 자신의 과거일지라도 가변적variable이고 전연성malleable이 있을 수 있다. 우리 자신, 가족, 직장, 경력에 관한 이야기는 지속적으로 발전하며 시간이 지남에 따라 변할 수 있다. 어떤 이야기는 긍정적 방향으로 변하고, 다른 이야기는 우울하거나 심지어 비극적인 분위기이다. 그러나 어떤 이야기는 갑자기 다른 무언가로 되기 위해 방향을 전환할 수 있다. 예를 들어, 해고가 갑자기 해방감을 주거나 질환이 스트레스가 많은 직장 생활에서 필요한 휴식이 될 수 있다. 과거, 현재, 미래를 연결하면 무수한 방향을 제시할 수 있으며, 예를 들어 과거에 잊혀진 사건이 후속 사건의 재해석을 위한 출발점이 될 수 있다. 시적 원리는 코치이의 이야기를 재구성하고 다시 말 할 수 있다는 것을 코치가 알게 한다. 줄거리storyline는 코

치이와 공동 창조 과정에서 변화한다. 시적 원리는 내러티브 코칭에서 특히 중요하다.

5. **기대의 원리**the principle of anticipation: 꿈을 기대하고 특정 미래에 대한 긍정적 이미지를 갖는 것은 특별한 에너지를 창출하는 데 도움이 될 수 있다. 이는 긍정적이고 낙관적인 방향으로 사람이나 집단의 행동에 영향을 미친다. 미국의 의사이자 심리학자 로버트 플러칙Robert Plutchik(2002)은 기대감을 기본 정서의 하나로 정의하고, 이를 예상하거나 바람직한 사건을 기대하는 열정과 욕망, 정서적 즐거움(때로는 불안감 유발)과 연관 짓는다. 이런 맥락에서 피그말리온 효과Pygmalion effect에 관한 연구를 참고해야 한다. 그 효과는 자기 충족적 예언의 한 형태로 설명될 수 있다. 이와 관련하여 로젠탈Rosenthal과 제이콥슨Jacobson(1992)은 교사의 학생에 대한 기대를 연구했다. 이 연구에서 교사가 특정 어린이로부터 높은 성과를 기대할 때 사실상 이런 어린이들이 학습에 이례적인 진전을 보였음을 발견했다. 따라서 실재는 우리의 기대에 영향을 받을 수 있다.

5가지 일반적인 강점탐구 원리는 소위 4D 모델4D-model로 불리는 변화와 대화 실천의 방법론으로 재구성되었다. 이것은 발견Discovery, 꿈Dream, 디자인Design, 전달Deliver, 즉 4단계로 나눌 수 있다. 오렘Orem 등(2007)은 코칭 대화를 위한 과정 모델에서 동일한 단계를 사용한다. 다음에서는 확장된 덴마크 5단계 버전5D-version(Storch & Søholm, 2005)을 제시하고, 강점 기반 코칭 접근을 참조하여 개별 단계를 설명한다(그림 3.3 참조).

모델의 개별 단계는 이제 구체적인 형태로 제공될 것이고, 칼Carl이라고 불리는 사람과 코칭 대화를 위한 질문을 예로 들었다.

1단계 - 정의:

코치이는 자신의 사례를 밝힌다. 코치는 특정 분야에서 변화를 이루고 특정 역량을 개발하고 직장에서 사진의 상황을 개선하기 위해 코치이가 개발하고자 하는 구체적인 영역이나 주제에 중점을 두어 대화를 용이하게 한다. 우리의 사례에서 칼Carl은 새로운 직업을 찾는 등의 도전을 원한다.

2단계 - 발견:

코치는 코치이의 현재 상황에서 가장 긍정적인 측면을 탐구하는 것으로 시작한다. 코치로서 궁금하고 비판단적 입장을 취하며, 칼의 직장 생활에서 특히 가장 성공적인 에피소드와 가장 효과적인 점이 어디인지 다음과 같이 물었다.

그림 3.3 5단계 모델5D-model
(Storch & Søholm, 2005; Cooperrider & Srivastvas의 4D-model에 기반한 모델)[46]

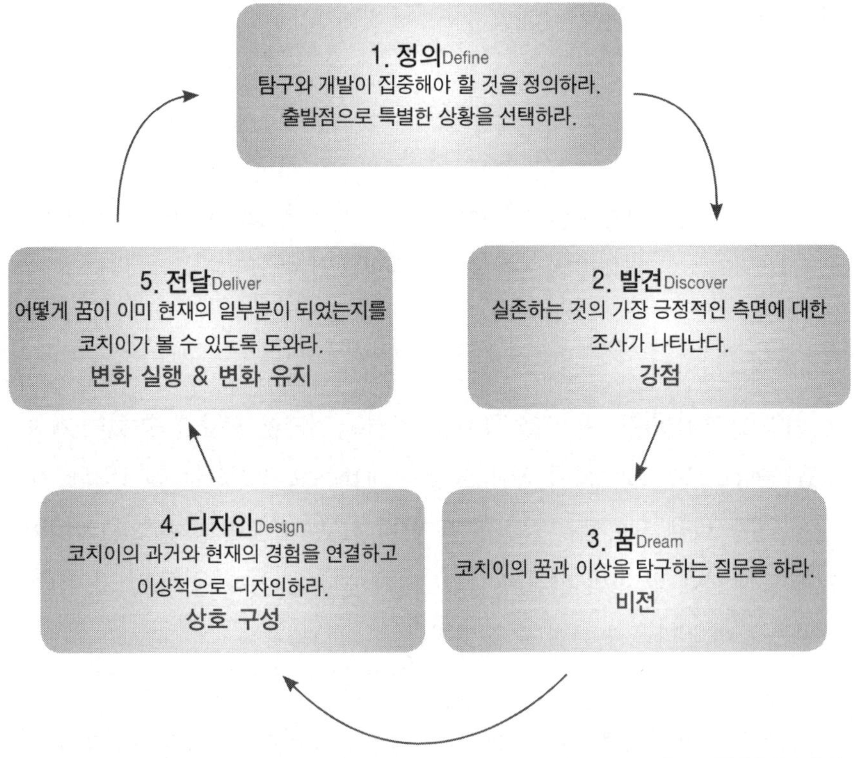

46. 이 모델은 쿠퍼라이더Cooperrider & 스리바스타바Srivastvas(1987)의 4D-model에 기반한 모델이다.

당신은 업무와 상황을 설명할 수 있나요? 정말로 일을 즐기는 곳 또는 정말 일이 잘 되는 곳은 어디인가요? 당신이 원하는 대로 모든 것이 정확하게 진행된 경험을 설명해보세요! 일이 잘 풀리면 실제로 무엇을 하나요? 느낌은 어떠한가요?

이 단계에서는 무엇을 하고 무엇을 성공했는지 이야기할 여지가 있고, 대화의 초점이 코치이의 기본 경험에서 문제들과 단점들에서 벗어나도록 만드는 관점의 변화를 일으키는 데 있다.

3단계 - 꿈:

강점 기반 관점(2단계에서 확립)을 기반으로 우리의 초점은 이제 미래와 코치이의 바람, 꿈, 이상으로 전환된다. 코치의 의도는 미래의 시나리오를 개발하고 활용하는 데 지원함으로써 코치이의 관습적 생각과 관념에 다음과 같이 도전하는 것이다.

칼, 지금부터 1/5/10년 동안 당신의 직장 생활을 어떻게 계획하고 있나요? 당신은 무엇을 가지고 일하나요? 그때 가장 많이 관여한 것은 무엇인가요? 어떤 특별한 능력을 개발했나요? 세 가지 소망이 있다면, 무엇을 할 것인가요? 미래를 이야기하면서 자신에 대해 무엇을 알 수 있나요?

4단계 - 디자인:

이제는 특정 미래 시나리오에 대한 인식과 거기에 도달할 수 있는 가능성을 높임으로써 코치이의 꿈과 이상을 개괄하고 형성하는 데 중점을 둔다. 코치는 미래의 이상적 실천의 특정 비전(3단계에서 명시)을 코치이의 현재 모범 사례 및 이미 성취된 성공(2단계에서 명시)과 연결하고자 한다. 코치는 칼에게 다음과 같이 물을 것이다.

당신의 꿈이나 비전의 어떤 측면이 당신에게 생기를 돌게 하고 흥분이 일어나게 하나요? 이런 미래를 상상함으로써 발견한 가장 중요하고 협상의 여지가 없는 우선순위와 가치는 무엇인가요? 당신은 이미 무엇을 하고 있고, 이런 미래의 꿈을 향해 나아가기 위해 다시 무엇을 할 수 있나요? 당신의 여정에서 무엇을 도울 수 있나요? 싹이 트고 크게 자랄 수 있다는 것을 이미 보여준 씨앗은 무엇인가요? 새로운 미래를 향한 그 시점에서 당신이 확인할 수 있는 새로운 행동은 무엇인가요? 이미 미래 시나리오에서 하는 방식대로 행동하고 있었다면, 당신은 무엇을 고맙게 생각할 것이며, 어떻게 행복하게 만들 것인가요? 지금 이미 당신을 자랑스럽게 만드는 것은 무엇인가요?

5단계 - 전달:

마지막 단계에서 코치는 윤곽이 그려진 이상적인 비전의 실현 가능성과 구체적인 가능성으로 묘사된 미래에 대한 자신감과 믿음을 개발하는 데 코치이를 지원한다. 코치이에게 이 단계의 핵심 목적은 현재의 꿈을 인지하고 경험하는 것이다. 코치는 코치이의 특별한 기술, 이전에 성취한 성공, 확실한 가능성 또는 코치이의 꿈을 지원할 수 있는 특정 개인에 초점을 맞춘 구체적인 미래 시나리오의 형태로 이미 실존하는 것과 잠재적인 새로운 미래에 중요한 것에 중점을 둔다. 코치로서 다음과 같이 물을 것이다.

당신은 지금 어떤 식으로 당신의 꿈을 살아가고 있나요? 우리가 어디에서 시작했는지, 그리고 지금 어디에 있는지 생각해보세요! 꿈의 방향을 가리키며 지금 무엇을 하고 있나요? 당신은 무엇을 하는 것에 대해 더 (다르게) 알고 있을 수 있나요? 당신 스스로를 위해 어떤 새로운 요구와 약속을 세우고 있나요? 당신을 도울 수 있는 사람은 누구인가요? 그들의 지지에 대해 당신은 누구에게 감사할 수 있나요? 가까운 미래에 어떤 일을 시작할 것 같은가요?

강점 기반 코치는 기본 사회구성주의자의 아이디어를 포함시킴으로써 관점 변화 또는 관점 변혁을 근본적으로 추구한다. 단점과 문제에 대한 전통적인 시각은 코치이의 강점 및 역량과 환경이 제공하는 가능성에 초점을 맞춤을 통해 시작된 긍정적 변화 가능성에 대한 대화로 대체된다. 거겐(2009a)은 다음과 같이 표현한다.

> 중요하게도 강점탐구는 과거의 토양에서 미래의 뿌리를 찾는다. 참여자들은 단순히 몽상mere pipe dreams에 탐닉하지 않고, 미래에 대한 실재적 가능성을 창출하기 위해 잠재력을 최대한 끌어내고 있다(pp.329-330).

3.4.1.6 내러티브 이론과 실제

사회구성주의에서 한층 발전한 내러티브 접근은 인류학에서 그 기원을 찾을 수 있다. 인류학에서는 내러티브 연구가 오랜 전통을 지니고 있으며, 지난 25년 동안 사회과학 및 심리학 분야로 확산되었다. 사회과학 연구 관점에서 내러티브 연구는 질적 연구를 통해 수집된 인간 경험을 묘사하는 심층적이고 적절한 수단으로 사용된다.[23] 거대한 내러티브가 자신의 정체성의 힘이나 정통성을 잃은 포스트모더니즘 세계에서 다른 사람들의 구체적인 경험과 이야기는 자신의 삶의 상황을 다루는 데 도움을 줄 수 있다.

내러티브 연구는 종종 연구 주제가 특별한 어려움에 직면한 상황에서 사용된다. 예를 들어, 건강 문제, 실업 문제, 생명 위기, 스트레스, 치료에서 그렇다. 종종 연구 과정에서 다양한 당사자(연구원, 연구 참여자 및 연구 수혜자)가 공유된 이해에 가깝게 접근하려는 시도가 있다. 점차 커진 내러티브 연구의 중요성은 객관주의 과학적 이상이 점점 더 유용하지 않다는 사실과 연결되어 있다. 이런 관점에서 보편적 진리를 찾는 것은 더 이상 적절하지 않다. 대신에, 특정 집단이나 도전에 국한된 특정 진리는 사회적 실재를 이해하고 변화시키는 데 점점 더 중요해지고 있다. 오늘날 사람에 대

23. 필자는 마음챙김 명상에 대한 참여자의 경험에 대한 내러티브 연구를 수행했다(Stelter, 2009a). 또한, 이 책의 뒷부분에서 참여자(5장)와 전문가 코치(7장)의 인터뷰에 대한 질적 연구 결과를 도출하는 데 내러티브 방법을 사용했다. 내러티브 연구에 대한 통찰을 원한다면 리스맨Riessman(2008)의 연구를 참조하라.

한 연구는 습득된 지식이 자신의 삶의 상황과 관련하여 영감 및 성찰에 기여할 수 있는 특정 맥락에서의 효용 가치에 훨씬 더 관심이 있다.

내러티브 연구는 심리치료, 코칭, 기타 상담 분야, 대화 형식에 적용될 때 추구하는 것과 동일한 기본 개념이다. 우리는 다른 사람들과 그들의 이야기와 내러티브를 통해 우리 스스로를 배울 수 있다. 예를 들어, 코치나 공동코치들은 자신의 삶의 상황과 관련하여 코치이의 이야기에 감동을 줄 수 있다. 내러티브 방법 가운데 하나는 목격하기witnessing이다. 이것은 특히 경험과 사회적 실재를 서로 공유하는 효과적인 방식이며, 내러티브 접근이 그룹 맥락(예를 들어, 내러티브 그룹 코칭)에서 사용될 때 특히 두드러지는 효과이다(Stelter, 2010a; Stelter, Nielsen, & Wikman, 2011과 5장 참조). 조직 및 대화 실천에서 내러티브 접근의 전반적인 의미와 관련하여 필자는 다음과 같은 주장을 하고자 한다.

- 사회적 고립social isolation 경향을 거스르고, 공동체 정신 및 공유를 위한 수요가 증가하고 있다. 특별 목표 집단과 관련하여 내러티브 실천은 '권한부여'와 사회적 자본의 개발을 촉진할 수 있다(Stelter 등, 2011).
- 사람의 삶에서 의미와 정체성을 창출하는 것에 초점을 맞춘다.
- 내레이터narrator가 이전에 개별적인 사건들isolated incidents로 보았던 사건들events을 엮어낸다.
- 경험과 사건을 동일하게 의미가 있으면서도 더 고무적인 새로운 방식으로 연결하여 새로운 이야기를 창출하도록 돕는다.
- 개인이나 조직의 변화 과정을 시작하는 데 유용한 전략 및 탐구 기법을 사용하여 방법론을 개발했다. 이는 특히 3세대 코칭을 촉진시키는 방법론이다.

■ 이야기란 무엇인가?

이야기는 일관된 스토리텔링을 형성하기 위해 특정 플롯 및 사건을 함께 묶는다. 인정받는 내러티브 심리학자 시어도어 R. 사빈Theodore R. Sarbin(1911-2005)은 이야기를 다음과 같이 정의한다.

> 이야기는 시간적 차원을 지닌 인간의 행동에 대한 설명을 상징한다. 이야기는 시작, 중간, 끝이 있다. 이야기는 플롯이라고 불리는 사건을 인식할 수 있는 패턴에 의해 결합된다. 플롯의 구조의 중심에는 인간의 곤경human predicaments과 시도된 해결안attempted resolutions이 있다(1986, p.3).

스토리텔링[24]은 인간 존재의 근본 요소이다. 철학자 데이비드 카David Carr(1986, s.61)는 "삶은 산대로 말해지고, 말해진대로 살게 된다"라고 말했다. 이야기는 개인적 및 사회 문화적 관점을 모두 지니고 있다.

1. 개인에게 자신에 대해 무언가를 말하는 것은 자신의 정체성을 발전시키는 데 도움이 된다. 다른 사람, 즉 이야기에 응답하는 대화 상대와 상호작용함으로써 이야기는 사건의 과정과 사람 자신을 이해할 수 있다. 이야기는 과거의 사건을 다루고 현재와 미래를 연결하는 수단이다. 또한, 이야기는 수행적 기능을 가지고 있다. 그것은 그 사람이 듣는 사람에게 특정 현실을 시험하게 해주므로 잠정적으로 상대에게 특정 방식으로 자신을 제시할 수 있게 한다. 이 경우, 이야기는 사람의 자기표현의 일부가 된다. 이야기는 다른 사람들의 반응을 이끌어내는 데 도움을 주고, 그들을 이 이야기와 관련되도록 유도한다. 다른 사람들은 흥분, 감동, 자극을 느낄 수 있다.

24. 이런 맥락에서 필자는 이야기story와 내러티브narrative를 동의어synonyms로 취급한다(The New Oxford Dictionary of English, 1999 참조).

2. 이야기는 사회문화적 의미가 있고, 문화 형성에 관여하며, 모든 문화 수준에 적용된다. 이야기는 국가, 사회, 조직, 작업팀, 협회, 개별 가족을 형성할 수 있다. 개인적 이야기는 일반적인 문화적 이야기에 영향을 줄 수 있다. 특히 직장과 가족과 같은 관리 가능한 맥락에서 더 그러하다. 개인은 직장에 영향을 미치는 일부 이야기에 기여하거나 심지어 방향을 제시할 수 있다. 그리고 반대로, 우리 문화를 형성하는 이야기(예: 직장)는 개인의 이야기(예: 남편 또는 아내가 일한 뒤에 이야기하는 상사에 대한 충격적인 이야기)에 영향을 미친다. 브루너Bruner(2006)는 개인과 문화의 연관성을 강조함으로써 이야기의 기본적인 역할을 다음과 같이 설명한다.

> … 우리의 마음, 즉 우리의 '현실'이 일상 문화생활의 패턴에 따라 형성되는 주요 방법은 우리가 말하고, 듣고, 읽는 진실 또는 허구의 이야기를 통해 이루어진다. 우리는 우리 주변에서 일어나는 일, 일어난 일, 일어날 수 있는 일을 '이해make sense'하기 위해 우리가 공유하는 내러티브를 통해 우리 문화에서 적극적인 참여자가 '된다become'. 우리는 이런 내러티브에 우리의 현실을 본떠서 만들고, 그것들에 의해 만들어진 세계에서 살게 된다(p.14).

코칭 대화에서 코치는 이야기 생성 질문story-generating questions(아래에 언급된 요인을 포함함으로써 촉진되는 과정)을 함으로써 코치이의 이야기에 영향을 준다. 코칭 대화에서 이야기를 형성하는 것은 때로는 번거롭고 초기에는 일관성이 없다. 왜냐하면 이야기가 대화 중에 점진적으로 형성되고 시작부터 반드시 명확하지는 않기 때문이다. 코치이는 특정 사건과 경험을 꺼낸다. 그러나 코치는 주의를 끄는 지점을 만들거나 특정 개인에 대해 질문하거나 사람과 사건 간의 특정 연결을 이해하는 데 관심을 갖는 질문을 통해 코치이를 인도한다. 양 당사자 모두에게 내러티브 과정의 목적은 그들 모두에게 의미 있는 일관된 구조를 만드는 것이다. 사건들을 묶어서 일관된 이야기를 형성하기 위해 내러티브는 이야기의 형태를 부여하는 데 도움이 되는 특정 요소를 포함해야 한다(Gergen, 1994; Gergen & Gergen, 2006; McAdams, 1993; Polkinghorne, 1988).

- 이야기는 명확한 맥락well-defined context에서 이루어져야 한다. 코치이가 상황과 맥락을 명확히 하는 것을 돕는 것은 코치의 책임이다.

- 이야기의 행위자는 특정 캐릭터 특성과 안정된 정체성을 특징으로 한다. 잘 구성된 이야기는 이야기 전체에서 동일한 정체성을 유지하는 사람과 대상이 포함된다. 한 번 사람이나 플롯이 이야기에서 명확하게 되면, 그들은 나머지 이야기 전체에서 자신의 정체성을 유지한다. 이것은 전체적으로 이야기에 중요한 영향을 미치는데, 예외가 있을 수 있다. 또한, 특정 개인의 정체성은 발달 과정의 틀에서 묘사될 수 있다.

- 대부분의 경우, 이야기는 이야기에서 특정한 역동성을 제공하는 초기 사건에서 시작한다. 예를 들어, 나는 월요일 아침에 일하러 왔고 직원 Y와 매우 중요한 대화로 하루를 시작했다.

- 이야기는 종종 특정 개인이 특별한 목표를 위해 노력하는 방식으로 진행된다. 코칭 대화에서 코치이는 지속적인 개발 과정과 관련하여 구체적인 의도를 표현한다. 의도는 코치이의 이야기의 일부로 내놓는 데 중요한 신념과 가치에 기초한다. 그러나 코치이가 다른 행위자들의 의도를 탐색할 기회를 갖는 것도 중요하다. 여기서 의도는 내레이터 자신에서 벗어나고 충돌 가능성 또는 당사자 간의 긴장 관계를 형성한다.

- 이야기는 행위자들 사이에서 전개되면서 특정 결과와 반응을 강조함으로써 역동적으로 전개된다.

- 일반적으로 하나의 이야기는 전체 이야기가 높은 지점에 접근함에 따라 절정에 달한다. 코칭 대화에서 이 절정을 변화 과정의 출발점으로 강조하는 것이 중요하다.

- 다양한 행동과 사건 간의 상호작용은 이야기의 플롯을 정의하기 위한 기초이다. 플롯은 행위자의 경험과 행동을 서로 관련지어 설명하고 특정 방식으로 사건을 구조화함으로써 특정 의미를 창출하기 위한 것이다. 내레이터는 플롯과 그에 따른 전체 이야기를 특별한 의도를 담아 표현하기 위해 노력한다. 따라서 다른 행위자의 관점에서 본 이야기는 때때로 근본적으로 다른 진행을 따를 것이다.

거겐(1994)은 3가지 기본 유형의 내러티브 형식을 (1) 개인의 궤적이 목표나 결과와 관련하여 크게 변하지 않도록 사건을 연결하는 안정적 내러티브stability narrative, (2) 시간이 지남에 따라 움직임이 증가하는 방식, 즉 이야기가 점점 긍정적으로 변하는 방식으로 연결되어 있는 점진적 내러티브progressive narrative, (3) 시간에 따른 움직임이 내려가고 점점 더 부정적이 되는 방식으로 사건들이 연계되는 퇴행적 내러티브regressive narrative로 구분한다. 내러티브 코치는 코치이의 이야기에 새로운 요소를 추가하여 퇴행하는 과정에서 좀 더 점진적 과정으로 코칭 과정 동안 역동적인 변화를 가능하게 하려고 노력한다.

맥아담스McAdams는 『우리가 살아가는 이야기: 개인적 신화와 자기의 발달The stories we live by: Personal Myths and the Making of the Self』에서 이야기와 신화의 두 가지 유형의 내러티브의 차이를 지적한다. 그는 신화를 사람, 집단, 문화에 대한 진리의 형태를 전달하는 내러티브 유형으로 정의한다. 예를 들어, 개인적 신화는 자신의 정체성의 기초를 형성하는 개인을 위한 진리가 된다. 개인은 개인적 신화가 부담이 되고 자신을 위해 삶을 어렵게 만든다면 심리학자 또는 코치를 접촉하게 될 가능성이 있다. 신화는 연속성의 원천이며, 이 연속성은 개인의 정체성을 발달시키는 데 필수적이다. 따라서 신화는 문제를 일으키지 않는 한 가치가 있다. 신화는 슬픔이나 문제의 근원이 될 때 또는 코치이들이 신화로부터 벗어나고 싶을 때 코칭에서 해체되어야 한다. 이것이 그 이야기가 대안적인 내러티브 형식으로 들어오는 지점이다. 이야기에는 더욱 역동적인 성격이 있다. 내러티브 코치는 내러티브가 변형되고 발전될 수 있다는 기본 가정에서 출발한다. 이는 분명히 사회구성주의 인식론의 확장에 위치해 있다.

■ 내러티브 접근의 주요 가정들

필자의 견해로 내러티브 접근은 사회구성주의 인식론을 확장시키고 사회구성주의 사고로 인해 다른 방식으로 금지된 차원들을 재도입한다. 예를 들어, 필자는 지향성에 대한 분명한 인정이 인간 행동에 중요하다고 보고 있다. 다음에서 필자는 세 가지 핵심 가정을 강조할 것이다.

1. 행위성은 개인의 고려사항과 계획에 기반을 두고 가능성 중에서 선택하고, 결정하고, 에너지를 동원하고, 의도적으로 행동을 취할 수 있는 인간 능력을 설명한다. 이런 견해에서 개인은 자신의 세계에 대해 적극적인 관계를 맺게 된다. 사람은 주도권을 쥐고 스스로 삶을 꾸려 나갈 수 있다. 개인은 자신의 의도를 바탕으로 행동할 수 있다. 이는 외부 자극이나 '운명fate'을 기준으로 할뿐만 아니라 사회적 및 물질적 환경과 적극적 상호작용에서 비롯된다. 한 개인이 자신의 행동에 대해 말할 때, 내러티브는 플롯을 중심으로 연결되고 구조화된 특정 사건에서 출발점을 취하므로 이야기가 행위자/내레이터에게 의미가 있다. 내러티브 사고는 '행동의 풍경landscape of action'의 은유를 사용한다. 이는 원래 그레이마스Greismas와 코르테Courtès가 개발한 문학 이론을 브루너Bruner가 심리학으로 전유하고 화이트White가 내러티브 치료로 적용한 것이다(Bruner, 1990a; Greismas & Courtes, 1976; White, 2007).

2. 지향성은 특정한 '타자', 과업, 상황과 관련하여 그 사람의 의도로 표현된 세계와 연결된 행위자의 지속적인 의도를 설명한다. 그 사람은 항상 자신의 사회적 및 신체적 환경과 관련이 있다. 일반적으로 지향성은 사람의 가치에 반영되고 의미있는 행동으로 전개된다. 코칭 대화에서 그것은 특정 과업이나 가능한 미래와 관련하여 코치이의 열망과 노력에 반영된다. 지향성은 계층적으로 나타낼 수 있다(그림 3.4 참조).

내러티브 코칭은 특히 가치 관점이 행동의 의미에 초점을 맞춘 최상위 수준에서 수행된다. 이것은 목표에 주로 관심을 갖는 1세대 코칭(예, GROW 모델)과 분명히 다르다. 내러티브 실천에서 우리는 정체성의 풍경(의식의 풍경)[25]이라는 은유를 마주한다. 여기서 위에서 언급한 두 번째 차원을 사용하며 위에서 설명한 행동의 풍경과 상호작용하면서 보아야 한다. 정체성의 풍경이라는 은유는 행위자의 생각, 감정, 신념이나 믿음(Bruner, 1986)에 초점을 맞추며, 따라서 코치이의 자기개념과 자각된 정체성에 초점을 맞춘다. 사회구성주의자

그림 3.4 지향적인 방향의 수준:
지향성 개념에서 중요한 의미와 가치(Nisch, 1986; Stelter, 2009a)

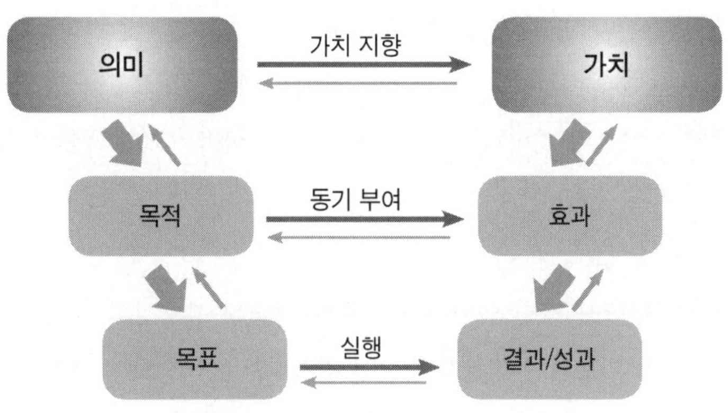

25. 비록 누군가는 평등한 권리를 가지고 지향성의 풍경을 말할 수 있지만, 필자는 다른 내러티브 기반 저자들과 동일한 용어를 사용하고 있다(Nielsen, 2010). 하지만 필자는 화이트(2007)의 용어 '의식의 풍경'이 필자가 선택한 용어보다 상대적으로 적절하지 못하다고 생각한다.

입장과는 달리, 이 견해는 정체성을 개인의 특별한 신념과 가치를 반영하는 것으로 취급한다. 내러티브 코칭 대화는 특히 코치이가 자신과 자신의 행동을 이해할 수 있도록 대화의 깊이를 만들어내기 위해 행동의 풍경과 정체성의 풍경 사이의 상호 교환을 탐구하는 것을 목표로 한다.

3. 해체론은 변화 가능성과 추가적 해석의 가능성을 표현하는 사유 흐름이다. 이는 원래 관념론적 철학과 구조주의 문학 이론에 대한 반작용으로 발생했다. 해체주의자(예: Derriad, 1978)는 텍스트 또는 스피치speech에서 내적 모순을 제거하려는 시도로 나타나는 구조주의적 텍스트 축소structuralist text reduction에 반대한다. 대조적으로 해체주의자 관점에서 이야기는 여러 가지 가능한 해석과 다중적 실재를 가질 수 있다는 가정이 있다. 내러티브 코칭 대화에서 코치와 코치이는 코치이의 현실에 대해 지배적이고 잠재적으로 어려운 이야기, 즉 재해석과 재구성이 필요한 신화를 재해석하려고 한다. 화이트(2004)에 따르면, 해체론은 삶과 정체성에 대한 당연시한 이해taken-for-granted understanding를 약화시키는 절차를 다룬다. 화이트는 부르디외Bourdieu(1988)의 개념인 '익숙한 것을 낯설게 하기exoticise the familiar'를 목표로 한다. 즉, 어떤 삶과 사고에 대한 본래의 친밀한 관계를 깨고 자신의 삶에서 발견의 여정을 떠나는 것이며, 이는 결국 선택된 이야기에서 새로운 플롯으로 이어질 것이다.

4장에서는 필자 자신의 이해와 다음에 기술된 상호협력 실천으로부터 고려할 사항들로 보완된 실천적 해석인 내러티브 접근으로 돌아갈 것이다.

3.4.1.7 상호협력 이론과 실제

상호협력 이론과 실천은 지식의 원천과 의미의 생성으로서 개인적 관계와 공동체에 초점을 새롭게 한다(Anderson & Gehart, 2007 참조). 대화 형식으로서 상호협력 실천은 내러티브 접근보다 덜 구조화되어 있다. 코치는 자신의 내적 '나침반compass'을 따라갈 가능성이 높아지고, 코치이가 무엇을 가져오는지에 대해 공동으로 성찰하게 된다. 상호협력 접근은 커지는 사회적 고립에 대한 신선한 반응이다. 따라서 개인에게 자신의 도전과 실존적 이슈에 대한 답을 찾는 것을 맡기는 사회에서 증가하는 개별화 경향에 대한 균형을 이루고 있다.

상호협력 이론은 사회구성주의 사고에 대한 실천적 구체화를 만들어내는 데 도움이 된다. 상호협력 실천에서 사람은 상호적 관계에 실존하는 것으로 보이며, 당사자들은 하나 또는 여러 명과 경청하면서 함께 성찰하는 '타자'로부터 개별적으로 의미 있는 질문에 대한 답을 찾도록 지원을 받는다. 다른 누군가에게서 배우는 전통적인 방법은 설득되어야 하며, 따라서 다른 사람이 전문적인 권위나 삶의 경험을 통해 합리적으로 '옳다be right'고 가정할 수 있다고 확신하게 되었다. 그러나 (전문적) 권위가 복잡한 일과 생활 이슈에 대한 확고하고 분명한 답을 제공하는 것이 점차 어려워지는 시기에 당사자들이 도전과 경험을 공유할 수 있는 의사소통 및 대화를 위한 공간을 제공하는 것이 점차 중요해지고 있다. 여기에서는 많은 경우에 특정 상황과 타자들이 직면한 문제에 대해 적절하지 않은 권고나 조언을 제공하기보다는 경청할 수 있는 대화 상대를 지니는 것이 중요하다.

이런 의미에서 상호협력 이론과 실천은 사회구성주의의 주요 전제를 따른다. 우리는 개별적으로가 아닌 관계에서 의미를 창조한다. 개인은 대화, 관계, 상황의 결과를 제어하지 않는다. 대화, 관계, 상황의 질과 진보를 보장하는 것은 당사자들의 상호협력적 의미 형성parties' collaborative meaning-making(3.1.2 참조)이다(McNamee, 2004). 과거에 진행되었고 현재 세계의 (초)복잡성으로 인해 한계에 부딪히고 있는 1차 변화 관점은 2차 변화 관점으로 보충된다. 2차 변화 관점은 대화 당사자와 그들의 입장 사이의 살아있는 교류에 의지하며, 이상적으로 그들이 일하고 생활하는 맥락에서 모든 당사자들의 변화 과정을 시작하는 것을 도울 수 있다. 현대에 훌륭한 상담이나 리더십 요구에 따른 정보를 제공하는 '최상best' 또는 '옳은right' 방식은 상호협력 대화 및 개발을 위한 공간으로 대체되며, 이는 현재 후기 또는 탈근대 시대의 개인, 사회, 조직 변혁 과정을 촉진하는 데 더 적합하다. 이를 맥나미McNamee(2004)는 다음과 같이 말한다.

> 우리의 초점은 즉각적인 순간에 참여하는 참가자들과 여러 유형의 공통적이고 다양한 목소리, 관계, 공동체와 현재 맥락에서 가져오는 경험을 중심으로 한다(p.18).

다음에서는 상호협력 실천의 기본 조건 가운데 일부를 설명하고자 한다.

1. **반응성**Responsiveness: 상호협력 대화 형식의 주요 조건은 모든 참여자들의 상호 반응성이다. 상호협력 실천을 통해 완전히 새로운 대화 문화를 촉진시키는데, 이는 서로의 말을 들어주고 참여자 중 한 사람이 보여준 특정한 이야기나 설명에 대한 자신의 생각과 성찰로 타자를 고취시키기 위해 노력한다. 비트겐슈타인Wittgenstein(1953, p.122)은 새로운 형태의 이해를 "'연관을 보는 것seeing connections'으로 이루어진 그런 종류의 이해"라고 말한다. 이런 의미에서 경청listening은 단순히 말하는 것을 이해하는 것 이상이다. 경청은 단지 정보를 흡수하는 것이 아니라, 경청자로서 자신을 위한 의미를 만들고 그것이 발생시키는 성찰에 다른 사람을 초대하는 것을 포함한다. 원래 화자speaker는 다른 사람의 성찰을 듣고 이를 고려해본다. 복잡성이 증가하고 과정이 반복될수록 더 많은 사람이 참여하게 된다. 의미의 새로운 풍경의 윤곽은 참여자들의 각자의 존재 방식의 결과로 나타난다. 캐츠Katz와 셔터Shotter(2004)는 이러한 상호작용을 다음과 같이 설명한다.

> 우리가 주변의 사건들에 대한 기계적 인과 관계에만 있다고 생각하는 것은 타자에 대한 신체적 반응성과 우리 주변의 타자성otherness에 대한 삶의 자발적인 중요한 역할을 무시하는 것이다(p.73).

2. **관계적 조율**Relational attunement: 앞의 인용문은 상호협력적이고 반응성 지향 대화 형식에서 필요한 특수 조건을 제시한다. 참여자들은 자신이 옳다는 것을 증명하는 것이 목표인 대화 문화와는 달리, 서로 참여하고 동감sympathy을 표시하고자 하는 의지를 보여야 한다. 대신에, 목표는 참여자들이 지속적으로 서로의 의견에 귀를 기울이려고 노력하는 프레즌스와 조율을 발달시키는 것이다. 누군가의 이야기를 경청할 때, 사람은 자신과 종종 처음에 암시적으로 이야기가 만들어내는 감각에 집중해야 한다. 그런 다음 그 이야기가 자신에게 미치는 영향을 성찰해야 한다. 이런 방식으로 대화 상대의 이야기나 문제는 자신의 것이 된다.

   덴마크 교육학자 키르스텐 핀크-옌센Kirsten Fink-Jensen(1998)은 덴마크의 신학자이자 철학자 로그스트러프Løgstrup의 영감을 받아 다양한 표현을 사용하여 무언가에 형태를 부여하고 이런 '무언가something'가 신체적 감각, 감각적 인상 또는 특정 개인의 주제가 될 수 있는 표현으로서 조율을 말한다. 이런 생각을 더 자세히 설명하기 위해 필자는 감각, 감각적 인상 또는 주제가 집합적으로 다루어지고 참여자가 만남을 성취하는 지점에서 공유되거나 공동 창조된 표현으로 관계적 조율을 설명한다. 여기서 사람들은 서로의 자문관이 된다. 관계적 조율은 상호 반응성을 특징으로 하는 관계에서만 형성될 수 있는 새로운 지식을 생성한다. 이 과정은 상대가 공통적 리듬을 찾고 상호 이해 및 공유된 의미 형성을 통해 서로에게 손을 뻗는 춤과 비슷할 수 있다. 그리하여 상대방과 자신에 대한 존중, 항상 차이가 있을 것이라는 지식, 최종 대화 뒤에 모두가 각자의 길을 간다는 것을 받아들임이 동반되어야 한다.

3. 함께 생각하기Withness-thinking, 함께 알기knowing-with, 타자와 함께하는 예술the art of being with the other: 관계적 조율은 셔터Shotter(2006)가 '함께 생각하기'라고 부르는 특별한 형태의 공동 사고를 통해 달성한다. 필자는 2장에서 사회적이고 상호협력 실천으로서 코칭 및 학습에서 이 개념을 간단히 언급했다. 더 자세히 알고 싶다면, 2.3.2를 살펴보라. 경청자의 입장에서 볼 때, 목표는 다른 사람에게 특별한 형태의 감각적 동감을 형성하는 것이다. 다시 말해, 다른 사람과 같이 느끼고 생각하기 위한 것이 아니라, 자신의 삶의 관점과 입장에서 상대방의 입장을 느끼는 것이다. 이것은 다른 사람의 감정을 이해하고 다른 사람의 감정을 온전히 대신할 수 있는 것으로 정의되는 공감에 대한 전형적 이해와는 완전히 다르다. 그것은 사실 애착이나 연민이라는 그리스어 **empátheia**에 가깝다. 이런 애착은 내레이터의 상황에 자신을 몰입시키는 것이다. 이는 내레이터 자신이 그것에 사로잡히게 하고 내레이터의 이야기를 듣는 동안 자신의 삶과 경험 또는 생각과 연결시키게 한다. 셔터(2006)는 신체 감각과 체화라는 강력한 요소를 가진 존재 방식으로서 함께 생각하기를 다음과 같이 설명한다.

> 함께 (대화적) 말하기/생각하기는 살아있는 타자적 존재, 즉 그들의 발언, 그들의 신체적 표현, 그들의 말, 그들의 '일works'과 살아있는 상호작용적 접촉을 포함하는 성찰적 상호작용에서 발생한다. 이는 외면적, 표면적, 두 종류의 '살flesh'의 만남이다. 그렇게 그들은 서로 '접촉touch'이나 '접함contact'을 한다. … 서로 얽혀 있는 순간의 살아있는 상호작용에서 새로운 관계의 가능성이 생겨나고 새로운 상호연결성이 만들어지며 새로운 '형태'의 경험이 생길 수 있다(p.600).

따라서 요점은 사람들이 듣는 것을 해석하거나 이야기의 '정확한correct' 이해에 도달하려고 시도하지 않는 것이다. 그것은 다른 사람이 '실제로' 의미하고 생각하는 것을 다시 표현하거나 묘사하는 것이 아니다. 이것은 우리가 실제로 다른 사람과 그들의 세계에서 일어나는 일을 듣고 볼 수 없다는 것을 분명히 한다. 우리가 할 수 있는 최선은 우리가 듣고 보는 것에 기반하여 생각하고 행동하는 방식에 영향을 주는 것이다. 다른 사람이 말하는 것은 경청자가 세상을 이해하고 세계에서 행동하는 새로운 방식을 생각하고 발견하게 할 수 있다. 우리는 이런 성찰을 우리에게서 영감을 얻어 말하는 사람과 공유할 수 있다. 함께 생각하기는 대화 상대 간 지식 생산의 공유 과정이 된다. 함께 생각하기와 프레즌스의 상호 과정에서 대화는 양 당사자 또는 대화 상대 간(만일 집단에서 이루어지는 경우)의 역동적 대화가 된다. 대화는 원래 그리스어로 다음과 같이 이해된다.

Dia-log = through (διά/dia) speech or discourse (λόγοζ/logos).

참여자들은 연설과 담화를 통해 상호관계가 발전한다. 대화는 의사소통의 기술이 된다. 여기에서 하나는 다른 하나와 동시에 자신과 함께 있을 수 있다.

4. **의사소통 윤리**Conversation ethics: 코칭 관계에서 코치의 탐구는 특히 코치이의 체험적 세계를 목표로 한다. 코칭 대화에서 발전은 코치의 함께 생각하기와 동감적 입장을 기반으로 이루어진다. 이런 과정에서 둘/모든 참여자들[26]은 앞으로 나아가고 발전한다. 질문은 기본적으로 코치이의 삶의 맥락과 관련된 함께 생각하기에 참여하고, 일어나는 일에 대한 감각을 개발하기 위한 코치의 요구를 우선적으로 목표로 한다.

셔터Shotter와 카츠Katz(1996)는 특정 구조(Lowe, 2005)를 따르는 엄격한 내러티브 탐구 전략과는 달리 '눈에 띄는 순간들striking moments'에 관해 말한다. 이들은 한 명 또는 두 명의 참여자가 새로운 방향으로

26. 그룹 코칭에서 모두가 각각 자신의 방식대로 앞으로 나아가는 것을 희망한다.

> 도전, 관심, 혼란, 이동을 경험하고, 새로운 관점이 나타나며, 대화가 변화와 발전으로 나아가는 순간을 경험할 수 있다. 그것은 자신을 현존하게 하고 타자의 생각과 성찰에 힘입어 자신을 움직일 수 있게 해주는 감각이다. 특별한 대화나 담화 윤리는 이런 대화를 특징짓는 특정 자질의 기초로서 형성되기 시작했다.
>
> 한 사람은 다른 사람과 자기 자신을 위해 현존한다. 한 사람은 서로 의미를 만들고 자신과 다른 사람을 위해 개발하는 방식을 찾는다(Anderson, 2007a). 한 사람은 서로 듣고 대화 상대를 자신의 용어로 이해하려고 시도한다. 그리고 한 사람은 함께 생각하기와 반응하기에 참여한다. 그리고 여기에서 자신의 입장에 대한 성찰은 대화의 발달 잠재력을 창출하는 데 도움이 된다. 규범적으로 윤리적 입장은 타자가 단지 나 자신과 나 자신의 삶의 세계와 그것에 대한 나의 이해만을 바라보는 대화 상대자로서의 나의 역할에 참여함으로써 배우고 발전할 수 있다는 것이다. 대화는 규범적으로 윤리적 입장의 구체적 표현이자 적용이다. 여기에서 코치는 코치이가 그 관계를 지지적으로 인식하는지 여부와 방법을 탐구하는 것이 중요하다(de Haan, 2008 참조).

상호협력 실천은 회의, 팀 개발, 창의적 발달 과정과 같은 다양한 대화 맥락에 적용할 수 있다. 이런 맥락에서 모든 참여자들은 자신들을 처음부터 동등한 동반자로 인식한다. 권력과 신분 이슈는 최소화해야 한다. 코칭이나 다른 컨설팅 대화에서 상황은 약간 다르다. 여기에서 코치이는 코치가 대화를 관리하고 초점이 코치이에게 있다고 가정한다. 상호협력 실천은 코치를 위한 다소 구체적인 질문 및 탐구 구조의 사용을 가장 분명하게 포기하는 대화 형식으로 간주된다. 코치는 상호협력 실천에 참여함으로써 코칭 맥락 안에서 가능한 한 코치이와 대칭 관계를 형성하려고 시도한다. 그러나 이런 대칭성을 위한 노력은 이상ideal으로 간주되고 권학적 대화의 목표[27]로도 정의(Kirkeby, 2009)되어야 하지만, 코치이의 특별한 발달 목표 때문에 때로는 달성할 수 없을 수 있다.

코칭에서 상호협력 이론과 실천을 통합하는 방법은 4장에서 논의된다. 이런 접근을 다른 접근 특히 내러티브 접근과 함께 어우러지게 하고자 한다.

27.권학적 또는 철학적 (관리) 코칭은 코치이(예: 임원, 중간 관리자, 직원)와 궁극적으로 회사를 개인 및 공동체에 필수적인 것으로 향하게 하는 데 목표를 둔다. 이런 코칭의 형태에서 코치와 코치이는 함께 개인의 행동을 인도하는 근본적인 가치에 초점을 맞춘다.

여기에 제시된 이론의 선택에서 분명히 알 수 있듯이, 필자는 대개 사회구성주의 이론계에서 활동한다. 그러나 정체성과 학습 이론에 대한 논의와 관련하여 이미 언급했듯이, 필자는 경험 심리학과 정서 심리학의 관점을 포함하는 다른 이론적 접근에 개방적이어야 한다고 생각한다. 이에 필자는 임의적이고 절충적인 이론적 입장을 만드는 것을 피하기 위해 조심스럽게 활동한다. 성공적인 코칭 과정 및 기타 도움이 되는 대화의 전제조건은 코치나 심리학자가 자신의 이론적 틀을 알고, 그것을 지속적이고 주의 깊게 적용하는 것이다(Grencavage & Norcross, 1990 참조).

다음에서 필자는 세 가지 접근을 살펴볼 것이다.

- 긍정심리학
- 경험 중심 접근과 정서 중심 접근
- 정신화

3.5.1 긍정심리학

전통적으로 심리과학의 이론과 실제는 정신 기능 장애, 정신병적 증상과 같은 인간 심리적 장애(예: 조현병schizophrenia, 치매dementia, 조증mania), 정동장애(예: 우울증depression), 불안 및 스트레스 관련 증상, 섭식 장애, 인격 장애 및 약물 남용에 초점을 맞추고 있다. 당시 미국 심리학회 회장 마틴 셀리그만Martin Seligman이 주창자 가운데 한 사람으로 등장하면서, 인간의 힘, 행복, 복지와 더불어 긍정적 정서의 출현, 형태, 효과를 연구하기 위한 심리학이 개발되었다(Seligman, 2002; Seligman & Czikszentmihalyi, 2000). 이런 심리학의 새로운 초점은 코치와 코칭심리학자들이 추구하는 기본적인 발달 의도에 완벽하게 일치한다. 대부분의 코칭 고객이 근본적으로 어떤 심리적 장애로 고통 받고 있지는 않지만 그 대신 학습, 성장, 특정 문제를 처리하는 좀 더 구조적인 방식에 관심을 갖고 있다는 점을 고려한다면, 긍정심리학을 코칭에 포함시키는 것이 적절하다(Biswas-Diener, 2010 참조).

그러나 긍정심리학은 '긍정적 사고positive thinking'의 이데올로기와 손쉽게 연관된다는 위험이 있다. 실제로 적어도 심리학 비전문가에게는 그 경계가 불분명하다. 긍정적 사고의 결과는 에런라이크Ehrenreich에 의해 비판적으로 다루어진다(2009). 그녀는 긍정적 사고에 대한 반이성적 이데올로기가 최근 수십 년 동안 널리 퍼져 있었던 투기적 기업 자본주의speculative venture capitalism와 공생 관계symbiosis를 사실상 맺어왔음을 보여준다. 다양한 형태의 '대중심리학pop-psychology'은 사람들이 기본적인 태도를 바꾸고 그들 자신과 긍정적으로 일함으로써 질병과 다른 실존적인 문제들을 극복할 수 있다고 주장하며, 강의, 워크숍, CD, 자조 문학 등으로 번성하며 거래되어 왔다. 긍정적 사고는 이미 우리 사회를 지배하고 많은 부정적 결과를 낳은 정교한 자기 조절 전략이 될 수 있다(예: 섭식 장애의 형태). 이런 자기 조절 전략은 개인의 발전과 복지에 대한 책임을 완전히 전적으로 개인에게 지게 한다. 그것은 인생에서 성공하지 못하는 사람들에게 무거운 심리적 부담을 안겨준다. 따라서 코치, 심리학자 및 기타 관련 사람들은 자신의 고객과 세션에서 긍정심리학의 전략을 포함하여 그들이 어떻게 나아가고 있는지 신중히 고려해야 한다.

이런 중요한 점을 염두에 두고, 이제 긍정심리학이 제시하는 기본 신념과 연구에 초점을 맞추고자 한다. 이 연구의 주요 초점은 긍정적 정서, 회복탄력성, 강점, 낙관주의, 희망, 의미, 몰입과 같은 현상에 관한 것이다. 정신병리학과 심리적 장애에 대한 초점은 번영flourishing으로 초점을 대체한다. 프레드릭슨Fredrickson(2004)은 개인의 인격적, 신체적, 지적, 사회적 및 심리적 자원에 대한 긍정적인 정서의 영향을 설명하는 소위 확장 및 수립

이론을 개발했다. 연구자들은 정서와 행동이 서로 긍정적인 방향으로 상호 작용하는 선순환을 말한다.

이 연구에 기초하여 프레드릭슨Fredrickson과 로사다Losada(2005)는 긍정적이고 부정적인 정서의 경험 사이에 최적의 비율을 3:1로 계산했다(www.positivityratio.com 참조). 이 비율은 부정적 정서를 무시하거나 회피하는 것이 바람직하지 않다는 것을 강조한다. 사실, 어떤 부정적 경험들은 우리의 심리적 탄력성을 강화하는 데 도움이 된다. 프레드릭슨(2009)은 기쁨, 감사, 평온, 관심, 희망, 자부심, 재미, 영감, 경외감, 사랑이라는 10가지 긍정성의 형태를 설명한다.

일부 연구자들은 회복탄력성을 개발하기 위해 특정 기반 심리적 태도를 지적한다(Seligman, 2002; Reivich & Shatte, 2002). 심리적 탄력성을 개발하기 위한 핵심 조건은 낙관적인 설명이나 귀속 양식attribution styles의 현존이다. 이런 조건들은 억측을 하기, 터널 시야, 부정적인 면을 확대하기와 긍정적인 면을 축소하기, 개인화, 죄책감 외현화, 과잉일반화, 비이성적 독심술, 정서적 추론(최악의 시나리오 생각)과 같은 도움이 되지 않는 설명 패턴을 피하기 위한 노력이다.

밸류 인 액션Values-In-Action 강점 척도(VIA, www.viacharacter.org)는 긍정심리학에서 잘 알려진 척도이다. 이 평가는 24개의 특성 강점 목록을 기반으로 하며, 6개의 핵심 덕목(지혜wisdom와 지식knowledge, 용기courage, 자애humanity, 정의justice, 절제temperance, 초월transcendence)의 하위개념으로 정리된다(Peterson & Seligman, 2004). 연구에 따르면, 일과 육아 또는 관계에 강점 기반 접근법을 취하면 회복탄력성, 자신감, 활력, 삶의 관점, 낙관주의가 촉진된다(Park & Peterson, 2006; Peterson, Park, & Seligman, 2006; Peterson, Ruch, Beermann, Park, & Seligman, 2007 참조).

이런 강점 지향 및 근본적인 긍정적 관점이 실제로 어떻게 통합될 수 있는지, 그리고 긍정심리학이 이전에 제시된 접근법과 어떻게 연결될 수 있는지는 코칭과 관련이 있고 적용 가능한 몇 가지 구체적인 예를 사용하여 다루어질 것이다.

- **세 가지 좋은 점 기록하기**: 간단하게 말하자면, 이 훈련은 일정 시간 동안 잠자리에 들기 하루 전부터 좋은 세 가지 사건을 기록하는 것을 포함한다. 이에 대한 연구(Seligman, Steen, Park, & Peterson, 2005)에 따르면, 이 훈련은 행복감을 증가시키고 우울증을 감소시킨다. 훈련의 기본 원리는 다음과 같은 코칭 질문을 통해 다양한 방식으로 적용될 수 있다. 오늘 당신은 언제 정말 즐거웠는가? 또는 지난주에 X와 당신의 업무/관계와 관련하여 어떤 특별한 성공을 언급할 수 있는가? 이런 유형의 훈련이나 질문은 내러티브 사회구성주의 사고에 대한 연계성이 명백하다. 여기에서 훈련은 자신이 구축한 특정한 지배적 실재나 이야기/신화를 해체하는 데 사용된다. 강점에 관한 과제나 질문의 의도는 코치이가 새롭고 대안적인 자기내러티브를 만들어내도록 돕는 것이다.

- **감사 훈련**: 이 훈련은 누군가에게 깊은 감사를 느끼는 사람을 생각하는 것을 포함한다. 과제는 감사를 느끼는 사람에게 편지를 작성하고, 그 사람이 무엇을 했는지, 이 일이 얼마나 감사하고 이 일이 삶과 발전에 어떤 영향을 미쳤는지 말해주는 것을 포함한다. 이 훈련을 한 걸음 더 진전시키기 위해서는 고마운 사람과 만나서 부분적으로 이 편지를 소리 내어 읽을 수 있다. 이 훈련은 내러티브 실천과 명확한 연계성을 가지고 있다. 코칭 맥락에서 코치는 코치이가 잊었을 수 있고[28], 특별한 역할을 한 것으로 밝혀질 수 있으며, 코치이가 자신의 삶에 미친 영향에 대해 감사하는 특정 인물을 조사하려고 시도하고 있다. 상호협력 그룹 코칭 과정에서 코치는 목격하고 성찰함으로써 새로운 통찰과 이해를 가능하게 한 동료 코치이에게 감사할 수 있다.

---

28. 화이트White(2007)는 "부재하지만 암시적인the absent but implicit" 것에 관해 말한다. 어떤 이야기에서 우리는 특정 사건을 선택하고 잠재적으로 더 희망을 북돋아 줄 수 있는 이야기를 만들어 내는 데 어느 정도 중요성한 다른 것들을 억누르거나 잊어버린다. 코칭 과정에서 본래 이야기에서 제외된 긍정적 요소, 성공한 요소 또는 중요 인물을 강조하고 설명하는 것이 중요하다. 그것은 본래 이야기의 재저작reauthoring을 위한 기초를 만든다.

- **음미하기**: 음미하기는 특정 삶의 상황과 자신 및 자신의 발전을 위한 특별한 의미를 위한 특별한 감각과 취향을 개발하기에 관한 것이다(Bryant & Veroff, 2007 참조). 코치는 코치이를 대신하여 상황의 잠재적 의미를 표현하기 위해 행동하는 등 특히 귀중한 상황의 질적 요소에 코치이의 주의를 돌리도록 할 수 있다. 코치는 특히 주의 집중 질문을 함으로써 상황을 음미하기 위한 코치이의 능력을 향상시킬 수 있다. 본질적으로, 이런 유형의 대화는 다른 강점 과정 또는 강점 탐구와 다르지 않다.

- **잠재적으로 희망을 주는 미래**: 이것은 일단 사람이 '성공succeeds'할 수 있는 잠재적인 미래에 관한 탐구를 포함한다. 예를 들어 특정 갈등이 해결되었을 때, 어려운 직원이나 동료가 현저하게 변했고 심지어는 함께 일하는 것이 즐거울 수 있을 때이다. 여기서 목표는 가능한 한 생생하게 그 상황에 있는 자신과 다른 사람들을 상상하는 것이다. 이것은 시나리오가 더 긴 내러티브로 설명하는 경우에 기적 질문(3.4.1.5 참조)이나 과제의 형태를 취할 수 있다.

- **새로운 방식으로 강점 활용**: 이것은 이미 인정된 강점을 새로운 방식으로 사용하는 방법을 상상하는 것을 포함한다. 예를 들면, 고등학교 1학년을 막 시작한 젊은 팀 덴마크 스포츠 인재들[29]과 그룹 코칭 개입에서, 참여자들이 그들의 학교생활을 압도적이고 매우 스트레스를 많이 받는 경험을 한 것이 분명해졌다. 우리는 그들의 운동 경력과 관련하여 그들이 얼마나 시간을 잘 활용하고 있고, 어떻게 장기간 훈련, 교통수단, 경기 준비와 참여를 할 수 있었는지 초점을 맞췄다. 필자는 그들이 실제로 시간을 구조화하는 데 정말 매우 능숙하다는 것

29. 이 개입은 고등학교의 팔코네가르덴스 김나지움Falkonergårdens Gymnasium에서 팀 덴마크Team Danmark의 연구 프로젝트의 일부였다. 이 프로젝트는 다른 출처 중 Stelter 등(2011)에 설명되어 있다. 5장에서 더 살펴보자.

을 알게 되었다. 그들은 자신이 이런 강점을 소유하고 있음을 알고 놀랐다. 필자는 그들에게 물었다. '이 강점을 어떻게 학교에서 직면하고 있는 새로운 도전으로 연결시킬 수 있나요?' 내러티브 관점에서 볼 때, 개입은 '연구에 대한 도전에 필요한 기술이 부족한' 경험은 스포츠와 관련하여 시간을 구조화할 수 있는 능력에 중점을 두고 해체되었다고 해석될 수 있다. 필자는 그들의 행위성을 강조했고, 따라서 그들이 학교에서 좋은 일상을 창조할 수 있는 능력과 역량에 관한 새로운 이야기를 발전시킬 수 있는 조건을 만들었다.

이 예들은 다른 형태의 코칭에서 긍정심리학의 포함을 강조한다. 예를 들어, TAOS 연구소(www.taosinstitute.net)의 사회구성주의자 세계에서 긍정심리학이 강점 탐구Appreciative Inquiry, AI 및 다른 사회구성주의자 실천과 어떻게 통합될 수 있는지에 대해 토론하고 있다. 여기 제시된 예는 잠재력을 보여준다.

3.5.2 경험 중심 접근과 정서 중심 접근

내러티브 사회구성주의 전통은 단지 몇 가지 질문과 그 사람의 주관적 경험, 인식, 정서에 대한 구체적인 초점을 가지고 일시적으로 그 사람 자신에게로 향하는 관심을 촉발시킨다. 이런 관심은 내러티브 사회구성주의 틀에서 동일한 방향으로 시선을 돌린 몇몇 이론가들에 의해 공유된다.

인식론적 관점에서 내러티브 심리학은 경험적, 신체적, 정서 중심 차원을 재도입하는 사회구성주의 입장의 확장으로 간주될 수 있으며(Crossley, 2000; Polkinghorne, 1988; Stam, 2001; Stelter, 2008a), 이는 현상학적 및 인문주의 실존주의 전통phenomenological and the humanist-existentialist tradition에서 관심을 갖는 주제이다(2장 정체성 이론에 관한 부분도 참조). 내러티브 심리학 발표에서 크로슬리Crossley(2003)는 경험, 구체화, 세계에 대한 개인의 정동/정서 지향에 초점을 맞춤으로써 개인의 주관성subjectivity을 고려하고 검토하는 대신 언어 및 관계 담론에서 자기를 독점적으로 정의하는 것과 관련하여 억제restraint를 보여주는 다른 형태의 심리학의 필요성을 표현한다. 특히, 셔터Shotter와 라나먼Lannaman(2002), 스탐Stam(1998)과 샘슨Sampson(1996)은 현상학과 사회구성주의 사고를 결합하는 데 관심이 있다. 특정 안정된 성격의 특징에 비추어 볼 때 그 사람이 보는 자연주의적 입장을 제시하지 않았지만, 대신에 개인의 자기내러티브의 창조 기초로서 경험, 인식, 정서를 포함하는 관점에서 제안한다. 이런 인식과 경험은 내러티브 치료와 코칭에서 유사하게 나타나지 않는다. 어떻게 이런 경험적 전통이 내러티브 코칭에 생산적으로 통합될 수 있는지를 4장에 표현할 것이다.

다음에서는 주관적 경험, 정서, 개인과 관계 발전에 미치는 영향에 초점을 둔 두 가지 이론적 입장을 제시한다. 먼저, 1인칭 경험과 코칭 및 기타 도움이 되는 대화의 심미 감각 차원 발전에 미치는 영향에 초점을 맞출 것이다. 다음으로, 코칭 대화에서 주관적인 측면을 다루기 위한 영감의 원천이 될 수 있는 정서 중심 치료emotion-focused therapy를 제시한다. 마지막으로 정신 상태에 대한 우리의 인식에 초점을 맞추는 것을 목표로 하는 정신화 기반 접근mentalization-based approach에 대해 간략하게 설명한다.

3.5.2.1 코칭에서 심미 감각 과정의 기초로서 1인칭 경험

다음에서는 특정 맥락에서 개인의 직접적 참여와 활동에 대한 잠재력을 강화하는 데 중점을 두는 감각적 초점을 위한 이론적 토대를 개략적으로 설명한다. 필자는 심미적 경험aesthetic experiences을 1인칭 관점에서 신체 감각 관여bodily-sensory involvement, 즉 성찰적 및 언어적 인지에 직접적으로 접근하지 못하는 세계에 대한 전성찰적 접근에 기반한 특수 인지 과정으로 본다. 바렐라Varela와 쉬어Shear(1999)에 따르면, 1인칭 사건은 "인지 및 정신적 사건과 관련된 살아있는 경험이다(p.1)." 전통적 이해에 대한 확장으로서 바렐라와 쉬어의 이해의 인지적 측면은 구체화되고 경험적 요소를 포함한다. 아래에서는 1인칭 관점의 특성에 대해 설명한다. 이 특성은 심미 감각 지각과 경험을 이해하는 기초가 된다.

1. 1인칭 접근은 신체 감각과 구체화된 관점이다. 이것은 인지가 상황적이고 구체적이며 신체에 기반한다는 것을 의미한다. 이런 이해는 인지 과학에서도 근거를 얻고 있다. 이는 우리의 인지와 사고가 컴퓨터처럼 어느 정도 기능을 발휘하고 감각 운동 협응및 통합에 의존하는 이해로 옮겨간다는 개념에서 벗어나는 것이다. 바렐라, 톰슨과 로쉬(1993)는 인지를 제정enaction이라고 말하며, 다음과 같이 쓴다.

   우리는 인지가 미리 주어진 마음에 따라 미리 주어진 세계를 나타내는 것이 아니라, 오히려 세계의 존재가 수행하는 다양한 행동의 역사에 기초하여 세계와 마음을 제정하는 것이라는 확신을 강조하기 위해 제정이라는 용어를 제안한다(p.9).

2. 구체화된 1인칭 관점에서 제공할 수 있는 직접적이고 감각적인 경험과 방향을 통해 개인은 반영된 언어 기반 이해보다 더 깊은 세계와 자신에 대한 이해에 접근할 수 있다. 심미 감각 이해는 세계가 파편이 아닌 전체로서 이해되는 아날로그 즉, 전체론적 형태의 정보 처리에 의해 달성된다.

3. 1인칭 관점은 전성찰적이고 암시적인 지식에 대한 접근을 제공하지만, 언어학적 명확성linguistic explicitness이 부족하기 때문에 이런 지식에 관한 대화를 생성하는 것은 어려운 일이다. 일부 접근과 전략은 감각과 언어적 의사소통의 틈을 줄이기 위해 시도해왔다(Gendlin, 1997; Stelter, 2010a; Stevens, 2000; Varela 등, 1993).

4. 감각 미학적 및 1인칭 관점은 구체적이거나 상상되는 행동을 통해 뿌리내린 특정 상황과 함께 개인의 직접적 관계에 기반한다(예, 시각화visualization). 바렐라 등(1993)에 따르면, 1인칭 접근은 감각적으로 인도되고 위치하는 행동을 통해 구성된다. 몸은 상황을 통합하고, 자기는 맥락에 고정되어 있다. 이런 감각적 인식은 상황에 대한 의미를 이해하는 기초를 이룬다.

5. 1인칭 접근은 상황에 대한 사람의 인식, 해석, 이해에 기초하여 개인적 의미를 생성한다. 사람은 자신의 환경을 감지하고 현재 맥락과 의미를 만드는 상호작용을 통해 자신의 현실을 창출한다. 의미는 살아있는 신체[30]를 기준으로 하는 상황에서 사람의 행동을 통해 나타난다(Merleau-Ponty, 2012). 사람은 환경을 통합함으로써 상황을 의미 있게 경험한다.

6. 1인칭 접근은 노잉하우knowing-how을 지향한다(Ryle, 1949). 예를 들면, 나는 상황에 관여하고 있다. 나는 상황에서 즉각적 관여와 행동에 감각적으로 인도된다. 나는 실천에 뿌리를 둔 전성찰적 의도를 통해 상황에 처해있다. 나는 나의 행동에 대한 규칙을 염려하지 않는다. 일은 내가 행동하는 대로 일어난다. 나의 행동은 자발적이고 비언어적 지식을 기반으로 한다. 나는 진행하는 법을 안다. 나의 행동은 감각운동 습관의 일부이다.

이런 1인칭 접근은 자기의 발달이 구체적인 행동 분야에서 사람과 환경 사이의 상호작용에 의해 주도되는 감각적이고 경험적인 기초로 볼 수 있다. 자기의 뿌리는 세계에서 체현된 개인의 현존에 기인한다. 이와 관련하여 메를로 퐁티(2010)는 특정 환경 상황에서 신체의 경험적이고 역동적인

---

30. 영어 현상학 문헌에서, 용어는 살아있는 몸이 될 것이고, 독일어로 Leib를 의미할 것이다. 본질은 세계에서 사람의 닻처럼 행동하는 감지 기관sensing body이다.

행동을 특징짓는 신체도식body schema이라는 용어를 사용한다. 신체도식에서 신체의 습관과 암시적인 지식은 그들 스스로 드러난다. 1인칭 관점에서 감각 미학적 경험은 맥락에서 사람이 개발하고 적용하는 전성찰적 암묵 지식과 관련이 있다. 예를 들어, 나는 이 상황에서 행동하는 법을 알고 있지만, 이 지식을 말로 표현하는 것이 어렵다는 것을 알았다. 나의 환경에서 대화는 종종 전언어적pre-verbal이다. 내 감각적 관계는 주어진다. 내 몸이 상황에 고정되어 있기 때문이다. 사람과 환경이 전체적으로 형성되고, 단어는 종종 단순히 '방해in the way'가 된다. 감각 미학적 경험을 언어화하려면, 변화가 필요하다(Stelter, 2010a). 체감felt sense(Gendlin, 1997)은 상징화 과정에서 언어 표현을 형성하기 위해 변형된다. 코치가 어떻게 이런 언어화를 시작할 수 있는지는 4장에서 다룰 것이다.

3.5.2.2 정서 중심 접근/치료

정서 중심 접근/치료emotion-focused approach/therapy, EFT는 이른바 심리치료의 세 번째 물결로 2차 세계 대전 이후 부상한 인문주의자와 경험적 치료법의 최근 발전이다(Greenberg, 2002). 두 번째 물결에서 행동주의 및 인지 치료와 마찬가지로, 그들은 당시 지배적인 정신분석적 입장에 대한 도전으로 떠올랐다. 경험적 접근은 삶의 의미와 고객이 의미 있는 실존을 성취하도록 돕는 데 중점을 둔다(Wampold, 2010a). 이론적 측면에서 이런 접근은 키에르케고르Kierkegaard, 후설Husserl, 하이데거Heidegger와 같은 인문주의적 실존주의 철학자를 기반으로 한다.

정서 중심 접근/치료는 여기서 치료 영역의 일부로 제시되지만, 특정 핵심 부분은 코칭에도 적용될 수 있다. 이 접근방식의 핵심적 측면은 변화의 대상, 변화의 기초, 관계의 중요성 및 변화의 기초로서 새로운 자기 (자신) 인식이라는 정서에 중점을 둔다. 치료사 또는 코치는 일종의 과정 컨설턴트 역할을 하는 것이다.

웜폴드Wampold(2010a)는 치료와 다른 도움을 주는 대화의 특정한 추가적 공유된 특성을 다음과 같이 4가지로 언급한다. (1) 치료가 고객의 삶의 관점에 대한 이해라는 현상학적 관점, (2) 인간 존재가 성장과 자기실현을 위해 노력한다는 가정, (3) 인간 존재가 자율적이라는 믿음, (4) 자신의 역할이나 행동에 관계없이 모든 개인을 존중이 바로 4가지 특성이다.

캐나다 토론토 심리학 교수이자 정서 중심 치료 클리닉The Emotion-Focused Therapy Clinic 책임자 그린버그Greenberg는 심리치료의 변화 과정을 광범위하게 연구하고 집필한 실무자이자 연구자이다. 그린버그(Elliott & Greenberg, 2007)는 다른 사람들과 협력하여 가장 영향력 있는 경험 치료 양식 중 칼 로저스Carl Rogers의 인간 중심 치료(Rogers, 1942, 1951)와 게슈탈트 치료(Perls, Goodman, & Hefferline, 1951)에서 영감을 얻어 정서 중심 치료EFT을 개발했다. 정서 중심 치료는 25년간의 심리치료 연구 프로그램을 기반으로 개발되었으며, 엘리엇Elliott과 그린버그Greenberg(2007)는 프로그램 개발과 관련하여 이를 근거 기반 치료법evidence-based therapy method으로 특징 지었다. 정서 중심 치료[31]는 정서를 인간 성장과 의미 형성 과정의 필수 원천으로 간주하는 이해에 따라 구성된다. 치료사가 정서 중심 치료 틀 안에서 작업하기 위해 충족해야 하는 5가지 조건(Elliott & Greenberg)이 있다. 5가지 조건은 (1) (네오) 인문주의적 가치 인식, (2) 과정-경험적 정서 이론에 대한 지식, (3) 인간중심적이지만 과정 안내를 하는 관계적 입장, (4) 공감적이고 탐구적인 반응 스타일, (5) 표지 유도 및 근거 기반 작업 전략이다.

■ 네오 인문주의적 가치

정서 중심 치료는 정서적 경험을 모든 인간 기능에 중요한 역동적 과정

31. 초기 (1980년대 후반/1990대 초반) 치료 형태는 '과정 경험적 치료process-experiential therapy'라고 부른 반면에 '정서 중심 치료emotion-focused therapy'라는 용어는 부부치료couples therapy 관련 형태로 언급되었다. 그러나 1990년대 후반부터 정서 중심 치료라는 용어는 부부 및 개인 치료 모두에 사용되었다.

으로 간주한다. 치료사는 정서적으로 현존하는 진정한 접근을 통해 인간 애착 과정을 촉진하여 새로운 고객 경험을 가능하게 한다. 행위성과 자기 결정은 기초적이고 적응력이 뛰어난 인간의 동기로 간주되며, 정서 중심 치료에 따르면 성장은 타고난 호기심과 적응적 정서 과정의 결과로 차별화와 적응 유연성을 이끈다.

■ 정서 이론

과정 경험적 정서 이론process-experiential emotion theory에 따르면, 정서는 사람들에게 중요한 내재적 욕구를 충족시키기 위해 행동할 수 있도록 복잡하고 상황에 맞는 정보를 신속하고 자동적으로 처리하거나 '소화digest'할 수 있는 능력을 제공한다(Rogers, 1959). 정서는 인간 복지, 기능, 변화에 결정적인 것이며, 우리의 정서적 스키마(인간 경험의 내재적이고 특유한 구조)는 의식, 행동, 정체성과 같은 자기 조직화 과정의 기초를 형성한다. 치료사 또는 코치는 고객이 공감적 경청과 표현 개입을 통해 자신의 정서적 스키마를 이해하고 변형하도록 도와야 한다. 고객은 자신의 정서적 스키마를 성찰하고 재평가함으로써 좀 더 적응력이 있는 정서적 반응을 개발하는 것을 이상적으로 배울 수 있으며, 이에 따라 특정 당면 과제에 대응할 수 있다.

■ 인간 중심적이면서도 과정을 중요시하는 관계적 입장

이런 요구사항은 고객과 의사소통하는 특정 방식에 관한 것이다. 본질적으로, 치료사나 코치는 고객의 계획을 높이 평가하고 고객이 자신의 삶에서 의미를 가지려고 노력하는 진정한 활동적인 행위자임을 인정함으로써 고객을 따라야 한다. 동시에 치료사 또는 고객을 위한 일종의 경험에 대한 안내자 역할을 한다. 치료사 또는 코치는 무언가를 향하여 고객을 적극적으로 안내함으로써 과정으로 인도한다.

최적의 치료/코칭 상황은 창조적 긴장에 통합되어 있는 고객과 치료사/코치 사이의 적극적인 상호협력으로 설명된다. 중요한 것은 치료사/코치가 고객의 경험에 초점을 맞추고 그들의 개입을 진리 주장이나 전문적인 진술보다는 선택사항으로 제시해야 한다는 것이다.

■ 공감적 및 탐구적 반응 스타일

특수 치료 반응 패턴으로서 공감적 탐구는 탐구적 성찰을 사용한다. 탐구적 성찰은 목표가 공감을 전달하고 고객의 성찰 과정을 촉진시키는 것이다. 이런 과정의 또 다른 중요한 것은 "지금 당신은 무엇을 경험하고 있나요? 또는 당신의 몸 안에 그 느낌이 어디에 있나요?"와 같은 탐구적인 질문이다.

이런 치료 반응 형식은 몰입적이고 표현적이지만 공감적이고 부드럽게 탐색하는 것으로 묘사되기도 한다. 목표는 고객의 현재 체감에 대한 고객의 자기탐구를 촉진하는 것이다(Gendlin, 1997 참조).

■ 표지 유도 및 근거 기반 작업 전략

정서 중심 치료는 대화 세션에서 치료적 표지 및 작업에 대한 근거 기반 기술descriptions을 개발했다. 표지는 특정 문제, 주제, 작업을 처리할 준비가 되어 있음을 알리는 세션에서의 고객 행동 방식이다. 예를 들면, 고객의 일부가 자신의 다른 부분을 비판하는 자기비판 분할 표지self-critical split marker가 있다는 것이다.

치료사/코치의 과제는 현재 목적을 세션에 가져오는 것이다. 예를 들어, 자기비판 분할의 경험과 관련하여 발생할 수 있는 갈등을 해결하는 것이다. 간단히 말하면, 치료사/코치는 먼저 가능한 과제 표지를 경청한 다음 적절한 개입을 제공한다. 즉, 치료사/코치는 먼저 고객과 고객이 표지를 통해 제시하는 과제를 따른 다음 이런 과제를 처리하는 생산적인 과정으로 고객을 안내한다.

이런 주요 기능 외에도, 정서 중심 치료는 여섯 가지 치료 원칙을 포함한다. 정서 중심 치료는 치료사/코치가 정서적으로 표현하고, 존중하며, 고객의 경험을 잘 알고 있는 공감적 관계에 근거한다. 이 관계는 고객이 자신의 개인적 문제와 정서적 고통을 표현하고 탐구할 수 있게 하는 안전하고 집중된 분위기를 만들어야 한다.

따라서 첫 번째 주요 원칙은 공감적 조율이다. 이것은 치료사/코치가 고객에 대해 선입견을 포기해야 한다는 것을 의미한다. 또한 치료사/코치가 어떤 정서와 의미가 주어진 시간에 고객에게 가장 결정적이고 중요한지 파악하면서 고객의 경험 세계에 적극적으로 관여하는 것을 의미한다. 게다가, 치료사/코치는 공감, 돌봄, 정서적 현존을 보이고 대화 과정의 목표 및 과제에 관해 협력함으로써 강력한 치료적 또는 대화적 유대를 발전시키도록 노력해야 한다. 치료사/코치는 고객이 가져다주는 목표와 과제를 수락하고 대화 과정에 대한 정보를 제공함으로써 치료나 코칭 노력에 대한 고객의 이해를 촉진하는 대화 과정에 적극적으로 관여한다.

정서 중심 치료에서 최적의 고객-치료사/코치 관계를 위한 모델을 구성하는 이러한 세 가지 관계 원칙 외에도, 좀 더 과제 지향적인 세 가지 추가 치료 원칙들이 있다. 치료사/코치는 고객이 개인적인 목적, 문제 또는 과제와 함께 함으로써 개인적, 내면적, 정서적 문제를 해결할 수 있도록 도와야 한다.

첫 번째 원칙은 경험적 처리과정이다. 여기서 핵심은 치료사/코치가 고객의 현재 상태에 세심한 주의를 기울여야 한다는 것이다. 따라서 치료사/코치는 고객에게 주어진 시간에 가장 관련이 있는 방법으로 가장 관련이 있는 것을 고객이 처리하도록 도와야 한다. 정서 중심 치료는 이런 형태의 참여를 마이크로 프로세스micro-processes라고 부른다. 마이크로 프로세스는 분 단위로 전개되므로 내적 경험을 처리하는 생산적인 방법으로 이해된다. 이는 고객이 적극적으로 자신의 내면 경험을 탐구하고 표현하며 감히 자신의 내적 경험 세계를 다른 사람, 곧 치료사/코치에게 드러낸다는 것을 의미한다. 게다가 그것은 고객이 자신의 경험에 대한 이해를 얻으면서 새로운 의미를 만들어내는 자기성찰에 관한 것이다. 마지막으로 그것은 미래의 행동, 사고, 감정의 다른 방식들을 포함하는 행동 계획에 관한 것이다.

대화에서 핵심 과제의 완성에 초점을 맞추는 것은 다음의 과제 관련 원칙이다. 이것은 치료/코칭의 주된 목적과 고객과 협력한 주요 과제를 발견하고 대화의 과정에서 고객이 집중할 수 있도록 도와주는 것에 관한 것이다. 여기에서 아이디어는 비록 고객이 스스로 준비되어 있을 때, 예를 들어 과업으로 이동하는 것을 알고 있지만, 치료사/코치는 이런 준비가 되어 있는 상태의 어떤 신호(표지)를 세심하게 듣고 참여함으로써 적극적으로 이런 움직임을 지원해야 한다는 것이다.

최종 과제와 관련된 원칙은 자기개발이다. 정서 중심 치료는 자기결정과 성장을 위한 잠재력과 동기부여를 지원하는 것을 목표로 한다. 이는 고객이 개인적 성장과 발전의 가능성이 있는 곳을 탐구하도록 경청하고 도와줌으로써 추구된다. 본질적으로 엘리엇Elliott과 그린버그Greenberg(2007)는 정서 중심 치료가 정서적 경험('heart')과 자기성찰('mind') 사이의 구조적 균형을 목표로 한다고 기술하고 있다.

3.5.3 정신화 기반 접근

정신화는 원래 정신역동에 초점을 둔 피터 포나기Peter Fonagy와 체계적으로 지향하는 가족 치료사 에이아 아센Eia Asen이 개발했다. 정신화는 새로운 개입이나 치료 형태로 간주되는 것이 아니라, 오히려 광범위한 대화 접근들과 방법들에 통합될 수 있는 접근방식으로 간주된다. 정신화 능력은 대화 기반 개입의 모든 형태와 자신 및 다른 사람들을 이해하는 기초에서 가장 중요한 요소 가운데 하나이다. 아센과 포나기(2011)는 정신화를 "외부에서 우리 스스로를 보고 내부에서 다른 사람을 보는 것seeing ourselves from outside and seeing others from inside"으로 묘사한다(p.1). 정신화는 자기 자신 및 다른 사람의 정신 상태와 그들의 정서, 사고, 행동의 연결성에 대한 인간의 통찰을 설명한다. 위에 언급된 저자들은 간접적으로 정신화를 참조하는 개념을 사용한다. 체계 이론에서 체친Cecchin(1987)은 필자가 피터 랭을 참조하여 궁금증wondering으로 재표현했던 호기심curiosity에 대해 말했다. 셔터(2006)는 대화 상대가 "서로 얽혀있는 살아있는 순간의 상호 작용"에서 만나는 다른 사람들의 정서, 사고, 행동의 세계를 자극하는 것으로 이해할 수 있는 함께 생각하기에 대해 말한다(p.600). 정신화는 상호 이해와 그에 따른 애착 개선의 토대이다. 본질적으로, 개선된 자기이해가 다른 사람의 관점을 파악할 수 있는 능력을 향상시키는 것으로 가정될 수 있으며, 이는 다시 자기개념과 자기성찰에 도움이 될 수 있다. 정신 상태, 즉 정신화의 대상은 본질적으로 의도적이다. 다시 말해, 무언가를 지향하고 있고, 무언가에 관한 것이다(Allan, Fonagy, & Bateman, 2008). 따라서 정신화 기반 대화는 자기 스스로와 다른 사람들의 삶의 세계에 대한 접근을 제공한다. 코칭에서 정신화의 예는 다음과 같다.

- 대화 세션 중에 코치이가 안전하다고 느끼는지 확인하기
- 제 3자가 어떻게 그렇게 화가 나거나 격분하는지에 관해 코치이의 통찰을 촉진시키기
- 코치가 어떻게 그 문제의 사건을 경험하고 인지하는지 코치이에게 설명하기
- 코치이가 대화 중에 나타나는 진보의 신호를 이해하도록 돕기

따라서 정신화의 질은 두 가지 중요한 방식으로 코칭 대화에 영향을 미친다. 효과적이고 발달적인 코칭 과정은 우선 코치의 정신화 역량에 의존

하고, 두 번째로 코치이의 동일한 역량에 의존한다(Allen 등, 2008). 아센과 포나기(2011)의 논의의 연결성에서 필자는 체계적 사회구성주의자 관점 탐구를 포함시킴으로써 정신화를 강화할 수 있는 다양한 가능성에 대해 설명하고자 한다.

1. 개방성과 궁금증: 코치는 코치이의 관점에서 진정한 관심을 보여야 한다. 코치는 코치이의 삶을 탐구함으로써 코치이에게 자신의 감정과 생각을 점검해보라고 도전한다. 코치의 궁금해 하는 입장은 코치이가 외부 세계에 대한 자신의 인식에 대한 특정 가정을 재평가하도록 격려함으로써 코치이 자신은 물론 다른 사람과의 상호 작용을 새롭게 바라보도록 도전한다.

2. 관점 전환과 순환 질문: 체계적 접근의 특별한 탐구 기술은 정신화 중심 질문의 좋은 예이다. 관점과 영역의 변화를 가져오고 다른 사람의 관점이나 메타 관점을 채택함으로써 이런 질문은 자신의 이해의 지평을 넓히고 상황에 대한 다른 사람의 인식을 좀 더 잘 이해하도록 도와준다. 그렇다고 다른 사람이 실제로 느끼고 생각하는 것을 확실히 알 수 있는 것은 아니다. 그 자체로, 다른 사람의 관점에 참여하려는 의지는 결정적인 차이를 만들 수 있다.

3. 개인적 및 사회적 실재 구성: 코치이가 고정되어 있다고 느낄 때, 코치는 사회구성주의자와 내러티브 이론의 핵심 인식론적 입장을 명확히 하는 것이 중요하다. 개인은 자신의 개인적 및 사회적 실재를 창조하는 데 관여하기 때문이다. 특정 기본 입장은 변화 및 정교화될 수 있다. 코칭 대화는 특정 사건에 대한 다른 사람의 이해를 포함시켜 코치이의 현실 인식과 코치이가 자기 자신이나 특정 사건에 관해 갖는 이야기를 더욱 발전시킬 수 있는 근거를 형성할 수 있다. 내부에서 다른 사람들을 보고 정신화하는 능력은 코치이를 위한 새로운

현실을 창출하는 도움이 될 수 있다.

4. **영향 인식**: 정신화 기술을 개발하기 위한 코치이의 능력의 중요한 차원은 자신의 정서, 생각, 행동이 다른 사람들에게 어떤 영향을 미칠 수 있는지, 그리고 그것들이 다른 사람들을 위한 현실을 창출하는 데 어떻게 기여하는지 이해하는 것이다. 이 영향과 관련하여 내부에서 다른 사람을 볼 수 있는 능력은 코치이에게 중대한 변화를 일으킬 수 있다.

5. **겸손**: 겸손은 다른 사람을 이해하기 위한 핵심 조건이다. 이것은 기꺼이 놀라게 하고 다른 사람에게 배우는 의지를 필요로 한다. 이 관점은 코칭 대화에서 양 당사자에게 적용된다.

6. **유머**: 유머는 항상 자신을 너무 진지하게 받아들이지 않고 자기 자신이나 다른 사람이 가져온 상황에 웃을 수 있는 것은 새롭게 그리고 때로는 자유로운 방식으로 외부에서 자신을 보기 위한 중요한 조건이다. 이런 맥락에서 코치가 도전해야 하는 것은 코치이가 유머의 각도에서 자신을 볼 수 있는 기회를 만드는 데 있다.

7. **성찰적 사색**: 성찰적 사색은 특별히 정신을 가다듬는 자세로 볼 수 있다. 이는 주제 및 서로와 관련하여 코치와 코치이가 상황에 맞게 적응하고 편안한 태도를 갖는 것이 특징이다.

8. **관계 조율**: 관계 조율은 성찰적 사색의 가능한 결과이고, 앞서 언급했듯이 코치가 코치이와 조화를 이루는 상태이며, 양 당사자 모두가 정신화를 촉진하는 주제에 대한 이해를 성취하는 상태이다.

정신화 기술은 코치이가 스스로와 다른 사람의 관점에 가지고 있는 접촉의 부족을 주목하는 것과 관련하여 코치의 민감성에 달려 있다. 또한, 코치는 자신의 정신화 방법과 코치이와 관계에서 강렬함을 성취할 수 있는 능력을 알아야 한다.

3.6 맺음말

지금까지 이 글을 읽고 있는 당신은 2세대 및 3세대 코칭에 적용할 수 있는 이론적 영역에 대한 기본 오리엔테이션을 받았다. 여기에 제시된 이론은 반드시 구체적인 실천에 충돌하지 않고 코칭 대화에 포함될 수 있다. 그러나 이 글을 읽고 있는 당신은 이런 이론들이 어떻게 적용되는지, 그리고 기본 인식론적 입장과 관련하여 서로 어떻게 상충될 수 있는지를 알아야 한다. 인식론적 관점에서 볼 때, 체계적 또는 사회구성주의자 관점은 현상학적 실존주의자, 경험적 또는 정서 중심 관점과 완전히 양립할 수 없다. 또한 당신은 어떤 이론과 접근이 다른 사례보다 주어진 사례가 더 적절하다는 것을 알아야 한다. 이런 관심은 사례개념화case-conceptualization, 즉 특정 사례에 포함시킬 접근에 관한 결정이 필수적이다(Stevens & Morris, 1995).

이런 이론과 사례에 관한 이론적 선택은 코칭 프래티셔너들이 미묘한 방식으로 자신의 실천을 발전시키고 성찰할 수 있도록 해야 한다. 특정 이론, 예를 들어 체계적 접근은 원래 형태의 코칭에 더 이상 사용되지 않지만, 사회구성주의 이론에 기반한 더 새로운 관계 이론에 통합된다. 그러나 사회구성주의도 한계가 있다. 왜냐하면 사회구성주의는 자신 및 자신의 삶의 세계와의 관계(개인 관계/코치이의 관계)와 고유한 주관적 차원에 대한 조사를 손쉽게 가능하게 하지 않기 때문이다. 여기서 경험적 측면과 자신과의 관계에 중점을 둔 현상학적 실존주의 이론이 그 가치를 입증하게 된다. 관계와 실존적 측면에 대한 이중 관점은 덴마크 철학적 중심 코칭 연구자 프로룬드Frølund와 지텐Ziethen(2011)에 의해 비교 가능한 방식으로 강조된다. 여기서 그들은 상보성complementarity 관점에 대해 말한다. 이는 코치가 한편으로 관계적 관점을 통해 코치이의 조직적 도전에 초점을 맞추고, 다른 한편으로 실존주의적 관점을 통해 자기관계에 초점을 맞추도록 권장한다. 다음 장에서는 어떻게 다양한 이론들이 코칭에 대한 범이론적 접근의 틀을 형성하는 데 사용될 수 있는지 논의될 것이다.

4장 내러티브 상호협력 코칭: 이론과 실제

이 장에서는 3세대 코칭 실천에 필수적인 측면을 논의할 것이다. 여기에서는 우리가 사회에서 직면하고 있는 주요 변화와 발달 및 학습 관련 도전의 일부와 일치하며 3세대 코칭을 확립하는 데 결정적으로 고려할 수 있는 코칭 형식을 개발하는 것을 목표로 한다(2장 참조).

- 코칭 과정은 목표와 빠른 해결에 초점을 상대적으로 덜 둔다. 왜냐하면 코치이는 관리자, 직원, 구직자, 스트레스를 받는 사람, 경력 만드는 사람 등으로 자신의 실천에서 행동 중심 접근을 취할 수 있도록 자기성찰을 가질 여지가 필요하기 때문이다. 여기서 기본 아이디어는 코치와 코치이 사이의 심층적인 의미 형성과 가치 중심 대화가 궁극적으로 코치이가 자신의 개인적 및 직업적 정체성을 구체적인 행동 관점과 연결시킬 수 있어야 한다는 것이다.

- 코칭은 실존적, 경험적, 관계적 관점 모두를 고려하는 성찰적 과정이다. 성찰적 측면도 코치의 특별한 입장에서 표현된다. 코치는 단순히 촉진자일 뿐만 아니라 대화의 특정 단계에서 코치이가 직면하고 있고 코치가 자신의 삶의 관점에서 관련되어 있는 도전에 대해 추론할 수 있는 동등한 자기성찰적 동료이자 관대한 경청자이다. 코치와 코치이의 관계는 대화에 스스로 참여함으로써 때때로 대칭을 이룬다.

- 코칭 대화는 사람(코치이)와 맥락의 연결을 기반으로 한다. 이런 맥락과 특정 상황 통합은 대화에서 의미 형성을 촉진한다. 따라서 코치이는 특정 행동이 자신의 정체성과 자기개념에 어떻게 영향을 미치

는지, 그리고 이런 행동이 특정 삶의 가치와 신념을 나타내는 데 어떻게 관여하는지를 더 잘 알게 된다.

- 코칭 대화는 현재 코치이가 관심을 두는 문제와 관련하여 새로운 내러티브를 가능하게 한다. 이런 내러티브는 코치와 코치이 사이에서 전개되는 상호협력 대화 실천의 산물이며 대화의 발달 과정을 반영한다. 코칭의 기술은 새로운 사건과 사람을 통합하고 이야기의 플롯에 도전하고 재창조함으로써 사람의 과거 이야기를 상호협력적으로 변화시키는 것에 관한 것이다. 이전 (종종 골치 아픈) 내러티브들은 항상 존중하는 마음으로 다루어야 한다. 이는 코치와 코치이의 대화에서 나타나는 새로운 내러티브의 기초를 형성할 수 있다.

4.1 왜 내러티브 상호협력 실천으로 코칭해야 하는가?

다음은 사회적 복잡성과 사회 변화가 코칭의 이상적 형식에 미치는 특별한 영향을 강조한다(코칭 배경에 대한 심도있는 논의와 검토, 2장 참조). 다음 절의 네 가지 측면은 자기성찰 과정을 통해 코치와 코치이가 통찰을 추구하는 것에 영향을 받는 코칭 대화의 기본 차원이다.

4.1.1 성찰 공간으로서 코칭

영국 사회학자 앤서니 기든스Anthony Giddens(1991)는 탈근대 사회의 구성원으로서 삶을 관리할 수 있는 능력의 핵심 조건으로 자기성찰성self-reflexivity의 중요성을 강조한다. 우리의 실존은 확고한 사회적 유대관계와 전통이 포기되고 '어떻게 살아야 하는가?'라는 질문이 일상적인 범위에서 던지는 도전과 관련해 대답되어야 하는 탈전통적 질서에 따라 결정된다. 그 의도는 자기정체성의 현재 표현에 관련된 어떤 포부를 성취하는 것이다. 기든스는 자기정체성을 지속적이고 강력한 개인 개발 프로젝트로 간주한다. 이와 관련하여 코칭은 자기정체성의 성공적인 유지 및 발전에 기여할 수 있는 자기성찰의 수단으로 볼 수 있다. 따라서 코칭은 코치이가 자신을 더 잘 이해하고 가치 기반 토대의 세계에 자신의 행동을 두는 데 도움이 된다. 코칭은 코치와 코치이 사이의 성찰 과정을 바꿔서 공유된 공간에서 작동한다.

4.1.2 코칭과 의미 형성

특정 상황에서 자신의 행동을 의미 있게 하기 위해 개인은 자신의 업무 또는 사생활에서 다양한 맥락과 사회 구조, 즉 일반적으로 인정되는 기준 틀에 의해 더 이상 제시되지 않는 고정 틀에 자신의 행동을 지속적으로 고정시키려고 한다(Bruner, 1990a). 브루너Bruner(1991)는 "언어와 다른 상징 체계와 같은 문화적 산물"에 중재에 따라 우리의 현실 감각을 구조화한다고 주장한다(p.3). 그는 구체적으로 이런 문화적 산물 가운데 하나로서 내러티브 개념을 강조한다. 필자는 코칭이 사람들이 다양한 사회적 맥락에서 삶에 대한 새롭고 대안적이며 더 고양시키는 내러티브를 만드는 데 도움이 되는 방법이라고 주장한다. 이런 내러티브는 자기성찰 과정을 통해 형성되며 개인이나 집단이 특정 다른 사람 및 특정 맥락과의 관계를 반영하여 일관성과 의미를 공동 창조하도록 돕는다(Stelter, 2007). 코칭은 코치이의 문화에 대한 메타포를 포함해 의미를 만드는 과정을 강화할 수 있는 능력이 있다(Myerhoff, 1982; Turner, 1967; 5.1.1의 사례 발표 1에서 이에 대한 자세한 내용을 다룸).

4.1.3 학습과 개발의 탈근대 공간으로서 코칭

학습과 지속적인(전문적인) 개발은 오늘날 세계에서 중요하다. 그러나 학습의 본질은 1970년대 이후로 변화했다. 특히 일상생활에서 전자 정보가 출현한 이후로 급격하게 변화했다(2.3 참조). 이런 변화를 거듭하면서 발생한 주요 차이점은 우리 사회의 중요한 권위자(예, 학교 교사, 관리자, 멘토, 의사 및 성직자)가 지식 독점을 상실했다는 점이다. 우리의 후기 또는 탈근대 사회에서 지식은 특정 맥락에서 그리고 지역 사회 공동체의 실천(작업팀, 교실 등)에서 발생한다(Wenger, 1998). 학습은 사회적 담론, 행동 및 특정 (작업) 관계에 의해 구성되는 특정 조직(예: 회사, 학교 또는 병원)에 자리 잡고 형성된다. 따라서 학습은 지식을 공동 창조하는 과정이다(Pearce, 1994). 이 새로운 학습 개념을 바탕으로 출현하고 대중화된 코칭은 이런 새로운 사회적 조건의 논리적 결과로 볼 수 있다. 따라서 코칭은 집중된 학습 및 발달 과정을 위한 필수적인 체계로 고려될 수 있다.

4.1.4 대화적이고 성찰적 리더십을 촉진하는 코칭

오늘날 우리는 과업 관련 맥락에서 코칭과 관련하여 경영 및 리더십에 직면한 새롭고 특별한 도전을 고려해야 한다(Schein, 1992). 불과 수십 년 전에 경영자 직책을 맡은 사람은 자동으로 권위가 생기고 무조건적 존경을 받았다(Helth, 2009a). 그러나 많은 직업 분야에서 자율성 수준이 증가되고, 다양한 산업 분야와 조직 및 전문직 등 직업 분야에서 직원들의 지식 기반 전문기술의 증가는 앞서 언급했듯이 복잡성을 증가시키고 있다. 이는 관리자가 자신의 리더십 지위를 형성하는 데 더 많이 직원 및 기타 관계자에게 의존해야 한다는 것을 의미한다(Ferdig, 2007; Walji, 2009). 이제 새로운 경영 및 리더십 접근이 필요하다. 관리자는 자신만의 리더십 스타일을 형성해야 한다. 리더십은 성찰적 및 대화적 프로젝트가 되며, 직원과 상호작용하여 공동으로 창조된다. 이런 도전들의 결과로 관리자는 동료와 협력(예: 멘토링 또는 훈련 프로그램을 통해)함으로써 도움을 구하거나 리더십 스타일과 관련하여 자기성찰 과정에서 코치를 고용하여 지원한다. 이들은 리더십의 발전을 촉진하기 위해 가치에 초점을 둔다(Kirkeby, 2000). 관리자의 가치 기반 의사결정은 특정 가치 성찰을 통해 특정 사건이 다뤄지는 성찰적 코칭 대화의 핵심 영역이 될 수 있다.

4.2 인식론적 기초:
현상학과 사회구성주의 사이의 격차 해소

다음에서는 내러티브 상호협력 코칭을 위한 이론적 틀을 제시한다. 필자는 한편으로 경험적이고 구체화된 관점과 다른 한편으로 사회적, 문화적, 공동체 지향적 관점 사이의 균형을 추구한다. 이런 방식으로 현상학의 이론적 뿌리는 사회구성주의와 결합된다. 현상학은 개인이 자신과 관련된 특정 상황에 집중할 수 있게 하는 것을 목표로 현재 순간과 구체화된 경험을 보여준다. 사회구성주의 틀 안에서, 그 초점은 개인 간의 담론, 사회적 관계의 중요성, 현실의 관계적이고 문화적인 구조에 있다. 두 가지 이론적 접근은 여러 면에서 다르지만, 그 사이의 격차는 연결될 수 있으므로 통합 코칭 모델에서 사용할 수 있다. 이런 맥락에서 서로 연결해야 하는 측면은 다음과 같다.

1. 현실의 구조
2. 의미의 개념

두 측면의 통합은 현상학과 사회구성주의가 만나는 이론적 틀을 이해하는 데 중요하고, 경험적 및 공동 창조적 측면 모두를 통합함으로써 내러티브 상호협력 실천으로서 코칭에 대한 필자의 이해와 일치하는 통합 코칭모델에서 병합될 수 있다. 다음에서는 (1) 현실의 구조를 살펴본 다음, (2) 의미의 개념을 살펴보고자 한다.

4.2.1 실재의 구조

현상학이나 사회구성주의는 실재를 명확하고 최종적인 것으로 보지 않는다. 실재는 현재의 경험적 순간에 구성되고 한 가지 상황에서 다른 상황으로 변화하기 쉽거나(현상학), 다른 사람들과 관계에서 사회적으로 구성된다(사회구성주의). 필자는 이런 두 접근을 실재와 그들의 상호적 차이에 대한 각각의 지각을 기술할 목적으로 다음에서 더 자세하게 제시한다.

현상학은 개인이 그들 자신이 어떻게 통합된 부분이 있는 세계에 의미를 인지하고 부여하는지에 초점을 맞춘 진정한 '경험과학experiential science'이자 철학이 되었다. 현상학은 실존 철학의 틀에서 자신과 다른 사람들을 탐구하는 방법이다. 현상학의 창시자 후설Husserl(1985)은 심리학적 평가를 위한 출발점으로 현상에 대한 주체의 인식인 '기술심리학descriptive psychology'을 말한다(Ihde, 1977). 현상학자들은 현상에 대한 개방적 접근을 허용하고 상황에 대한 즉각적 판단과 해석에 괄호 치는 경험적 방법인 에포케epoché를 개발했다. 우리가 세계에 묻혀 있고 외부로부터 세계를 관찰할 수 없기 때문에 현상학적 틀에서 어떤 것을 탐구하기 원한다면, 그것은 필요조건이다. 코칭에서 코치이는 자신의 주관성으로 스스로를 이해하는 법을 배우기 위해 에포케를 사용할 수 있다. 여기서, 실재에 대한 개인적 경험 구조를 말할 수 있다. 거기에는 개인이 살아있는 경험에 접촉하거나 다른 사람에게 자신의 세계에 접근하게 하는 여러 가지 구체적인 전략이나 조사 방법이 있다(Depraz, Varela, & Vermersch, 2003; Stelter, 2007, 2008a).

이 과정의 중요한 특징은 완전히 독특한 주관적 실재subjective reality를 형성하는 특정 환경적 상황과의 개인의 즉각적인 신체 감각 의도적 관계에 초점을 맞추는 것이다. 이런 주관적 실재가 완전히 독특한 이유는 바로 그 사람의 환경에 관련한 구체적인 지향성 때문이다. 이 주관적 실재는 가능한 실재를 보편적이고 객관적으로 반영하는 것이 아니라, 다른 사람이 직접적으로 접근할 수 없는 자기 자신과 자신의 세계에 대한 개별적 접근을 제공하는 것이다.[1] 메를로 퐁티(2012)는 인간을 독특하게 구성하고 그 자신과 세계를 구성하는 주체로 묘사한다.

> 하지만 어떻게 몇 가지 절대적인 것이 있을 수 있는가? 내가 처음에 어떻게 다른 내 속의 나Myselves를 인식할 수 있었는가? 만일 그 대상의 유일한 경험이 내가 그것과 일치하여 얻는 것이라면, 만일 정의상 마음이 '외부 관찰자outside spectator'를 외면하고 오직 내면으로만 인식될 수 있다면, 나의 코기토Cogito는 원칙적으로 독특하다. 아무도 코기토에 '참여participate'할 수 없기 때문이다. 그렇다면 어떤 사람이 다른 사람에게 '이동가능transferable'하다고 대답할 수 있는가?(p.391)

개개인은 자신에 대한 접근과 인식 및 주어진 환경적 상황이 다르기 때문에 인간 존재가 외부 세계에 대한 서로 다른 인식을 존중하고 서로의 실재를 공유하는 실천을 하는 것이 근본적 태도이다. 그것이 필자가 사회구성주의 관점을 특히 중요하게 여기는 지점이다.

사회구성주의는 '실재'의 개념을 어떻게 보고 있는가? 사회구성주의에서 초점은 개인을 형성하는 데 있어 관계의 역할과 개인이 속해 있는 특정 사회적 맥락에 있다. 사회구성주의는 사회적 관계와 특정 공동체의 틀 안에서 우리가 실재를 창조하는 방식이나 우리의 실재가 우리가 속해 있는 관계의 틀 안에서 형성되어 있는 방식에 관심이 있다. 관계적 관점은 또한 '개인의 특징personality features'과 정서 및 사고의 출현을 개인의 내부에 내재하거나 형성된 어떤 것이라기보다는 사회적 구조로 본다. 사회구성주의자들에게 실재는 사회적 담론과 사회들 사이의 상호작용, 예를 들어 직장, 가정, 팀을 통해 창조된다. 따라서 실재는 우리가 속한 관계에서 창조된다(Gergen, 2009a). '실재'로 드러나는 것은 사회적 산물이다. 본래 사회구성주의자 버거Berger와 루크만Luckman(1966)은 사회학적 관점에서 실재의 본질을 기술했다. "지식 사회학은 인간 실재가 사회적으로 구성되어 있음

1. 현상학자들은 철학과 심리학에서 현상학과 합리주의-경험주의 전통을 예리하게 구분한다. 예를 들면, 자기 자신의 생각, 정서, 감각의 상태를 관찰함으로써 자신의 마음을 '들여다보는looking in on' 수단으로 자기성찰introspection을 통해 표현되는 자기관찰self-observation의 재귀적 형태reflexive form이다.

을 이해한다"(p.211). 이런 이해는 나중에 심리학과 특정 심리 및 대화 기반 개입 양식으로 확산되었다. 거기에는 그 사람에 관한 어떤 것도 관찰하거나 '변화changing'시키려는 시도는 더 이상 없다. 대신에 초점은 그 사람이 어떻게 자신이 속한 관계를 통해 구성되는지에 있다. 그 목표는 새롭고 좀 더 삶을 긍정하는 방식으로 이런 관계와 사람의 역할을 검토하고 해석하며 논의하는 것이다.

위에서 설명된 인식론적 가정은 예를 들어 인간 상호작용에 영향을 미침으로써 대화 또는 어떤 형태의 심리적 개입을 통해 특정 사회적 현실을 해체하고 재구성할 수 있게 한다(예, 클래스, 스포츠팀, 작업팀 또는 조직에서). 거겐(1997)은 다음과 같이 말한다.

> 일정한 세계 또는 자기에 대한 설명account이 시간에 걸쳐 지속되는 정도는 설명의 객관적 타당성objective validity에 따라 달라지는 것이 아니라 사회적 과정의 변화vicissitudes에 달려 있다(p.51).

강점탐구Appreciative Inquiry, AI(Cooperrider, Whitney, & Stavros, 2008)와 같은 사회구성주의에 영감을 받은 개입 전략은 좀 더 고양된 담론과 내러티브를 개발하는 것과 관련하여 특히 중요하게 여겼다. 강점탐구 과정은 상호작용을 통해 새롭게 공유된 사회적 실재를 공동으로 만들 수 있는 파트너 간의 공동체에서 구축된다(예: 코치와 코치이 사이, 팀 또는 조직에서). 참여자들은 긍정적이고, 낙관적이며, 강점 기반 주제에 대한 대화를 기반으로 가능성을 발견하고 상상하며 꿈을 추구함으로써 개인적으로나 그룹 또는 팀으로서 발전을 촉진하는 실재를 창조할 수 있다. 강점탐구는 진행 과정을 방해할 수 있는 특정 문제와 원인을 파헤치는 것보다 참여자의 가능성과 강점에 집중하는 것이 더 도움이 되기 때문에 코칭 과정에 쉽게 통합된다.

4.2.2 의미의 개념

전통적 객관주의 이론은 현실세계에 존재하는 실재에 대한 인식 및 이해에 관한 근원적인 가정을 가지고 있다. 그렇게 우리는 세계를 인식하면서 이미지를 창조한다. 여기서 세계는 외적 실재external reality의 내적 진술internal representations에 초점을 둔 개념을 통해 이해된다. 이런 전통적 인식은 실재가 자신의 구체적인 환경과 상호작용하는 개인적 틀에서 구성되는 것으로 정의된다.

현상학적 관점에서 후설Husserl(1950)은 의미보다 우선하는 기능으로 볼 수 있는 구성작용constitution을 말한다. 구성작용은 환경과 관련하여 지향성에 초점을 둔 선험적 상호주관성transcendental intersubjectivity의 일부인데, 이는 개개인에게 언어를 통해 문화에 포함되는 사전 제작된 의미 집합을 제공한다. 세계에서 우리는 문화를 통해 받은 의미를 선험적 상호주관성의 일부로 통합한다. 의미는 다양한 사회적 맥락에서 개인이 형성하는 경험, 인식, (암묵적) 지식에 따라 형성된다. 이런 과정은 구성작용적이다. 개인은 특정한 사회문화적 맥락에서 행동함으로써 의미를 발전시킨다. 이것이 바로 '외적' 세계가 개인의 상황 성찰과 해석을 통해 현실이 되는 방식이다. 현상학적 관점에서 볼 때, 의미는 경험과 경험에 대한 인식 사이의 상호작용에서 형성된다(Gendlin, 1997). 의미는 종종 구두 및 은유 형태로 표현되지만, 그림, 신체 표현, 춤, 텍스트 등 다양한 방식으로 표현될 수 있다. 코치는 지각적이고 경험적인 의미를 강조하고 공간을 창조함으로써 자신이 한 인간으로서 그리고 코치이가 사는 문화 및 사회적 맥락을 더 실존적으로 이해할 수 있도록 지원한다. 여기서 코치의 이해는 주로 신체 감각적 기초 이해이다.

사회구성주의에서 의미는 특정 사회적 틀이나 실천 공동체 안에서 참여자들 사이(실무 집단, 학습, 부서나 스포츠 팀)에서 논의된다. 거겐(1997)은 다음과 같이 말한다.

사회적 의미의 문제에 접근하는 또 다른 방법이 있다. 개인을 출발점으로 삼는 것에서 벗어나면 다양한 가능성이 열린다. 개인의 주관성individual subjectivity으로 시작하여 언어를 통한 인간 이해를 추구하는 방향으로 연구하기 보다는 언어와 관계 모두를 발생시키는 인간관계의 차원에서 분석을 시작할 수 있다(p.263).

이상적으로, 사회적 맥락에서 참여자들은 자신의 입장[2]과 태도가 단지 세계에 대한 많은 가능한 인식 가운데 하나를 정의한다는 것을 깨닫는다. 따라서 다른 사람들이 세상을 다르게 보는지 또는 그들이 특정 과제나 도전을 인식하는 방식을 탐구하는 개방적이고 편견 없는 관심은 훌륭한 대화와 사회적 협의 상황을 위한 매우 유용한 토대이다. 다른 사람의 관점을 만나는 것은 대화 상대를 개인적으로나 전문적으로 성장시킬 수 있다. 그것은 사회 집단이나 조직의 모든 구성원들에게 세계에 대한 인식에서 성장하고 성숙할 수 있는 기회를 제공할 수 있으며, 이상적으로는 더 나은 이해, 합의의 형태, 차이 인식으로 이어질 수 있다.

실천 공동체(작업팀, 스포츠팀, 동료그룹)에서는 모든 참여자가 의미 형성 과정에 참여한다. 여기서 대화나 사회적 협의는 개인적 이야기나 내러티브를 통해 전개된다. 내러티브는 특정 사건, 구체적 맥락, 그 사람이나 그 사람이 관련되어 있는 행동과 종종 다른 사람들(친구, 동료, 팀 동료 등)과 관련된 행동들과 연결되어 있다. 이야기는 행동과 의미와 관련하여 일관된 내러티브를 창출하는 특정 '플롯'을 중심으로 구성된다. 또한 그 플롯은 내러티브에 기본적 방향을 제시한다(Polkinghorne, 1988).

플롯은 특정 의미를 나타내며, 이는 다양한 행위자의 경험과 행동을 서로 관련지어 설명하고 사건을 특정 방식으로 구조화함으로써 만들어진다. 또한 특정 강점 질문에 의해 이끌어낼 수 있는 힘을 주고 행복감을 준다.

2. 이런 맥락에서 역할과 동일하지 않게 그 입장을 유지하는 것이 중요하다. 입장position은 매우 역동적인 개념인 반면, 역할 개념은 자신의 역할을 창출할 수 있는 역할 보유자role-bearer의 가능성에도 불구하고 좀 더 안정stabilizing되고 제한적restrictive이다(Mead, 1934, 역할수행role-taking과 역할형성role-making의 차이에 관하여)

뿐만 아니라 실천 공동체에서 좋은 협력에 관한 내러티브를 창출하는 데 도움이 될 수 있다. 예를 들면, 한편으로 팀에 행복감을 주는 내러티브는 최근의 좌절에도 불구하고 좋은 상호작용 경험과 각자 회사를 즐기는 경험을 중심으로 형성될 수 있다.

다른 한편으로, 신화myths(내러티브 형식이기도 함[3])는 집단의 특정 구성원 주위 또는 외부 관계 또는 특별한 사건과 관련하여 만들어진다. 예를 들어, 특정 상황에서 개인 선수의 실수가 팀이 시합에서 진 이유로 간주될 때 스포츠팀에서 신화가 발생할 수 있다. 이런 방식으로 내러티브는 관련 당사자의 사회적 담론을 통해 나타나는 실재의 한 형태를 창출할 수 있다. 또한, 대화에 자유롭게 참여할 수 있는 사람들의 가능성에 영향을 줄 수 있는 특정 상황과 권력 구조 및 제한 사항에 대해서도 알고 있어야 한다(Foucault, 1972). 일부 조직과 사회적 맥락에서 강력한 행위자의 지배로 인해 동등한 조건으로 협의하는 것은 불가능할 수 있다. 코칭은 일방적으로 상호협력적이고 민주적인 관계에 기반한다(Grant & Stober, 2006). 이 기본 조건을 염두에 두고 대화가 자신의 입장을 협의하거나 반영하려 하지 않는 지배적인 사람dominating party에 의해 통제된다면, 의미 있는 대화를 갖는 것은 불가능할 수 있다.[4]

필자는 내러티브 상호협력 코칭의 근본적 인식론적 기초를 명확히 한 뒤 심층 성찰 과정이 지침 요소인 실천 모델을 제시할 것이다.

3. 3.4.1.6 참조.
4. 3.1에 있는 특별한 대화 형식으로서 코칭을 참조하라.

4.3. 코칭에서 내러티브 상호협력 실천

내러티브 상호협력 실천으로서 코칭은 경험적, 사회구성주의 상호협력적, 권학적, 철학적, 존재론적 접근 방식에서 코칭에 이르기까지 여러 요소들을 결합한 3세대 접근 방식으로 이해되어야 한다. 그 포부는 체계적 사회구성주의 코칭 형식이 특히 지배적인 2세대 코칭을 개발하는 것이다. 3세대 코칭에서 코치의 중립을 유지하려는 포부는 억제되고, 상호협력적이고 공동 창조적 대화에 초점을 맞춘다. 코치와 코치이(또는 코치이 집단)는 대화 상대이며 시간이 지남에 따라 다양한 대칭성을 특징으로 하는 관계 속에서 성찰적 동료들과 상호관계를 맺고 있다.

코칭 대화에서 코치와 코치이는 일상의 평범한 도전을 넘어서는 성찰적 공간으로 들어가면서 가치와 의미형성, 동기부여/열정 및 삶에 중요한 것들에 대해 종종 이야기한다. 따라서 존재론적이고 실존적[5] 질문이 대화에서 나온다. 코치와 코치이는 '삶의 중요한 질문the big questions in life'과 관련하여 철학자가 된다. 여기서 질문은 자신의 정체성과 자기개념 그리고 구체적인 삶과 일 맥락에서 생각과 기능에 강한 영향을 미치는 질문이다. 이런 대화 형식은 코치와 코치이 사이의 전통적 비대칭성을 감소시킨다. 두 사람 모두 좀 더 궁금해 하는 기본 입장을 취하여 인간의 주요 이슈를 탐구하고 실존에 대한 새로운 관점을 찾는다. 이런 사고방식은 궁극적으로 일, 경력, 가족생활과 관련하여 구체적이고 실제적인 도전이나 질문에 대한 구체적인 대답을 제시한다. 자신의 기본 가치와 핵심 목표를 성찰하고 발견하면 일, 경력, 삶의 방향을 쉽게 제시할 수 있다.

5. 코칭에 대한 존재론적 접근은 특히 인간의 본성을 탐구하는 데 관심이 있다(Sieler, 2010). 실존적 코칭의 대표주자는 스피넬리Spinelli이다(2010). 여기서 주요 초점은 사람의 삶의 세계와 일반적인 입장, 신념, 가치 등에서 볼 수 있는 특별한 도전을 이해하고 다루는 데 코치이를 지원하는 것에 있다.

다음 세 가지 측면은 매우 성공적인 코칭 세션의 통합된 특징이다. 그것들은 코치가 코치이를 초대하는 성찰적 공간을 여는 역할을 한다. 이것들은 3세대 코칭의 구성 요소로 이해되어야 한다.

- 의미 형성을 위한 가능성 제공: 의미 형성은 코칭 대화의 주요 목표 가운데 하나이다. 의미는 우리가 특정한 가치를 경험, 행동, 다른 사람과 상호작용, 삶, 일에 부여하기 때문에 근본적이다. 그것은 우리 자신과 우리가 살고 있는 세계에 대한 특정 이야기를 말함으로써 우리가 느끼고 생각하며 행동하는 방식을 이해할 때 의미가 된다. 의미는 '정보'와 거리가 멀다.[6] 의미 형성은 이전 경험과 미래에 대한 기대에 바탕으로 하고 있으며, 과거와 현재 경험은 물론 미래가 전체론적 방법으로 가져올 수 있는 것에 대한 생각을 통합한다. 의미는 감각, 성찰, 말, 행동의 상호작용을 통해 형성된다.

- 가치에 대해 말하기: 우리는 사회적 및 조직적 가치의 다양성 증가가 특징인 우리 사회에서 코치이들이 사적 및 직업 생활을 조직하는 데 도움이 될 수 있는 지침 표지로서 가치를 성찰하도록 권장해야 한다. 가치는 반드시 영원하고 보편적인 것은 아니지만, 지역 공동체의 실천과 사건에 뿌리를 두고 있는 경우가 많다. 물론 자유, 사랑, 정의는 영원한 가치로 묘사될 수 있지만, 우리의 일상생활에는 다른 사람들과 상호작용 및 협력하는 매우 맥락화된 부가 가치가 있을 것이다. 궁극적인 목표는 특정 목표와 관련하여 방향 감각을 제공할 수 있는 인간의 노력과 행동의 근본적인 조건과 자질로서 핵심 가치를 반영하여 리더십, 의사소통, 협력을 촉진하고 향상시키는 것이다.

- 내러티브를 전개할 수 있는 공간 제공: 다른 사람들과 이야기를 나누고 코치와 코치이 사이의 관계에서든 집단 맥락에서든 내러티브와

6. 베이트슨에 관한 3.4.1.1을 참조하라.

이야기를 개발하고 교환하는 것은 사회적 의미 형성의 과정에서 중요한 활동이다. 문화적 맥락에서 개인의 앵커링anchoring은 항상 특정 가치와 의미에 기초한다. 내러티브는 사건을 구조화하고 그것들을 연대표에 함께 묶는 역할을 한다. 줄거리는 일관된 내러티브(의미 형성의 원천)를 만들어 결과적으로 삶을 의미 있게 만든다. 내러티브는 일관된 줄거리를 구축하고 사건, 행동, 다른 사람 및 자신을 합리적이고 의미있는 것으로 보고 인식할 수 있는 능력을 형성한다. 내러티브에서 플롯은 내적 구조와 극작을 발전시키는 기초를 제공한다. 이야기를 말하고 듣는 것은 우리의 삶을 의미하는 것으로 인식하고 해석할 수 있게 한다.

다음에서는 위에서 언급한 측면을 통합한 개입 이론을 제시한다. 여기에 제시된 체계적 접근은 집단은 물론 개개인을 위한 내러티브 상호협력 코칭 실천의 기초를 형성한다. 필자는 개인 코칭에 대한 설명에 기반을 두지만, 또한 개입 이론이 집단 코칭에 동일하고, 어쩌면 더 관련이 있다는 점을 지적한다. 모든 코칭 대화의 목표는 개인적 경험과 상호협력을 기반으로 의미를 만들어 내는 것인데, 이를 여기서 자세히 설명할 것이다.

4.3.1 개인적 경험과 상호협력 사이의 코칭

위에서 언급한 인식론적 기초의 결과이자 내러티브 상호협력 실천으로서 코칭은 의미 형성이라는 두 가지 핵심적 측면에 기초할 것이다.

1. 의미는 현재의 경험과 다양한 삶의 맥락에서 개인이 습득하는 암묵적 지식을 통해 만들어진다. 경험적 의미 형성의 개념은 경험적 감각 미학적 학습experiential and sensory-aesthetic learning 이론과 관련될 수 있다(2.3.1에서 설명).

2. 의미는 그 사람의 삶의 실천을 묘사하는 사회적 협의와 내러티브를 통해 상호협력 과정에서 형성된다. 의미는 코치와 코치이 사이의 상호작용에서 만들어지며, 사회적 및 상호협력 실천을 통한 학습으로 간주될 수 있다(2.3.2에서 설명).

이 두 가지 차원은 코칭 과정 전반에 걸쳐 복잡성을 이해하고, 대화 자체에서 통합되고 융합되는 것으로 보아야 한다. 이런 설명을 위해 코칭 대화의 복잡성에 대한 명확한 개요를 제공하기 위해 두 가지 분석적인 이유를 개별적으로 다루었다.

4.3.1.1 개인 및 감각 경험을 통한 의미 형성

코칭 개입의 핵심 차원 중 하나는 코치이의 개인 경험과 개인적 의미 형성이다. 여기서 현상학적 관점이 실제로 전개된다. 코치와 함께 코치이는 자신의 주관적 현실이나 자신이 살고 있는 문화 및 맥락에 대한 주관적 인식과 경험을 이해하려고 노력한다. 그 초점은 암묵적이고 특정 상황, 행동이나 사람에 대한 감각 신체적 차원이다. 그것은 이전에 기억하는 것(특히 행복감을 주는 순간)과 자신이 옳고 중요하게 생각하는 것에서 본질적이고 실존적으로 의미 있는 경험과 가치를 조명하는 관점이다. 코치는 이야기의 흐름에 담겨있는 실천, 습관, 일상에 대한 연결고리를 가져오려고 노력한다. 실천 그 자체에 몰입immersion, 즉 감각적 재현은 코치이에게 새로운 인식의 원천이 될 것이다.

여기서 새로운 인식은 한 사람이 진정으로 그것에 관해 생각하지 않고 '그저just does'하는 것이지만 우리가 말로 표현하려고 노력하는 근본적인 의미를 지니고 있다.[7] 대화에서 코치는 코치이에게 매우 특정한 상황이나 사

7. 메를로 퐁티(1993)는 언술speech과 언어language가 경험 자체와 긴밀하게 연결되어 있는 것이 중요하다. 그는 다음과 같이 말한다. "의미는 언술의 총체적 움직임total movement이기 때문에 우리의 생각은 언어를 따라 꿈틀거린다(s.43)."

건의 감각적 경험을 개발할 수 있는 기회를 제공하는 과정을 시작한다. 오직 말words로 표현될 때만 그 경험이 사건으로 형성되어 그 사람에게 의미가 부여된다. 현상학적으로 영감을 얻는 문학에서 주어진 상황에 대한 체감은 언어를 통해 경험에 접근할 수 있는 방법으로 묘사된다(Gendlin, 1978, 1996, 1997; Stelter, 2010a). 그 방법은 포커싱focusing이라고 한다(www.focusing.org 참조).

특정 신체적 및 상황적 특수 인식에 대한 상세한 탐구와 언어적 기술verbal description은 코치이의 생각, 정서, 행동 패턴에 대해 좀 더 심오한 통찰을 제공한다. 젠들린Gendlin(1978)은 체감을 특정 상황, 사건이나 사람과 관련하여 내면 기운이나 신체 감각의 형태로 정의한다. 그러나 체감은 전성찰적이고, 전의식적이며 비언어적이다. 코치의 민감한 질문은 코치이들이 이런 암묵적 차원, 감각 신체적 차원, 전성찰적 차원과 접촉할 수 있게 도와준다. 이런 지각적 및 경험적 검사의 형태는 도전 과제이다. 왜냐하면 본질적으로 암묵적이고, 감각 신체적 및 전성찰적인 말words에 어떤 것을 넣기가 어렵기 때문이다.

스티븐스Stevens(2000)에 따르면, 방법의 유용성은 사람들이 자신의 경험을 설명하는 데 있어서 얼마나 분명하고 표현이 뛰어난가에 달려 있다. 스티븐스는 사용되는 말이 종종 화자와 청자 모두를 위한 의미 단위의 모호한 연결망과 관련이 있다는 점에서 더 큰 도전을 보았다. 이는 화자와 청자가 함께 의미의 세계를 만들어야 함을 의미한다. 이런 점과 관련하여 필자는 감각 차원이 중요한 역할을 하는 대화 상대 간의 강렬한 상호작용을 창출하고 유지하는 관계적 조율을 위해 노력하는 대화 형식인 함께 생각하기 개념(Shotter, 2006)을 다시 참고한다(3.4.1.7 상호협력 이론 및 실제 참조).

감각 미학적 경험에 어떻게 연결하는가?

코치의 감각 미학적 성찰 과정과 질문을 이해하고 적용하면 코치이가 자신의 주관적 실재의 다른 차원과 특정 상황, 행동, 사람과 관련된 의미에 접근할 수 있다(2.3.1 참조). 감각 미학적 경험은 일인칭 관점에서 신체-감각적 관여에 기반한 특별한 인지 과정에서 나타난다(3.5.2 경험 중심 접근과 정서 중심 접근 참조). 다음에서는 코칭 대화에서 감각 미학적 학습 과정을 묘사하는 몇 가지 기본 원칙과 방법을 제시한다.

■ 현재 순간

감각 미학적 경험을 가능하게 하는 첫 번째 기본 원칙은 상황의 지금 여기에 대한 개인의 태도이다. 현재 순간에서 초점은 상황과 관련된 즉각적인 경험에 있다. 스턴Stern(2004)은 이 순간을 "사람이 알고 있는 주관적 및 심리적 과정 단위a subjective, psychological process unit of which one is aware"라고 묘사한다(p.25). 스턴은 현재 순간을 더 구체적으로 정의하는 몇 가지 특성을 강조하며, 하나의 핵심 측면으로 "현재 순간은 경험에 대한 구두적 이야기verbal account가 아니다"라고 언급한다(p.32). 현재 순간은 구체적인 실천 상황에서 경험된다. 예를 들어, 나는 내가 무엇을 하고 있는지 알고 있고, 그것들은 행동의 흐름 속에서 발전한다. 고대 그리스인은 '적절한 순간the opportune moment' 또는 일이 일어나는 순간을 의미하는 카이로스kairos라는 용어로 이 관점을 묘사했다. 카이로스는 행동과 관련이 있다. 이 행동은 나타나지만, 말로 표현할 수 없는 행동이다. 카이로스는 방법을 아는 것과 관련이 있다. 아리스토텔레스Aristotle과 존 듀이John Dewey를 참고하여 데프라즈Depraz 등(2003)은 장인artisans이나 박사doctors가 실제로 뿌리를 둔 방법을 다음과 같이 설명한다.

> 이들 각각의 노하우는 상황에 따라 특정 상황의 우연성에 대한 매우 능숙하고 신중한 관리, 어떤 특정한 포착 기술, 프로젝트 측면에서 가능한 모든 사전 결정과 무관한 적절한 순간(카이로스)에 속한다. 이런 구조에 어떤 재료를 사용하며, 어떻게 환자의 요구에 부응하는가? 분명히, 행동의 진실성은 여기서 유용성과 효능성에 의해 측정되는데, 이것은 순수하고 단순하게

그 장점과 미덕을 합쳐 놓은 것이다. … 오직 실천praxis은 그 자신 목적을 스스로 포함하는 내재적 활동에 해당한다(p.160).

실천은 고유한 '논리logic'을 포함하고, 이 논리는 현재 순간에 형성되며 카이로스도 포함한다. 이 순간의 질은 행동 자체의 흐름에 대한 개인의 의식 방향과 그 행동을 정의하는 데 관련하는 환경, 업무, 사람에 연결된 요소에 달려 있다. 개인이 상황에 대해 가지고 있는 경계와 감각적 알아차림은 사람이 새로운 관점에 도달할 수 있도록 준비시키는 방향을 제시한다. 이런 내적 준비상태는 스턴(2004)이 심리치료와 일상생활에서 현재 순간에 대한 자신의 개념으로 노력하고 있다는 심리적 이해를 위한 중요한 요소이기도 하다.

■ 에포케

지금 여기의 상황에 대한 이런 인식과 경계는 에포케epoché에서 유래한다. 이 단어는 개인이 상황이나 자기 스스로의 모든 평가와 판단을 피하고 중단하는 기본적 입장을 묘사하는 것이다. 현상학의 창시자 에드문드 후설(1931)은 에포케가 의식을 강화하고 자기 자신의 개인적 현실에 접근할 수 있는 방식이라고 기술한다. 에포케에서 매우 필수적인 판단중지 입장은 고객과 코치의 관계에서 기본적인 입장이다. 데프라즈Depraz와 바렐라Varela(2000)는 자신의 경험과 사람의 특수한 관계라고 할 수 있는 에포케를 묘사하는 세 단계를 제시한다.

(A) 습관적 사고와 판단의 중지 단계: 이 단계는 주체subject가 자신의 경험에 주는 주의 변화의 가능성에 대한 기본적인 전제조건이며, '자연적natural' 또는 검증되지 않은 태도non-examined attitude에서 단절을 나타낸다.

(B) '외부exterior'에서 '내부interior'로 주의를 전환 또는 하는 변경하는 단계.

(C) 경험을 내려놓기letting-go 또는 수용receptivity의 단계(p.123).

데프라즈와 바렐라는 (B)와 (C)가 항상 (A)의 결과로 나타나는 동시에 (A)도 새로 시작하기 때문에 이 세 단계를 서로 연결된 것으로 본다. 따라서 이 과정의 시작이나 끝을 말하는 것은 불가능하다.

에포케는 실제 행동과 관련한 알아차림과 판단을 변화시키는 데, 이는 현재 상황에서 비롯된 변화이다. 이런 의미에서 에포케는 개개인이 지금 여기 상황에서 살고 경험하는 명상적 상태meditative state로 간주될 수 있다. 이는 마음챙김mindfulness과 많이 유사하다.

■ 마음챙김

마음챙김은 신중하고 비판단적이며 목적 의식이 있는 알아차림purposeful awareness의 특정 형태를 유지하는 것이 포함된 특정 의도 방향으로 정의될 수 있다. 그 초점은 개방성, 호기심, 받아들이는 태도를 가지고 한 순간부터 다음 순간까지 마음챙김적 인식과 경계를 발전시키는 데 있다(Germer, 2005; Kabat-Zinn, 1994). 거머Germer는 '마음챙김 순간mindful moments'의 내용과 마음챙김의 기초를 다음과 같이 설명한다. "마음챙김은 비개념적non-conceptual이며 생각이나 상상을 수반하지 않는다. 마음챙김은 현재의 경험이며, 현재 순간에 발생한다(Germer, 2005)." 이처럼 마음챙김은 비판단적이다. 어떤 일이 일어나고 있는지 판단하고 그것이 의미하는 바를 성찰하기 시작하면 정서적 프레즌스emotional presence는 불가능하다. 마음챙김은 지향적이며 항상 구체적인 어떤 것에 대한 즉각적 알아차림immediate awareness과 그에 대한 방향에 기초한다(예, 호흡 또는 특정 내부 이미지). 일단 생각이 침입하기 시작하고 즉각적 인식에서 벗어나기 시작하면, 항상 마음챙김 경험에서 연속성을 창출하는 현재의 순간에 의도적으로 지향된 경계로 돌아간다.

마음챙김은 비언어적이다. 따라서 경험은 언어에 즉시 접근할 수 없다. 예를 들어, 포커싱을 기반으로 하는 특정 조사 기술을 사용하면 경험을 언어로 전환시키는 데 도움이 될 수 있다. 다만, 이 과정에서 무언가가 손실된다는 점을 명심해야 한다. 마음챙김은 탐구하는 것이다. 사람은 자신의 감각과 경험에서 더 깊은 수준을 탐구하려고 시도한다. 이것은 경계심, 정서적 프레즌스, 인식 및 경험에서 비롯되는 모든 것보다 다른 목적이 없는 과정에서 개방성과 호기심을 요구한다. 마음챙김은 걱정, 고통, 통증, 불안, 비탄과 같은 압도적이거나 정서적으로 곤란한 양상과 관련하여 '호흡 공간breathing space'을 개발하는 데 도움을 줄 수 있다는 의미에서 해방감을 줄 수 있다.

오늘날 마음챙김은 종종 우울증과 스트레스를 목표로 하는 훈련 방식인 인지 행동 접근과 관련이 있다(Segal, Williams, & Teasdale, 2002). 그러나 마음챙김은 현상학적 경험 전통과 관련될 수 있다. 패스모어Passmore와 마리아네티Marianetti(2007)는 코칭에서 대화의 템포를 낮추는 방법으로 마음챙김을 사용한다. 스펜스Spence(2008)는 행동 변화 달성을 목표로 하는 훈련 방법으로 마음챙김을 사용한다. 필자는 코칭에서 코치이의 인식 초점을 개선시키기 위해 성찰 과정을 준비하고 대화를 강화시키는 마음챙김을 사용한다. 여기서 코치이의 관점은 비판단적이고 현재 순간 중심 단계에 배치된다. 시겔(2007)은 자기 자신과 다른 사람들과 관련하여 더 높은 수준의 공감 및 조화를 이룰 수 있는 수단으로 마음챙김을 말한다.

■ 기술적 탐구

코치이가 에포케와 마음챙김의 상태에 접근할 때, 코치의 기술적 탐구descriptive inquiry는 성찰 과정에 특히 유익한 영향을 미친다. 코치이는 특정 상황과 관련하여 자신의 감각을 "순수하게pure" 묘사하는 데 도움을 준다. 여기서 초점은 생각과 정서의 심미 감각적 차원에 있다. 요점은 코치이가 설명이나 판단에 완전히 의존하지 않음으로써 구체적이고 기술적 수준을 머물러야 한다는 것이다. 젠들린Gendlin(1978)은 초점을 맞추는 방법을 통해 핸들handle이나 키워드, 코치이가 진행 중인 탐구 과정에서 공감할 수 있는 개념이나 표제를 통해 체감을 포착하려고 한다. 즉, 핸들은 코치이가 언어를 통해 포착하고자 하는 감각을 적절히 기술하고 있는지 여부를 반영한다. 기술적 탐구는 코치이에게 개인 경험에 대해 탐구적이고, 구체화되며, 감각적 지각에 참여하도록 요청한다.

■ 수평화

이 방법은 젠들린의 초점을 보완하는 것으로 볼 수 있으며, 스피넬리Spinelli에게 직접적으로 영감을 주기도 했다. 스피넬리(2010)는 "고객의 경험적 진술에 중대성이나 중요한 근거가 없는 계층 구조를 두지 않고, 대신에 처음에 동등한 가치를 지닌 것으로 각 진술을 간주하는(p.102)" 수평화horizontalization를 제안한다. 이 현상학적 방법은 코치가 양측에 모두 새로운 것으로 보이는 모든 것을 기술적이고 탐구적이며 경험적인 수준에서 코치이가 유지하는 데 도움을 준다(Ihde, 1977).

■ 지향적 관점

한 개인이 자신의 세계와 의도적이고 근본적인 구체화된 관계는 그 상황에 대한 개인의 감각 미학적 개입을 이해하는 데 중요한 초석이다. 메를로 퐁티는 지각과 행동을 통해 특정 환경 상황에 관련된 몸, 즉 '지각 기관perceiving organ'으로서 몸에 대한 이해를 정립했다(Merleau-Ponty, 2012). 의도적 방향과 지각/감각의 기초에 대한 그의 개념은 상황에서 즉시 이용할 수 있고 주어진 무언가로서 전반성적 지식pre-reflective knowledge을 이해하는 데 중요하다. 마음은 그것의 환경에 '도달reaches out'하므로 항상 그것과 관련이 있다. 이런 의미에서 인간은 항상 작용하는 지향성을 통해 그들의 환경과

---

8. 여기에 제시된 지향성 개념은 생태 심리학에 의해 보완된다(Gibson, 1966, 1979). 깁슨Gibson은 표준 사전에서는 찾을 수 없지만 특정 감각 경험의 환경에서 제공하는 것으로 정의될 수 있는 개념인 행동 유도성affordance에 관해 말한다. 특정 환경적 무리들은 사람과 환경 사이의 상호작용이 개인이 환경적인 도전을 적절하게 관리할 수 있게 하는 특정 행동을 제안한다. 깁슨(1979, p.238)은 제시된 현상학적 개념인 지향성과는 달리 환경이 담고 있는 '정보information' 자체를 강조하고 있으며, 이는 행동 유도성의 형태로 나타난다. 현상학과 생태심리학이 완전히 양립할 수 없음에도, 사람과 환경 사이의 상호작용에 대한 이해를 통해 서로를 보완한다. 코치는 코치이와 대화하면서 코치이가 알아차리지 못하고 특정 환경적 맥락이 초대하는 특정 가능성으로 코치이의 관심을 돌릴 수 있다.

관계를 맺고 있다(Freemann, 1994 참조).[8]

■ 의미 형성 과정

감각 미학적 학습은 의미를 만드는 과정이다. 전통 지각 이론은 객관적으로 실존하는 '실재'로서의 세계 개념에 기초한다. 전통 지각 이론은 지각 과정에서 내면을 드러내는 것이 외부 세계를 묘사하는 하나의 형태로 나타난다. 새로운 이론적 접근은 전통 지각 이론과는 다른 관점을 취한다. 새로운 이론적 접근에서 실재는 개인의 구체적인 환경과의 대화를 기반으로 구성된다. 이런 과정에서 의미는 실제 행동 맥락에서 만들어진다. 따라서 세계는 사전 결정된 형태pre-determined form, 사전 설정된 내용pre-established content 또는 안정된 현실stable reality을 가지고 있지 않지만, 오직 맥락에서 지각과 행동 사이의 상호작용에서만 형성된다.

일반적으로 의미 형성 과정은 역동적이고 상황적이며 대화적인 개념으로 설명될 수 있다. 브루너Bruner(1990a)가 말했듯이, 의미는 항상 맥락적으로 이해해야 하며 '상황 행동situated action'에 따라 구성된다. 의미 형성 과정은 과거(이전 경험), 현재(현재 경험), 미래(기대 및 예상 결과)를 통합한다. 의미는 경험과 상징으로 기능하는 것 사이의 상호작용에서 더 발전한다(Gendlin, 1997, p.8). 이런 상징화는 구두 형태 또는 다른 표현 형태(춤, 드라마, 시각 예술, 글쓰기, 생각 등)를 통해 발생할 수 있다. 여기서 미학적 과정은 사람이 다른 사람들로 하여금 사회적 맥락(예를 들어, 코치-코치이 관계 또는 실천 공동체)에서 타인의 관점과의 대화를 야기하는 자신의 개인적 의미 형성 과정과 관련 지을 수 있도록 그것의 상징적 표현을 발견한다.

■ 부재하지만 암시적인

내러티브 관점에서 화이트White(2007)는 사람(이 경우에서는 코치이)이 잊어버렸지만 삶에서 의미 형성을 위한 특별한 중요성을 지니고 있는 이전 사건, 상황 및 사람들의 중요성을 강조하기 위해 부재하지만 암시적인 것the Absent But implicit을 재발견하거나 재구성re-membering하는 것을 말한다. 여기서 핵심은 잊혀진 경험 및 사고incidents와 관련이 있다는 것이고 그것들을 기존의 이야기와 연결시키는 것인데, 이는 과거의 향상시키는 요소와 가치 있는 요소를 내러티브로 통합하기 위함이다. 여기에는 업무에 대한 접근에 특별한 영향을 미친 교사나 이전 수퍼바이저가 포함될 수 있다. 이런 교사나 수퍼바이저의 중요성을 재구성re-membering하는 것은 코치이에게 자신의 이야기를 다시 말하고 풍부하게 하며 자신의 문화적 배경, 특정 삶의 가치 또는 포부를 더 잘 알 수 있는 기회를 갖게 한다. 그것은 코치이에게 이야기의 플롯을 바꾸고 사건을 새로운 방식으로 묶을 기회를 제공한다. 따라서 재구성은 자신의 행동과 관련하여 더 큰 전체 및 의미를 구축하는 데 도움이 된다. 과거의 잊혀진 사건에 대한 연결고리를 만드는 것은 코치이의 의미 형성 및 희망을 주는 내러티브 과정의 공동 창조자로서 코치에게 중요한 역할을 한다.

■ 은유와 언어 심상

은유metaphor는 화자가 새로운 이미지, 내러티브 또는 감각적 기술sensory descriptions을 촉발시키기 위해 비유적인 의미의 단어를 사용하여 사물, 상황, 사람, 사건을 설명하는 것이다. 은유와 말의 모양을 사용하는 것은 체감, 지각, 체현된 경험을 단어로 표현하는 가장 좋은 방법이다. 레이코프Lakoff(1987)는 은유를 출발점이자 체현된 경험을 포착하는 원천으로 보고 있으며, 레이코프Lakoff와 존슨Johnson(1980)은 언어학 연구에서 어떻게 우리의 언어와 일상생활이 은유에 스며들어 있는지 설명한다. 콕스Cox와 디엘가드Theilgaard(1987)에 따르면, 치료사 또는 코치는 "처음으로 실존하기 직전의 상황을 감지하기 위해 직관적 '까치발tip-toe'"을 추구해야 한다(p.23). 이전에는 실존하지 않았던 것을 가져오기 위해 두 치료사는 대화 과정에서 은유를 적극적으로 사용하도록 제안한다. 코치는 은유를 통해 자신의 대화 상대를 경험적 세계로 초대한다. 이 경험적 세계에서는 서로의 세계를 탐구할 수 있는 최고의 기회를 가지며 관계적 조율을 경험할 수 있다

(3.4.1.7 참조).

대화 상대는 타인에게 일어나는 일에 대한 감각과 인상을 갖게 된다. 따라서 두 당사자는 은유를 사용하도록 권장된다. 코치가 생성한 은유는 코치이가 생성한 은유와 구별될 수 있다. 예를 들어, 코치가 생성한 은유는 코치이의 특정 문장에 대한 은유적 해석과 은유적 내러티브의 사용과 관련될 수 있다. 코치이가 생성한 은유는 특히 특정 경험 및 체감을 말로 표현하는 것을 목표로 삼고 있고, 이전 및 원래의 숨겨진 기억을 은유적 이미지와 내러티브로 재구성하는 수단으로 사용된다. 따라서 코칭 대화에서 은유를 사용하는 것은 특정 경험에서 감추어져 있는 개인적 의미를 표현하는 중요한 수단이다. 그러나 진행 중인 코칭 대화에서 은유는 코치와 코치이 사이의 상호협력 대화에 사용되어 코치이를 위한 새로운 통찰 및 행동 가능성을 궁극적으로 생성하는 것을 목표로 하는 변형 과정을 시작하게 한다. 또한 은유의 사용은 개인적 및 상호협력적 의미 과정이 어떻게 짜여 있는지 보여준다. 은유는 감각 미학적이고, 대화 상대를 연결하는 역할은 한다. 이는 상호 의미 형성 및 이해의 공유 매체가 되기 때문이다.

아래에 제시된 '상사와 춤추기Tangoing with the boss' 사례에서는 코치이가 제시한 하나의 은유가 어떻게 변화 과정을 시작하는 데 도움을 주었는지 설명한다(5.1.1 참조).

4.3.1.2 공동 창조적이고 상호협력적 실천을 통한 의미 형성

내러티브 상호협력 코칭의 두 번째 필수적이고 중요한 차원은 코치와 코치이 사이의 공동 창조 및 상호협력 과정에서 의미 형성 방식이다(Paré & Larner, 2004). 코치이는 자신의 현실을 자신의 직장, 가족, 여가 시간, 기타 삶의 맥락에서 코치이가 갖는 관계에 의해 구성되는 코칭 공간 외부 생활에서 창조된 자신의 현실을 확실하게 이해한다. 코치는 코치이들이 상호작용하는 행위자들 사이에 하나의 새로운 목소리를 제공할 수 있다. 코칭 대화는 독특하고 적극적으로 선택한 맥락이기 때문에 코치는 코치이가 새로운 지각적 충동을 추구하는 중요한 목소리가 될 수 있다. 코치의 임무는 코치이가 자기 자신과 자신의 사회적 현실을 어떻게 인식하는지 결정하는 문화적 뿌리와 사회적 관계를 성찰하도록 돕는 것이다. 다음에서는 코치가 공유된 의미 형성 과정에 참여할 수 있는 방법을 설명한다. 이 과정은 개인의 지각과 경험을 통합하고 코치이가 참여하는 현실, 관계, 문화, 맥락에 초점을 맞춘다.

코칭 대화 그 자체를 확대하면, 최소한 사회적 의미 형성에는 코치와 코치이 사이의 2인 1조 관계가 포함되지만, 코칭은 코치의 리더십 아래에 그룹이나 팀에서 성과를 거둘 수 있다. 내러티브 상호협력 실천으로서 코칭은 협력 기술에 의존한다. 관련된 모든 사람들(코치와 코치이/코치이 그룹)은 진정으로 새로운 것을 창조하는 대화가 될 수 있는 역량을 가지고 있다. 대화의 과정과 결과는 일반적인 용어로 계획되고 구조화될 수 있다. 다음의 개요에서는 실제로 개인과 집단을 위한 내러티브 상호협력 코칭에 대한 인상을 주기 위해 몇 가지 가정과 지침을 제시한다(Anderson, 2007a 참조).

■ 내러티브 상호협력 실천으로서 코칭을 위한 가정 및 지침:

- 코치와 코치이 모두 각각의 전문지식과 개념적 틀을 가진 대화 상대이다. 대화 참여자 모두는 주제에 대한 각각의 관점을 가지고 의미 형성 및 지식 생산을 공유하는 데 기여한다.

- 모든 참여자는 그들 자신의 발전과 상호 발전을 돕고 관점 및 위치를 재구성할 수 있는 기반을 마련하기 위해 개방적이고 유연하며 변화하기 위해 최선을 다한다.

- 참여자는 그들 자신과 타인에게 주의를 기울이고 자신의 발달 및 학습에 있어서 유익한 것으로 나타날 수 있는 차이에 주목하고 인식한다.

- 참여자는 대화에 대한 서로의 기여와 공동체에서 전개되는 지식을 높이 평가하며, 동시에 잠재적이고 지속적인 차이를 받아들이는 것도 중요하다.

- 관대한 경청은 흥미롭거나 궁금한 자세가 효과적이고 발전적으로 강렬한 대화를 만드는 데 도움이 되는 상호 탐구 과정에 필수적이다.

- 유연한 자세는 자신과 타인의 입장을 재구성하는 것을 더 쉽게 한다. 그것은 자신의 발전에 대해 열린 자세로 접근하고 타인을 통한 학습을 촉진하는 데 도움이 된다.

- 코치는 코치이가 제공한 의견이나 성찰을 재조정하여 때로는 자신의 조건에 따라 해석하거나 재구성한다. 또한 코치(그룹 코칭에서 다른 참여자들도)는 코치이의 성찰과 관련하여 연관성 있는 의견을 제시한다('당신이 그것을 말할 때, 그것은 나를 생각하게 만든다…').

- 코치는 코치이(들)가 앞으로 나아가고 관점의 변화를 수용하도록 초대하는 질문을 사용한다. 여기에서 체계적 코칭으로부터 나오는 다양한 종류의 순환 질문[9]은 매우 유용할 수 있다(3.4.1.2 "순환 질문과 선형 질문"을 참조).

- 코치와 코치이 모두 은유와 비유적 표현을 사용하는 것이 좋다. 은유는 감각적 성찰을 펼치는 것을 돕고, 특정 행동 및 관찰에 대한 이해를 넓히며 상호 이해를 증진시킨다.

---

9. 순환 질문은 코치이가 메타입장, 즉 코치이가 직면한 문제 옆에 서 있는 입장을 채택하도록 유도하는 질문이다. 이 입장은 코치이가 외부로부터 문제를 바라볼 수 있게 해준다. 정신적으로나 육체적으로 스스로 문제에 직면하면, 사람과 문제를 분리시킨다. 이런 분리를 통해 코치이와 문제 사이의 관계를 탐구할 수 있다. 순환 질문은 관계, 연결성, 희망, 꿈, 미래 비전을 탐구하는 데 도움이 된다(De Jong & Berg, 2002).

- 코치는 행동의 경관(행동의 지향성, 목적 및 목표에 초점)을 지속적인 정체성의 경관(자기 자신과 정체성에 대한 코치이의 이해의 기초를 이루는 개인적 가치, 신념, 포부, 꿈 및 희망에 초점)과 연결시키도록 장려되며 그 반대도 마찬가지다(3.4.1.6 "내러티브 접근의 주요 가정들" 참조).

- 코치는 코치이들에게 특별한 의미를 지닌 사람과 사건들과 함께 특정 가치 및 포부를 연관시켜야 한다. 이 과정에서 내러티브는 확장되고 풍부해지므로 변경된 플롯 및 줄거리를 사용하여 새로운 방향으로 발전할 수 있다. 이런 확장된 이해와 그것과 관련된 내러티브는 코치이의 정체성을 강화시키는 역할을 한다.

- 코치이 및 전개되는 줄거리와의 대화는 코치이가 적절한 속도로 자신의 이해를 발전시키고 확장하도록 돕기 위한 특정 비계scaffolding를 중심으로 구성된다.

- 코치와 코치이 모두 (내러티브) 문서를 만들 수 있다. 예를 들어, 코치는 코칭 대화에 대한 추가적 성찰을 제공하기 위해 세션이 끝난 뒤 이메일을 보낼 수 있다. 코치이는 그 자신과 다른 사람들을 위한 무언가를 쓰도록 권장된다(예: 시, 짧은 에세이, 구체적 성찰문 또는 특정 사건 및 사람 관련 새로운 해석 등).

- 외부 목격자Outsider witnessing: 여기에 코칭 그룹의 다른 사람들, 아마도 초대 손님들은 자신들의 성찰을 제공하고 코치이가 말한 것에 대한 자문관 역할을 한다. 목격자는 코치이의 이야기를 듣고, 내레이터의 포부(소원이나 꿈)와 정체성에 대한 생각을 나누며, 이야기가 삶, 직장, 관계 등과 관련하여 자신과 어떻게 관련되어 있는지 설명하는 데 자신의 생각을 성찰해야 한다.

필자는 코칭 과정에서 이런 일반적인 차원과 기본 원리가 내러티브 상호협력 측면의 기본이라고 생각한다. 여기서는 독자에게 3장에서 제시된 사회구성주의자들의 영감을 받은 이론들 및 실천 접근들과 코칭에서 내러티브 상호협력 과정에 대한 다양한 잠재적 기여를 상기시키길 원한다. 물론, 이런 접근은 모두 스스로 기능할 수 있으며, 한 가지 접근 방식에만 의존하는 코칭 개입이다(예: 해결 중심 코칭). 다양한 사회구성주의 접근을 포함하는 필자의 전반적인 목적은 특정 탐구 전략으로 대화를 풍성하게 하는 것이다. 이 모든 것은 해체론적 궤적deconstructionist trajectory[10]을 따르고 새로운 이해에 대한 공동 창조를 가능하게 하므로 코치이를 위한 새로운 내러티브를 촉진시킨다. 이런 내러티브는 특정 삶과 작업 맥락에서 실행 가능하고 코치이의 심리적 안녕을 향상시키는 방식으로 개발되어야 한다.

다음에서는 코치와 코치이 사이의 상호협력을 통해 의미에 초점을 맞춘 4가지 측면을 제시한다.

- 강점과 기회에 대한 인정 및 집중
- 가치, 포부, 희망, 꿈을 성찰하기
- 대화, 재저작, 대안적 이야기 외현화
- 목격(4.3.1.3 참조)

■ 강점과 기회에 대한 인정 및 집중

코치는 다음과 같은 기본 가정에서 코칭을 한다. 코치이는 코치가 진지하게 받아들여야 할 몇 가지 어려움 때문에 왔지만, 코칭 대화에서 코치는 주로 사기를 높이는 측면과 코치이가 성공한 경험이 있는 지점에 집중한다. 필자는 변화와 발달 과정을 시작하기 위해 이런 접근을 취한다. 구체적

---

10. 3장에서 필자는 내러티브 접근의 핵심 측면 가운데 하나인 해체 이론에 대해 언급했다. 이런 의미에서 필자의 언급은 어느 정도 절충적이지만, 대화 과정의 내러티브 상호협력적 질에 지속적으로 초점을 맞추어 엄격한 기준을 따르고 있다.

개입 실천은 내러티브 상호협력 과정에서 다양한 사회구성주의의 영감에 따른 접근을 결합할 수 있다(3장 다양한 접근에 대한 더 자세한 설명 참조).

해결 중심 관점에서, 코치이는 선호하는 미래 시나리오를 개관하도록 요청받을 수 있으며, 따라서 코치이가 실제로 소유하고 있고 이전의 경우에 근거로 제시한 특정 자원에 초점을 맞출 수 있다. 특히, 코치와 코치이는 코치이가 선호하는 미래 시나리오를 실현하기 위한 기회를 찾기 시작할 수 있는 새로운 내러티브의 길을 열어주는 이해를 향해 노력할 것이다 (Berg & Szabó, 2005; Cavanagh & Grant, 2010; Espedal, Svendsen, & Andersen, 2006 참조).

예를 들어, 코치는 강점 관점에서 코치이가 강조하는 일과 삶의 맥락에서 다음과 같은 세 가지 필수적인 측면을 보게 될 것이다. 그 세 가지 측면은 무엇이 최고인지 인정하고 평가하기, 무엇이 될지 상상하기, 무엇이 되어야 하는지에 대한 대화에 참여하기다. 내러티브 상호협력 관점에서 이 세 가지 요소는 특정 주제에 대해 좀 더 희망적인 내러티브를 위한 기초를 제공하는 세 가지 플롯을 형성하는 것으로 간주된다.

하나의 예를 들어보자. 한 여성 코치이는 최근 인원 감축 및 작업량 증가와 관련하여 심각한 좌절감을 경험하는 직장 상황에 처해있다. 첫 번째 단계로, 코치는 코치이가 지각한 상황에 대해 말할 수 있는 공간을 제공해야 한다. 이 첫 번째 이야기를 위한 공간을 제공하는 것은 여러 가지 이유로 중요하다. 먼저, 코치이는 '마음의 짐을 내려놓고' 모든 이야기를 할 수 있어야 한다. 둘째, 코치의 개방적 관심은 코치이가 코치와 관계에서 수용 및 신뢰의 근본적 감각을 키울 수 있도록 도와준다. 셋째, 그것은 코치에게 코치이와의 지속적인 대화 및 발달 과정의 기초가 되는 이야기를 들을 수 있는 기회를 제공한다. 코치는 강점 관점을 통해 코치이의 직장에서 가장 좋은 것에 집중할 수 있다. 이상적으로, 코치이는 동료 관계에서 현재의 어려움을 좀 더 긍정적인 시각에서 볼 수 있을 만큼 충분한 긍정적인 자질이 있음을 발견하게 될 것이다. 예를 들어, 코치이는 동료들 사이에 창조적이며 혁신적인 방식으로 인원 감축을 다루는 것을 가능하게 하는 충분한 자원이 있음을 발견할 수 있다(Orem, Binkert, and Clancy 2007의 AI 코칭을 참조).

긍정심리학에서 비롯된 특정 관점은 코칭을 내러티브 상호협력 실천으로 특징짓는 근본적인 해체주의적 패턴에 쉽게 통합될 수 있다. 여기서는 특히 코치가 코치이의 낙관적인 설명optimistic explanation과 귀인 스타일attribution styles 개발에 제공하는 지원에 대해 생각하고 있는데, 이는 아마도 심리적 탄력성 개발에 필수적인 것으로 간주될 수 있다. 이 귀인 스타일은 코치이가 환경과의 상호작용의 문제가 있는 측면을 보는 대신 자신의 강점을 바라보기로 선택하면 코칭 대화에서 더 큰 역할을 할 수 있다. '이 어려운 상황을 잘 대처하는 데 있어 당신이 지니고 있는 탁월한 세 가지를 언급할 수 있나요?' 또는 '당신이 상사라면, 팀에서 실시할 수 있는 첫 번째 긍정적인 시도는 무엇인가요?'와 같은 질문은 어려움에 대처하는 새로운 방법을 강화하는 방법을 제공하며, 문제 지향적 설명 패턴problem-oriented explanation patterns에 중점을 두는 것에 반대한다(Biswas-Diener, 2010의 긍정심리학 코칭을 참조).

■ 가치, 포부, 희망, 꿈을 성찰하기

내러티브 작업의 중요한 관점 중 하나는 코치이의 행동 관점을 코치이가 특정 방식으로 행동하게 하는 요소와 연결시키고 코치이의 가치 및 문화 기반 토대는 물론 이런 토대에 기반한 자신의 정체성 및 자기개념에 동기를 부여하는 것이다. 앞서 언급했듯이(3장 참조), 행위성agency은 내러티브 접근을 정의하는 핵심 기본 가정 중 하나다. 개인은 자신의 환경과 관련하여 다음과 같이 적극적인 입장을 취하는 것으로 간주된다: 코치이는 주도권을 쥐고 자신의 손으로 삶을 택하며 의도를 추구할 수 있는데, 이는 코치이가 자신의 사회적 및 물질적 환경과 능동적으로 상호작용하는 데서 비롯된다. 행동 및 그것의 의도는 항상 코치이에게 의미가 있으며, 코치이의 포부, 희망 또는 꿈의 원천인 가치 및 신념에 근본적으로 기반을 두고 있다.

종종 코치이는 자신의 행동에 필수적인 지침인 가치를 완전히 인식하지 못하고 있다. 그 가치들은 행동의 표면 아래에 잠복해 있다. 행동의 가치 기반에 관한 코치의 질문은 그 가치들을 깨우고 활성화시키며 성찰 및 발전의 과정을 시작하는 데 도움이 될 수 있다. 이것은 구체적인 과제의 목적과 목표가 코치이의 정체성 및 장기적 포부, 희망, 꿈에 성찰되고 고정됨에 따라 코치이를 매우 만족시키는 가치와 신념에 대한 신중한 정체성 관련 고리를 행동에 제공한다. 대화는 특정 가치와 신념이 코치이가 속해 있고 코치이에게 중요한 의미를 가져다주는 특정 인물, 상황, 문화적 맥락으로 거슬러 올라간다는 것을 보여준다. 미래의 행동과 관련된 관점에서 가치를 배치하는 것과 결합된 과거와의 연결은 내러티브 코칭에서 필수적인 작업 관점을 구성한다. 특정한 현대의 사건과 행위는 이전 삶의 맥락 및 사건뿐만 아니라 미래의 포부 및 가능한 행동과 함께 더 분명하게 연관되어 있다. 이것은 특정 주제에 관한 코치이의 이야기를 풍성하게 하며, 더 중요하고 가치 있게 만든다. 이런 확정된 삶의 관점은 코치이가 자기 자신과 자신의 행동을 이해하는 데 더 좋은 기반을 제공한다.

가치에 중점을 두고 행동에 미치는 영향(그리고 그 반대)은 코칭 대화에서 어떻게 시작될 수 있는가? 일대일 대화에서 코치는 성찰적 대화 상대(목격자witness)로 행동한다. 예를 들어, 코치가 코치이의 행동에서 볼 수 있는 가치 기반을 이해하면 된다. 코치는 특정 사건이 코치이에게 미치는 영향이나 결과에 중점을 둔다. 코치는 다음 진술을 할 수 있다.

> 저는 [사건 Y]가 당신과 생각하고 행동하는 방식에 매우 중요하다는 것을 알았어요. 그 점에 대해 좀 더 이야기해줄 수 있나요? 그리고 그것이 우리가 지금 이야기하고 있는 맥락에서 행동하는 방식에 어떤 영향을 미치나요?

후속 대화에서 목표는 구체적인 경험, 즉 이런 결과가 특정 경험 및 코치이와 관련된 다른 사건에 어떻게 반영되는지 검토하는 것에 연결하는 것이다. 진행 중인 대화에서 대화 상대는 가능한 일반적 가치와 코치이의 과거에 대한 뿌리를 조사하려고 한다. 이 과정에서 핵심은 이야기의 플롯을 두껍게 하고 내러티브에 새로운 차원을 추구하기 위해 내러티브를 향상시키는 방향으로 두껍게 하는 것이다. 코치는 코치이에게 제시된 가치를 과거의 특정 인물이나 맥락에 연결시키도록 요구한다.

> 당신은 과거의 누군가를 생각해볼 수 있나요? 아마도 가족 중 누군가, 전직 동료, 상사, 교사 등 누가 당신이 방금 말하고 있었던 가치를 표현하고, 누가 오늘 당신이 생각하고 행동하는 방식에 영향을 미쳤는지 생각해볼 수 있나요?

결국, 이런 가치는 가능한 미래 행동을 명확하게 하기 위해 대화에 포함될 수 있다. 예를 들어, 코치는 과거의 이 사람을 연관시켜 다음과 같이 질문할 수 있다.

> 이 사람은 당신이 직면하고 있는 결정과 관련하여 무엇을 제안할 것 같나요?

■ 외현화 대화, 재저작, 대안적 이야기

각 내러티브 과정의 핵심 질적 수준은 상호협력 실천에 달려 있다. 그리고 이런 내러티브 상호협력 과정에서 외현화 대화 및 재저작은 코치이가 특정 사회적 및 문화적 맥락과 이런 경험의 중요성을 개인 수준에서 경험함으로써 학습에 발판을 만드는 것을 돕는 중요한 방법이다. 비계Scaffolding는 "근접 발달 지대proximal zone of development"로 이동하는 데 필요하다(Vygotsky, 1962). 비계 과정의 목적은 타인 규제 문제 해결 전략other-regulated problem-solving strategy에서 주어진 이슈와 관련된 자기 규제 행동 전략self-regulating action strategy의 개발로 코치이가 움직이도록 돕는 것이다(Nielsen, 2008를 참조). 내러티브 과정에서 비계는 가치, 포부, 자기 정체성에 중점을 둔 의미 형성에 기초한다.

외현화 대화에서 코치이는 자신의 이야기를 하도록 초대받는다. 많은 경우 코치이가 마치 자신의 성격적 특징이나 측면에서 비롯된 것처럼 문제를 내면화했다는 것이 분명하다. 그러나 내러티브 코칭에서 대화는 다른 기본 입장을 기반으로 한다. 문제는 사람, 즉 코치이가 아니라, 코치이의 외부에 존재한다. 이런 의미에서 외현화는 문제에 관하여 보고 말하는 대안을 제시함으로써 새로운 관점을 코치이에게 제공한다(White, 2004).

재저작에서 코치이의 이야기는 코치와 함께 상호협력을 통해 코치이가 쓴 원고manuscript로 취급된다. 이것은 코치이가 자유롭고 자신의 인생 이야기를 재저작할 수 있다는 것을 의미한다. 이런 맥락에서 재저작은 다른 형태의 외현화로 볼 수 있다. 여기서 코치이는 다른 시점에서 자신의 이야기를 보면서 저자로서 외현화된 입장을 채택한다. 내러티브 코칭에서 재저작 기술은 외현화 대화 과정과 통합된다.

4.3.1.3 내러티브 상호협력 코칭 과정

내러티브 상호협력 코칭 과정은 다음에 제시된 두 부분으로 나눌 수 있다. 파트 1은 관계 매핑relation mapping의 두 단계로 구성된다. 파트 2는 평가-재평가evaluation-re-evaluation, 동기부여-앵커링motivation-anchoring, 결론-권고conclusion-recommendation의 세 단계로 구성된다. 내러티브 치료의 기본 단계와는 일정 부분 겹쳐 있다. 주어진 대화 과정이 항상 구체적인 상황과 개인적인 조건을 반영한다는 사실을 고려하여 내러티브 상호협력 코칭 대화 과정은 다음과 같은 이상적인 형식으로 요약될 수 있다.

파트 1:

1단계: 설명Description - 코치는 일반적인 삶이나 특정한 어려움, 예를 들어 일과 관련된 이슈, 일반적 일과 삶의 균형 등과 같은 이야기를 하기 위해 코치이를 초대한다. 이야기는 여러 주제나 플롯을 포함할 수 있다. 코치는 코치이의 이야기를 듣는 동안, 코치이의 자기개념과 정체성에 특별한 영향을 끼치면서 내면화된 문제를 파악하려고 시도한다. 코치는 코치이에게 문제의 이름을 짓고 그것에 대해 제3자에게 이야기하는 것 등으로 문제를 외현화하도록 권장한다.

2단계: 매핑Mapping - 코치는 코치이와 대화를 통해 코치이의 이야기에서 희망, 가치, 꿈을 확인하려고 한다. 코치이는 자신의 행동의 의미와 목적에 대한 감각을 발전시키거나 지도화map하기 시작하는 데, 이것은 선호하는 자기정체성에 더 가까이 다가가게 되는 것이다. 그러나 말해진 이야기는 종종 코치이가 되고 싶거나 대체하고 싶어 하는 것과 관련하여 발달이 불충분하다. 클리포드 기어츠Clifford Geertz(1973)의 인류학적 이론을 빌리자면, 내러티브 이론과 실천의 핵심 개념은 특정 고양된 이야기나 내러티브가 구성하는 '얇은thin' 묘사이다. 이는 '두꺼운thick' 묘사의 형태로 두드러지나, 종종 문제가 많은 이야기problem-laden story로 가려져 있다.[11] 내러티브 상호협력 코칭 과정에서는 코치이가 잊어버렸거나[12] 억압되어 전개될 수 없는 사건을 추가함으로써 얇은 묘사를 두껍게 만들기 위한 노력을 한다. 코치는 코치이가 잊어버렸거나 억압하거나 무시한 계획이나 사건을 검토하거나 어떤 특별한 결과가 있는지 확인하고자 한다. 이런 독특한 결과나 무시된 사건들은 코치와 코치이가 함께 이야기하며 같이 대안 트랙을 설정하는 데 도움이 될 수 있다. 코치

---

11. 옮긴이 주 - 두꺼운 묘사와 얇은 묘사는 문화현상에 대한 해석을 기술하는 방법들이다. 18세기 이후 근대사회에서는 객관적으로 인간 행동이나 사회를 발견하려는 풍토가 사회과학계에 만연했다. 이런 맥락에서 얇은 묘사(또는 현상 기술)는 행위자들의 의미를 배제하고 오로지 기술자의 객관적 시각으로 서술하는 인류학적 방법론이라면, 기어츠가 주장하는 두꺼운 묘사(또는 중층기술)은 행위자의 행위를 정확하게 이해하기 위해 행위자의 의미구조 및 문화적 패턴을 파악해야 한다는 이론이다. 기어츠에 따르면, 어떤 소년의 눈을 깜빡거리는 행위는 다른 사람과의 공모를 위한 신호일 수 있고, 누군가를 조롱하기 위한 행위일 수 있으며, 아무 의미 없는 행위일 수도 있다. 그러나 이런 행위에 공적인 코드가 존재한다면, 눈 깜빡거림은 공적 코드에 따라 해석가능하다. 따라서 두꺼운 묘사는 현상을 이미 존재하는 공적 코드와 연결하여 이해하는 것이다.

12. 여기서 재구성re-membering을 위한 전략은 잊혀 졌거나 얇은 묘사로만 존재하는 특정 사건이나 의미 있는 사람을 코치이의 삶에 통합하려는 목적으로 사용된다. 재구성은 묘사를 두껍게 하는 방법으로 간주될 수 있다.

이는 부정적인 이야기를 뒷받침하는 많은 실패 사례(=현재 두꺼운 묘사)를 제공할 수 있다. 코치는 코치이에게 이전 경험의 일부인 특정 예외 또는 독특한 사건을 생각하도록 요청할 수 있다. 현재의 대화에서는 지금에만 표면에 나타나는 예외 및 사건을 고양시키므로 지배적인 기존 이야기에 대한 대응 플롯 형식을 만드는 데 도움이 된다. 대응 플롯은 (통과의례a rite of passage[13]) 변혁에 접근을 제공하는데, 이는 코치이가 새로운 기회를 볼 수 있게 해줄 수 있는 대안적 이야기다. 코치이의 긍정적 자기정체성에 대한 부정적 설명과 사건의 전개 순서(얇은 묘사 대 두꺼운 묘사)는 코치가 코치이의 학습에서 특정 학습 격차를 식별할 수 있게 한다. 이전에 지배적인 이야기의 개정과 대안 내러티브의 재구성은 코치와 코치이 사이의 상호협력 과정에서 이루어졌으며, 이상적으로는 코치이의 근접 발달 지대(Vygotsky, 1962), 즉 코치이가 계속 지킬 수 있는 수준에서 특정 인식을 극복하고 새롭고 좀 더 고양된 이야기를 통해 자신의 삶의 일부를 생산적으로 재저작하기 위한 조건인 변화를 도울 수 있다.

파트2:

3단계: 평가, 재평가, 재저작 대화 - 코치는 2단계에서 확인된 학습 격차를 해소하고 코치이의 정체감을 강화하기 위해 코치이의 이야기가 새로운 삶, 고양된 사건 및 독특한 결과로 채워져 있을 수 있는 균열을 찾아 계속해서 얇은 이야기 트랙을 두껍게 만든다. 대안적 이야기는 플롯 조정을 통해 추가로 지원된다. 이 단계에서 코치는 코치이의 학습 격차 해소에 목적을 둔 비계[14]를 제공하기 위해 새로운 삶의 경험과 사건을 포함하고자 한다. 코치는 코치이의 상상력을 넓히고 의미 형성 자원에 초점을 맞춤으로써 자기정체성, 가치, 신념에 대한 자신의 행동이 미치는 영향을 재평가하도록 코치이에게 요청한다(예: 과거의 관련 인물 및 사건을 통합함으로써). 또한 코치이는 새로운 행동 관점 및 삶의 지평에 나타날 수 있는 신선하게 부상한 가능성에 기반하여 자신의 포부, 가치, 자기정체성을 매핑하는 것이 좋다. 이 단계는 종종 오래된 이야기 트랙을 반복하는 대신 새로운 가능성과 행동을 발견하기 시작하는 전환점으로 간주된다.

4단계: 동기부여 및 앵커링 - 코치는 이야기의 플롯을 두껍게 하고 변화를 위해 코치이의 욕구를 강화한다. 내러티브 코칭은 관련 의미 형성 과정에 포함된 대안적 이야기에 대한 두꺼운 묘사를 개발하고 형성하는 것을 목표로 한다. 또한 코치이의 가치, 신념, 목표, 희망, 의무에 이런 대안적 이야기를 앵커링함으로써 코치이의 추가적 이야기에 연결고리를 만든다. 이 단계에서 코치이는 자신의 포부, 신념, 가치, 자기정체성, 강점에 기초하여 위에서 언급한 재저작을 동기부여하고 앵커링하려고 노력한다.

5단계: 결론 및 권고 - 코치는 코치이의 정체성에 대한 강점 진술에 초점을 맞추고 특정 맥락에서 코치에게 중요한 특별한 신념, 가치, 희망, 꿈을 강조함으로써 코치이와 함께 결론을 도출한다. 코치는 코치이에게 종이나 편지 형식에 글로 진술서를 쓰도록 요청할 수 있다. 마지막으로 코치는 변화를 위한 가능한 실행 계획을 설명하고 코치이의 가교 과제bridging tasks가 어떻게 코치이 자신을 돕기 위해 희망과 꿈을 현실로 바꿀 수 있는지에 초점을 맞추어 코치이를 초대한다.

---

13. 원래의 의미에서, 통과의례는 발전의 한 단계에서 다음 단계로 이행을 나타내는 의례ritual나 의식ceremony으로 정의된다(예: 어린아이에서 성인으로 전환을 의미하는 기독교 견진Christian confirmation). 내러티브 실천에서 통과의례는 일종의 전환점으로 간주되며, 그 뒤에 그 이야기는 새로운 변혁적 방향으로 전개될 수 있다.

14. 비계 개념은 본래 비고츠키Vygotsky(1962)에서 비롯되었는데, 비고츠키는 인지 발달이 아이들의 언어 발달과 관련이 있고 아이들이 사회적 상호작용(예를 들어, 지원하는 다른 사람들과 함께)에 참여하고 있다고 주장하는 사람이다. 내러티브 실천에서 이 용어는 자신의 준비 수준과 관련하여 코치이의 학습 및 발달을 조정하는 수단으로 사용된다. 코치의 질문은 코치이의 근접 발달 지대와 일치해야 한다. 즉, 코치이가 준비되어 있고 통합할 수 있는가? 예를 들어, 특정 고유한 사건을 보고 현재의 재저작 과정을 풍부하게 만들 수 있는 잠재적 방법으로 간주할 수 있는가? 때때로, 코치의 질문 가운데 일부가 코치이의 현재 자기개념에 너무 거리가 있을 수도 있다. 따라서 코치이의 발달 수준과 관련하여 적절한 질문인 비계는 코치에게 중요한 과제이다.

■ 목격하기

목격하기witnessing는 일반적으로 코치이의 성찰 과정에 다른 사람들을 포함시키는 것을 기본으로 하는 방법이다. 화이트White(2004)도 의식을 규정하는 것에 대해 언급한다. 참여자는 번갈아 가며 청중과 말하는 행위자가 된다. 누군가는 코치이가 자신의 세계관, 가치, 일상적 도전에 비추어 자신의 진술을 성찰함으로써 방금 말했던 것을 목격한다. 목격하기는 코치이의 기존 현실을 해체시키는 요소가 되는데, 이는 스트레스가 많고 불만족스럽거나 도전적인 현실로 인식될 수 있다. 다른 사람들에 의한 목격하기는 부분적으로 그 사람의 삶, 정체성, 관계에 대한 얇은 결론과 함께 붕괴되는 내러티브를 두껍게 함으로써 그 자신의 현실을 재구성하는 것을 목적으로 한다(5.1.3 사례3 참조). 이것은 정체성을 사회적 구성체social construct, 공공적 출현public emergence으로 간주하는 후기구조주의 전통과 일치한다. 이 출현은 과정을 목격하기와 의식을 정의하기를 통해 내러티브 상호협력 코칭에서 발생한다. 정체성은 변화할 수 있으며, 그 사람이 속한 맥락과 관계의 틀 안에서 형성된다. 따라서 내러티브 상호협력 코칭 대화는 본질적으로 코치와 코치이 사이의 관계를 통해 그리고 코치의 삶과 맥락과 사람이 속한 관계에 대한 새롭고 두꺼운 이야기의 개발을 통해 해체적 관점을 갖는다.

일대일 코칭 맥락에서 코치는 코치이가 자신의 가치와 삶의 관점에 비추어 말했던 것을 성찰함으로써 목격자로서 도울 수 있다. 코치와 코치이 사이의 비대칭은 코치가 이전에 코칭 대화의 특별한 성격으로 여겨졌던 중립성을 포기하면서 중단되었다(Hede, 2010; Stelter, 2002a 참조). 이 기능에서는 코치가 동료 인간fellow human being으로 묘사될 수 있다. 이것은 코칭에 새로운 성격을 제공한다. 이를 3세대 코칭이라고 할 수 있는데, 이 코칭의 진정한 특징은 코치와 코치이의 대화가 특정 단계와 상황에서 두 사람 사이의 진정한 대화로 발전하여 각자의 삶의 관점을 자유롭게 공유한다는 점이다(3.4.1.7 참조).

그러나 목격하기 과정의 최적의 사용은 그룹 맥락에서 이루어진다. 내러티브 상호협력 그룹 코칭에서 한 코치이는 내레이터로서 중심이 될 수 있는 반면, 다른 그룹 구성원들은 목격자 역할을 할 수 있다. 코치이가 자신의 이야기를 들은 뒤, 코치는 다른 목격자/그룹 구성원들에게 코치이의 이야기가 그들 자신의 경험에 어떻게 공감하는지를 설명하고 코치이의 이야기가 그들을 위해 생성한 통찰을 기술하도록 요구한다. 이 형식에서 코치, 코치이, 목격자는 모두가 비중심적 입장을 취하지만, 서로 반성하고 자신들의 삶과 정체성에 관한 새로운 이야기를 개발하여 제공하는 것을 인정하며, 추가 강점을 제공할 목적으로 서로를 위한 지원 역할을 하는 실천공동체(Wenger, 1998)를 형성한다. 코치이가 특정 사건, 상황, 그룹의 어려움을 제시한 뒤, 코치는 다음 질문을 중심으로 그룹과 함께 대화를 나눌 수 있다.

1. 코치이의 이야기에서 무엇이 눈에 띄었는가? 어떤 표현, 어떤 구절이 목격자로서 당신의 주의를 끌었는가?
2. 그것은 당신에게 일반적으로 코치이의 삶, 정체성, 세계에 대한 어떤 이미지를 주는가? 이 표현은 무엇이 그 사람의 의도, 가치, 신념, 희망, 포부에 대해 말해주는가?
3. 만일 당신이 자신의 삶과 관련이 있다면 이 표현/구절은 무엇을 말해주는가?
4. 코치이의 이야기는 당신을 어떻게 감동시키는가? 그 이야기에 대한 당신의 경험은 어떠했는가?

첫 번째 질문에서는 단어, 표현, 구절에서 들었던 것을 포착하는 것이 필수적이다. 이것은 이야기를 들었던 사람의 중심에 있는 것과 관련하여 이야기에 제목이나 이름을 부여한다. 다음 질문에서 목격자(청중audience)는 이런 이야기가 코치이의 의도, 가치, 포부에 관한 아이디어와 어떻게 연결될 수 있는지 생각해보는 것이 좋다. 여기에서 코치이는 다른 사람이 자신을 어떻게 인식하는지 들음으로써 새로운 통찰을 얻을 수 있다. 다른 사람의 성찰은 종종 확장된 자기개념을 향한 첫 번째 단계일 수 있다. 다른 사람들은 종종 우리가 볼 수 있는 것, 즉 우리 자신이 볼 수 있도록 허락하거나 우리 자신 안에서 보기를 희망하는 것보다 더 많이 볼 수 있다. 세 번째 질문은 더욱 중요할 수 있다. 여기서 목격자는 이야기와 그것의 주요 차원이 사고 과정을 촉발시키는 데 도움이 되는지와 마지막으로 목격자의 사고 및 행동 방식에 어떻게 영향을 미치는지에 대해 이야기한다. 이런 방식으로 이야기는 다른 사람들에게 영향을 준다. 우리는 상호간에 새롭고 희망적인 긍정적 삶의 방향으로 나아갈 수 있도록 서로를 격려할 수 있다. 내러티브 상호협력 대화에서 우리는 듣는 자에게 완전히 새로운 의미를 듣고 성찰하고 생산할 수 있는 특정 단어, 개념, 사건을 통해 서로가 어떻게 상호 영향을 미치는지에 대해 이야기한다. 의미의 차이는 개인 및 공동체 모두에 기반을 둔 개발 과정에서 갱신의 힘이 될 수 있다.

4.4 맺음말

이 장에서 필자는 실존주의-경험적 및 구성주의-상호협력이라는 두 가지 이론과 실천의 통합을 기반으로 3세대 코칭 접근에 대한 개요를 제공하려고 노력했다. 의미와 실재는 한편으로는 개인적이고 구체화된 경험의 결과로, 다른 한편에서는 사회적 관계로 창출된다. 의미와 실재는 우리가 하는 것(행위)과 우리가 지니고 있는 것(가치, 신념, 포부, 꿈) 사이의 밀접한 관계에서 창출된다. 내러티브 상호협력 실천으로서 3세대 코칭은 우리가 생각하고 있는 것과 우리가 원하고 행동하길 원하는 것을 말하는 것을 돕는다. 단어와 개념은 코치와 다른 사람들이 코칭 대화에 참여함으로써 더 많은 뉘앙스가 부여된다. 의미는 설명되고, 무게를 달며, 조정되고, 마음에 새로운 방식으로 고정된다.

코치와 코치이 사이의 높은 수준의 대칭성은 대화의 깊이를 만들어내는 것을 목표로 하는 새로운 대화 형식을 개발하는 데 도움이 된다. 그곳에서 목표는 서로의 이야기를 받아들이고 다른 사람의 이야기와 자신의 삶 및 의미 세계에 감각적 관계를 형성하는 것이다. 여기에서 우리는 권학protreptics에서 영감을 얻을 수 있다. 필자는 덴마크 경영철학 교수이자 고대 그리스 대화 문화를 연구하는 올레 포그 키르케뷔(2008)를 인용하여 말하고자 한다.

> 권학은 자신의 진술에 대한 최고 수준의 인식을 성취하는 것이다. 그리고 이것은 주로 자신의 동기, 예상 등을 이해하는 것이 아니라, 가치, 기준, 존재론적 조건 및 결과와 관련된 단어의 의미에 대한 이해를 말한다(p.502).

이어서 그는 말했다.

> 권학의 목적은 '왜why'이다. 그것의 전제조건은 그 '왜'가 가치의 형태로 재구성될 수 있다는 것이다. 권학은 이런 성찰성reflexivity을 창조하고 보존하기 위한 예비 훈련이다(p.511).

그러나 권학과는 대조적으로 내러티브 상호협력 접근은 내러티브와 그에 따른 자서전적 요소autobiographical element에 더 많은 비중을 두고 있다. 하지만 개별 자서전적 요소는 단독으로 서있을 것이 아니라 대화 상대의 공통된 기본 의도로 내러티브 상호협력의 질적 수준을 통해 확장되어야 한다. 다른 사람의 이야기는 자신의 삶의 도전[15]에 성찰을 위한 촉매제 역할을 하고 숨겨진 가치를 동원하는 발달 과정을 시작하며 나타날 수 있는 기회와 자기에 대한 새로운 이해를 제공할 수 있다(이것은 5.1.3에 제시된 그룹 코칭 세션의 사례3에서 볼 수 있다; 일대일 코칭에서는 코치가 대화에서 성찰적 상대 역할을 할 수 있다).

다른 사람의 이야기를 통해 생각하고 성찰하는 것은 자신의 삶에 영향을 미치고 자신의 삶에 대한 새로운 이해로 이어질 수 있다. 여기서 '왜why'는 자신의 자기개념과 행위성을 개발하는 것과 관련하여 핵심적인 역할을 한다. 여기서 내러티브는 그것의 질적 수준을 다음과 같이 전개할 수 있다: 이야기는 개인의 살아있는 경험을 구성하고 개인이 자신의 사람의 도전, 즉 우리 모두가 탈근대 또는 후기근대 시대에 직면한 도전을 어떻게 이루고 살아가는지에 대한 이미지를 제공한다. 탈근대 또는 후기근대는 다양성, 차이성, 넓고 다양한 방식으로 살아가고 행동하는 가능성으로 특징지어진다. 내러티브 상호협력 코칭은 코치이의 자기정체성을 위한 권한부여 및 사회적 기반을 확보하는 데 도움이 되는 대화 과정을 제공한다. 특히 내러티브 상호협력 그룹 코칭은 사회적 자본[16]을 개발하는 데 도

15. 필자는 여기서 삶의 도전이라는 용어를 사용한다. 이것은 모든 삶의 맥락(일, 경력, 대인 관계, 위기, 스트레스, 변화 등)에 관한 모든 종류의 도전을 포함한다.

16. 사회적 자본은 사회, 조직, 가족 및 기타 사회 공동체에서 발전하는 일관성의 감각sense of coherence을 나타낸다. 사회적 자본은 개인을 뛰어넘어 그것이 발전된 사회적 공간에서 긍정적인 영향을 발생시키도록 돕는 자원이다(Bourdieu, 1983; Putnam, 1995).

움을 줄 수 있다. 이것은 민간 생활과 직장 생활 및 조직의 실천 공동체에서 사회적 네트워크를 개발하는 주요 요소 중 하나이고(Stelter, Nielsen, & Wikmann, 2011 참조), 실행 가능한 개발 과정을 가능하게 한다.[17]

내러티브 접근은 점점 더 많은 영역에 적용된다. 브루너Bruner(1990a, 2006)는 개척자pioneer였다. 그는 인지 연구가 이룬 발전에 만족하지 못했고, 인간사고 및 행동에 대한 새롭고 좀 더 총체적 이해를 개발하는 것이 필요하다는 것을 알게 되었다. 행동의 의미는 그의 이해의 초점이 되었고, 이는 의미 형성에 내러티브의 역할을 위한 길을 마련해주었다. 내러티브 이해는 독자에게 연구 참여자의 사고 및 행동에 대한 적절한 인상을 주기 위해 질적 연구(Bochner, 2001)에서 점점 더 많이 사용되고 있다. 이 책의 뒷부분에서는 내러티브 형식으로 여러 사례를 제시할 때 스스로 내러티브 형식을 사용한다. 그것은 독자가 다른 사람의 이야기와 더 쉽게 관련을 맺을 수 있으므로 자신의 상황과 관련하여 그 의미를 파악할 수 있다.

내러티브 접근은 조직 이론 분야에서 해석 및 실천에 점점 더 널리 보급되고 있다(Cooren, 2004; Ford, 1999). 조직적 맥락은 변화 과정을 시작하는 새로운 방법을 가능하게 하는 내러티브 관점에서 검토된다. 가장 놀라운 사실은 의학적 치료에 내러티브 접근를 적용한 것이다(Charon, 2006, 2011; Greenhalgh & Hurwitz, 1999). 의사는 내러티브와 그 치유 능력에 대한 총체적인 지각적 관점을 인식하고 있다. 마지막으로, 필자는 왼쪽 뇌반구가 내부 및 외부 사건에 대한 특정 설명과 해석을 생성하는 '해석자interpreter'로 간주되는 신경학적 연구(Gazzaniga, 2005)의 가장 최근 개념을 언급하고자 한다.

이런 다른 맥락의 사례를 통해 필자는 이 책을 읽는 독자들이 기본적인 패턴과 코칭과 다른 유형의 대화 과정에 대한 역동적인 접근인 내러티브를 활용하도록 권장하고 싶다.

17. 코칭 및 연구 팀과 함께 수행한 후속 연구에서 코칭 그룹 개입이 참여자들에게 긍정적인 영향을 주었으며, 이는 이 과정이 끝나고 5개월 뒤였다. 다음 장에서 이에 대해 자세히 읽어보라.

5장 코칭 사례 및 효과 연구

이 장에서는 내러티브 상호협력 실천으로서 코칭의 잠재적 영향을 설명하는 연구 결과를 제시한다. 이는 효과별로 다양한 관점들에 초점을 맞춰 세 부분으로 나뉜다. 필자의 과학적 이해에서는 다양한 연구 및 연구 접근의 조합을 고려하여 여러 가지 유형의 영향 평가가 필수적이라고 생각한다.

첫째, 성찰적 프렉티셔너 관점에서 개인 코칭 실천 사례를 설명한다. 다음으로, 내러티브 상호협력 그룹 코칭에 관한 연구 프로젝트에서 참여자들의 이야기를 전한다. 이런 이야기들은 참여자의 삶의 세계와 개인적 경험에 특히 중점을 두었을 때, 상호협력 과정에 참여하는 참여자들의 유익함에 대한 함축적 그림이 드러난다. 마지막으로, 다양한 심리적 척도를 사용하여 효과를 측정한 무작위적 통제 연구 결과를 제시한다. 이 연구는 개입 그룹과 통제 그룹이 참여했다. 이런 유형의 경험적 자료는 통계적으로 일반화될 수 있는 양적 관점에서 결과를 제시하는 것을 가능하게 한다. 필자는 이렇게 다양한 연구 방법을 사용함으로써 참여자의 관점에서 코칭의 함축적 그림과 그것의 효과 및 영향을 제공하는 것을 목표로 한다.

필자는 코칭심리학자로서 실천에 기반한 많은 사례 연구를 제시한다(Etherington & Bridges, 2011 참조). 사례 연구에는 선택한 상황 및 과정이 포함된다. 이어지는 성찰에서 사례 연구들은 이 책의 이론적 부분에 기술된 이론을 살펴보는 데 사용될 것이다. 세 가지 사례는 다양한 구성에서 발생하는 상황들이다.

첫 번째 사례는 HR 담당자와의 단일 세션에서 주요 대화 장면sequence을 다시 볼 수 있다. 여기서 주목할 점은 실제로 시시각각 일어나는 일에 있다. 두 번째 사례는 다른 담당자와 함께 하는 전체 5 세션 코칭 과정 이야기이다. 여기서 과정에 대한 전반적인 역동성을 살펴보는 데 초점을 맞추고 있다. 이 경우 4개월의 기간 동안 시간이 지나면서 변화와 발전이 어떻게 전개될 것인가? 세 번째 사례에서는 젊은 스포츠 인재들과 함께 그룹 코칭 세션에서 나온 중요한 에피소드를 보여주는데, 이는 대규모 연구 프로젝트의 일부분이었다. 이 사례 발표는 코칭 과정에서 연결성을 명확히 하기 위한 것이므로 필자의 접근방식에 대한 실천 기반 근거를 제공한다(Barkham, Hardy, & Mellor-Clark, 2010 참조).[1]

이런 사례 연구와 관련하여 필자는 성찰적 프렉티셔너로서 필자의 이야기, 즉 그 대화들에 대한 나름의 관점을 보여주고 있다는 점에 주목해야 한다. 그 상황에서 경험했던 것들을 기억하려고 노력했다. 대화의 모든 설명은 코칭을 하는 동안 작성한 노트를 기반으로 한다(필자는 꾸준히 그렇게 한다). 다음으로, 대화가 끝난 직후 가능한 한 많은 세부사항을 유지하기 위해 제시된 이야기를 적었다. 이 사례에 관련된 사람들은 이런 출판물

1. 미국심리학회American Psychological Association, APA(2006)의 근거와 관련된 다양한 연구 접근법에 대해 읽어보라.

에 사용할 내용을 동의했다.

여기에 제시된 사례 설명은 필자의 관점에서 묘사한 것이다. 이 설명은 필자의 실천을 설명하는 것 외에도 독자의 전문성 개발을 위한 영감으로 작용할 수 있다. 여기서 제시된 형식은 코치, 컨설턴트 또는 유사한 능력으로서 독자 자신의 작업에서 자원으로 사용될 수 있다. 자신의 경험을 신중하고 사려 깊게 사용하며 사실 이후의 사건을 성찰하는 것은 지속적인 전문성 개발의 핵심이다.

사례 연구의 두 번째 단계에서는 3장과 4장에 제시된 개입 이론에 근거하여 제시된 사례를 해석하고, 개별 사례의 구체적인 차원을 분석하고 해석하는 데 관련이 있다고 생각하는 이론을 보완한다. 사례 기술 및 사례 분석과 관련된 이론은 '분석적 일반화analytical generalization'로 특징지어진다. 분명히, 사례 연구는 통계적 일반화statistical generalization의 대상이 될 수 없다. 그러나 그 결과는 다른 방법으로 일반화될 수 있다. 인Yin(1994)이 기술한 것처럼 분석적 일반화를 통해 연구자 또는 프랙티셔너-연구자가 조사된 사례와 관련하여 관련 이론을 확장하고 일반화할 수 있게 하는 것을 목표로 한다. 따라서 제시된 사례 연구 결과는 신중한 평가를 받게 된다.

다음에서 세 가지 사례는 후속 성찰 및 분석적 일반화와 함께 제시된다.

5.1.1 사례 1: 상사와 함께 춤추기

첫 번째 사례는 정부 조직의 HR 관리자인 벤트Bente와의 코칭 세션이다. 최근 그녀의 전직 동료가 조직의 새로운 이사로 승진했다. 벤트는 이사직을 맡지 않았으며, 현재의 직위에 매우 만족한다고 강조했다.

벤트는 새로운 이사의 전문 역량에 대해 대단한 존경심을 가지고 있지만, 자신의 상사가 좀 더 눈에 띄고 적극적인 리더 역할을 하는 것을 보고 싶다고 말한다. 필자(R)와 대화를 통해 코치이(C)인 벤트는 그녀의 새로운 상사와의 관계를 다음과 같이 설명한다.

C: 저는 상사와 좀 더 밀접한 관계를 갖고 싶습니다.

R: 당신이 생각하는 최고의 상사란 어떤 모습입니까?

C: 제가 의지할 수 있는 모습을 가진 상사입니다.

이 대답은 벤트가 상사와 상당한 거리감을 느끼고 있으며, 상사가 자신과의 관계에서 어느 정도 불확실함을 느끼고 있다는 것을 암시한다. 필자는 이것에 관한 호기심을 표명하고 이제 더 이상 동등한 위치를 가지고 있지 않는 그녀와 상사와의 관계에 대해 질문한다. 이 대화는 벤트가 놀랍게도 갑자기 상사와의 관계의 특징을 나타내는 묘사적 이미지를 만들어 낸다.

C: 우리는 각자 따로 춤을 추고 있어요!

코치로서 필자는 이 설명에 매료되어 미소를 숨길 수가 없다. 또한 그 진술이 벤트의 경험을 얼마나 잘 반영하는지 알고 있다. 그 말을 한 뒤 그녀는 다시 한 번 고개를 끄덕인다. 그녀는 아마도 신체 감각으로 이미지를 매우 분명하게 느끼는 것처럼 보인다. 그리고 그녀는 묘사의 적절함에 얼마나 만족하는지를 표현한다. 다음 단계에서 필자는 세션 진행 속도가 빠른 점에 놀란다. 하지만 그 순간에 그것은 옳은 것처럼 보인다. 필자는 무의식적으로 그 은유를 다루지만, 그것을 획기적으로 변화시키며 이미지를 수정한다. 그런 다음 미소를 지으며 묻는다.

R: 함께 춤을 추면 어떻게 될까요?

벤트는 필자의 은유적 질문에 즉각적으로 상상력을 발휘하여 자신이 가지고 있는 이미지를 확장함으로써 앞에서 그랬던 것처럼 자발적으로 대답한다.

C: 현대 왈츠 또는 탱고 중 하나가 될 것입니다!

코치로서 필자는 벤트가 그렇게 자발적으로 나오는 것을 보게 되어 매우 기쁘게 생각한다. 그리고 대화에서 새로운 역동성이 어떻게 일어나는지, 벤트와 필자가 어떻게 긴밀한 라포를 형성하는지(관계적 조율relational attunement) 명확히 느낀다. 우리는 모두 대화를 즐기기 시작한다. 나는 질문을 계속한다.

R: 어느 쪽을 선호하시나요?

"탱고요!"라고 벤트가 자연스럽게 말한다. 그런 다음 그녀는 자신의 자발성과 대담함에 당황해하며 웃는다. 한편으로 자신이 불쑥 말한 것에 대해 흥분한다. 그녀는 자신과 자신의 진술에 즐거워하기 시작하고, 필자는 대화가 밝고 재미있게 느껴지기 시작한다. 그것은 분명히 직장의 일반적인 사회적 관습을 넘어서는 함의undertones, 곧 대화의 활력을 불어넣어 주는 토대를 가지고 있다. 우리 둘 다 이 시간을 즐기고 있으며, 그 활력은 필자에게 특별한 느낌을 주는 대화에 어느 정도 강렬함을 더해준다. 그래서 필자는 계속해서 벤트와 함께 만든 상상적 이미지를 향유하고 질문하며 주목함으로써 그것이 포함된 특이한 측면을 다룬다.

R: 춤으로서 탱고는 당신에게 무엇을 의미하나요? 그가 분명히 앞장서서 이끌 것이 확실하다면요!

C: 네, 저는 그에게 순응할 것 같아요! 그렇게 해보는 것도 재미있을 것 같아요.

필자는 그녀가 그렇게 대답함으로써 문제에서 해방된 것처럼 보인다. 필자가 보기에, '그에게 순응하기surrendering to him'는 비록 그녀가 이 관계에서 자신을 버리지는 않지만, 일종의 유쾌한 항복을 의미한다. 벤트는 내적 안도감을 느끼는 듯하다. 잠시 침묵한 뒤에, 필자는 그녀가 다음날 아침에 다시 상사를 만나게 될 것을 유념하고 있는지 묻는다.

R: 지금 상황을 생각하면, 어떤 느낌이 느껴지나요? 상사를 다시 만나면 어떻게 될까요?

벤트는 마치 호흡을 하듯이 자발적이고 즉각적으로 대답을 한다.

C: 제가 생각하기에는 훨씬 더 편안해 질 것 같아요!

그녀는 좀 더 진지한 표정을 짓는다. 편안함을 느끼는 것 같았다. 이 시점에서 필자는 벤트가 처음에 생각했던 것보다 그 상황에 대해 훨씬 더 긴장감을 느꼈다는 것을 감지할 수 있다. 잠시동안, 그녀는 방금 일어난 일을 성찰하며 몇 초 뒤 다음과 같이 말한다.

C: 음. 그건 완전히 새로운 관점이네요!

그리고 그녀는 기분이 들뜬 것 같다. 우리는 미소를 교환하고 우리가 가진 위대한 만남에 대한 기쁨을 나누며 얼마나 흥미가 있었는지 말해준다. 벤트는 결론을 내어 대화를 마무리한다.

C: 와, 감사해요. 제게 완전히 새로운 차원이에요. 그냥 제 자신을 어렵게 만들고 있었어요. 이 새로운 관점이 좋아요.

몇 주 뒤, 벤트는 우리 대화가 그녀에게 얼마나 많은 영향을 주었는지 말해줬다. 그녀는 자신의 상상 속에서 상사와 함께 탱고를 추는 이미지를 그려낸다고 설명한다. 지난 몇 주 동안 그녀는 종종 상사와 함께 있는 상황에서 웃고 싶었다고 한다. 이미지를 상상하는 게 그녀에게 도움을 준 것이다. 그녀는 상사와의 관계에서 자신의 역할과 입장에 훨씬 더 분명한 감각을 가지게 되었다.

5.1.1.1 사례 성찰[2]

벤트와 필자 사이의 상호 연결 덕분에, 대화의 여러 요소들은 대화가 성공적이었다는 표시로 볼 수 있다. 이 대화에는 이론적으로 일반화될 수 있는 이상적이고 전형적인 측면이 포함되어 있어 내러티브 상호협력 코칭을 위한 영감으로 작용한다. 필자는 성공적인 코칭 대화와 관련하여 모범적이고 일반화가 가능한 것을 제시하기 위해 이런 특정 순서를 독자와 공유하기로 했다. 여기서 대화는 도전적이고 유연하지 못한 직업 상황에 대한 새로운 내러티브의 기초를 형성하고 변화를 촉발시킬 수 있는 대화를 말한다. 그 기저에 있는 상황은 친숙하다. 고객은 코치에게 갈등에 얼룩진 사건에 대한 이야기를 하며, 그 사건에 대한 자신의 견해를 제시한다. 그리고 코치이는 자신의 인식과 이해를 수정하는 데 어려움을 겪는다. 두 사람이 자신의 지각을 넘어서는 데 어려움을 겪기 때문에 그 관계는 종종 두 배로 유연성이 없어 보인다. 대화가 시작될 때, 코치는 단순히 무슨 일이 일어나고 있는지 이해하려고 시도한다. 코치는 코치이의 이야기에 따라 만들어지는 이해를 형성하려고 시도한다. 코치는 **호기심**curious을 표현함으로써 자신의 이해를 넓히기 위해 노력한다. 이 호기심은 코치이에게도 중요하다. 새로운 측면new facets, 새로운 각도new angles, 새로운 개인new individuals이 개입되어 두꺼운 내러티브를 창출한다. 이곳이 코치가 코치이에게 새로운 **기민성**alertness과 **관심**attention을 불러일으키는 곳이다. 코치의 호기심은 코치이에게 '영향을 준다rubs off'. 스스럼없는 호기심을 통해 코치는 코치이의 **마음챙김 성찰적 프레즌스**mindful-reflective presence를 촉진한다. 코치이는 새로운 방식으로 자신의 세계에 뛰어든다. 동시에, 코치의 주의와 관심은 코치이의 깊이 있는 성찰을 불러일으킨다. 새로운 세부사항의 추가와 새로운 차원의 발견은 확장된 내러티브를 창출한다. 코치이(**함께 생각하기**)와 함께 적극적으로 생각함으로써 코치는 열매를 맺기 시작한 **상호 관계 조율**mutual relational attunement을 촉진한다(3장의 상호협력 이론과 실천에 대한 자세한 내

2. 이 절에서는 특정 핵심 이론적 개념을 볼드 처리했다.

용을 참조). 코치이의 주관적 경험이 펼쳐지기 시작하고, **새로운 연결**new connections(Wittgenstein, 1953)과 **새로운 의미**new meaning가 대화 중 코치이에게 나타나기 시작한다.

이제 앞에서 벤트와 필자가 함께한 실제 대화로 돌아가자. 이 사례에 대한 필자의 해석은 이런 **관계적 조율**이 벤트가 제시하는 **은유**를 받아들일 준비를 하는 데 도움이 된다는 생각에 근거를 두고 있다. "우리는 각자 따로 춤을 추고 있어요!" 정확히 이 표현은 벤트가 비유적인 의미에서 춤이라는 단어를 사용하는 은유이기 때문에, 상사와의 관계에 대한 벤트의 이해를 보여주는 것이다. 또한, 은유는 코치이의 지각에서 신체적 감각의 관계를 고정시킨다. 필자는 이런 은유의 제시를 분명한 초대, 즉 코치이가 의도적으로 시작한 것이 아닐 수도 있는 초대로 인식한다. 그러나 그 이미지는 정말로 필자에게 말을 걸어준다. 그리고 여기에서 필자는 기회를 잡는다. 어떤 의미에서 코치이가 상사와의 관계를 두 사람이 각자 춤추는 것으로 묘사했을 때처럼 놀랍고 자연스럽게 은유를 사용해서 대화를 한다. 필자는 은유를 완전히 생각을 뒤집어 급진적으로 관점을 변혁하거나 변화시킨다(3.3.1에서 관점 변화에 관해 참조).

필자는 자발적이고 빠르게 움직임으로써 위험을 감수하고 있다. 왜냐하면 이 관점의 변화가 코치이의 **근접 발달 지대**에 있다는 것을 확신할 수 없기 때문이다(Vygotsky, 1962). 따라서 코치이가 자신의 상사와의 관계에 대한 이해를 도울 수 있는 **비계**로서 질문을 사용할 수 없게 될 위험이 있다.

동시에, 넓은 의미에서 "함께 춤을 추면 어떻게 될 것인가?"라는 질문은 코치로서 필자가 코치이에게 문화와 스스로 거리를 두기 기회를 제공하는 **외재화**(White, 2007)의 한 형태로 볼 수 있다. 또한, 이야기는 '탱고'라는 새로운 용어와 함께 기분을 좋게 전환을 일으킨다. 이 탱고는 코치이가 상사와의 상호작용에 대해 완전히 새로운 내러티브를 받아들이도록 초대한다. 그러나 필자는 더 많은 질문을 가지고 있다.

필자의 계획은 코치이를 위해 적중했다. 이는 대화의 첫 단계에서 우리가 달성한 관계적 조율의 결과이다. "함께 춤을 추면 어떻게 될 것인가?" 라는 질문은 반대의 이미지를 만들어내는 은유를 뒤집음으로써 **주목할 만한 순간**이 된다. 이 순간은 셔터Shotter와 카츠Katz(1996)가 말하는 변화의 순간이다. 이것은 코치이의 개발을 촉발시키는데, 이는 상사와 관련하여 처음에 목격한 어려움에 대한 이해에 지대한 영향을 미친다. 갑자기 **신체 감각적** 차원에서 무언가가 발생한다. 그녀가 특정한 형태의 춤인 왈츠나 탱고를 상상하면서, 그 이미지는 즉시 뿌리내리기 시작한다. 그렇게 코치이는 필자의 초대를 수락하고 함께 논다.

네덜란드 철학자 후이징가Huizinga(1950)에 따르면, 놀이play는 다른 현실의 인식에 영향을 받는다. 후이징가는 놀이를 우리가 항상 정신과 사회생활의 구조를 표현하는 다른 모든 형태의 생각과는 구별되는 것으로 강조한다. 코치이의 은유와 그것의 재구성은 코치이의 현실에 대한 새로운 이해를 용이하게 하는 새로운 형태의 생각으로 나타난다. 대화에서 놀이는 역할놀이role-playing나 **가상놀이**pretend play로 지속된다(Buytendijk, 1933).[3] 이는 코치이가 상사에게 '양도surrendering'함으로써 새로운 역할이나 다른 사회적 지위를 채택한다. 발달심리학의 틀에서 이런 형태의 놀이는 아동이 중요한 다른 사람들과 관련하여 행동 패턴을 시험하게 한다(소꿉놀이 등). 이 경우에 코치이는 상사와 관련하여 새로운 위치를 차지한다. 이 놀이 행동은 다른 잠재적 현실을 검토할 때 명확한 탐구적인 성격을 가지고 있다. 이 탐구적 성격은 특히 코치이가 특정한 형태의 춤인 탱고를 선택한 것에서 분명하다. 탱고는 춤 파트너 간의 관계에 영향을 미치는 특별 협정framework of special agreements과 표현의 형태에서 전개된다. 이 단계에서 코칭 대화에 많은 삶과 역동성 및 새로운 통찰을 가져다주는 것은 이 탐구적이고

3. 1919년 보이텐디크Buytendijk는 암스테르담의 자유대학교The Free University에서 일반생물학 교수로 임명되었다. 1946년에는 위트레흐트대학교University of Utrecht에서 일반심리학 교수로 임명되었다. 그는 50세 무렵까지 주로 생리학, 동물학, 비교심리학 연구에 매진하였지만, 그 이후 이론생물학, 사회학, 철학과의 경계영역에로 연구를 확장했다. 이런 학문적 전환에도 그의 사상 가운데 일관적으로 흐르는 근본적 사고방식은 현상학적 인간학에 기초하고 있었다. 다시 말해, 그의 연구는 단순히 인과적 설명 방법에 그치는 것이 아니라, 현상학적 방법에 기반한 포괄적 이해로 나아가는 데 있었다. 그는 이런 방법론에 놀이의 현상학적 이론에 결정적인 영향을 미쳤다.

놀이적 요소이다. 이 놀이적 탐구는 코치이의 현실 인식을 변화시킨다.

피아제Piaget(1962)는 구조주의자-구성주의자 관점에서 조절accommodation에 관해 말한다. 조절은 다른 수단들 중 탐구적 놀이를 통해 달성될 수 있는 새롭고 알려지지 않은 상황적 조건에 대한 동화 계획을 수정하는 것이다. 내러티브 후기구조주의자 관점(White, 2004)에서 이 놀이 행위는 현실에 대한 또 다른 가능한 해석으로 볼 수 있다. 코칭 대화에서 은유의 변형은 서로 춤을 추는 것이 서로 어우러지면서 플롯을 재정의하게 된다. 이 새로운 플롯은 현실을 재해석할 수 있는 씨앗을 낳는 내러티브를 가능하게 한다. 이런 재해석은 코치이에게 새로운 일련의 가능한 행동을 제공하며, 특정 상황에서는 그 관계가 자신이 바라는 성질을 갖는다는 느낌을 준다. 놀이적 탐구로 시작된 무언가는 새로운 상사와의 구체적인 업무 관계에서 그녀가 다르게 행동할 수 있게 한다.

5.1.2 사례 2: 인생에서 좀 더 많은 스카나보

다음 사례는 국제 기업에서 특정 행정 및 경제적 책임 디렉터인 커트Curt[4]와 함께 5세션 코칭 과정에 대한 이야기이다. 커트에게는 아내와 두 어린 아이가 있다. 이 이야기는 우리 대화를 기록한 노트를 바탕으로 한다. 커트의 상황과 경험에 대한 설명은 그와 대화를 통해 드러났고, 대화에서 그가 한 말에 대한 필자의 해석을 보여준다. 그것은 엄격한 연대기적 표현chronological representation을 하지 않았다. 이것은 필자에게 실제 과정과 전반적인

4. 이름은 익명으로 처리되었다. 이야기의 특정 세부사항은 코치이의 익명성을 보장하기 위해 완전히 보여주지 않았거나 의도적으로 모호하게 남겨두었다. 사례 이야기에 등장하는 사람은 사례 이야기 사용에 대한 승인을 해줬으면 다음과 같은 메시지도 보내주었다. "라인하트르! 메시지를 보내주셔서 감사합니다! 저는 대체로 잘 지내고 있어요. 하지만 때로는 여전히 중요한 것을 놓치고 있어요. 지하 깊숙이 들어가는 것처럼 느껴지지만, 책에 나온 커트의 이야기를 읽음으로써 그것이 무엇에 관한 일인지 생각나게 하니 참 좋아요. 재미있고 즐거운 시간이었고 오늘 제가 어떤 생각을 시작했는지 보는 것도 재미있었어요. 그 중에서도 특히 직장에서 컴퓨터 화면 뒤에 숨어있는 대신에 다른 사람들과 더 많이 어울리려고 노력하고 있어요. 책에 그 설명을 사용하셔도 돼요. 글도 좋고 읽기에 재미있는 것 같아요."

결과에 사실 그대로 남아있는 일관된 줄거리를 만들 수 있는 자유를 준다.

커트는 약간 정신없이 바쁘게 숨을 헐떡이며 사무실로 들어왔다. 그는 몇 분 늦었다며 사과를 했다. 필자는 웃으며 괜찮다고 말했다. 그는 약간 긴장한 것 같았다. 그에게 여기에 어떻게 오게 됐는지 물었다. 그는 논의하고 싶은 문제를 모두 열거했다. 그렇게 그는 현재 및 미래의 경력, 그가 결정하기 원하는 것, 그의 가족/특히 자녀를 더 많이 낳을 것인지에 대한 고민, 동료와 가족과의 상호작용, 모든 것이 잘못되어 가는 것 같은 그의 성미와 '암울한 전망bleak outlook' 등을 쏟아냈다. 필자와 이야기하는 것을 정말로 기다린 것처럼 보였다. 말을 끊임없이 쏟아냈다. 마치 처음부터 필자를 믿기로 작정한 것 같았다. 그렇게 우리는 금방 좋은 관계를 맺게 되었다.

그는 자신의 학력과 경력을 간략하게 설명한다. 자신을 야심이 많은 존재로 묘사하고 있으며 온라인 네트워크 링크드인LinkedIn을 통해 자신을 다른 사람, 특히 동료는 물론 이전 동료 학생들과 비교하고 싶은 열망을 인정하고 있다. "그들 중 일부는 앞서 나갔고, 항상 최고가 되는 것이 어렵다는 점을 인정합니다. 한 동료는 제 관리자가 되었어요. 그는 세일즈맨이었고, 저는 그에 비해 허접했어요. 다른 사람들은 이런 방식으로 누군가에 대한 판단을 결론 짓곤 해요." 이는 성공한 라이벌에 대한 그의 평가이다. "나는 나보다 아래에 있는 누군가가 앞서 나갈 때 기분이 정말 나빠요. 지난번 그 일이 있었을 때, 도저히 대처할 수가 없었어요. 제 이전 직장에서 있었던 일이지요. 그때 저는 그만두어야 했어요. 저는 화가 나서 상사에게 소리를 질렀어요. 엄청난 무력감에 심술이 사나운 아이처럼 행동했어요."

우리는 성공한 라이벌이 가질 수 있는 자질에 대해 조금 더 이야기한다. 이를 바탕으로 그는 특정 동료가 승진 담당자와 더 좋은 관계를 맺었을 수 있다고 덧붙였다. 필자는 대화를 진행하는 과정에서 이 동료들이 커트와 어떻게 다른지, 그리고 그들의 접근방식과 행동에서 배울 점이 있는지에 대해 더 질문한다.

또한 필자는 커트에게 최고가 된다는 것이 무엇을 의미하는지 물어본다. 그는 "이는 더 높은 급여와 명성을 추구하기 위한 것이에요."라고 대답한다. 그는 자기가 완전한 완벽주의자라고 묘사한다. 이어서 최선을 다하는 데 드는 기회비용에 대해 물어보았다. 이에 그는 최선을 다하면 많은 시간이 걸리며 가족과 자녀 및 기타 활동과 관련하여 부정적인 영향을 미친다고 말한다. "저는 제 일에 너무 많은 시간을 보내고 있어요. 저는 저녁 식사를 마치자마자 종종 컴퓨터 앞에 다시 앉아 있어요. 저는 가족들과 온전히 연결되면서 아이들과 관계를 맺는 것이 어렵다는 사실을 알게 되었어요. 제가 아이들과 하는 일은 TV로 만화를 함께 보는 것 밖에 없어요." 라고 말한 뒤, 잠시 후 "저는 아이들과 더 많은 시간을 보내고 싶어요."라고 말한다. 하지만 무언가가 그를 가로막고 있다. 커트는 혼자 쉬는 것에 대한 죄책감을 느끼게 하는 두 목소리를 머릿속에서 끊임없이 어떻게 듣고 있는지 설명한다. 첫 번째 목소리는 "당신이 분류할 필요가 있는 몇 가지가 있어요. 그러면 당신은 잠시 동안 휴식을 취하고 삶을 즐길 수 있어요"라고 말한다. 그리고 두 번째 목소리는 "언제나 무언가가 있을 거에요. 이런 식으로 나가다가는 은퇴하거나 죽을 때까지 시간이 없을 거에요."라고 말한다.

또한 그는 현재의 직업에 만족하지 않는다. 경기 침체로 인해 새로운 회사 자동차의 추가 장비 및 출장과 관련된 예산 삭감이 있었다. 그는 이것들이 그의 일생을 조금 더 즐겁게 만드는 중요한 특징이라고 생각한다. 그는 현재 진행되고 있는 직장 생활 방식에 좌절하고 있고, 직장 만족도가 떨어지고 있다. 그는 그렇게 많은 동료들이 어떻게 이 상황에 무관심할 수 있고 심지어 직장에서 성장하는 것처럼 보일 수 있는지 의문을 품고 있다. 그는 "그들이 정말 그렇게 느낀다는 것이 믿기 힘들어요."라고 말한다.

그가 지금 당장 계속해서 활동하게 하는 것은 그가 진심으로 참여하고 있는 공동체 프로젝트에서 자원하는 것volunteering이다. 그는 "그것은 정말로 의미 있는 일이에요. 그리고 저는 지역 사회와 지역 정치를 위해 더 많은 시간을 보내고 싶어요"라고 말한다.

필자는 서서히 커트에 대한 인상을 다음과 같이 형성한다. 그는 다른 사람들과 자신을 비교하는 데 매우 집중한다. 그는 동료와 어울리면서 시간을 낭비하지 않고 최고가 되고 싶어 한다. 그는 사서 고생을 한다. 그는 그의 직장에서 최고가 되길 원하지만, 자원 봉사에서 어느 정도 경험하게 되는 일종의 사회화 형태인 대인 관계와 같은 것이 있다는 것을 잊어버린다.

필자의 성찰은 특별한 질문으로 이어지고 우리의 후속 작업과 지속적인 성찰과 함께 그 해답은 코칭 과정의 나머지 부분에 결정적인 영향을 미친다. 이런 맥락에서 필자는 그에게 "당신은 일상적으로 의미 있는 경험을 하고, 즐기며, 다른 사람들과 함께 하는 사회적 상호작용에 정말로 감사하는 상황을 언급하고 설명할 수 있나요?"라고 묻는다.

이 질문에 커트는 곧바로 자신의 상황을 회상하며, "네, 매년 오랜 친구들과 함께 스카나보 페스티발Skanderborg Festival(유명한 덴마크의 연례 음악 축제)에 참석해요."라고 말한다. 이처럼 그가 상황을 설명할 때 필자는 그에게서 나오는 에너지를 느꼈다. 이어서 그는 말했다. "당신도 알다시피, 실제로 그곳에 가기 전에 기대와 흥분이 넘쳐흘러요. 그리고 일단 거기에 가게 되면 좋은 음악이 있고요. 또한 스스럼없이 여자들과 시시덕거릴 수 있어요. 음, 남자들은 아주 쉬운 대화법으로 이야기를 해요. 그것은 나로 하여금 젊음을 느끼게 해요. 너무 편안해요. 내일 일을 잊어버려요. 이런 일이 결코 끝나지 않았으면 좋겠다는 생각이 드네요!" 필자는 그와 함께 흥분을 하며, 이 상황에서 가장 가치 있는 것이 무엇인지 묻는다. 이에 커트는 주저 없이 답한다. "그것은 깊이가 있는 공동체에요. 그 모든 것이 의미있게 느껴져요." 그는 스카나보 페스티발을 그의 직장 생활과 완전히 통제되는 것으로 본다. "직장에서는 항상 성과를 모니터링하고 실수를 방지하기 위해 노력하고 있어요." 필자는 좋은 관계와 공동체 형성이 승진 가능성과 관련하여 그의 작장 생활에 어떤 영향을 미칠 수 있는지 묻는다.

이는 커트가 직장 생활 및 사생활 모두에 대한 새로운 내러티브를 만드는 데 도움을 주는 근본적 재배치fundamental reorientation와 플롯의 기초가 되는 '스카나보 빛'의 도입으로 이어진다.

다음 절에서 커트는 자신의 불만족스러운 상황을 언급하면서 대화를 다시 시작하지만, 구체적으로 빛나는 순간을 언급하기 시작한다. 예를 들어, 주택 소유자 협회에서 만남이 좋았다고 언급한다. "재미있었어요."라고 말하고는 "저는 밖에 나가서 다른 사람들과 시간을 보내는 게 그리워요!"라고 기쁘게 덧붙인다. 우리는 다음 만남에서 그가 잘하는 것에 주력해서 그 자신에게 만족감을 주어야 한다는 데 합의한다. 그래서 필자는 그에게 "작은 스크랩북을 만들어보세요."라고 조언한다.

다음 코칭 세션에서 커트는 좀 더 근심이 사라졌다고carefree 말한다. 필자는 근심 없음carefree이라는 단어를 주목하며 "근심 없음carefree이라…. 아하. 근심. 비켜!Caring. Free!"[5]라고 말한다. 커트는 미소를 지으며 우리가 마지막으로 만난 이후로 어떻게 지냈는지를 설명하기 시작한다. 그는 "좋은 동료와 상호작용을 가진 것에 감사해요."라고 말하고, 그의 공로를 상사와 동료들로부터 인정을 받았다고 말한다. 커트는 갑자기 쉽게 찾을 수 있는 것을 발견하고는 기뻐하며, "저는 과거의 노력 결실을 거두고 있는 것 같아요."라고 말하며 자신의 이전 노력 덕분으로 돌린다. 또한 자녀들과 훨씬 더 좋은 관계를 맺고 있다고 설명한다. "이제 저는 부엌에 서서 아내와 이야기하면서 종종 아이들과 함께 앉아 있어요. 우리가 함께 하는 일이 정말 아름다워요."라고 말한다. 그는 여전히 '블랙홀에 빠지는falls into the black hole' 상황을 두려워한다. 그는 "다행스럽게도, 지금은 거의 일어나지 않아요." 라며 안도의 어조로 말한다.

필자는 "지금 당신의 기분을 나아지게 해 준 것은 무엇인가요?"라고 묻는다. 다시 그는 '근심 없음'이라는 단어를 언급하며, 자신의 일이 현재 마음속에서 이전보다 덜 눈에 띈다고 말한다. "저는 또한 '절대 신경 쓰지 마세요never mind'라고 말하는 법을 배웠어요. 이전보다 조금 더 삶을 즐기고 있어요. 하지만 동시에 그것이 정말로 괜찮은지 확신하지는 못하고 있어요." 여기서 그는 특히 미래의 경력 잠재력에 대해 생각하고 있으며, 새로

5. 옮긴이 주 - 옮긴이는 라인하드 스텔터가 코칭 현장에서 사용한 언어유희인 "Carefree, aha, Caring. Free!"를 한국적 문화에 기초하여 번역해야 한다고 판단했다. 그리하여 2018년 4월 25일에 라인하드에게 이 언어유희에 대한 덴마크의 상황 및 맥락을 물었고, 2018년 4월 26일에 라인하드는 이 언어유희가 덴마크의 문화적 맥락에 기반한 언어유희라고 설명하였다. 따라서 옮긴이는 라인하드의 언어유희를 한국의 의약품 광고문구에 빗대어 "근심 없음이라….아하, 근심. 비켜!"라고 번역하였다.

운 접근 방식이 그를 망설이게 할 수 있는지 생각한다. 필자는 "당신이 근심 없음 그 이상이 되기 위해서는 무엇이 필요할까요?"라고 묻는다. 그는 자신의 경력과 더 나은 일과 삶의 균형을 만드는 방법을 성찰한다. 그리고 갑자기 그는 특별한 새로운 가능성에 대해 이야기하기 시작한다. 그가 현재 있는 교외에서 일하는 대신에 시내 중심에서 일자리를 찾는 것이 좋은 생각일 수 있다. 그는 "다른 사람들과 함께 있고, 그들을 지켜보고, 퇴근한 뒤 집으로 가는 길에 쇼핑하러 가는 것은 좋을 거예요. 그것은 저를 위한 삶의 질을 나타내요"라고 행복한 어조로 말한다. 우리는 그가 삶에서 더욱 높이 평가하기 시작한 핵심 가치들에 대해 이야기하기 시작한다. 그것은 그의 삶을 가족과 함께 보내기, 더 많이 여행하기, 인생에서 소소한 즐거움을 즐기기다. 그는 "저는 분명 긴장을 푸는 법을 배웠고, 현재의 저를 받아들이게 되었어요"라고 하며 우리의 대화에 대한 결론을 내린다.

마지막 대화에서 우리는 주로 그 과정에서 일어난 긍정적인 변화에 초점을 맞춘다. 커트는 가족이 아파트에서 작은 개조 계획을 시작했다고 말하는데, 이것은 그의 아내와 그에게 새로운 에너지와 나눔의 감각을 부여했다. 그는 직업과 관련하여 만족스럽게 이야기한다. "저는 일에 대한 열정이 조금 줄어들고 저녁에도 일을 덜 하지만, 헌신이 부족해서 그런 것은 아니에요. 그렇게 하고부터 에너지가 더 넘치고, 제가 하는 일들에 관해 좀 더 이해할 수 있게 되었어요."

필자가 "코칭을 시작한 뒤 배운 것은 무엇인가요?"라고 물을 때 커트는 간결하게 말한다. "저는 '결코 신경 쓰지 마세요'라고 말하는 것이 더 좋다는 것을 알았어요. 저는 덜 흥분해요. 단지 자신감이 더 넘치고, 이제 이전 직장 상사와 했던 것처럼 더 이상 심술 사나운 아이가 아니라고 느껴요"

5.1.2.1 사례 성찰[6]

과정이 끝날 무렵, 코치이는 자신과 자신의 삶 및 직장 상황에 대해 훨씬 더 좋게 느끼는 듯 하며, 자신과 자신이 제공할 수 있는 것을 현실적으로 평가한다. 코칭은 자부심을 향상시키고 일과 가정생활과 관련하여 용기를 북돋우는 내러티브를 전개하는 데 도움이 되었다. 게다가, 그의 변화는 특정한 새로운 전략에 뿌리를 두고 있는데, 이것은 '결코 신경쓰지 마세요'라고 말할 수 있으므로 일에서 흥분을 덜 하는 것이다. 이 변화를 가능하게 하는 코칭 과정에서 어떤 일이 일어났는가?

여기에 제시된 코칭 내러티브는 명확한 구조와 줄거리를 가지고 있다. 코치이는 코치에게 직장생활과 가정생활과 관련하여 상대적으로 많은 비특정 문제를 제시한다. 이 문제 외에도 그는 그의 세계가 붕괴된 것처럼 보이고, 근본적인 실존주의적 의심fundamental existential doubt을 경험하는 '암울한 전망bleak outlook'에 대해 불평하고 있다. 공유된 성찰과 코치이의 심오한 묘사를 통해 필자는 코치로서 그의 상황을 짐작하고 있는데, 이는 코칭 과정에서 중요한 질문으로 이어질 수 있다. 이 질문은 코치이의 실존적 내러티브를 해체하는 데 도움이 되는 독특한 사건에 중점을 둔다. 이 질문은 올바르게 인식한 틀 안에서 증가한 예외의 경우에 초점을 맞추는 것을 목표로 한다.

> 당신이 즐기는 것과 다른 사람들과의 사회적 상호작용을 정말로 올바르게 인식하는 것 등 당신이 의미있게 경험한 일상생활에서 어떤 상황을 언급하고 묘사할 수 있나요?

이 문제는 내러티브의 절정과 **전환점**으로 간주될 수 있다. 여기서 코치이는 자신의 상사, 동료 및 가족과의 관계가 더 희망적이고 의미 있는 것으로 발견하는 사건과 상황에 집중함으로써 현재 자신의 **개인적 신화**personal

6. 이 절에서는 특정 이론적 개념을 볼드처리로 표시한다.

myth, 즉 현재 자신에 관해 지배하고 있는 정체성 형성의 내러티브를 변화시킬 준비가 되기 시작한다. 이와 함께, 줄거리는 하향 추세에서 분명한 상향 추세로 바뀌기 시작하고 있다.

이 사례는 이상적-전형적인 특징을 가진 줄거리를 가지므로 명확한 이론적 성찰에 특히 적합하다. 독자 스스로의 내러티브 상호협력 코칭 실천에 영감을 주기 위해 과정 및 선택된 코칭 개입의 특정 사건을 이론적으로 일반화해야 한다. 다음에서는 이 줄거리를 좀 더 자세히 설명할 것이다. 특히 내러티브 이론으로부터 특정 이론 요소를 포함할 것이다. 그 과정 동안 현재 성찰적 프랙티셔너-연구자 입장에서 커트에게 일어나고 있는 일은 물론 필자 자신의 성찰과 함께 일어나는 일을 묘사할 것이다.

이 과정의 초기 단계에서 커트는 과거와 현재 삶의 상황 및 사건에 대한 경험을 제시해야 한다. 이것은 커트의 사람과 관련하여 커트 자신의 진실의 형태를 전달하며, 정체성 찾기 역할identity-founding role을 하는 내러티브에 대한 맥아담스McAdams(1993)의 용어를 빌려서 그가 자신의 개인적 신화를 제시하는 곳이다(3.4.1.6을 참조). 여기서 신화는 현재 전개되는 '두꺼운' 설명과 함께 지배적인 내러티브이다. 궁극적으로, 그에게 문제를 일으키고 그가 코치인 필자와 함께 협력하여 바꾸길 원하는 것이 바로 이 신화다. 필자는 내러티브 코칭 과정에서 신화를 명명하고 코치이가 이야기를 조금 벗어나 외부적 관점에서 그것과 관련된 접근방식으로 말함으로써 **외재화**(4.3.1.2 참조)를 사용한 작업을 선택했을 수도 있다. 그러나 코칭 상황을 경험하면서 다른 측면이 더욱 두드러졌다. 우선, 커트는 그에게 가장 친숙한 방식으로 이야기를 분명히 드러낼 필요가 있었다. 둘째로, 필자는 그의 개인적 신화를 이해하고 그의 과거 및 현재의 많은 사건을 일관성 있는 줄거리로 통합할 필요가 있었다. 내러티브 상호협력 실천에서 기존 신화에 어느 정도 공간을 제공할 것인지를 결정하는 것은 항상 열려 있는 질문과 지속적인 균형 유지 활동이다. 어떤 면에서는 불필요하게 두껍게 할 이유가 없다. 다른 한편으로, 상황에 따라 코치는 대안적 내러티브 역량을 지닌 사건을 밝힐 수 있는 균열을 발견하기 위해 좀 더 심층적 이해를 발전시킬 필요가 있다. 뒤늦게 깨달은 것이지만, 커트의 삶에 대한 이해를 돕기 위해 특정 가설을 찾고 있었다는 것을 알았다. 필자는 커트의 표현에서 동료들 및 상관들과 사회적 상호작용에 대한 특정 무시와 폄하를 감지하는데, 그는 이것을 시간 낭비라고 특징 짓는다. 그러나 근본적으로, 이 두 가지 사이의 의견을 바탕으로 이런 상호작용은 적어도 승진할 거라는 커트의 희망에 비추어보면 그의 직장의 업무 관계에서 중요한 의미를 갖는 것으로 보인다. 또한 필자는 커트에게 **결정적으로 중요한 가치를 표현하는 것**articulation of values that are crucially important을 느끼기 시작했다. 그것은 대인관계 사회화와 특정 업무 과제의 의미 있는 성질을 포함한다. 현재 그는 자신의 지역 공동체에서 봉사활동에만 참여하고 있다. 지금까지 이 가치들은 자신에 관한 이야기들에 나오는 다른 설명들에서 두꺼워지지 않았다. 그러나 **학습 격차**는 줄어드는 것으로 보인다(4.3.1.3 참조). 커트의 코치로서 필자는 그(비고츠키의 근접발달지대 개념)가 점점 더 **독특한 사건**에 대해 질문을 하거나 중대한 사기를 진작시키는 사건에 대해 어떤 **결과**를 초래할 수 있을지 질문을 할 준비가 되어 있다는 것을 느꼈다. 그리고 그것은 대인관계의 사회화와 의미를 다루는 앞서 언급한 핵심 가치에 기초하고 있다.

커트는 이 독특한 사건에 관한 필자의 질문을 토대로 연례 스카나보 페스티발에 오랜 친구들과 함께 참여한다. 이 사건은 고양된 성격을 지니고 있는데, 이는 커트의 일상생활에서 부족한 점이다. 또한, 그가 필수적으로 고려하는 삶의 가치들 중 일부가 주입되어 있다. 이제 코치로서 필자의 도전은 이 특별한 사건이 어떻게 그의 일상생활에 통합될 수 있는지 그리고 어떻게 그것이 커트의 일상생활과 직장생활에 대한 사기를 높이는 이야기를 두껍게 할 수 있는지 발견하는 데에 있다.

필자는 새롭고 좀 더 희망을 주는 이야기의 제목으로 '스카나보 빛'이라는 개념을 소개한다. 이어지는 절에서 커트는 직장생활의 사기를 북돋아 주는 사건들에 대해 이야기하기 시작한다. 그가 초점을 바꾸기 시작한 것은 이번이 처음이다. 따라서 그는 자신의 개인적 신화를 해체하고 대안적 이야기로 설명을 두텁게 하기 위한 첫걸음을 시작한다. 필자는 이 사건들을 근본적인 의미 및 가치와 연결시키는 그의 노력을 지지한다. 그는 다른 사람들과 어울리고 그들의 인정을 누리는 이점에 대해 이야기한다. 이전에 변화 과정을 방해했던 학습 격차가 눈에 띄게 좁아졌다. 그는 희망을 주는 자질에 빛을 비추는 공간을 만드는 균열에 대해 보기 시작했다. 그는 "나가서 다른 사람들과 시간을 보내는 것이 그리워요!"라고 말할 때 완전히 새로운 의사를 표명한다. 그는 필자와 협력하여 자신의 인생 이야기에서 줄거리를 바꾸기 시작한다. 코칭 과정의 나머지 부분은 커트가 자신의 새로운 비전을 말로 표현하는 재저작 대화re-authoring conversation에서 비롯되었다. 처음에는 이 비전이 단순히 '근심 없음'을 중심으로 전개된다. 필자는 적절한 '근심caring, 비켜free'를 말함으로써 적절한 비계를 제공할 수 있도록 그 단어를 여러모로 활용한다. 재저작 과정은 특정 연결 과제에 따라 지원된다. 커트는 삶의 질에 있어서 중요한 역할을 하는 다른 사람들의 중요성을 강조한다. 그가 인생에서 점점 더 감사하고 있는 핵심 가치에 관한 대화는 그의 인생 이야기에서 좀 더 중요성을 띠기 시작한다. 그는 "저는 분명히 긴장을 푸는 법을 배웠고 제가 누군지를 받아들이게 되었어요."라고 말하면서 그 결과를 명확하게 보여준다. 이 진술은 그의 자기인식에 대한 더 큰 만족감을 나타낸다. 그의 이전의 개인적 신화는 무너지기 시작했고, 새롭고 더 희망적이고 삶을 긍정하는 이야기는 여러 가지 작고 고무적인 사건 및 성찰들의 개입으로 구체화되기 시작한다.

5.1.3 사례 3: 자신에 대한 믿음

마지막 사례로 내러티브 상호협력 그룹 코칭 세션에서 발췌한 내용을 제시한다. 참여자들은 상위 중등학교 팰코니아고옴스 김나지움Falkonergårdens Gymnasium의 팀 덴마크Team Danmark 라인에서 연구 프로젝트에 참여한 코칭 그룹 중 하나를 대표하는 6명의 젊은 스포츠 인재들이다. 젊은 엘리트 선수들은 세 가지 핵심 과제를 해결해야 한다. (1) 엘리트 스포츠에서 경력을 쌓고, (2) 일반적으로 개인화 추세와 자기표현 요구사항을 특징으로 하는 복잡한 세계에서 자라나는 젊은이로서 정체성을 개발하고, (3) 스포츠 경력, 교육, 개인 생활의 균형을 잡아야 한다. 연구 프로젝트에 적용된 그룹 코칭 개입은 상호 역량 개발과 공동체 기반 성찰 과정에서 이용 가능한 자원을 촉진하기 위한 것이다. 여기에서 젊은이들은 기쁨(과 슬픔?)과 성공을 나누고, 서로에게서 배우며, 그들의 일상생활과 운동 경력에 따라 제기되는 도전과 관련하여 이해와 행동 전략을 발전시킨다.

선택한 발췌 부분은 마리아Maria와 패트릭Patrick의 대화에서 나온 것이다. 순서에 있는 다른 네 명의 참가자 역할은 경청하는 것이다. 대화는 여러 참여자들, 특히 마리아에게 가장 중요한 사건 중 하나인 것이다. 그 경험에 대한 필자의 설명은 다음과 같다:

필자는 16세의 마리아가 놀라울 정도로 목표 지향적이고 야망이 있는 학생이자 엘리트 선수라는 것을 알고 있다. 그녀는 분명히 국제적인 경력을 목표로 하고 있으며, 이미 자신의 연령대의 여러 유럽 선수권 대회European championships에 참여하고 있다. 나중의 코칭 세션에서 마리아의 학급 친구들은 그녀를 알게 된 지 첫해, 즉 작년에 그녀가 때때로 약간 '과했다too much'고 미소를 지으며 말했다. 그녀는 학교와 스포츠에서 최고가 되고 싶어 하는 욕심이 흘러넘쳤다. 그룹 대화에서 어떤 인상을 주었는지 다른 사람들이 묘사한 평가를 보면 그녀는 때때로 접근하기 어려웠다는 평가를 받았다. 첫해에 그녀는 스트레스 관련 쇠약breakdown을 겪었고, 한 동안 학교 팀 덴마크 코디네이터는 그녀를 많이 지지했다. 마리아는 그 쇠약을 통해 실제로 학생으로서 욕심을 진정시키기 시작했다. 하지만 여전히 스포츠에서는 타협하지 않고 있다. 그날 세션의 한 시점에서 마리아는 스포츠 코치에 대한 기대를 분명히 한다. "코치가 저를 재능 있는 사람으로 보는 것은 제게 정말로 중요해요. 만일 제가 재능 있는 사람이라는 말을 듣지 않는다면, 저는 그만둘 거에요!"

패트릭은 마리아의 강렬한 발언에 즉각 반응한다. 그는 매우 성찰적이고, 말하기를 좋아하며, 거리낌 없이 이야기하는 카누이스트canoeist이다. 그는 그녀가 너무 지나치게 패배주의적이라고 생각하며 "아니야, 너는 자신을 믿어야 해! 나는 왜 네가 스포츠 코치가 생각하고 말하는 것에 그렇게 자신을 의존적으로 만드는지 이해할 수가 없어. 중요한 건 네가 그것을 해낼 수 있을 거라고 생각하는 거야!"라고 말한다.

처음에 마리아는 스포츠 코치에 대한 기대를 고수한다. "아니야. 이건 내게 중요해. 내가 하는 운동은 나에게 잘 맞고, 내가 잘하고 있는 것을 코치가 알고 있으며, 내가 경쟁할 수 있다는 느낌을 갖지 않으면 안 돼."

패트릭은 더 적극 개입하고 강하게 주장한다. "하지만 너는 누구보다도 이 부분을 더 잘 알고 있어. 그저 자신을 믿기만 하면 돼! 상황이 어떻게 전개될지 아무도 알 수 없어…"

코치로서 필자는 패트릭의 개입에 주목한다. 이것은 단순히 말한 것에 대한 추론을 넘어서는 것이다. 그는 거의 마리아가 자신의 신념을 받아들이도록 설득하고 싶어 하는 것 같다. 필자는 새로운 방향으로 대화를 하기 위해 말한다. "패트릭, 당신이 마리아의 이야기에 깊이 관여하고 있다는 것을 알아요. 그런 개입은 당신과 당신이 누구인지에 대해 무엇을 말해주나요?"

패트릭은 필자의 질문을 받아 자신의 이야기를 시작한다. 그는 그렇게 초등학교 4학년 학교생활에 대해 상세하고 흥미로운 이야기를 한다. 비록 필자가 패트릭을 만난 건 세 번째였지만, 그의 이야기는 매우 솔직하고 진솔했다. 이런 솔직한 이야기에 놀랐고, 그가 학급 친구들과 그렇게 터놓고 이야기할 수 있다는 것이 인상적이었다.

저는 4학년 때 심하게 말을 더듬었고, 제대로 읽을 수 없었어요. 저는 비만이었고 친구들이 좋아할만한 모습이 아니었어요. 제가 지금의 저처럼 될 수 있다고 믿는 사람은 많지 않았어요. 정말로 집에서 아무런 도움을 받지 못했고, 특히 저희 어머니가 힘든 어린 시절을 보내셨기에 자연스럽게 저는 어린 나이에 제 자신을 돌보는 법을 배우게 되었죠. 제 문제로 어머니를 괴롭히고 싶지 않았어요. 한 가지 예를 들면, 저는 훈련에 자전거를 가져가서 잠그고 난 뒤 열쇠를 깜빡하고 집에 두고 온 것을 알게 되더라도 어머니께 연락을 드리지 않고 자전거를 들고 집에 갔어요. 난독증이 있다는 것도 남에게 알리지 않았어요. 그걸로 부모님께 또 다른 짐을 드리고 싶지 않았어요. 말더듬는 것도 마찬가지였어요. 다행히도, 저에게는 언어치료사가 있었어요. 그녀가 제 문제에 대해 모든 것을 도와줄 수 있다고 했어요. 이런 경험들과 제가 제 문제를 처리할 수 있었다는 사실이 제가 스스로 살아갈 수 있다는 것에 확신을 주었어요. 그때부터 일이 잘 될 거라고 믿게 되었어요. 제 자신에게 의지할 수 있다는 것을 배웠고, 이제 제가 원한다면 모든 것을 해낼 수 있을 것이라고 생각해요.

패트릭의 이야기를 한 후 잠시 침묵이 흘렀다. 이 이야기는 방안에 있는 모든 사람들을 사로잡고 있는 듯했다. 패트릭은 필자를 감동시켰다. 그는 이 이야기가 그와 그의 이미지와 명성에 부정적인 결과를 가져올 수 있다는 것을 두려워하지 않는 듯했다. 패트릭의 가장 친한 친구이자 바로 옆에 앉아 있던 폴Paul이 먼저 침묵을 깼다. 그의 목소리에는 감동에 떨리는 듯했다. "패트릭, 너를 잘 아는 줄 알았어. 그 이야기가 참 강렬하게 다가왔어! 네가 지금 그때와 동일한 사람이라고 상상하기 어려워."

마리아는 패트릭의 이야기에 상당히 놀랐다. 그녀는 그의 맞은편에 앉아서 생각에 잠겨 있었다. 패트릭의 이야기는 분명하게 마리아에게 깊은 인상을 남겼다. 잠시 뒤, 그녀는 "이 모든 것을 시작하게 된 것이 내 말이었다니 믿을 수가 없네요."라며 놀라움을 금치 못했다. 그리고 그녀는 패트릭에게 "너의 이야기는 나를 뒤돌아보게 해. 네가 자신을 계속 믿을 수 있었다는 게 놀라워."라고 덧붙였다.

시간이 지남에 따라 이 사건은 마리아와 그녀의 스포츠 코치와의 관계와 그녀 자신 및 그녀의 훈련에 대한 접근에 지대한 영향을 주었다는 것이 분명해진다. 그녀는 실제로 마지막 세션에서 패트릭의 이야기를 다시 회상한다. 모두가 훈련에 대한 인식이 바뀌었다고 말했다. 이와 관련하여 마리아는 다음과 같이 말한다. "이제 훈련에 대한 다른 접근을 가지고 있어요. 예전에는 스포츠 코치들이 시켰기 때문에 했어요. 이제 자기 스스로 훈련을 하게 되었어요. 앞으로 그렇게 하고 싶어요. 다만, 제가 뭔가 요점을 잘 이해하지 못할 때는 코치에게 물어봐요. 이렇게 훈련을 하면서 우리에게 실제로 뭔가가 일어났어요."

5.1.3.1 사례 성찰

이 사례는 내러티브 상호협력 목격하기 과정narrative collaborative witnessing processes에서 발생할 수 있는 것을 보여준다. 그 상황은 교환에 직접 참여한 두 사람뿐만 아니라, 모든 사람들에게 풍요롭고 발전하는 경험을 준다. 일반적으로 목격하기는 특정 규칙 기반 구조를 지닌 대화로 이해될 수 있다. 필자는 코치로서 특정 사건이나 진술의 표현과 목격자나 목격자들(패트릭의 사례의 경우)을 위한 진술의 의미 및 가치에 대한 차후의 성찰 사이에서, 또는 가능한 의미에 대한 목격자의 성찰과 최초의 이야기꾼에 대한 사건이나 진술의 결과 사이에서 초점이 이동하는 질문을 통해 그 과정을 안내한다. 목격하기는 행동 경관과 정체성 경관 사이에 초점이 앞뒤로 서로 다르다. 특별한 이상적 구조는 4장의 목격하기 절에서 간략하게 제시된다. 이상적 구조는 모든 설정이 적절하지 않거나 이상적이지 않기 때문에 항상 가능한 것만은 아니다. 실제로 필자는 젊은 스포츠 인재들과 함께 일하면서 목격하기 과정이 정확히 어떻게 이상적으로 진행되어 왔는지(과정에 대한 메타 대화) 설명하지 않기로 반복적으로 선택했다. 하지만 모든 참여자들은 빠르게 인정하고 응답할 수 있는 기회에 감사하며 다른 참여자들의 기여에 대한 이유를 살피고 그들의 의견을 받아들이면서 자신들의 기여를 성찰해왔다. 따라서 목격하기 과정은 때때로 4.3.1.3에 기술된 것보다 더 느슨한 구조를 취한다.

마리아와 패트릭의 대화에서 일어난 일을 우리는 어떻게 해석하는가? 마리아는 정직하고 개방적이지만 직접적이고 단호한 진술로 시작한다. 그녀의 진술은 그 과정에서 개입하고 적극적인 참여자임을 증명한 패트릭의 이전 두 번의 코칭 세션에서도 강렬한 영향을 미친 듯하다. 그러나 패트릭의 진술은 동일하게 직접적이고 직설적으로 이해될 수 있다. 본질적으로, 이 두 입장의 충돌은 토론과는 매우 다른 목적을 지닌 목격하기 과정에서 문제를 일으킬 수 있다. 토론에서 각 당사자는 상대 및 다른 토론 참여자가 자신의 입장을 받아들이도록 설득하는 수사학적 기술을 사용하여 최선의 논거를 제시하기 원한다. 반면에, 그룹 코칭과 목격하기는 토론과 아무런 관련이 없다. 목격하기는 자신의 가치와 다른 사람의 이야기가 자신 또는 이야기를 한 사람에게 지속될지도 모르는 의미 및 결과에 근거하여 말한 것을 성찰하기 위한 초대다. 모든 참여자들은 서로에 대한 공명resonance 또는 공명판sounding board 역할을 한다. 그들은 서로 공명하고 다른 사람이 말한 것을 평가하거나 판단하지 않고 자신의 성찰을 제시함으로써 대화를 풍부하게 한다. 이런 성찰은 주로 진술이 자기 자신 삶의 세계의 관점에서 볼 때 이치에 맞는 가치와 방향에 초점을 맞춘다. 별다른 문제없이 이 접근 방식은 대규모 회의에서도 적용될 수 있다. 여기서 유일한 요구사항은 회의 주재자가 절차를 신중하게 소개하고 모든 참여자가 절차를 수락해야 한다는 점이다.

패트릭에 대한 필자의 의견과 그에 대한 후속 질문은 다음의 관점에서 이해되어야 한다. 먼저, 필자는 그의 기여와 참여에 기본적인 감사를 표한다. 다음으로 "그 개입이 당신과 당신이 누구인지에 대해 무엇이라 말하고 있는 거죠?"라고 물으면서 그에게서 더 많은 것을 듣고 싶다는 관심을 표현한다. 여기서 필자는 그의 관점을 평가에서 자기성찰로 바꿔달라고 요청한다. 자기성찰은 자기 스스로 자기인식과 정체성의 기초를 형성하는 개인적 가치, 신념, 포부, 꿈, 소망에 초점을 맞춰 초대된 정체성 경관에 대한 성찰이다. 그리고 패트릭은 모든 참여자를 놀라게 하는 방식으로 초대를 수락한다. 패트릭 이야기의 강렬함 및 솔직함과 그것의 의미, 자기인식, 근본적 행동 지향은 코칭 세션의 모든 참여자들에게 영향을 미친다. 패트릭의 이야기는 그의 가장 근본적인 신념을 기술한다. 그의 이야기는 그의 정체성의 살아있는 표현이 된다. 이 정체성은 그에게 자신감, 개인적 힘, 목표 방향 등을 부여하고 궁극적으로 그의 인상적인 운동 성취의 근원이다. 다른 참여자들은 여러 가지 면에서 그를 알지만, 주로 눈에 보이는 행동과 성취를 통해 알 수 있다. 필자의 질문에 대한 대답에서 그는 심지어 가장 친한 친구도 익숙하지 않은 이야기를 한다. 패트릭의 매력적이고 흥미진진한 이야기에서 참여자들은 모든 참여자들에게 퍼지기 쉬운 영향을 가진 진실성의 정도를 인식하고 있다. 진실성은 실재적이고 자기 자신이 되는 것을 의미한다. 이 진실성은 자신의 입장, 태도, 행동에 대한 개인적 경험을 반영하는데, 이는 다른 사람들이 자신의 경험 및 성찰하는 수준과 유사하다고 인식하는 것이다. 따라서 다른 사람과 관련하여 자신의 감정과 목표에 대해 더 잘 알고 있는 사람일수록 더 진실한 사람이 될 수 있다.[7]

이런 형태의 진실성은 상호협력 코칭 과정에서 둘 이상의 참여자들 사이에 성찰적 과정을 개발하기 위한 전제 조건으로 간주되는 관계 조정의 기초를 형성한다(3.4.1.7을 참조). 이와 같이 공유하는 것은 성찰적 학습과 발달 공간을 만들어낸다. 여기서 새로운 지식이 함께 만들어진다. 이 새로운 지식은 개인에게 의미가 있고 다른 사람들과 공유 가능하다. 이 공유된 성찰 공간과 공동 창조된 의미 세계의 개발은 목격하기 과정의 특징이다. 개별적으로 의미 있는 요소는 감사의 마음으로 개인적인 기여를 받아들이고 자신의 개인적 현실과 삶의 맥락에 적응하는 다른 사람들과 비교하여 시험할 수 있다. 따라서 내러티브 상호협력 실천으로서 그룹 코

7. 필자는 좋은 동료 올레 포그 키르케뷔Ole Fogh Kirkeby에게 감사의 마음을 전한다. 그가 공유한 진실성의 개념에 대한 통찰력 있는 성찰은 필자에게 큰 영감을 주었다. 사회구성주의자 관점(Gergen, 2009a)에서 진실성 개념은 논란의 여지가 있다. 그러나 필자의 표현은 개인적 관점과 관계적 관점을 통합한다.

칭은 참여자들이 권한부여[8], 사회적 자본[9]의 수립에 기반한 개인적인 힘(Bourdieu, 1983; Putnam, 2000), 소셜 네트워크에서 발전하는 응집력을 발전시키는 포럼이 되는데, 이 그룹 코칭은 특정 코칭 세션을 촉진시킨다(Stelter, Nielsen, & Wikmann, 2011). 그룹 코칭 참여자들 중 다수는 코칭 과정이 끝나면, 대화와 조언 및 지지를 위해 다른 그룹 멤버들을 지속적으로 더 많은 이야기를 하게 이끌어낸다. 이는 이전에는 상상할 수 없던 것이며 참여자들의 개인적, 관계적, 경력 개발과 관련해 새로운 가능성을 창출한다. 이 개인적 진술은 개입이 완료된 지 5개월 후에 수행된 연구에서 나온 중요한 발견들로 인해 좀 더 입증되었다. 이에 대해서는 나중에 좀 더 이야기하겠다(5.2.2&5.3.1).

8. 지역심리학community psychology 및 사회 문화 이론에서 권한부여는 무기력powerlessness에 대응해 사람들의 능력을 강조하고 그들 자신이 그들의 삶의 상황에 영향을 미칠 수 있다는 것을 증명하는 개념으로 사용된다. 그룹 코칭은 특히 모든 참여자가 도전적인 상황에서 유능하고 참여적인 태도로 행동할 수 있도록 목표를 설정하는 공동 및 상호협력 인식 과정에 중점을 둔다.

9. 사회적 자본은 신뢰, 상호관계reciprocity, 상호협력의 형태로 사회적 관계와 네트워크에서 잠정적인 자원으로 존재하는 응집력이다. 이는 우리가 서로의 지식과 경험을 통해 지속적으로 학습하고, 개인 및 공동 개발을 위해 상호적 관계를 사용하는 지점이다.

5.2 인지된 효과: 내러티브 분석

실천 기반 코치practicing coach나 심리학자는 사실상 코칭이나 심리치료의 효과적인 요인을 체계적으로 연구할 가능성과 자신의 실천에서 연구를 기반할 가능성이 거의 없다. 대부분 프랙티셔너는 그들의 업무 효과를 체계적으로 추적할 수 있는 특별한 평가 방법을 인터뷰 연구의 형태나 정량화된 평가quantifiable assessment/evaluation로 사용하지 않는다. 코치는 고객에게 물어보기 위해 그/그녀 자신과 자신이 속한 맥락을 벗어날 수 없다. 일반적으로 프랙티셔너는 코치이의 개인적인 주관적 경험에 기초하여 개입의 영향에 대한 깊은 통찰에 접근할 수 없다. 코치는 과정의 공동 창조자로 지나치게 관여하고 있다. 예를 들어 코치나 심리학자는 고객에게 질적 인터뷰를 통해 과정이 어떻게 진행되었는지 물어볼 수 없다. 한 가지 가능성은 설문지 또는 평가 양식을 사용하는 것이다. 하지만 필자의 의견으로, 세션 노트, 고객 파일, 심지어 비디오나 오디오 녹음물에 근거한 성찰과 수퍼비전은 코치의 실천을 발전시키기에 좋고 매력적인 방법을 제공한다. 일반적으로, 코치는 자신의 변화 과정에서 무슨 일이 일어나고 있는지와 코치이의 경험에 대한 감각을 발전시킨다. 그러나 프랙티셔너가 자기 자신의 일의 장기적인 효과에 대한 체계적인 평가를 수행할 기회를 갖는 경우는 거의 없다.

필자는 이번 기회를 활용하여 많은 학생들이 자신의 졸업 논문을 쓰도록 했다. 논문 작업의 일환으로, 학생들은 위의 사례가 나오는 프로젝트에서 많은 그룹 코칭 참여자와 인터뷰 연구를 수행했다. 먼저, 필자는 적용된 내러티브 분석 방법을 설명할 것이다. 다음으로, 선택된 그룹 코칭 참여자들은 그 과정에 대한 자신의 경험과 그룹 코칭이 그들에게 어떻게 영향을 주었는지에 대한 이야기를 하기 위해 연구에 참여할 것이다. 5.3에서는 개입 그룹intervention group이 통제 그룹control group과 비교하는 무작위 대조군 설정 연구randomized controlled study의 결과를 제시한다.

5.2.1 내러티브 분석 방법

그룹 코칭의 인지 효과에 대한 질적 연구는 최종 논문 작업의 일환으로 학생 집단이 수행하고 분석한 참여자 인터뷰의 내러티브 분석에 기초한다. 내러티브 연구는 참여자들이 특정한 삶의 맥락에서 어떻게 의미를 만드는지 밝히는 것을 목표로 하는데, 이 경우 특히 참여자의 개입과 관련하여 그렇다(Clandinin & Connelly, 2000; Czarniawska-Joerges, 2004).

의도한 설명을 용이하게 하기 위해, 전사된 인터뷰는 해석학적 현상학 분석과 비판적 내러티브 분석의 조합에 따라 이루어졌다(Langdridge, 2007). 개별 참여자들의 후속 내러티브 텍스트 설명에서는 자신의 말과 개인적 표현을 통해 한 개인이 빛 속으로 들어서도록 하는 것이 중요하다. 그러므로 여기에 제시된 이야기는 사실상 참여자 자신의 말에만 근거를 둔다. 연구자의 해석은 주요한 의미 단위를 식별하고 인터뷰 텍스트를 특정 플롯 및 줄거리가 있는 이야기로 배열하는 데 있다.

내러티브 연구는 참여자들에게 (개인의) 목소리를 제공함으로써 사회적 연구를 위한 새로운 의제를 설정한다. 독자는 이 목소리를 들을 수 있으므로 자신이 읽은 것과 유사한 도전 및 맥락에서 자신의 관점을 확장할 수 있다. 후기구조주의 사상에 대한 명확한 언급으로, 인정받는 내러티브 연구자는 다음과 같이 말한다.

> 내러티브 전회narrative turn는 사회과학에 대한 단 하나의 획일적인 개념에서 다양한 형태의 표현과 연구를 촉진시키는 다원주의로 나아간다(Bochner, 2001, p.134).

이는 여러 관점을 동시에 다루는 것의 이점을 시사하며, 한 연구자의 목소리뿐만 아니라 연구자들과 프로젝트 참여자들의 다양한 목소리를 갖는 것의 중요성을 인식하게 한다. 그들 각자의 방식과 그들 각자의 이론적 또는 실천적 경험 분야에서, 이 목소리는 하나의 현상으로서 그룹 코칭에 대한 우리의 지식을 규정한다.

5.2.2 코칭 참여자의 이야기

다음에서는 두 가지 이야기를 제시한다. 첫 번째 이야기는 사례 연구 3에서 이미 만난 마리아의 이야기이다.[10] 마리아는 과정이 끝난 직후 인터뷰를 했다. 그래서 그녀가 언급한 세션 가운데 일부는 인터뷰 2-3개월 전에 진행된 것이다. 그룹 코칭의 특정 경험들은 갑자기 새로운 의미를 갖는 몇몇 후속 행동 및 사건들과 관련이 있으므로 원래 사건의 '사실facts'도 변경될 수 있다. 따라서 사례 3에서 필자의 설명도 아래의 마리아의 설명과 약간 다르다.

두 번째는 토마스의 이야기다. 이는 코칭 과정을 마친지 6개월 후에 필자의 학생 중 한 사람[11]의 인터뷰를 통해 이루어졌다. 논문 프로젝트를 계획하면서 필자는 더 이상 그 과정을 기억하지 못할 수도 있는 참여자들과 관련된 논문을 쓰도록 학생들을 격려할 수 있을지 확신이 없었다. 필자는 많은 젊은이들이 아마도 다양한 경험을 가지고 삶을 살아갈 것이어서 12주에 걸친 1시간 반 동안 8번의 코칭 과정이 곧 잊혀질 것이라고 예상했다. 그러나 이 생각은 틀렸다. 토마스의 이야기는 그가 자신의 스포츠, 그 자신과 특정 도전을 다루는 방식과 관련하여 그룹 코칭이 이끌어낸 변화들에 대해 너무 생생하게 기술해서 여기에 포함되었다.

---

10. 마리아의 이야기를 출판하도록 허락해준 에밀 클라우젠Emil Clausen과 토마스 호그 헨릭슨Thomas Høgh Henriksen에게 감사의 마음을 전한다. 마리아라는 이름은 가명으로 처리되었다.

11. 토마스의 이야기를 출판하도록 허락해준 안드레 릿셀 닐슨Andreas Rytsel Nielsen에게 감사의 마음을 전한다. 토마스라는 이름은 가명으로 처리되었다.

이 이야기는 그룹 코칭이 참여자의 자각과 정체성에 미치는 중요한 영향을 드러낸다. 또한 그것이 참여자들로 하여금 어떻게 힘을 부여하고, 결단력을 갖게 하며, 새로운 의미를 만들어낼 수 있게 하는지 보여준다. 이 이야기들은 자명하다. 개인들은 코칭 프로젝트 동안 자신들의 경험에 대한 설명에 비추어 나타난다. 다음에서, 독자는 삶과 직장 맥락에서 그러한 접근이 어떻게 유용할 수 있을지 상상하도록 초대받는다.

5.2.2.1 마리아: 나의 스포츠는 나 자신이자 나의 생활방식이다

제 이름은 마리아이고, 16살이에요. 저는 스포츠[12]를 하고 있어요. 엘리트 수준이에요. 일주일에 25시간 정도 훈련을 하고, 게다가 피트니스와 운동을 해요. 정신적으로, 저에게 스포츠는 제 일상생활의 큰 부분을 차지해요. 저는 식단에 많이 신경을 쓰고 있어요. 왜냐하면 제가 하는 일과 훈련에 식단이 어떠한 영향을 줄 것인지 생각해야 하기 때문이에요.

사실 처음에 이 과정에 조금 부정적이었어요. 제 자신에 대해 많은 것을 공유하고 정말 개인적인 것을 터 놓고 말하는 게 어려웠어요. 하지만 일단 진행하면, 그것이 흥미롭다는 것을 발견해요. 다른 사람들이 자신의 문제를 어떻게 다루는지를 들어보는 것은 흥미로웠어요. 실제로 우리는 그룹에서 더 많은 이야기를 하기 시작했고, 저는 다른 사람들에게 더 많은 관심을 기울였어요. 그들이 좋지 않은 하루를 보내고 있거나 뭔가 좋은 일이 있었는지 물어보죠. 우리는 서로를 새로운 방식으로 알게 되었다고 말할 수 있어요.

저는 이게 좋은 과정이라고 생각해요. 왜냐하면 단지 일하기보다 일하는 이유를 생각하는 법을 배웠기 때문이에요. 제가 정말 열심히 훈련을 한다면, 왜 이 훈련을 하고 있는지 생각하는 것을 멈추게

12. 익명처리를 위해 단지 스포츠라고만 표기했다.

될 거에요. 왜냐하면 정말 잘하고 싶기 때문이죠. 때로는 학교에서 다른 친구들과 수다를 떨 수 있는데 왜 지금 수업에 집중하려고 애쓰는지 생각해요. 그건 제가 좋은 점수를 받고 싶기 때문이죠. 이 과정을 통해 제 자신에 대해 많은 것을 배울 수 있어서 놀랐어요. 저는 자신을 정말로 잘 알고 있다고 생각했거든요.

다른 운동선수와의 대화도 저에게 큰 인상을 남겼어요. 패트릭과 마찬가지로, 스포츠 코치는 제가 세계 선수권 대회에 나갈 자격이 없을 거라고 말했어요. 패트릭은 저에게 제 코치가 한 말에 대해 걱정하지 말라고 했어요. 그리고 사실 제가 그 그룹에 들어가고 싶으면, 그냥 훈련 받고 들어가면 됐어요. 패트릭의 말대로 걱정할 필요가 없었죠. 그 뒤에 제 훈련은 예전보다 훨씬 나아졌어요. 그리고 제가 들어가기 위해 훈련하는 것이 자연스러워졌어요. 그래서 저는 이런 생각을 패트릭에게 말했고, 그는 '그래, 그냥 해, 그럼.'이라고 말해줬어요. 그것은 저에게 조금 도움이 되었어요.

게다가 로라Laura는 팔꿈치를 다쳐서 수술을 받아야 했는데, 그러면서 이 스포츠가 정말 그만한 가치가 있는지 궁금해 했어요. 왜냐하면 언젠가는 아기를 갖길 원했거든요. 그래서 저는 이런 생각을 하게 되었어요. 이봐요, 당신이 여기에 얼마나 많은 시간을 쓰는지 생각해보세요. 당신은 그 스포츠를 정말 원해야 한다고요. 다른 십대 청소년들이 보통 화요일에 무엇을 하고 있는지 생각해보세요. 그리고 나는 화요일에 어떤가요. 그날 밤에 또 훈련하고 있겠죠. 그것은 제가 왜 특정한 일을 하는지 더 의식하게 만들었어요. 예를 들어, 저는 금요일에만 단 것을 먹어요. 그래서 다른 요일동안 저는 '왜 또 이렇게 금요일에만 단 것을 먹는 걸까?'라고 생각하죠. 단 것을 많이 먹으면 남들보다 뛰어나기 어렵기 때문이죠. 우리 같은 선수들은 식단 관리가 정말 중요해요. 저는 스포츠가 단순한 스포츠만이 아니라, 생활방식이라는 것을 받아들이게 되었어요. 그리고 당신도 그걸 알고 있어야 하죠. 코칭 과정을 시작하기 전에 저는 더 이상 그것을 즐길 수 없을 때까지 경기에 참가할 것이라고 생각했어요. 그러나 지금 이 생활방식을 사랑하기 때문에 이 일을 하고 있다고 생각해요. 하지만 단점도 있어요. 왜냐하면 때때로 훈련이 잘 안 되면, 제 세상이 끝나 가는 것처럼 느껴질 수도 있기 때문이에요. 그런 느낌을 받는 이유는 제가 훈련하는 데 많은 시간을 보내고 있기 때문이죠.

하지만 모든 훈련, 많은 숙제, 시간에 대한 압박감에 가끔 스트레스를 받아요. 과거에는 그냥 '제기랄!'이라고 말하곤 했어요. 그리고 잠자리에 들어 머리 위까지 이불을 뒤집어쓰곤 했죠. 그런 다음 더 이상 잠을 잘 수 없을 때까지 나오지 않았어요. 그런데 그룹 코칭을 마친 뒤부터는 문제를 잘 처리할 수 있고, 계획을 짜서 그것들을 해결하려고 해요. 저는 스포츠를 통해 무엇을 성취하고 싶어 하는지 더 잘 알게 되었어요. 그래서 제 생각엔 이 목적의식이 모든 것들을 좀 더 체계적으로 만드는데 사용될 수 있을 것 같아요. 저는 특정한 문제를 어떻게 처리할지 생각할 시간이 없었어요. 이제는 제 스포츠 코치에게 더 쉽게 다가가서 "문제가 생겼어요. 해결책을 찾아야 해요."라고 말해요. 제 생각에 그건 꽤 멋진 일이죠. 지금 문제가 있을 때 인정하는 게 두렵지 않다는 겁니다. 때때로 모든 것을 통제할 수 없다는 것을 인정하고 나서 도움을 청하는 것은 멋진 일이에요. 다른 사람들에게 자신의 문제에 대해 이야기하면 마음이 한결 가벼워져요. 제가 훈련 받는 사람들에게 피곤하다고 말한다면, 그건 좋은 거에요. 왜냐하면 사람들은 제가 하는 행동이 왜 그런지 이해할 수 있는 기반을 가지게 되는 거니까요.

그룹 코칭에서 피드백을 받고 다른 사람들의 의견을 듣는 것이 좋았어요. 왜냐하면 모두 제 또래여서, 저와 거의 비슷하게 행동하기 때문이에요. 스포츠 코치에게 말하지 않고 말이죠. 마찬가지로, 저는 두 명의 여자 아이들과만 이야기를 나누곤 했어요. 하지만 이제는 같은 반의 다른 아이들에 비해 남자 아이들과도 잘 이야기 나누고 알아가기 시작했어요. 왜냐하면 우리가 스포츠 맥락과 다른 방식에서도 서로에 대해 더 잘 알고 있으니까요. 이 말은… 다른 사람들이 훈련을 받을 때나 정말 잘하고 있을 때 어떻게 생각하는지 더 많이 배웠다는 뜻이에요.

5.2.2.2 토마스의 이야기: 당신이 잘하는 것을 하라

제 이름은 토마스입니다. 18살이고 고등학교 3학년이에요. 팀 스포츠에서 13년 동안 운동을 했어요. 온 가족이 운동을 했기 때문에 5살 때부터 시작할 수 있었어요. 엄마, 아빠, 여동생 저희 가족 모두 운동을 했어요. 그래서 저도 "한번 해보자."라고 생각했죠. 어찌 보면 가족들이 저를 체육관으로 이끌었다는 뜻이죠.

그룹 코칭에서 제가 가장 먼저 기억하는 것은 우리가 팀으로서 어떻게 행동했는지에 초점이 맞춰졌다는 점이에요. 제가 팀원이기 때문에 팀에서 일하는 방식과 팀이 어떻게 개선될 수 있는지에 대해 함께 이야기했어요. 특히 우리가 압박을 받고 있는 상황에서 어떤지 이야기했죠. 그런 다음 우리는 이런 상황에 대처하는 방법에 대해 개별적으로 이야기했고, 또한 팀으로서 이야기했어요. 그리고 당신이 그 똑같은 상황에서 생각할 수 있는 것이 무엇인지, 점수를 채우기 위해 할 수 있는 것은 무엇인지도 나누었어요.

그 다음으로 기억나는 점은 우리가 승리감에 대해 이야기했다는 사실이에요. 그리고 "좋아, 우리는 이제 확실히 승리할거야."라고 생각한 상황에서 그룹에 속한 우리는 어떻게 느꼈을까요. 한 달 전쯤에 있었던 게임이 기억나요. 당시 우리는 10분씩 4세트를 했고, 단지 20초 밖에 남지 않았었어요. 저는 우세한 위치에서 공을 가지고 있었고, 우리가 한 점차로 지고 있었어요. 물론, 그런 상황에서 상대팀 선수들이 점수를 내지 못하게 하기 위해서는 시간을 벌어야 해요. 그래서 저는 공을 잡고 있었고, 저의 팀 동료 중 한 명을 불렀어요. 그런 다음 제가 상대방을 속이는 동작을 했어요. 그러곤 빠르게 움직여서 득점을 했어요. 경기는 그 순간에 끝났어요. 우리가 한 점 차로 이겼죠. 그룹 코칭을 하기 전 저는 이런 상황에서 매우 압박감을 느꼈었어요. 예전에는 이렇게 말했을 것이에요. "이제 점수를 내야만 해, 그렇지 않으면 우리는 망할 거야." 하지만 라인하드가 제게 준 좋은 조언은 느긋하게 잘 할 수 있는 일을 편안하게 하려고 노력하라는 것이에요. 지난 6개월 동안, 그 조언을 훈련과 경기에 많이 활용했어요. 특히 어떻게 해야 할지 모르는 그런 압박감이 맴도는 상황에서 더욱 더 활용했죠. 이제 저는 그저 좋고 쉽고 편안하게 제가 가장 잘하는 일을 해요. 저는 당신이 시험에서 특히 압박을 받을 때, 그리고 초조함을 느낄 때 어떻게 동일한 접근을 사용할 수 있을지 생각해봤어요. 그러면 당신은 가장 잘 할 수 있는 일을 해야 해요. 당신이 할 수 있는 일만 하세요. 이런 부분은 우리가 그룹 코칭에서 이야기했던 것이 아니에요. 그룹 코칭에서는 주로 스포츠에 관한 이야기만 했었죠. 적어도, 우리가 학교와 관련된 어떤 것에 대해 이야기했던 기억이 없어요.

저는 그룹 코칭 후 목표를 달성하는 데 훨씬 더 좋아졌어요. 당신은 그것이 코칭 때문이라고 말할 수 있을지 모르겠어요. 그러나 어떻게든 제가 목표를 달성하는 게 좋아지긴 했어요. 제 말은 제가 이전에 팀과 훈련만 했던 시기보다 좋아졌다는 거에요. 이제 우리는 덴마크 챔피언십에서 뛰고 있는 클럽의 엘리트 팀과 함께 훈련하기 시작했어요. 저는 지금 훨씬 더 높은 차원에서 훈련을 해요. 엘리트 팀에는 한 달 전에 합류했어요. 그것은 꽤 멋진 일이었어요. 그들의 코치는 다가와서 우리의 팀과 함께 훈련하는 것을 지켜보았다고 말했어요. 그런 다음 그는 훈련을 마치고 나서 제게 엘리트 팀과 함께 훈련을 하고 싶은지 물어봤어요. 그래서 "네, 물론이죠."라고 대답했어요. 그런 다음 일정을 저에게 알려주었고 저는 훈련을 받으러

나왔어요. 엘리트 팀과 함께 2-3주를 보낸 뒤에, 그는 저에게 "좋네요, 팀에 합류하셔도 좋아요."라고 말했어요. 그렇게 정기적으로 그들과 훈련을 할 수 있었어요. 그건 정말 멋진 일이에요. 저는 이 팀과 함께 많은 시간을 갖지 못해요. 그들은 저보다 훨씬 크고 강하며 나이도 더 많은데다가 경험도 더 많아요. 하지만 저한테는 아주 좋은 경험이에요. 자신의 훈련보다 훨씬 더 강한 훈련으로 몰아붙이게 되면, 더 많은 것을 배우게 되죠. 엘리트 팀 사람들은 더 빠르고 잘해요. 그리고 그것은 많은 도움을 줄 뿐만 아니라, 더 좋은 선수로 만들죠. 물론, 조금 힘들어요. 실제로 엘리트 팀 선수들은 더 잘하니까요. 어찌 보면 당신이 더 못 하는 것처럼 보이게 할 수도 있죠.

제가 이렇게 엘리트 팀과 훈련을 받게 된 것이 단지 훈련의 양이 만들어 준 것인지는 모르겠어요. 하지만 코칭은 저에게 영향을 주었어요. 특히, 그러한 압박적인 상황에서 말이죠. 정말 저에게 도움이 됐어요. 제 생각에는 코칭을 받는 것이 저를 더 좋은 선수로 만들어 주는 것 같아요. 제 생각에 그룹 코칭이 제가 한 단계 더 나아가는 데 도움이 된 것 같아요. 라인하드는 당신이 할 수 있는 것과 최선을 다할 수 있는 것에 대해 많이 생각하고 있었어요. 그리고 저는 그것에 정말 집중해왔다고 생각해요. 그런 의미에서 저는 상위 시리즈 중 하나에서 성적이 한 단계 올라감으로써 보상을 받은 것 같아요. 특히 들어가서 경기를 결정해야 하는 그런 압박적인 상황에서는 더욱 그래요. 시간이 얼마 남지 않았고 점수도 동점이라면, 우리가 앞서기 위해서는 한 번의 기회를 잡아야 해요. 그런 경우에는 코칭 받은 것이 분명히 나에게 도움이 돼요. 실제로 압박적인 상황에서 점수를 더 잘 얻을 수 있게 해주죠.

하지만 저를 도와준 사람은 단지 라인하드뿐이었어요. 제 말은 당신이 일종의 집단 감정을 갖게 되는데, "괜찮아, 나는 이 일을 하는 유일한 사람이 아니야."라는 생각을 하게 되죠. 우리 다섯 명이 한 그룹에 있었고, 코치로서 라인하드가 있었어요. 우리는 교대로 했어요. 예를 들어, 그 수영 선수는 자신이 가장 잘하는 것이 바로 수영할 때라고 설명했어요. 펜싱 선수들이 자신이 잘하는 것을 설명한 다음 우리는 교대했죠. 그러면 "좋아, 이제 그곳에 가서 내가 잘하는 것을 해야 돼."라고 생각하는 사람들이 있어요. 이런 부분이 사실 저에게 더 많은 자신감을 주었어요. 그래요. 자신감은 압박받는 상황을 위한 좋은 용어에요. 네, 그룹 코칭은 정말 저에게 자신감을 줬어요. 전 "그래, 할 수 있어."라고 생각했어요. 저는 그냥 가서 그것을 하면 돼요. 특히 다른 사람들이 그렇게 말하는 것을 듣는다는 것과 그들도 똑같이 느꼈다는 사실을 듣고 있었어요. 우리가 팀 덴마크 Team Danmark 클래스이고 모두 엘리트 선수이기 때문에 그런 것인지는 잘 모르겠어요. 하지만 우리가 더 있다는 사실이 당신으로 하여금 "좋아, 그들은 할 수 있어, 그들은 내가 하는 일을 하고 있고, 똑같이 느낄 거야."라고 생각하게 만들어요. 그것은 비록 동일한 스포츠가 아니라고 해도, 같은 관심사를 가진 작은 공동체를 만들어내요. 동일한 방식으로 느끼는 다른 사람들이 있어서 좋아요.

한스Hans도 이 그룹 코칭을 했는데, 한스는 어떤 이탈리아 사람과 맞서고 있었어요. 그는 이탈리아가 덴마크보다 훨씬 더 낫다고 말했어요. 그는 시합을 하기 전에 혼자 '그래, 난 이번 경기에 졌어.'라고 생각했어요. 그리고 그런 자세로 시합에 다가갔죠. 그런 다음 한스는 시합을 하게 됐고, 저는 한스가 그 시합에서 크게 이기고 있다고 생각했어요. 그러다 어느 순간 한스는 압박을 이기지 못하고 결국 졌어요. 저는 이 이야기가 당신이 우울하거나 기분이 좋을 때, 그리고 여전히 지고 있을 때 꽤 흥미로울 것이라고 생각해요. 물론, 그 결과는 좋지 않았지만, 듣기에는 꽤 흥미로웠어요. 저는 그가 압박을 받고 있는 이 상황을 그의 입장에서 생각해볼 수 있을 것 같아요. 그리고 당신이 어떻게든 선두를 지켜내지 못 했을 때도 생각해볼 수 있겠죠. 물론, 당신은 더 멀리 앞서 가기 위해 평등하게 하려고 노력해야 해요. 당신은 그곳에 가서 최고와 어깨를 나란히 할 수 있어요.

그것이 제가 펜싱 선수들의 이야기에서 배운 것이에요. 물론, 처음에 한스는 자신이 졌다는 사실에 정말, 정말, 정말, 정말, 정말로 비통해했어요. 하지만 한스는 나중에 그 경기에 대해 생각할 시간이 있었을 때, 그렇게 잘 싸웠다는 것을 자랑스러워했어요. 그것도 이탈리아 사람들에 맞서서 말이죠. 그것은 그에게 꽤 자랑스러운 일이었어요.

저도 펜싱 선수 이야기가 저에게 영향을 미친 경험이 있었어요. 스웨덴Sweden에서 열린 대회인데요, 단연코 최고의 팀과 경기를 벌이고 있었어요. 그 경기에서 우리는 앞서 나가다가 결국 졌어요. 우리가 상상했던 것만큼 많은 차이는 아니었지만, 우리는 결국 졌지요. 물론 굉장히 불쾌했어요. 특히 우리가 처음에는 조금 앞서 나가고 있었기 때문이에요. 경기가 끝난 뒤 탈의실에서 우리는 경기에서 패배한 것에 대해 이야기를 나눴어요. '그래, 팀원 모두가 사실 꽤 잘했어. 우리는 10점정도 차이로 밖에 안 졌어. 이 팀은 정말 강하고 훌륭한 팀이기 때문에 예상했던대로 했으면 우리가 훨씬 더 많은 차이로 졌을 텐데 10점 차이면 잘한 거야.' 그 말을 한 건 저였어요. 저는 탈의실에 있는 팀원들에게 말했어요. '애들아, 우리는 정말 잘했어, 겨우 10점 차로 졌어, 우리는 이 강한 팀에게 100점 차이로 질 수도 있었어.' 이에 모두들 살짝 고개를 끄덕였어요. 물론, 그들은 여전히 열이 받아있었어요. 그러나 결국 그들은 '그래, 네 말이 맞아!'라고 하면서 끄덕였어요. 이처럼 갑자기 나와서 저를 그곳으로 밀어넣은 것은 펜싱이야기였어요.

저는 수영선수 중 레네Lene의 이야기를 활용했어요. 그녀는 비판을 받아들일 수 있어야 하고 이를 구조적으로 사용할 수 있어야 한다고 말했어요. 우리가 서로 훈련할 때 나눈 대화 방식으로, 인정사정 봐주지 않아요. 물론, 우리는 좋은 방식으로 서로가 발전하도록 돕기 위해 서로 얼굴을 보며 더 잘 이야기할 수 있을 거라고 느꼈죠. 당신은 사람들을 훈련으로 조금 더 밀어붙일 수 있고, 여전히 그것을 좋은 방식이라 말하고 있어요. 어제처럼 훈련에서 우리 팀의 누군가가 잘 통과하지 못하는 경우가 있어요. 그러면 그에게 소리를 많이 지르지만, 칭찬하기도 해요. 예를 들어, '정말 좋다!'라고요. 그것은 제가 라인하드와 대화를 하면서 배웠고, 실제로 삶으로 가져간 부분인 것 같아요. 그렇게 당신은 서로 엄격하게 대하지만, 그래도 그것은 좋은 의도로 하는 거니까요. 그렇기 때문에 그가 그런 방식을 통해 교훈을 얻고 더 나아질 수 있을 거라고 생각해요.

훈련할 때는 거의 모두 경쟁적이지만, 그것은 좋은 일이에요. 당신은 팀에서 자리를 지키고 추가적인 시간을 갖고 싶기 때문에 서로 더 밀어붙이는 거에요. 그렇게 서로 더 밀어붙임에도 여전히 친구가 될 수 있죠. 마치 훈련을 함께 받으러 갈 때, 가장 친한 친구가 되는 것과 같아요. 훈련에서 당신은 그런 친구와 서로 맹렬히 싸우게 되죠. 그리고 조금 있다 보면, 당신은 다시 가장 좋은 친구가 돼요.

저에게 큰 인상을 준 이야기는 유도를 하는 우리 반의 누군가였어요. 그는 특정한 체급에 오르는 것에 대해 많은 시간을 걱정하며 보냈어요. 그래서 종종 몸무게가 너무 많이 나가거나 그러면, 그는 어떤 큰 시합을 앞두고 몸무게를 줄여야 해요. 그가 몸무게를 줄이는 방식은 저에게 큰 인상을 남겼어요. 그는 털모자와 장갑을 끼고 2개의 담요를 덮고 침대에 누워서 땀을 흘렸어요. 사우나를 했고, 몸에서 모든 땀을 다 빼내기만 하면 됐어요. 많이 먹지 않았고 시합에서 겨룰 준비가 되어 있어야 했어요. 물론, 그가 해야만 했던 일이었지만, 저는 그것이 정말 멋지다고 생각했어요. 그것은 순전한 의지력이에요. 그가 그렇게 자신의 운동에 전념하고 있고 이 모든 부분에서 그가 수행하고 있다는 것을 아는 것은 멋진 일이에요. 저는 제 자신에게 열정을 불어넣어야 할 때, 때때로 이 이야기에 대해 생각하고 그가 할 수 있다면 저 역시 할 수 있다고 생각해요.

이처럼 우리는 운동경기 중 타임아웃이 있는데 그때는 선수 대기석에 앉게 해요. 저는 그룹 코칭 전에 제가 했던 것과는 다르게 대처해야 한다고 생각했어요. 어떻게든 저는 코치가 하는 말에 더 귀를 기울여야겠다고 생각했어요. 어쨌든 코치가 그 일의 책임자이고, 어느 정도 코치에게 좀 더 귀 기울여야한다고 느끼게 된 거죠. 그리고 실제로 코치는 우리보다 더 많이 알아요. 이전에 코치가 말을 할 때 그냥 물을 마시는 척하면서 듣지 않았어요. 코치가 훌륭한 조언을 하고 있기 때문에 당신이 '그래, 이제 집중하자.'라는 상황들이 많이 있을 거라고 생각해요. 라인하드는 항상 집중해야 하고 주의를 기울여야 한다고 말했어요. 그래서 저는 타임아웃 중에 벤치에 앉아 있고 매우 지쳐있을 때 '아냐, 라인하드가 뭐라고 말했었지…'를 생각했어요. 그리고 우리가 집중하기에 대해 이야기 나누었던 때로 돌아가 생각해 보았어요. 또한 유도 선수가 체중 감량을 할 때 집중하기 정말 힘들어했던 내용도 기억났어요. 당신이 이런 부분과 정말 비교할 수 있을지 모르겠지만 그 유도 선수는 집중하는 것을 정말 힘들어했죠. 보통 시합에서 지고 있을 때 집중을 유지하기가 어려워집니다. 제 말은 어느 정도 당신이 정말로 열 받았을 때인데요. 당연히 열 받겠죠. 당신이 지고 있으니까요. 당신 내면에서 짜증이 나고 종종 당신이 팀 동료들에게 대해 욕을 하기도 하죠. 저는 좀 더 공격적으로 사람들에게 '공 패스해, 제기랄!'이라고 소리를 치죠. 그렇게 하고 나면 '그룹 코칭에서 이야기 한 것처럼 그냥 하자.'라고 다시 생각을 되돌리는데 도움이 될 수도 있어요.

이처럼 저는 저의 일상생활이 그룹 코칭 후에 더 구조화되었다고 생각해요. 이와 마찬가지로 저는 언제 무엇을 해야 할지 더 잘 알고 있어요. 언제 과제를 할지, 언제 훈련을 할지, 그리고 언제 가족 및 친구들과 시간을 보낼지 알고 있어요. 그룹 코칭이 좋은 구조화를 제공했다고 느껴요. 그룹 코칭 덕분에 제 일상생활은 더욱 체계적으로 구조화되었죠. 우리는 모두가 그리고 특히 개인적으로 어떻게 느꼈는지에 대해 많이 나누었어요. 우리는 친구, 가족, 스포츠에 대해 어떻게 느끼는지 이야기 했었죠. 그런 다음 일상생활에서 경기를 하는 것 제외하고 모든 부분에서 시간을 갖어야 한다고 언급되었어요. 학교에 대해 너무 걱정한다고 해서 일상생활에서 가족과 동료를 배제해서는 안 된다고요. 저는 지금 훨씬 체계적으로 구조화되었어요. 그래서 친구, 가족, 공놀이, 학교와 더 많은 시간을 가질 수 있게 되었죠. 저에게는 이 모든 부분에 집중하는 것이 중요합니다. 제가 스케줄 달력을 더 많이 사용하기 시작했어요. 제가 동료들과 약속을 잡았거나 수업이 있을 경우 이런 내용을 써놓죠.

그 후 우리는 코칭에 관해 그렇게 많은 이야기를 하지는 않았어요. 하지만 개인적으로 저는 많은 이야기를 예로 들어 보거나 몇 가지 이야기를 가지고 있었거든요. 제가 펜싱과 유도 선수에 대해 언급했던 이야기 같은 거요. 하지만 우리는 매일 많은 이야기를 하지는 않았어요. 우리는 '그룹 코칭 시간 기억나니?' 뭐 이런 대화를 하진 않았죠. 우리는 서로를 이야기 주제로 많이 쓰지는 않았어요. 제가 '이봐, 프랭크, 토너먼트 어땠어?'라고 물어보았는지는 사실 기억이 나지 않네요. 음, 사실, 우리는 '프랭크, 이번 주 어땠어?' 이런 식으로 더 많이 물어봤던 것 같아요. 어쩌면 우리는 그룹에 속한 사람들의 결과 같은 것들에 대해 조금 더 물어볼지도 모르겠네요. 그러면 '괜찮았어, 잘 끝났지, 그럼.'과 같은 피드백을 받죠. 그래요, 제 생각에 우리는 그룹에 속한 사람들에 대해 더 많이 물어보는 것 같아요. 아마 당신이 그들의 스포츠에 관심을 가지기 때문에 그들이 어떻게 느끼고, 무엇을 하는지에 대한 통찰력을 얻는지도 몰라요. 코칭에서 우리는 일이 잘 풀리지 않는 시기에 대해서도 이야기했었어요. '이번 주에는 일이 잘 풀리지 않았어.'라고 이야기 했을 수도 있어요. 프랭크는 2주 전에 왔었기 때문에 저는 노르딕Nordic 선수권 대회가 어땠는지 물어봤어요. 프랭크는 '아, 완패했어.'라고 말했죠. 그래서 저는 '안타깝다', '첫 라운드는 누구와 경쟁했어?'라는 식으로 말했어요. 그러자 프랭크는 조금 더 이야기해주었죠. 그래서 저는 그를 지지해주기 위해 '어휴, 그것 참 안 됐다'라고 말했어요. 저는 프랭크가 파티에 가기로 한 주에 거기 없었기 때문에 물어봤죠. 프랭크는 패배했다는 것을 알았고 그저 더 열심히 훈련하고 더 잘해야 한다는 것을 알고 있었어요. 프랭크는 당황하지 않았죠. 저는 우리 반 모두 경기에서 져 본적이 있다고 생각해요. 원래 다 그렇잖아요. 이럴 때 긍정적인 마음을 유지하기는 어려울 수 있어요. 하지만 당신이 프랭크의 사례를 보면 그는 경기에서 졌던 이야기를 하겠지만 동시에 상대방을 완전히 넘어뜨린 이야기를 할 거에요. 프랭크가 경기에서 상대방의 엉덩이를 찼을 때 이야기죠. 나쁜 부분을 극복하기 위해서 좋은 이야기를 생각해 낼 수 있고 이런 방법이 당신을 다시 정상에 돌아가도록 도울 거에요.

일반적으로 저는 코칭 세션에 참여하는 것이 정말 좋다고 생각합니다. 코칭 세션은 훌륭했고 저는 지난 6개월 동안 이를 활용했어요. 예를 들어, 저의 시간을 체계적으로 구조화하는 것 말이죠. 그리고 그룹 코칭에서의 특별한 상황을 스포츠에서 사용할 수 있다고 생각해요. 예를 들어 다른 사람들이 당신 스스로의 훈련이나 싸움 또는 당신이 하는 무엇에든 그 상황을 코칭 세션과 연결해서 사용할 수 있다고 말하는 거죠. 제가 만약 일부를 잊어버렸다 할지라도 코칭 세션은 저에게 많은 것을 줬다고 생각해요. 여전히 저의 일상생활이나 훈련 스케줄 등에 일부분으로 붙어 있는 부분들이 있어요. 정말 멋지죠. 저는 심리학적으로 우리가 이런 부분에 대해 논의했다고 생각해요. 그리고 해외여행, 토너먼트와 같은 우리의 경험을 다른 사람들과 나누었죠. 우리가 다른 사람들과 경험을 나눌 수 있다는 사실은 좋았다고 생각해요. 당신의 이야기를 다른 사람들에게 말하는 것은 참 멋지죠. 왜냐하면 사람들은 이야기를 듣고 '그 이야기 정말 멋지다'라고 생각할 테니까요. 또는 '어떻게 됐어?'라고 물을 수도 있겠죠. 다른 사람들과 이야기를 나눌 수 있게 그냥 털어놓으세요. 그게 잘 하는 거라고 생각해요. 그룹 코칭 전에 저는 아무에게도 말하지 않곤 했어요. 이야기를 나눌 사람이 없었죠. 왜인지 모르겠지만 제가 팀 덴마크 수업에 참여하고부터 조금씩 개선되었어요. 여기서는 조금 더 나눌 수 있었어요. 하지만 코칭에서는 좋은 방향으로 제가 제 이야기를 다른 사람들에게 하도록 만들었고 사람들은 제 이야기를 들어줬어요. 그룹 코칭 덕분에 좋은 상황에 집중할 수 있었고 동기부여가 되었어요. 형편없는 훈련 라운드였다면 그건 그냥 망한 거에요. 하지만 당연히 '괜찮아, 그냥 안 좋은 날이었어.'라고 생각하면서 다음 날로 돌아가려고 할 수도 있어요. 저는 코칭이 엄청나게 도움이 됐다고 생각해요. 특히 이런 상황에서요. 그리고 어떻게 스포츠 코치가 될 수 있는지를 알고 싶었어요. 왜냐하면 사람들의 성과 향상을 도울 수 있다는 점은 정말 굉장하기 때문이에요. 이렇게 모든 다른 상황에서 사람들을 돕는 것 처럼요.

5.2.3 인지된 효과 성찰

심리치료 연구는 자원 활성화, 문제 활성화, 동기 부여 명확화, 문제 관리를 포함한 4가지 효과적인 핵심 요소를 확인했다(Grawe, Regli, & Schmalbach, 1994). 이런 결과와 코칭 프로세스를 위한 성공 기준에 대한 연구(Grief, 2007, 2008 참고)는 코칭의 효율성을 위한 가이드 역할을 할 수 있다. 이 주제는 7장에서 다시 살펴보겠다.

세 가지 소개된 사례와 필자가 연구와 관련하여 수행한 질적 연구는 그라베Grawe 등(1994)의 효과적인 핵심 요인과 연관 지을 수 있는 결과를 양산했다.

- 참여자는 일상 및 운동선수 생활에서 어려움을 처리할 수 있는 행동 전략을 개발할 수 있다. 이는 참여자의 자원과 문제 관리 능력을 활성화한다.
- 참여자는 다양한 도전에 대한 견해를 서로 나누고 동료들로부터 배

움으로 의미 형성을 공유하는 과정을 통해 중요한 가치를 경험한다. 이는 문제 활성화 형성으로 이어지며 동기 부여를 향상시킨다.

- 참여자는 그룹 코칭 개입이 집중을 향상시키며 그룹 코칭의 다른 사람들이 참여자의 발달 과정을 지원할 수 있다고 말한다. 이는 소셜 네트워크가 형성되도록 이끌며 자원 활성화의 명확한 요인이 된다.
- 참여자는 의미 형성 및 개인적 가치에 초점을 맞추고 스포츠 참여함으로써 새로운 즐거움을 경험한다. 이는 자원 활성화로 이어지며 동기부여를 향상시킨다.
- 참여자는 현재에 초점을 맞춤으로써 스트레스 관리를 위한 구체적인 전략을 개발했다고 밝힌다.

5.3 통계적 효과: 사회적 회복과 웰빙

지금껏 무작위 통제 연구 설계를 기반으로 한 코칭 연구는 드물다(예: Fillery-Travis, & Passmore, 2011; Spate, 2010 참고). 필자의 평가에 서술된 연구는 내러티브 상호협력 개입의 효과를 평가하는 최초의 연구이다. 그러나 양적 연구는 매우 일반적인 평가만을 허용한다. 따라서 연구 프로젝트는 몇 가지 질적 연구를 포함하고 있다. 이전 절에서 이미 이 연구의 일부를 설명했다. 무작위 통제 연구는 종종 문서화된 효과documenting effect를 위한 최고의 승인된 방법으로 간주된다. 의학 연구에서 표준 절차를 예로 들 수 있다. 무작위 통제 연구의 기본 원칙에서 참여자는 무작위로 두 그룹으로 나뉘는데, 이 두 그룹은 개입 그룹 및 통제 그룹이다(6장의 근거에 대한 필자의 비판적 코멘트 참고). 두 그룹 모두 효과 측정을 위해 동일한 절차를 거친다. 필자의 연구에서 타당한 질문사항은 스트레스와 동기 부여의 다양한 측면과 중재 효과에 특히 중요하다고 생각되는 두 가지 심리적 구조를 측정한다. 따라서 단순히 평가에 포함되지 않은 다른 영역에서 측정 가능한 효과를 배제할 수는 없다. 연구 설계는 매우 적절하며 의학에서 널리 사용된다. 예를 들어 새로운 약물 실험과 관련하여 통제 그룹이 가짜 약placebo을 받는데 반하여 다른 그룹은 실험 약test drug을 받는 절차로 이루어진다.

그러나 코칭 개입을 연구하기 위해 이 절차를 사용하는 것은 전통 의학 연구보다 복잡하다. 이 연구 접근법을 훨씬 더 복잡하게 만들고 무작위 절차와 통제 그룹의 사용을 좀 더 복잡하고 덜 이상적으로 만드는 것은 무엇인가? 앞서 필자는 코칭 관계와 코치이의 준비 및 헌신이 개입의 긍정적 결과를 위한 핵심 요소라고 언급했다(3장 참고). 연구와 관련된 이 두 가지 요소를 간략하게 다루겠다.

1. **코칭 관계:** 본 연구는 각각 독특한 외모와 스타일을 가진 3명의 여성과 2명의 남성을 포함[13]한 총 5명의 코치로 이루어져 있다. 편견을 최소화하기 위해 공통된 지침(4.3.1.2 참조)과 잦은 공동 수퍼비전 회의를 활용하여 접근 방식을 조정했다.
2. **코치이의 준비와 헌신:** 코치이의 준비와 관련하여 본 연구 설계는 약간의 결점이 있다. 참여자들은 원래 연구 참여에 전적으로 동의했지만, 이런 맥락에서 그들이 배정될 그룹 또는 코칭의 구체적인 함의를 미리 알지 못했다. 참여자는 코칭에 참여함으로써 생활환경을 고의적으로 바꾸는 것을 선택하지 않았으나 이 요소는 성공적 결과를 위한 중요한 요인으로 간주된다. 따라서 연관된 코치들은 프로세스 초기에 동기 부여 측정의 의미를 보완해야 했다.

이런 두 가지 요인의 영향은 아래 제시된 결과의 비판적 평가에 고려되어야 한다. 그러나 특히 이 연구는 그룹 코칭 개입의 장기적인 효과와 관련하여 긍정적인 효과를 기록할 수 있다.

5.3.1 연구 설계 및 결과

연구 프로젝트 및 개입은 많은 필자의 리더십에 따라 다수의 프로젝트 파트너와 협력하여 수행되었다.[14] 이 연구의 전반적인 목표는 경력 개발, 자기 성찰, 운동선수 경력과 교육 요건, 개인적 삶의 통합을 촉진하기 위한 목적으로 젊은 스포츠 인재의 전반적인 웰빙에 내러티브 상호협력 그룹 코칭의 영향을 조사하는 것이다. 연구 프로젝트에 참여한 젊은이들은 대개 자신의 경력에 대한 높은 야망을 가지고 있었다. 따라서 훈련과 시합

13. 코칭 개입 팀은 M.Sc. (체육 및 스포츠), 코치 및 컨설턴트 롯데 엘리브제르그 묄러Lotte Ellebjerg Møller, M.Sc. (심리)와 코치 셰린 하우라미Shereen Horami M.Sc.(심리), M.Sc. (체육 및 스포츠), 그리고 산업 Ph.D. 모르텐 베르텔슨Morten Bertelsen, M.Sc. (심리) 소피 에즈러센Sofie Ejlersen과 프로젝트 매니저, 교수 라인하드 스텔터Reinhard Stelter가 포함되어 있다. 이 연구는 스텔터 등(2011)으로 출판되었다.

에 많은 시간을 소비하는 경향이 있었으며 상당한 여행 시간과 관련이 있기도 했다.

엘리트 스포츠에 참여하는 것은 극도로 힘들다. 이 연구의 참여자들은 모두 고등학교에 다녔기 때문에 성인 생활로 옮겨가는 잠재적인 도전 과정을 대처하는 것 외에도 처리해야 할 수업, 과제, 시험이 있었다. 더 나아가 그들은 긴 훈련 시간뿐만 아니라 그들 자신과 다른 사람들의 성과 압력, 성과 요구, 운동 포부를 관리해야만 했다. 그들이 직면하고 있던 이런 조합과 수많은 도전들은 엘리트 선수들 사이에서 스트레스의 주요 원인으로 인식되어 왔다(Cohn, 1990).

통계적 연구[15]는 무작위적이고 통제된 디자인을 기반으로 77명의 실험 대상자에게 실시하였으며, 그 중 46명이 통제 그룹에 배정된 반면 31명은 그룹 코칭에 참여했다. 모든 참가자는 연구가 시작되기 전에 중간 지점에서 최종 개입 세션 직후, 마지막으로 개입이 끝나고 5개월 후에 검증된 설문지를 작성했다. 코칭 참여자는 4명에서 6명 단위의 내러티브적 협업을 기반으로 한 그룹 코칭을 받은 운동선수로 나뉘었다(4장의 설명 참조). 통제 그룹은 특정 활동에 참여하게 하지 않았다. 설문조사는 스트레스 관리와 웰빙에 대한 변화를 평가하는 것에 목표로 했다(Elbe, 2008).

이 연구 결과는 그룹 코칭에 참여한 실험 대상자들 사이에 의미 있는 향상을 보였다. 그림 5.1은 12주간의 코칭 개입이 사회 회복 수준[16]에 어떻게 영향을 미치는지를 보여준다. 이런 긍정적인 효과는 개입 전 상황과 개입이 끝나고 5개월 후 상황을 비교하는데도 나타났다. 그러나 개입이 끝나고

14. 앞서 언급한 코치들 외에도 크리스틴 코넬리우스Kirsten Cornelius 학장, 헤드 티쳐 맹 팀 덴마크Head Teacher and Team Danmark의 코디네이터 크리스티나 텔러Christina Teller, 팔크노레그가덴 김나지움Falkonergårdens Gymnasium, 프레데릭스베르Frederiksberg/코펜하겐Copenhagen, 코펜하겐대학교의 영양학과, 운동 및 스포츠학과 동료들, 호안 위크만Johan Wikmann 박사과정생은 그의 공헌 및 동일한 학과에서 수행 된 자신의 연구를 위해, 앤-마리 엘베Anne-Marie Elbe 부교수는 그녀의 설문지 사용 전문 지식을 위해, 행정 교직원, 글렌 닐슨Glen Nielsen 박사는 그의 통계 분석에 대한 도움을 위해, 마리안느 브란트-한센Marianne Brandt-Hansen 행정 교직원과 다니엘 헌달Daniel Hundahl 학생은 그들의 행정 지원을 위해, 심리학자 및 수퍼바이저 메테 암토프트Mette Amtoft, 마지막으로 이 프로젝트에 자금을 지원한 덴마크 엘리트 스포츠 조직 팀 텐마크Team Danmark에 감사드린다.

15. 필자는 글렌 닐슨Glen Nielsen 박사가 통계 분석에 도움을 준 것에 대해 특별한 감사를 전한다.

5개월 후에 한 측정에서 의미 있는 향상은 발견되지 않았다. 사회 회복은 사용한 설문지(Elbe, 2008)의 구성 요소이다. 이는 사회적 기능, 참여자의 인식 증가, 삶에 다른 사람들을 포함시키는 부분에서 높은 수준의 복귀를 반영한다.

참여자들의 일반적인 웰빙에 관해서도 유사한 긍정적인 결과가 있었다. 그림 5.2는 12주간의 코칭 개입이 일반적인 웰빙의 수준에 영향을 미친 것을 보여준다.[17] 이런 긍정적인 효과는 개입 전 상황과 개입이 끝나고 5개월 후 상황 비교하는데도 발견되었다. 그러나 개입이 끝나고 5개월 후에 한 측정에서 의미 있는 향상은 발견되지 않았다. 누군가의 일반적인 웰빙이 향상된다는 것은 그 사람이 자기 자신을 더 기분 좋고, 더 여유 있으며, 더 편안하게 인식한다는 의미를 지닌다.

이 연구 프로젝트에서 가장 놀라운 발견은 과거 참여자들에 대한 개입의 장기적인 효과다. 이 결과는 상대적으로 드물게 나타난다. 먼저 대부분의 연구는 개입이 완료된 후 몇 개월 동안 데이터를 수집하지 않기 때문이며 둘째로 개입의 의미 있는 장기적 효과를 문서화하는 것이 거의 불가능하기 때문이다.

---

16. 사회 만족도의 한 형태인 사회적 회복을 측정하기 위해 참가자들에게 물어보았다.
"이 과정에서 지난 3일 동안,
… 나는 웃었다
… 나는 친구들과 즐거운 시간을 가졌다
… 나는 친한 친구들과 만났다
… 나는 스스로 즐겼다"
'절대로, 드물게, 때때로, 여러 번, 종종, 매우 자주, 항상 그렇다'에 따라 0-6점에 해당한다.

17. 일반적인 웰빙을 측정하기 위해 실험 대상자에게 물어보았다.
"이 과정에서 지난 3일 동안,
… 나는 자신감을 느꼈다
… 나는 기분이 좋은 상태였다
… 나는 행복을 느꼈다
… 나는 만족감을 느꼈다"

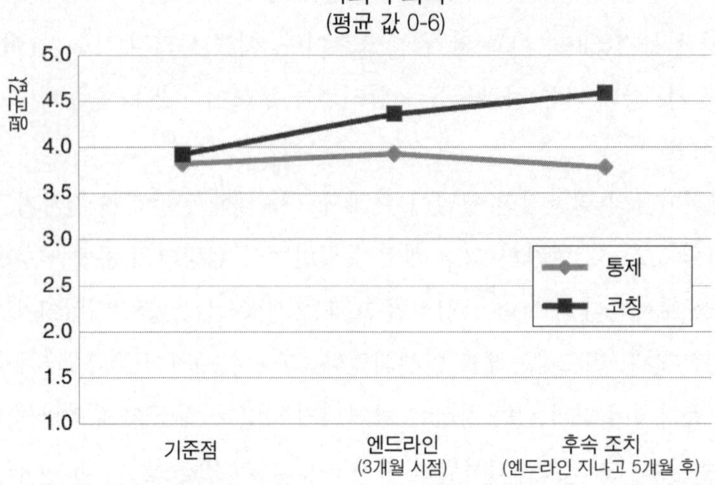

그림 5.1 그룹 코칭 참여자들 사이에서 사회적 회복에 긍정적인 발전. (그룹 코칭의 긍정적 효과 (개입 시작 직전 및 개입이 끝난 직후에 측정). 기준 값을 조정한 코칭 그룹은 12주 후에 통제 그룹과 비교했을 때 0.381 더 높은 사회적 회복 값을 보였다. 효과 크기는 중간이었다(r=0.24, p=0.038). 그룹 코칭의 긍정적인 장기적 효과 (개입 시작 직전 및 개입이 끝난 직후에 측정). 기준 값을 조정한 코칭 그룹은 후속 조치를 통제 그룹과 비교했을 때 0.584 더 높은 사회적 회복 값을 보였다. 효과 크기는 적당했다 (r=0.275, p=0.035). 그룹 코칭의 장기적인 효과는 없다 (끝나고 5개월 후). 12주 동안 조정된 값 코칭 그룹은 후속 조치에서 통제 그룹과 비교했을 때 0.359의 미미하게(p D 0.247) 더 높은 사회적 회복 값을 보였다. 효과 크기는 작았고 (r=0.163) 미미했다 (p=0.247)).

---

18. 신체적 회복을 측정하기 위해 참여자들에게 물어보았다.
"이 과정에서 지난 3일 동안,
… 나는 신체적으로 여유로움을 느꼈다
… 나는 편안함을 느꼈다
… 나는 신체적으로 적절하다고 느꼈다
… 나는 신체적으로 건강하다고 느꼈다."

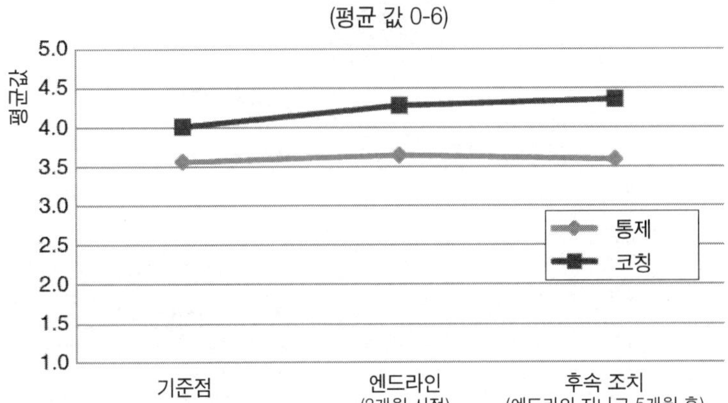

그림 5.2 그룹 코칭 참여자들 사이에서 일반적인 웰빙에 긍정적인 발전. (그룹 코칭의 긍정적인 효과 (개입 시작 직전 및 개입이 끝난 직후에 측정). 기준 값을 조정한 **코칭 그룹은 12주 후에 통제 그룹과 비교했을 때 0.311 더 높은 일반적 웰빙 값을 보였다.** 효과 크기는 작았고(r=0.22) 경계선은 유의미했다 (p=0.059). 그룹 코칭의 긍정적인 장기적 효과 (개입 시작 직전 및 개입이 끝나고 5개월 후에 측정). 기준 값을 조정한 **코칭 그룹은 후속 조치를 통제 그룹과 비교했을 때 (경계선 의미 있음) 0.602 더 높은 일반적 웰빙 값을 보였다.** 효과 크기는 적당했다 (r=0.23, p=0.077). 끝나는 지점에서의 개입에서부터 후속 조치까지: 효과 없음. 12주 동안 조정된 값 **코칭 그룹은 후속 조치에서 통제 그룹과 비교했을 때 더 높은 일반적 웰빙 값을 보이지 않았다.** 효과 크기는 작았고 (r=0.130) 미미했다 (p=0.355)).

따라서 개입이 끝나고 5개월 후 참여자들에게 그룹 코칭 개입의 효과를 살펴보자. 앞서 언급했듯이 이 연구는 개입이 끝난 후 사회적 회복 및 일반적인 웰빙에서 지속적인 영향을 미치지 못한 것으로 나타났다. 그러나 갑자기 개입 완료 후에만 나타나는 것으로 보이는 효과와 관련된 결과를 보았다. 효과는 스트레스 관리 및 웰빙과 관련된 두 가지 새로운 차원, 곧 신체적 회복[18]과 인지된 성공에서 발견되었다[19](그림 5.3과 5.4 참조).

19. 인지된 성공을 측정하기 위해 참여자들에게 물어보았다.
"이 과정에서 지난 3일 동안,
… 나는 중요한 과제를 끝냈다
… 나는 성공적이었다
… 나는 중요한 결정을 했다
… 나는 좋은 아이디어를 갖게 됐다."

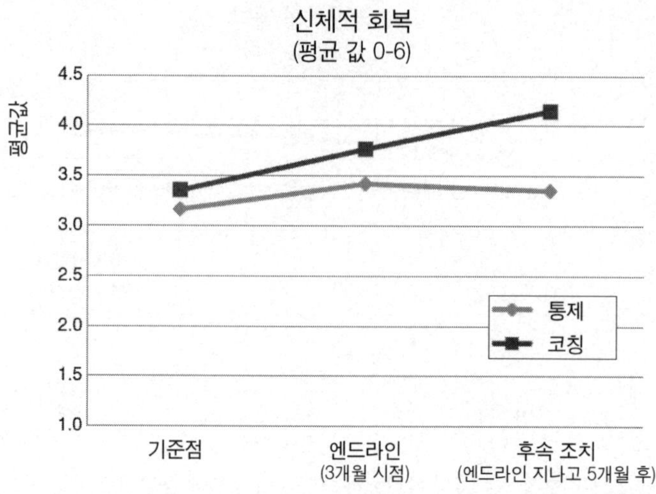

그림 5.3 개입이 끝나고 5개월 후 그룹 코칭 참여자들 사이에서 일반적인 신체적 회복에 긍정적인 발전 (그룹 코칭의 단기적 효과 없음, 개입이 끝난 직후 측정함). 기준 값을 조정한 **코칭 그룹은 12주 후에 통제 그룹과 비교했을 때 미미한 (p=0.207) 0.288 더 높은 신체적 회복 값을 보였다**. 효과 크기는 작았다 (r=0.14, p=0.207). **코칭 그룹의 긍정적인 장기적 효과** (개입 시작 직전 및 개입이 끝나고 5개월 후에 측정). 기준 값을 조정한 **코칭 그룹은 후속 조치를 통제 그룹과 비교했을 때 0.666 더 높은 신체적 회복 값을 보였다**. 효과 크기는 적당했다 (r=0.346, p=0.008). **긍정적인 장기적 효과** (개입 시작 직전 및 개입이 끝나고 5개월 후에 측정). 12주 동안 조정된 값 **코칭 그룹은 후속 조치에서 통제 그룹과 비교했을 때 0.582 더 높은 신체적 회복 값을 보였다**. 효과 크기는 적당했다 (r=0.306, p=0.026))

5.3.2 결과 논의

결과는 그룹 코칭이 개입이 끝난 직후 및 5개월 후에 유의미한 효과가 있었음을 분명히 보여준다. 또한 사회적 회복 수준, 사회적 성공의 한 형태에서 유의미한 향상을 보인다. 이는 내러티브적 협약의 전반적인 의도와 일치하는 것으로 해석될 수 있다. 이런 코칭 형태의 주요 목적 가운데 하나는 그룹 참여자들이 서로에게서 배우고 자극하기 위하여 경험, 사고, 성찰 나누기를 배우는 것이다. 그렇게 함으로써 참여자들은 그룹을 전체 또는 개인 운동선수 형태로서 특별한 사건 및 도전적인 상황에 대해 새롭고 고양된 이야기를 하도록 돕는다. 참여자들의 일반적 웰빙에서 동시에 중요하게 증가한 것은 사회적 만족의 성장감과 의심할 여지없이 관련 있다. 코칭 세션에서 주요 사건 및 상황을 좀 더 긍정적인 방향으로 재해석함으로써 참여자들은 현재와 미래의 사건들을 보다 적은 스트레스로 느낄 가능성이 더 크다. 결과적으로 참여자들의 일반적인 웰빙은 향상된다.

세션이 끝날 때 최종 평가에서 많은 참여자들은 행동이 변했다고 진술했다. 참여자들은 그룹 구성원들과 코칭 맥락 외부 사람들을 대화상대로 포함시키기 시작했다. 그들 중 일부는 팀 또는 클럽 동료와 관련된 방식을 수정했으며 클럽에서 스포츠 코치와 새로운 방식으로 협력하는 데 더 많은 관심을 갖게 되었다. 이런 발전은 모두 사회 회복의 본질을 분명하게 반영한다.

참가자들의 새로운 상호작용 방식은 의미 있는 삶의 맥락에서 그들을 위한 대화 상대로서 서로를 활용하는 방식이며, 이는 통계 분석에서 결과에 영향을 미치는 것으로 밝혀졌다. 이전 그룹 코칭 참가자들은 인지된 신체적 회복과 성공에서 상당한 향상을 경험한다. 따라서 이는 참가자들이 그룹 코칭에서 무언가를 배웠다는 것을 나타낸다. 여기서 참가자들은 그룹 코칭을 통해 자신의 신체적 자원과 성공에 대한 주관적 경험을 향상시켰다는 것을 알 수 있다.

특히 질적 연구는 참가자들이 개인 발달 과정에서 다른 사람들의 중

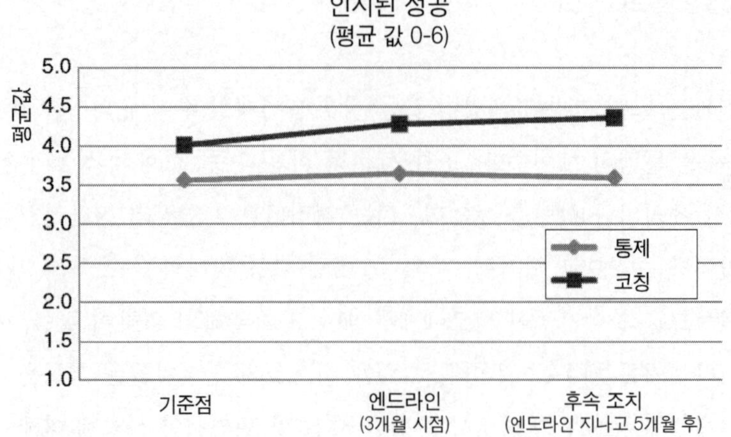

그림 5.4 개입이 끝나고 5개월 후 그룹 코칭 참여자들에게 인지된 성공에서 긍정적인 발전 (그룹 코칭의 단기적 효과 없음 (개입이 끝난 직후 측정함). 기준 값을 조정한 코칭 그룹은 성공에 대해 유의미하게 다른 값을 갖지 않았다. 코칭 그룹의 긍정적인 장기적 효과 (개입 시작 직전 및 개입이 끝나고 5개월 후에 측정). 기준 값을 조정한 코칭 그룹은 후속 조치에서 통제 그룹과 비교하여 0.597 더 높은 성공 값을 보였다. 효과 크기는 적당했고 (r=0.34) 매우 유의미했다 (p=0.008). 후속 조치까지 개입의 끝부분으로부터 측정된 그룹 코칭의 긍정적인 효과는 다음과 같다. 12주 동안 조정된 값 코칭 그룹은 후속 조치에서 통제 그룹 보다 0.470 더 높은 성공 값을 보였다. 효과 크기는 중간 정도(r=0.275)였고 경계선은 유의미했다(p=0.051)).

요성을 어떻게 인식했는지 새로운 사실을 보여준다. 그러므로 필자는 그룹 코칭 과정을 실천에서의 공동체 개념과 연결시킨다(Lave & Wenger, 1991; Wenger, 1998). 이는 필자가 그룹 코칭에서 내러티브 상호협력 실천으로서 등장한 것을 설명하기 위해 핵심 이론적 개념으로 여긴 부분이다. 웽거Wenger(2011)는 자신의 웹 사이트에 다음의 용어 설명을 제공한다.

> 실천 공동체는 인간 노력의 공유된 영역에서 집단적 학습 과정에 참여하는 사람들에 의해 형성된다. 생존을 배우는 종족, 새로운 형식의 표현을 추구하는 예술가 집단, 유사한 문제에 종사하는 엔지니어 그룹, 학교에서 그들의 정체성을 정의하는 학생 패거리, 새로운 기술을 탐구하는 외과의들의 네트워크, 서로를 돕는 신입 관리자들의 모임이 이에 포함된다. 요컨대 실천

> 공동체는 그들이 하는 일에 대한 관심이나 열정을 공유하고 정기적으로 상호작용함으로써 더 잘 할 수 있는 방법을 배우는 사람들의 무리이다.

웽거(1998)는 실천 공동체의 발전을 위해 필수적인 세 가지 측면을 시사한다. 상호간의 참여, 공동 사업, 공유된 레퍼토리의 개발이 필요하다. 이런 요소들은 다음과 같이 설명할 수 있다.

- **상호간의 참여**mutual engagement - 참가자들에게 의미는 상호간에 협상된 행동에 참여하기 때문에 존재한다. 상호간의 참여를 달성하기 위해서는 참가자들이 서로를 보완할 수 있어야 하며 같은 실천 공동체에서 참여자로서 역할을 하기 위해서는 서로 중첩된 능력이 있어야 한다.
- **공동 사업**joint enterprise은 유대감 형성을 촉진한다. 이는 모든 참가자가 어떤 방식으로든 함께 공유된 협상 과정을 기반으로 하며 모두 다른 사람들을 설득하고자 한다. 게다가 모든 사람들은 상황에 대해 책임을 공유한다.
- **공유된 레퍼토리**shared repertoire는 일상, 개념, 도구, 행동 전략, 스토리, 몸짓, 기호, 절차, 행동, 개념을 포함하며 이는 실천 공동체의 발전 조건이자 결과다.

실천 공동체는 그룹 과정에서 공유되거나 개발된 문화를 기반으로 의미 형성을 위한 공통 기준을 발전시킨다. 브루너Bruner(1996)는 문화적으로 의미 형성 또는 의미 생산에 대한 훌륭한 설명을 제공한다. 이는 내러티브 상호협력 그룹 코칭에서 발생하는 핵심 요소로 쓰인다.

> 문화는 … 초유기체이다. 그러나 문화는 개인의 마음을 형성하기도 한다. 문화에 대한 각각의 표현은 의미를 만들어 내고 특정한 경우 다양한 환경에서 상황에 의미를 부여한다. 의미 형성은 적절한 문화적 맥락에서 '그 의

미가 무엇인지' 파악하기 위해 세계와 접하는 특정 상황에 대한 고려를 포함한다. 의미는 '마음속에' 있지만 의미가 창안된 문화에서 그 기원과 중요성을 가지고 있다. 의미의 문화적 위치는 협상 가능성, 궁극적으로 전달성을 보장한다. '사적인 의미private meanings'가 존재한다는 것이 중점이 아니라, 중요한 것은 의미가 문화 교류의 기준을 제공한다는 점이다(Bruner, 1996, p.3).

필자가 제시하고자 하는 최종 이론적 토대는 다음과 같다. 실천 공동체에서 공유된 의미 형성의 결과로서 사회 회복으로 이어지는 사회적 과정은 사회 자본의 축적을 가져왔다는 점이다. 사회 자본은 사회와 특정 사회적 맥락에서 사람들이 어떻게 존재하는지를 설명하는 핵심 용어로, 성공적으로 협력하고 사회 통합과 만족도를 높일 수 있다. 사회 자본(Bourdieu, 1983; Coleman, 1990; Putnam, 1995)은 사회적 관계의 중요성과 시민 사회의 형성을 이해하는 데 도움이 되는 이론적 개념이다. 프랑스 사회학자 피에르 부르디외Pierre Bourideu(1983)는 다음과 같이 사회 자본을 정의했다.

다소 지속성이 강한 네트워크의 소유와 관련된 실제적 또는 잠재적 자원의 집합은 서로가 아는 지인 또는 알아보는 관계로 규정한다(p. 248).

개개인의 발전에서 더 넓은 사회적 관점으로 이동할 때, 정치학자로서의 퍼트넘Putnam(1995)의 입장을 포함해야 한다. 퍼트넘은 사회 자본을 좀 더 큰 사회적 규모에서 시민 사회의 발전을 위해 필수적인 것으로 간주한다. 퍼트넘은 "'사회적 자본'은 상호 이익을 위한 조정과 협력을 용이하게 하는 네트워크, 규범, 사회적 신뢰와 같은 사회 조직의 특징을 나타낸다"(p. 67).

내러티브 상호협력 그룹 코칭의 주요 목적은 사회적 신뢰를 자극하여 참가자들이 자신들의 현재 삶의 맥락에서 방향을 찾는데 도움이 되도록 하기 위해 참가자들의 상호 참여를 발전시키는 것이었다. 참가자들은 같은 스포츠나 클럽에 소속되어 있지 않지만 공유된 출발점을 가지고 있으며 다양한 스포츠의 특정 조건의 차이에도 불구하고 다른 사람들의 성찰을 높이 평가하는 법을 배우고 있다. 이는 스포츠 내에서의 심리적 도전과 관련된 많은 문제(예: 대회 준비, 교육 일정) 및 경험과 관심사를 공유하고 그룹의 대화가 다양한 상황(학교, 스포츠, 가족 등)에 대한 약속과 의미 있는 참여를 장려하고 발전시키는 것으로 여겨지는 학교의 학업적 요구가 포함되어 있다.

내러티브 상호협력 그룹 코칭은 젊은 스포츠 인재의 사회 회복 및 웰빙에 영향을 미쳤으며 이 과정이 시작된 지 5개월 후 신체적 회복과 성공에 대한 참가자의 주관적 인식에서 유의미한 향상이 발견됐다. 필자가 사회 회복과 사회 자본 개발에 관한 일반적인 원칙을 개관하여 관점을 넓히고자 시도한 위의 결과와 논의를 바탕으로 볼 때, 이런 형태의 개입은 다른 영역과 사회적 맥락에서도 틀림없이 성공적으로 적용될 수 있다. 내러티브 상호협력 그룹 코칭은 공동체 심리적 개입community psychological intervention으로 볼 수 있다(Orford, 2008). 이는 소셜 네트워크의 발전을 촉진하고 도전적인 경력 상황과 인생 전반을 다룰 수 있는 개별 참가자의 능력을 향상시킨다.

이런 결과를 바탕으로 내러티브 상호협력 그룹 코칭은 틀림없이 다른 맥락에서도 성공적으로 적용될 수 있을 것이다. 몇 가지 예를 살펴보자. 동료 그룹에서 참가자(예: 교육 또는 의료 분야의 동일한 수준 또는 전문적 리더)는 전문적 직업 생활에서 직면할 수 있는 특정 과제를 함께 반영하여 서로를 지원한다. 교육에서 교사 또는 기타 전문가는 청소년들이 진로 결정, 학습 전략 등과 관련된 특정 문제를 반영하기 위해 그룹 코칭 세션에 참여하도록 권장할 수 있다. 의료 또는 사회 복지 서비스에서 간호사, 치료사, 사회복지사는 예방 또는 재활 문제와 관련하여 환자 또는 고객을 지원하기 위해 그룹 코칭을 활용할 수 있다. 이는 강조되어야 할 부분이지만 코치의 역할은 전문가가 아니라 개방적이고 관심을 가진 상대처럼 그룹 대화에 참여하는 동료로 존재해야 한다.

5.5 맺음말

이 장의 목적은 광범위한 연구 방법을 소개하는 것이었다. 필자는 이 장의 첫 파트에서 성찰적 프렉티셔너로서 수행할 수 있는 연구 과정의 예를 제시했으며 두 번째 파트에서는 코칭의 효과를 실험한 결과를 제시했다. 두 가지 모두 코치의 주관적인 경험의 형태와 좀 더 객관적인 통계 데이터의 형태로 제시했다. 이 장은 코치로서 필자 자신의 연구와 실천을 중심으로 전개된다. 이는 코칭 연구 및 그 결과에 대한 포괄적인 설명을 지향하지 않는다. 코칭 연구에서 새로운 개발에 대한 최신 정보를 얻고자 하는 사람들에게 가장 좋은 자료는 코칭, 코칭심리학, 관련 분야의 전문가 및 동료 심사 저널이다.[20]

20. 선발한 저널은 다음과 같다: The Coaching Psychologist, International Coaching Psychology Review, International Journal of Coaching in Organizations, International Journal of Evidence Based Coaching and Mentoring, The International Journal of Mentoring and Coaching and a new Danish journal, Coachingpsykologi.

6장 연구, 지식, 성찰 사이의 전문적 실천

코칭 및 코칭심리학은 비교적 젊은 실천 분야를 형성하고 있다. 지금까지 코칭은 전문성으로서 명확한 지침이 없었다. 코칭 및 코칭심리학 분야에는 많은 경쟁 관계에 있는 사회, 협회, 관심 조직[1]이 있으며, 사용자와 고객은 코칭으로 기대할 수 있는 것에 대해 상당히 당황스럽고 혼란스러워한다.[2] 사용자들은 코칭을 전문으로 하는 심리학자인 코칭심리학자에게 접촉할 때 훈련 및 전문성과 관련하여 어느 정도 확신을 가지고 있다. 그러나 일반적으로 코칭 시장은 코칭의 보충 훈련과 함께 관련 분야(예를 들어, 인문학 또는 사회 과학 분야의 비즈니스 대학 또는 대학교 프로그램)에서 오랜 학문적 훈련을 받은 유능한 코치, 코칭심리학자, 컨설턴트가 많이 있지만, 불확실성과 애매성이 높은 것이 특징이다. 불확실성이 만연한 이유는 아마도 훈련과 경험이 거의 없고 전체 분야를 의심스럽게 만드는 사람들이 많이 있기 때문이다. 애매한 전문성을 가지고 있는 이런 돌팔이들quacks은 코칭 시장에서 의심을 감각적으로 유발시킨다. 코칭이 훨씬 더 널리 보급되고 있지만, 우리는 여전히 적절한 전문성을 확립하는 데까지 갈 길이 멀다(Lane, Stelter, & Stout-Royston, 2010).[3] 이 분야의 전문적 개발, 경제적 개발, 코칭 및 코칭심리학에 명성을 확보하기 위한 노력의 일환으로, 코칭 및 코칭심리학에서 개입을 뒷받침하는 근거의 문서화와 근거 기반 실천의 수립은 조직을 코칭하는 것은 물론 프랙티셔너와 연구자들을

---

1. 예를 들어, 국제코치연맹International Coach Federation, ICF, 국제코칭심리학회International Society for Coaching Psychology, ISCP, 국제코칭커뮤니티International Coaching Community, ICC, 유럽 멘토링 코칭 협의회European Mentoring and Coaching Council, EMCC, 세계 비즈니스 코치 협회Worldwide Association of Business Coaches, WABC 등이 있다. 모든 조직은 그들 자신만의 인증 시스템을 가지고 있다.
2. 근거 기반 코칭 협회Selskab for Evidensbaseret Coaching의 첫 번째 회장 라벤트Lavendt(2010)는 개요를 제시했다.
3. 그럼에도 불구하고 코칭은 간호, 교육 및 관리와 같은 다른 직업 및 분야에서 매우 유용한 구성요소가 될 수 있으며 종종 그러하다는 것에 주목해야 한다.

이끎으로써 전문가들의 인식 및 발전을 위한 적절한 도구로 볼 수 있다.

이 장에서는 근거 기반 실천evidence-based practice의 개념과 범위, 가능한 한계 및 함정을 검토한다. 필자의 의도는 관점을 확대하고 연구 기반 근거research-based evidence의 추구가 질적 보증을 달성하기 위한 유일한 방법이 아닐 뿐만 아니라 어쩌면 최고의 방법도 아니라는 것을 분명히 하는 데 있다. 우리는 근거를 요구하는 것이 현재 의학에서 교육에 이르기까지 모든 분야에 압박을 가하고 있다는 것을 기억해야 한다. 그리고 모든 분야는 결과 측정과 효과 평가의 매우 일반적인 형식에 동일하게 잘 맞지 않는다. 따라서 필자는 나중에 프랙티셔너의 관점을 제공할 것이다. 여기서는 프랙티셔너가 전문적인 능력을 향상시킬 수 있는 방법, 특히 코칭 프랙티셔너 또는 코칭심리학자가 전문적인 능력을 강화할 수 있는 방법을 이야기하길 원한다. 특히 심리학과 교육 분야에서, 연구자와 프랙티셔너 사이에는 상당한 차이가 있다. 그리고 더 긴밀한 접촉과 심지어 연구와 실천 사이의 통합을 이루기 위해서도 실천의 개발이 중요하다.

6.1 근거 기반 실천과 실천 기반 근거

1980년대부터 근거를 위한 투쟁battle for evidence으로 묘사될 수 있는 발전이 전개되고 있다. 프랑스 사회학자 푸코Foucault(1972)에 따르면, 인정된 근거recognized evidence는 일종의 진실을 주장하는 주요한 논거로 사용될 수 있는데, 이것은 대안적인 형태의 지식과 실재의 인식에 대한 배제 또는 소외로 이어질 수 있다. 과학에 대한 실증주의적 관점에 기초하여 일반적인 근거 담론은 특정 진실을 선호하므로 형식을 실천하는 동시에 대안적 지식 생산 수단의 결과로 나타나는 다른 진리, 예들 들어 실천 맥락 그 자체에서 생성되는 지식을 억제한다. 일반적인 담론의 근거 개념은 실천을 일반화하기 위해 노력하므로 어떤 상황에서도 내재된 요소인 개개인의 특징, 문화, 맥락, 복잡성에 대한 초점을 억제하는 데 기여한다. 최적 표준 연구gold-standard studies 기반 일반화된 연구 관점(즉, 메타분석 또는 무작위 통제 연구)은 좀처럼 실천 혁신을 촉진하지 않는다.

현재 일반화된 근거 담론은 의학에 뿌리를 두고 있다. 이는 1930년대에 특별한 연구 접근 방식, 즉 환자가 무작위로 개입 그룹과 통제 그룹으로 나뉘는 무작위 통제 연구randomized, controlled trials, RCTs의 도입으로 시작되었다. 필자는 실제로 이 연구 디자인을 5장에 논의된 그룹 코칭 연구에서 사용했다. 이 접근 방식의 고유한 특징은 특정 약물이나 치료(또는 코칭) 개입이 효과적인 것으로 특징지을 수 있다는 것을 문서화하기 위해 모든 측면을 통제하고 개입의 균일성을 최대화하려는 노력이다. 이는 영국 의사 아치 코크란Archie Cochrane(1972)과 관련이 있는데, 그는 자신의 방식으로 비효율적이며 비용이 많이 드는 치료법의 사용을 부분적으로 줄임으로써 의료 시스템의 효율성을 높이기 위해 노력하는 매우 열성적인 사람이었다(Thorgård & Juul Jensen, 2011). 그의 책은 후속 코크란 운동Cochrane movement에 대한 신화적 지위를 차지했다(www.cochrane.org 참조). 이런 이해의 결과로 의학계는 다음과 같은 근거 기반 의학evidence-based medicine의 정의를 발전시켰다.

> ...개별 환자의 돌봄에 관해 의사가 결정을 내리는 데 있어 현재 최선의 근거를 양심적이고 명시적이며 현명하게 사용한다. 근거 기반 의학의 실천은 체계적 연구에서 얻을 수 있는 최고의 외적 임상 근거와 개별적인 임상 전문 지식을 통합하는 것을 의미한다. 개별 임상 전문 지식이란 임상 경험과 임상 실천을 통해 개별 임상의clinicians가 획득하는 숙련도와 판단력을 의미한다(Sackett, Rosenberg, Gray, Haynes, & Richardson, 1996, p. 71).

근거에 관한 담론은 간호, 사회사업, 교육, 인적 자원 관리, 심리학, 심리 치료를 포함한 다양한 분야로 확산되었다(Trinder & Reynolds, 2000).[4] 특히 교육과 사회사업과 같은 고도의 맥락 의존적 분야에서, 근거에 대한 실증주의적 강조는 창의적이고 상황에 맞게 조정된 해결책의 출현을 완전히 가로막을 수 있다. 또한, 위에서 설명한 정의는 코칭 분야에서 많은 사람들이 채택했다. 코칭심리학의 선구자로서 그랜트Grant와 카바나Cavanagh(2004)는 이것을 근거 기반 코칭을 위한 정의로 수용했다. 그리고 덴마크에서는 실제로 '근거 기반 코칭 협회Selskab for Evidensbaseret Coaching로 불리는 덴마크심리학회Danish Psychological Association' 산하의 단체가 존재한다. 그러나 '근거 기반'의 정의는 너무 좁고 제한적으로 보인다. 다음에서는 이에 대한 이의, 성찰, 건설적인 제안을 제공하고자 한다.

- 공적 토론에서 지배적인 '근거' 개념에 의존하는 코칭(또는 코칭심리학) 같은 새로운 실천 분야를 내세우려는 시도는 이해할만한 일이다.

4. 덴마크 심리학자 호우가드Hougaard(2007)와 자카리Zachariae(2007)는 매우 존경받는 연구자이자 주창자이며, 라미안Ramian(2009)은 평론가이자 프랙티셔너로서 높은 평가를 받고 있다. 2006년부터 미국심리학회American Psychological Association의 근거 기반 실천에 대한 진술을 참조하라. 여기에는 의학적인 개념 이상의 미묘한 차이가 있으며 근거에 기여할 수 있는 연구 유형에 관한 내용도 포함되어 있다.

과학적 근거는 코칭의 효과를 입증하는 연구를 참조함으로써 그 분야의 정당성과 타당성을 보장하는 듯하다(예를 들어, 2007년부터 코칭 결과에 대한 그리프Greif의 검토를 참조하라). 전문 분야의 개발을 위해 연구가 중요하다는 것은 의심의 여지가 없다. 또는 개발, 문서화, 품질 보증은 연구 및 실천 개발 활동을 통해 달성될 수 있다. 그러나 코칭을 근거 기반 실천으로 묘사하면 코칭 및 코칭심리학에 관한 강력한 직접적인 근거가 없기 때문에 그 분야를 혼란스럽게 할 수 있다. 특히 그 분야에서는 비교적 드문 연구인 최적 표준 연구, 메타분석, 무작위 통제 연구를 적용할 때 코칭 및 코칭심리학에 피해가 될 수 있다. 따라서 코칭과 코칭심리학은 근거 기반으로서 분야 자체를 전적으로 광고하는 것에 대한 의존을 없애는 방향으로 나아가야 한다.

- 근거에 초점을 맞추는 것은 예를 들어 의료 분야에서 구현하고 적용할 치료의 형태를 결정하는 데 주로 도움이 된다. 하지만 우리의 코칭 대화 경우에 있어 근거에 초점을 맞추는 것이 실제로 프랙티셔너가 선택한 '치료'를 하는 데 실제로 도움이 되지 않는다. 따라서 우리는 종종 프랙티셔너가 '모범 사례'을 제공하는 데 헌신함에도 불구하고 근거 사용에 반대한다는 말을 듣는다(예를 들어, Nay & Fetherstonhaugh, 2007 참조). 근거 기반 실천에 관한 논쟁에서, 프랙티셔너는 지식의 생성자가 아니라 연구 소비자로 자리매김 된다. 이는 명백한 오해이고, 프래티셔너에게 좌절감을 주며 실천의 질을 향상시키는 데 아무런 도움이 되지 않는다.

- 코칭의 강력한 관계적 특성은 다른 관점을 필수적으로 만든다. 특히 모든 대화에서 적용되는 요소와 대화의 혁신적 효과를 위해 매우 중요한 요소이다. 이런 공통적인 요인에는 코치이의 의지, 준비와 희망, 민감한 대응력을 위한 코치의 역량과 상호관계의 안전 및 깊이가

포함된다. 이런 요인들은 편차 통제control for deviations를 목표로 하는 무작위 통제 연구에서는 포착되지 않는다(예를 들어, 코치의 성격이나 코치이가 특별히 관심을 보이고 변화하려는 의지와 관련된다).

- 연구자와 프랙티셔너 사이에 중간 역할이 없어서 특히 프랙티셔너 사이의 불만이 커지고 있다. 하지만 21세기 초 이래로 우리는 실천 기반 근거practice-based evidence에 기초한 새로운 연구 계획의 출현을 보아 왔다.[5] 연구자와 프랙티셔너는 코칭을 포함한 전문직 종사자들에게 일어난 매우 다양한 조건과 맥락 하에서 최적의 실천적 발전을 보장하기 위해 함께 일해야 한다. 한 분야와 한 그룹의 사람들에 관한 근거(예를 들어, 재능 있는 젊은 운동선수들을 대상으로 한 연구)는 문제의 방법이 다른 문제들을 포함한 다른 맥락에서도 효과적일 것이라는 보장이 없다. 개인 및 대인 관계 요소가 다른 무엇보다 중요한 코칭은 다른 연구 접근 방법, 종종 강력한 질적 또는 행동 연구 요소가 필요하다. 우리는 이런 두 가지 요소가 실제 실천을 개발하고, 현상으로서 코칭에 대한 이해를 넓히며, 그것의 효과, 코치이의 생각, 감정, 행동에 영향을 미치는지 연구해야 한다.[6]

- 마지막으로, 다음과 같은 일반적이고 결론적인 제안을 제공하고자 한다. 프랙티셔너와 함께 코칭(또는 코칭심리학) 실천을 직접 강화하

5. 우리는 다음과 같은 정의를 가지고 있다. "실천 기반 근거는 개별 환자의 돌봄에 관한 결정을 내릴 때 실제 상황에서 가져온 현재의 근거를 양심적이고, 명시적이며, 현명하게 사용하는 것이다. 실천 기반 근거는 개별적 임상 전문 지식과 서비스 수준 매개 변수service level parameters를 일상적인 임상 환경에서 수행하는 엄격한 연구로 도출된 가장 유용한 근거와 통합하는 것을 의미한다"(Barkham & Margison, 2007, p. 446, quoted from Barkham, Hardy, & Mellor-Clark, 2010, p.23). 특히 공중 보건 분야public health에서 최초의 사례들이 관찰된다. Green, 2006; McDonald & Viehbeck, 2007를 참고하라. 래미안Ramian(2007, 2009)은 프랙티셔너로서 심리학적 연구와 개발을 다루는 새로운 방법을 제시했다.

6. 예를 들어, 제가 말하고 싶은 박사 과정 학생 모르텐 베르텔슨Morten Bertelsen은 현재 다른 맥락에서 9개의 장기 코칭 과정 비디오 녹화를 통해 코치와 코치이 사이의 관계를 조사하고 있다. 이 연구 과정은 관련된 행위자들(연구자, 코치, 코치이)에 대한 이해를 증진시키고 이후에는 동료 연구원들, 프랙티셔너들 그리고 코칭 사용자들의 이해를 증진시킨다.

려면, 교육(및 인증), 평생 교육, 의무적 수퍼비전, 프랙티셔너 및 실천 연구원을 위한 교육 포럼, 연구자와 프랙티셔너 사이의 교류, 프랙티셔너 연구 및 프랙티셔너와 연구자 사이의 새로운 상호협력 형태 개발 등 추가적 수단을 사용해야 한다.

여전히 근거에 관해 논의하기를 희망하면서 근거의 개념을 필자가 한 것처럼 비판하는 것은 근거에 대한 정치적이고 새로운 전문적 담론과 연구 및 실천에 대한 개념의 근원에 들어서는 것을 의미한다. 이때 발생하는 질문은 우리가 근거에 대해 의미하는 바가 무엇인가이다. 우리는 실천을 향상시키고 발전시키기 위해 어떻게 '근거'를 사용할 수 있는가? 미국 내러티브 코치 데이비드 드레이크David Drake(2009a)는 관계적 관점을 통합함으로써 근거에 대한 공통 이해를 확대하려고 시도한다. 그렇게 함으로써 근거에 대한 좁고 매우 실증주의적 담론을 거부하며, 실천에 밀접하게 연관된 근거에 대한 새로운 이해를 가능하게 한다. 그는 다음과 같이 말한다.

그 대신, 나는 타넨바움Tanenbaum 등(2005)과 다른 사람들이 코칭에서 의사 결정 패턴을 열망하는 것에 관심을 나눈다. 코칭에서 의사 결정 패턴은 공개적으로 유효한 연구, 개인적 성찰, 직업 경험, 맥락 인식을 이끌어낸다. 나는 코칭에 대한 통합되고 훌륭한 접근을 위해 지식의 유형과 원천 그리고 근거의 함의(Corrie & Callahan, 2000)를 더 세밀하게 구분하는 것이 코칭 공동체에서 점점 더 정교해지고 있음에 주의를 기울이고 있다(Drake, 2009a, p.2).

코칭 과정에 대한 지식과 독특한 영향력에 초점을 맞추는 것은 실제로 근거에 대해 이야기하기 위한 새로운 의제를 설정한다. 프랙티셔너는 그들의 지식 분야를 명확하게 구조화하고 개발함으로써 개인적으로 코칭 대화의 실천 기반 근거를 강화하는 데 관여하게 된다. 다음에서는 코칭에 대한 광범위한 지식 기반을 간략하게 설명할 것이다.

6.2 코칭 실천 지식 기반

필자는 코칭을 여러 가지 영역을 가진 학제 간 분야로 간주한다. 이 분야는 부분적으로 업무 맥락과 대화에서 코치이 또는 고객에 따라 결정된다. 그것은 다양한 지식 분야와 과학의 지식을 바탕으로 하며, 이 다양성은 여러 가지 방법으로 코칭 과정의 코스와 개발에 영향을 미치고 있다. 우리는 코칭심리학 또는 코칭을 가장 중요한 개념으로 이야기하고 있는지 여부와 관계없이 모든 관련 분야와 지식 영역에 개방적이어야 한다. 이는 코칭이 그들 사이에서 심리학과 대화의 핵심이 되는 광범위한 역량을 요구하는 이유이기도 하다. 또한 코치가 수행하는 지식 기반 선택은 자신이 노력하고 있는 코칭 방식에 달려 있다. 여기서는 코칭 대화의 구체적인 취급 방식에 영향을 미치고 그에 따라 코치(또는 코칭심리학자)의 전문 분야를 정의하는 주요 지식/과학 분야를 소개할 것이다. 이 설명에서는 특히 3세대 코칭에 상당한 영향을 미치는 분야에 초점을 맞추고 있다. 필요에 따라 설명을 간단하게 하고자 한다. 필자의 목표는 이런 맥락에서 전체적인 지식 기반을 전개하는 것이 아니다. 이미 책의 첫 장에 많은 내용을 담아냈다. 다음의 요약은 코칭이 바탕으로 하는 지식 기반의 복잡하고 학제 간적인 특성을 설명하는 것을 목표로 한다.

6.2.1 철학

철학은 3세대 코칭 개발에서 특별한 위치에 있다. 따라서 여기에서 다루는 코칭 접근법과 관련하여 특히 중요하다고 생각되는 일부 주제에 대해 간략하게 설명하겠다.

(a) 철학은 항상 대화 및 성찰 과정을 다룬다. 그리스 철학의 목표는 사고와 대화에 능숙해지는 것이었다. 특히, 아리스토텔레스의 변증법적 이해Aristotle's dialectic understanding는 코칭 대화 과정에 영향을 미쳤다고 할 수 있다. 변증법은 두 가지 핵심 요소에 기반한다. 이런 두 가지 요인은 성찰하는 사람이 스스로가 당면한 문제에 대한 해답을 찾는 데 도움이 된다. (1) 어떤 전제가 원하는 결론을 이끌어 내는지 결정하기, (2) 어떤 전제가 다른 전제와의 대화에서 수용가능한지를 결정하기가 바로 두 가지 핵심요소이다. 이런 대화의 기술은 올레 포그 키르케뷔의 권학적 대화Ole Fogh Kirkeby's protreptic dialogue(Kirkeby, 2009)에서 현대적으로 재해석되었다. 이는 다른 사람을 격려하는 코칭의 한 형태인데, (1) 왜 자신이 살아가고, 행동하며, 생각하고, 느끼는지 묻고, (2) 자신의 근본 가치에 직면함으로써 자신이 삶의 주인이 되며, (3) 자신의 가능한 자기기만self-deception을 드러내고 자신감self-confidence을 강화한다. 권학은 3세대 코칭의 한 형태이지만, 행동 관점을 직접 목표로 하지 않음으로써 이 책에 제시된 형태와 다르다. 진정한 형태에서, 권학적 대화는 거의 전적으로 성찰과 가치의 수준에서 작동하며, 목표 지향적인 1세대 코칭(예, GROW 모델)과 달리 향후 원하는 행동을 얻기 위한 결과에 초점을 두지 않는다.

(b) 존재론적 렌즈를 통해 현실과 존재의 기본 구조를 탐구한다.[7] 코칭에 존재론적 관점을 도입한다는 것은 근본적이고 실존적인 질문에 초점을 맞추는 것을 의미한다. 나는 누구인가? 나를 나일 수 있게 만드는 것은 무엇인가? 어떻게 하면 내가 되고 싶은 사람이 될 수 있는가? 다른 사람, 곧 나의 대화 상대는 나에게 어떤 영향을 미치는가? 나의 생각과 느낌에 적절한 단어와 올바른 언어를 어떻게 찾을 수 있는가? 많은 철학자들은 자기의 발전에 있어서 다른 사람(대화 상대)의 역할에

7. 오루후스대학교Aarhus University의 람블 매니지먼트 컨설팅Rambøll Management Consulting의 어트랙터Attractor 모르텐 시이든Morten Ziethen은 코칭에 대한 존재론적 접근 개발에 상당한 전문성을 지니고 있는 철학자이자 코치이다. 이는 Alr, Nrgaard Dahl, and Frimann (eds.) 2011을 살펴보라.

대한 영향력을 다루었다. 이를 마르틴 부버를 통해 앞서 언급했다. 이를 다룬 또 다른 중요한 철학자는 쇠얀 키에르케고어다. 키에르케고어에게 자기는 자신과 관련된 하나의 과제, 문제, 과정, 관계이다(2010, SKS 11; "기독교 담론Christian Discourses"은 1848년 4월 26일에 출판되었으며 그의 첫 번째 저서에서 두 번째 부분이다). 인간은 단지 존재함으로 끝나지 않으며, 자기성찰과 자기개발에 끊임없이 몰두해야 한다. 인간은 자신에게서 거리를 두고 스스로에게 돌아가 본래 자기 모습을 선택해야 한다. 이는 모든 인간을 위한 기본적인 윤리적 요구이다. 실존주의 철학자이자 신학자 쇠얀 키에르케고어(1813-1855)는 한 사람(정보제공자informant)이 다른 사람(받는 사람recipient)을 위해 무엇을 할 수 있는지 다루었다. 정보 제공자는 받는 사람의 인식을 높이기 위해 질문할 수 있다. 그러나 결국 받는 사람은 자기 자신으로 돌아가 자신만의 생각을 형성하도록 강요받는다.[8] 키에르케고어(SKS 7; "철학적 단편에 대한 비과학적 추론Concluding Unscientific Postscript to Philosophical Fragments, 1846")는 3세대 코칭과 교육 및 다른 형태의 개발 과정의 또 다른 특징인 메시지의 이중 성찰double reflection에 대해 이야기한다. 또한 정보 제공자(코치)는 그 과정의 결과로 발전한다(Kling-Jensen, 2008 참조). 본질적으로, 이런 이중 성찰 과정은 쇤Schön(1983)의 용어를 빌리자면 실천 중 성찰reflection-in-practice을 통해 표현된 프랙티셔너로서의 코치 자신의 발전의 특징이기도 하다.

(c) 현상학적 체험 담론phenomenological-experiential discourse은 사람의 세계-내-존재being-in-the-world에 초점을 둔다(Merleau-Ponty, 2012). 인간으로서 우리는 항상 우리 세계, 즉 우리의 현재 맥락에 신체적으로 그리고 지향적으로 고정되어 있다. 사람과 환경 사이의 중재자로서 신체의 중심 위치 때문에, 현상학은 전통적이고 실증적인 인식론과 과학적 인식을 특징짓는 주체와 대상 사이에서 차이를 극복했다. 이런 비객관주의 접근법에서 지각/감각은 개인이 특정 환경 상황과 관련하여 의미를 창출하

8.'Kierkegaard as coach' in Søltoft(2008)를 참조하라.

는 구성 과정으로 이해된다. 사람과 상황은 서로 연결되어 있거나 좀 더 적절한 용어로 상호 의존하고 있다. 즉, 사람과 상황은 상호간에 의존적이며 연결되어 있다. 지각/감각은 살아있는 몸을 통해 발생하므로 항상 움직임과 행위와 관련된다. 지각/감각은 행위적 과정이며 수동적인 세계 지각과는 관련이 없다. 살아있는 몸은 그 사람의 감각하고 행위하는 능력을 위한 조건이다. 이 철학적 및 심리적 이해는 근본적으로 코치와 코치이가 특정 상황 및 사건에 관해 말하는 방식에 영향을 줄 수 있다. 경험은 거기에 있지만 그것을 설명하는 언어가 없을 수 있다. 따라서 코칭 대화에서 양 당사자는 점차 명확한 표현으로 바꾸도록 도전받는다. 이를 통해 코치이는 자신과 자신의 행동을 이해하는 법을 배울 수 있다.

6.2.2 심리학

철학과 자연과학에 역사적 뿌리를 둔 심리학은 양 진영의 관계를 통해 계속해서 발전하는 과학 분야이다. 결과적으로, 모든 심리학자들이 반드시 서로를 이해하거나 과학에 대한 동일한 이해를 공유하지는 않는다. 그럼에도 불구하고 필자는 코칭심리학과 코칭의 발전을 이끄는 심리학이 주로 인문학과 사회과학 전통에 기반을 두고 있다고 주장하고자 한다. 그러나 미래에는 신경심리학과 신경과학이 코칭과 관련하여 더 큰 역할을 하게 될 것이다(Rock & Page, 2009 참조). 3세대 코칭의 개발 및 이해에서 학습, 정체성, 자기에 관한 심리학적 이론은 중요한 역할을 한다. 이 이론은 이 책의 앞부분에서 소개했다. 팀 코칭 및 그룹 코칭과 관련하여 그룹 역동성 모델models of group dynamics 및 사회 학습 이론social learning theories(예, Wenger, 1998)은 특별한 위치를 차지한다. 게다가, 이론 기반 전문 코치는 주요 심리학 학파에 대한 지식이 있어야 한다(정신역동psychodynamic, 인지적cognitive, 실존주의적existential, 체계적systemic, 사회구성주의 내러티브socialconstructionist-narrative 등). 특정 코칭 상황에서 이 이론들은 상황에 대한 질문을 하는 코치의 방식에 영향을 미칠 수 있다. 또한 이론 및 실천에서 테스트에 대한 인식은 테스트 사용에 대한 비판적인 입장을 취하는 사람에게 도움이 될 수 있다.

6.2.3 교육, 성인학습, 개인개발

최근 수십 년 동안 사회 발전은 많은 교육 환경, 개인 생활, 노동 시장에서 빠르게 뿌리를 내리고 있는 학습 및 개발에 대해 완전히 새로운 이해를 이끌어냈다. 학습은 특정 상황에서 지식 개발 및 생성과 점점 더 관련이 있다. 일반적으로 사회에서는 개인적이고 전문적인 개발을 계속해야 한다는 요구가 증가하고 있다. 그렇게 학습은 평생 과정이 되었다. 이런 개발 과정에서 코칭과 코칭 기반 대화는 점점 더 두각을 나타내고 있다. 학습에 관한 특별한 도전과 핵심 이론적 접근은 이 책의 앞에서 이미 다루었고, 3세대 코칭 개발 필요성을 직접적으로 주장하고 있다. 직업적으로 의욕적인 코치는 이런 학습 관련 및 개발 과제를 이해해야 하므로 개인 및 그룹을 지속적으로 전문적이고 개인적인 개발로 지원할 수 있는 능력을 입증해야 한다.

6.2.4 특정 전문 맥락

한 사람이 코치로서 일하는 곳에서 그 분야에 대해 전문 지식을 갖는 것은 종종 이점이 된다. 덴마크와 비교하면 독일에서는 비즈니스 코치가 비즈니스 경제학이나 HR 분야와 같은 학업에 학위를 취득해야 하는 필요성에 훨씬 더 중점을 두고 있다. 반면 덴마크에서는 조직심리학 내에서의 전문성에 더 중점을 둔다. 비즈니스 맥락에서 코치 또는 코칭심리학자로 일하는 사람이라면 누구나 이론에 대한 전문적 지식과 관리 이론, 리더십, 조직 개발, 조직 및 인적 자원 이론 학습과 관련된 연구에 대한 전문적 지식을 갖는 것이 분명 장점이 된다. 만약 한 사람이 영업 및 마케팅 분야에서 주로 일하고 이 분야에서 지식과 근무 경험이 있다면 이는 확실히 유용할 것이다.

코칭은 의료 및 예방 노력, 재활, 사회적 사업, 교육, 실업 재활 등 다른 분야로 점차 확산되고 있다. 이런 분야에서 일하는 코치 및 코칭심리학자는 전문적인 지식을 갖추고 있어야 하며 이런 분야 또는 관련 분야에서 일하는 경험이 있어야 한다. 이는 공동 작업 커뮤니티와 유능한 코치의 훌륭한 스파링 파트너가 되기 위한 필수 조건이다. 3세대 코칭의 특징인 자기 성찰 과정을 장려하는 가치지향적 질문으로 돌아간다면, 코치이의 구체적인 업무 맥락에 대한 전문적 지식은 의미가 있고 반전적인 코칭 대화를 수행하는 능력에 비교적 덜 중요할 것이다.

6.2.5 대화 실천에서 지식 영역

마지막으로 우리가 코칭 대화에 직접적으로 영향을 주는 지식 영역을 살펴본다면, 우리는 4가지 다른 형태를 구별할 수 있는데, 이는 각각 코치나 코칭심리학자가 코칭 대화를 수행하는 방법에 대한 역량 기반으로서 독특한 역할을 한다. 필자는 드레이크(2009a)가 그의 근거에 대해 언급한 이 4가지 지식 형태가 앞서 언급한 실천 기반 근거의 추가 개발에 중요한 역할을 할 것이라고 생각한다. 첫 번째 지식 영역은 전문가로서 코치 자신에 대한 자기 지식이다. 코칭 전문가가 자신의 실천을 반영하는 7장의 사례에서, 특히 직감과 관계적 이해의 형태로 자기 지식의 중요한 역할은 매우 분명하다. 드레이크는 두 번째 지식 영역으로서 기초 지식을 언급한다. 그것이 이론적 접근과 모델에 기초한 지식 영역이며, 이 책에서 상당한 관심을 받았던 지식 영역이다. 맥락 지식에 대한 필요성은 이전 절에서 논의했다. 지식의 최종 영역은 실천의 지속적인 개발과 성찰을 통해 얻은 전문 지식이다. 이 지식 영역은 프랙티셔너-연구자가 생성하는데, 이 연구자 유형은 이 장의 뒷부분에서 다룰 것이다. 개략적으로, 이 4가지 지식 영역은 표6.1과 같이 표현될 수 있다.

표 6.1 지식 영역(Drake, 2009a에서 영감을 받음)

코칭 대화 ↑			
자기 지식	기초 지식	맥락적 지식	전문적 지식
인식 성숙 자기 성찰 지혜 직관 관계적 이해	기초과학과 응용과학 연구 및 기금에 기초한 이론, 모델, 지침	주제별 전문가 조직 이해와 맥락 이해 코칭이 수행되는 특정 직업에 대한 지식 코치이의 생활 관점, 가치, 목표에 대한 이해	코칭/코칭심리학에 종사하는 프랙티셔너가 연구 및 기금을 기반으로 하는 이론, 방법, 역량

6.3 지식, 실천, 전문성 개발하기

이 절을 통해 필자는 코칭 및 코칭심리학 프랙티셔너가 자신의 전문성 개발과 관련하여 사전 및 자기성찰적으로 행동할 수 있으므로 자신의 전문 역량 개발에 필요한 전문 지식을 확립하는 데 도움이 되는 방법을 설명하고자 한다. 근거 기반 실천에 대한 전통적 인식은 프랙티셔너를 무능력하게 만든다. 프랙티셔너는 실생활에 단단히 기반을 둔 전문성 개발을 확보하기 위해 행동에 착수해야 한다. 전문성 개발은 성찰적 프랙티셔너 또는 '과학자-프랙티셔너'가 생성한다. 그러므로 필자가 '전문성 함양professional edification(독일어: Bildung)'이라는 용어를 선택한 것은 상당히 신중하다. 덴마크 철학자 티센Thyssen(2004)에 따르면, 근대의 덕목은 "2차적 관찰에 따른 소견을 다룰 수 있는 능력ability to handle second-order observations(p.331)", 곧 자신의 직장 생활에서 일반적으로 인생에서처럼 자기성찰적인 입장으로부터 발전하는 것을 의미한다. 오늘날 개인 및 전문가는 다른 사람과의 상호 작용 및 변화하는 환경 상황과 관련하여 자신의 (전문적) 정체성을 개발하려는 도전에 직면해 있다. 전문성 함양은 성격이 균일하지 않다. 여기서 핵심은 전문 지식과 자본의 역동적인 형태를 개발하는 것이다.

표 6.2 심리학 이론과 실천 사이의 관계(Kvale, 2007)

심리학 이론과 실천 사이의 관계
1. 이론 → 실천: '엔지니어링 모델engineering model' - 개입은 연구를 통해 개발된 매뉴얼을 기반으로 한다.
2. 이론 →/ 실천: 프랙티셔너는 이론 사용을 삼가한다. 일부 프랙티셔너는 자신의 작업과 무관한 연구-기반 이론을 고려한다.
3. 실천 → 이론: 실천은 이론의 주요 원동력이다. 이론적 반영은 프랙티셔너에게는 보조도구의 한 종류이지만, 절대적 권위를 가지는 것은 아니다.
4. 이론 ⟷ 실천: 이론과 실천은 상호작용한다. 이슈는 심리학자의 실천적 작업뿐만 아니라 학문적 연구에서도 발생할 수 있다.
5. 이론 =/= 실천: 이론과 실습은 상호 독립적이다. 이론적 지식은 불변하고 맥락 독립적 측면을 다루는 반면, 실천은 가변적이고 맥락 의존적 측면을 다룬다.
6. 이론 〉 실천: 이론은 실천과 거의 관련이 없으며 잘 된 실천을 위한 성공 기준이 아니지만, 이론은 그 전문성을 정당화한다.
7. 이론 〈〉 실천: 이론과 실천은 서로 관련이 없는 것으로 여겨지지만, 상호 정당화한다.

6.3.1 실천과 이론 사이의 관계

그러나 현실은 종종 다르다. 심리학, 교육, 간호, 사회복지, 명확한 코칭과 같은 몇 가지 관련 분야에서 한 사람은 한편으로는 학문적 이론과 연구를 관찰할 수 있으며, 다른 한편으로는 상대적으로 관련이 없는 삶에 대한 전문적 실천을 나란히 관찰할 수 있다. 크베일Kvale(2007)은 심리학 이론과 실천 사이의 관계를 이해하기 위해 7가지 모델을 설명한다. 이는 표 6.2에 요약되어 있다.

필자의 생각에는 전문성을 가진 코칭 및 코칭심리학의 바람직한 발전은 범주 3과 4 안에 있다. 범주 3은 성찰적 실천을 향한 개발을 촉진하는 노력을 설명한다. 이 접근은 실제로 연구와 이론에서 단순히 지식을 전달할 수 없다는 개념을 높이 평가한다. 대신에, 프랙티셔너는 자신의 지식 개념을 가지고 있는데, 이는 실천적으로 적용되고, 각각의 행동에 반영되며, 실천 기반 근거로 적합하게 되기 위해 더 발전된다. 범주 4에서 목표는 이론과 실천 사이의 높은 수준의 상호작용이다. 여기서 목적은 오늘날 일반적인 것보다 더 역동적인 상호작용을 성취하기 위해 학문적 연구 및 전문적 실천 사이의 협력을 강화하는 것이다. 두 환경은 서로의 차이와 상호협력에 대한 개방성을 고려하여 서로 접근해야 한다. 그렇지 않으면, 근거기반 실천에 대한 이야기는 실제 생활에서 다소 공허한 담론이 된다.

6.3.2 전문성과 실천 개발의 길

분명히, 이 책의 주요 대상은 성찰적 프랙티셔너이다. 이 책을 읽고 내용을 성찰하는 데 관련된 노력들은 그 일을 수행하는 모든 사람들에 대한 감사를 보증한다. (관심을 가져주신 독자 여러분께 감사드린다!) 필자는 나 자신과 독자 사이의 만남을 가능하게 하여 기쁘고 즐겁다. 필자는 연구자로서 실천 및 프택티셔너와 대화하고 실제로 필자의 연구 활동과 함께 자신만의 전문적 실천을 해야 할 의무를 이런 노력으로 여긴다. 필자의 포부는 자신만의 실천을 실행함으로써 존경받는 동료 프랙티셔너로 여겨지는 것이다. 그러나 필자는 일반적으로 프랙티셔너를 자극하고, 이 분야의 전문성 개발, 즉 연구, 이론, 실천의 개발을 통해 실천 분야에 '근거'를 제시하려는 포부와 희망을 가지고 있다. 다시 말해, 연구자로서 연구와 실천을 연결하는 데 큰 관심을 가지고 있다.

우리는 전문성과 실천을 발전시키기 위해 무엇을 할 수 있는가? 이론/연구와 실천이 효과적인 상호작용할 수 있는 방법은 무엇인가? 실천과 프랙티셔너의 전문성은 어떻게 발전할 수 있는가? 문헌 목록은 제안을 제공하며, 이는 다음에서 간단히 소개할 것이다.

6.3.2.1 상황학습과 도제학습에 따른 전문 지식 개발

이 분야에서 닐슨과 크베일(Nielsen and Kvale, 1997), 닐슨(Nielsen, 2006, 2008)은 본래 레이브와 웽거(Lave and Wenger, 1991)가 제안한 아이디어에 기반한 자신의 연구를 선보였다. 상황학습 이론은 학문적 맥락(예, 학교에서 형식적 학습)에서 학습으로부터 관심을 돌림으로써 지식과 학습의 기능학과 개념에 대한 결정적인 대안을 제시한다. 상황학습 및 개발은 새로운 형태의 도제학습의 상태로 실제 공동체에서 일어난다. 이곳에서 입문자novices는 특정 상황에 대한 실천 영역을 찾음으로써 학습 공동체 안에서 다른 사람들과 함께 발전할 수 있다. 이 접근법은 다양한 교육 및 학습 형식, 개인 수퍼비전, 동료 수퍼비전, 선택된 세션의 비디오 분석, 전문 개발 포럼을 통해 교육에서 더 큰 역할을 해야 한다. 이와 관련하여 전문가들(연구자, 숙련된 프랙티셔너 등)은 입문자의 실천을 함께 성찰하는 '마스터master' 역할을 수행해야 한다. 교사 또는 그룹 수퍼바이저와 같은 '마스터'는 외부 전문가로서 등장하면 안 된다. 대신에, '마스터'는 지식이 본질적으로 담론적 성격을 띠고, 모두가 지식에 대한 공유된 의미 형성 및 개발에 기여하는 학습 공동체에 참여해야 한다. 지식은 맥락적이고 상황적이기 때문에 최종적 대답이 없다. 이런 형태의 상황학습은 행위자가 하는 일에 의미 있는 성찰을 구성하는 지식을 생산한다. 또한 이 지식은 동일한 특정 맥락과 반드시 관련되지는 않지만, 기존 이론 및 연구와 연결될 수 있다. 뿐만 아니라 참여자들이 그들의 성찰 방식을 성찰하는 다른 형태의 2차 학습을 성취할 수 있다. 그런 식으로 실천 공동체에 참여하는 모든 사람들은 자신의 지식과 경험에 기여할 수 있게 되며, 이것은 여러 면에서 모든 사람들에게 이익이 되는 개발 공간 창출을 보완한다.

6.3.2.2 성찰적 프랙티셔너

다음에 나오는 성찰적 프랙티셔너 개념은 앞서 살펴본 상황학습에 대한 기본적 이해의 연장선상에 있다. 매사추세츠공과대학Massachusetts Institute of Technology, MIT 교육 연구원 쇤Schön(1983)은 여러 연구자들이 지적한 "현실 세계에 대한 실천 요구와 전문 지식 사이의 격차(p.45)"에 출발점을 둔다. 이런 격차는 실천이 다양하고 많은 면에서 고전 연구, 과학적 방법, 통제 시험에서 파악할 수 있는 것보다 훨씬 더 복잡함에도 불구하고 특히 기초과학 및 응용과학이 수렴되고 있다는 사실에 기인한다. 이와 관련하여 쇤은 다음과 같은 결론을 위한 출발점을 형성하는 일상적인 활동의 자발적이고 직관적인 실행으로 우리의 관심을 돌림으로써 행위 중 성찰reflection-in-action 개념을 도입한다. "우리의 지식은 일반적으로 암묵적이며, 우리의 행동 패턴과 우리가 다루고 있는 것에 대한 우리의 느낌에 내포되어 있다(p.49)." 전문적 실천 개발의 핵심 요인은 다음 질문에 포함되어 있다: 우리는 어떻게 이런 암시적이고 직감적인 '성찰', 곧 처음에 특정 상황과 비교하여 감각일 뿐인 성찰과 접촉하고 이를 구체적으로 표현할 수 있는가?

이 질문에 대한 답은 세 부분으로 나뉜다.

1. 행위 중 성찰은 코치와 코치이 간의 실제 대화의 일부여야 한다. 그러므로 행위 중 성찰은 코칭 관계에서 양 당사자가 참여하는 공동 프로젝트이다. 이 진행되는 성찰이 성공할 경우, 그것은 코칭 과정과 코칭 개입의 긍정적이고 구성적인 결과를 향상시킬 수 있는 관계를 강화시키는 역할을 한다(de Haan, 2008; Miller et al., 2004; Norcross, 2002; Wampold, 2001 참조). 드 한de Haan(2008)은 관계적 코칭에 대한 이해를 통해 개입에서 상호작용으로 나아가는 것에 대해 이야기한다. 쇤의 코칭에 대한 기본적 이해의 적용은 다음과 같다: 행위 중 성찰 또는 더 나은 상호작용 중 성찰reflection-in-interaction을 통해 코치와 코치이는 통제와 친밀감의 정도에 대한 합의, 절차와 과정에 대한 합의, 어떤 목표와 작업을 할 것인지에 대한 합의를 성취한다. 코치와 코치이가 대화에서 공유하는 기여는 심리치료에서 개입 성공의 가장 중요한 공통 요인으로 확인되었다. 코치는 대화가 공유된 협상과 설명으로 이어지도록 과정 관리자 역할을 해야 한다. 따라서 코치는 질문을 통해 관계가 적절하게 발전하고 상호작용 성찰 과정을 시작하는지 여부를 확인해야 한다. 또한 성숙한 코치이는 자신의 행위 중 성찰/상호작용 중 성찰에 대한 의제를 상정할 수 있지만, 본질적으로 그것은 코치의 책임이다.

2. 행위 중 성찰은 코치가 개입 전과 후에 수행하는 학습 및 성찰 과정, 즉 대화에 대한 접근방식을 개선하고 향상시키기 위해 자신의 개발에 주력하는 지속적인 개발 과정의 역할을 해야 한다. 줄리 헤이(Julie Hay, 2007)는 유럽멘토링코칭협회European Mentoring & Coaching Council, EMCC의 직전회장이다. 그녀는 특히 코칭의 성찰적 실천을 위해 노력했으며, 이런 개발 및 학습 과정을 여섯 단계로 나눈다. 1단계에서 한 사람은 메모 작성, 무슨 일이 일어났는지에 대한 더 나은 인식, 가능하면 사건들을 녹화(오디오/비디오)함으로써 주요 사건을 파악한다. 2단계에서

는 다양한 위치와 각도(자신의 관점, 메타 관점, 코치이의 관점 및 동료 관점을 포함)에서 선택된 사건을 검토한다. 3단계에서는 사건을 비교하고 유사점과 차이점을 조사하여 패턴을 탐색한다. 여기에는 동일한 도전이 반복적으로 발생하여 적절한 조치가 취해지지 않는 반복되는 특정 사건들에 대한 파일을 검토하거나 직관을 사용하는 것이 포함될 수 있다. 4단계에서는 특히 유용한 것으로 판명된 가능한 개입을 발견하기 위해 메모와 파일을 검토함으로써 학습과 개선을 계획하는 것을 포함한다. 이 단계에서 유용한 요소는 문헌literature에서 영감을 찾는 것이다. 5단계에서 코치는 특정 유형의 질문, 방법, 절차를 시도하는 등 (특정 이벤트를 계획할 수 있는 범위 내에서) 특정 고객에 대한 특정 이벤트를 계획한다. 마지막으로 6단계는 구현을 목표로 한다. 예를 들어 보자. 코치는 그녀가 코치이의 이슈와 딜레마에 너무 쉽게 휘말린다는 느낌을 가지고 있다. 극단적인 상황에서 그녀는 코치 역할에 갇히고 무력한 느낌을 반복해서 기록했다. 그녀는 새로운 전략을 계획하기 위해 이 난관을 벗어날 수 있도록 도움이 되는 책과 기사를 찾기 위해 문헌에 의지한다. 또한 동료와 문제를 상의할 수 있다. 그녀는 대화에 새로운 시각을 가져옴으로써 상황에 도움이 될 수 있는 질문 전략(예, 체계적 접근의 순환 질문 또는 내러티브 접근의 외재화)을 찾는다. 이 과정에서 기술art은 그녀의 개입을 단순한 '기법technique'으로 축소하지 않고, 그녀가 자신의 행동 레퍼토리에 특정한 새로운 관점을 통합하는 것이다. 이 '기법'은 그 사례와 그녀의 일반적 접근에 대해 전적으로 적절하지 않을 수 있기 때문이다. 그러나 이 관점은 헤이Hay의 접근방식에서 충분히 설명되지 않는다. 그녀의 계획에서, 코치는 대화에서 교착 상태에 빠진 것 같은 느낌을 가지고 있는 경우, 다음번에 이 이슈가 발생할 때 이런 종류의 개입을 실행하기에 적절할 경우 현재 고객들 사이에서 '좋은' 고객을 찾고자 한다. 그러나 7장에서 전문 코치 마르타Martha의 사례는 이 접근법의 한계를 보여준다. 마르타는 대개 자신의 기법에 집중하는 것을 피하는 대신 직관과 관계적 이해를 신뢰해야 한다고 분명하게 말한다.

3. 행위 중 성찰은 수퍼비전의 기초를 형성하고 지속할 수 있다. 이런 방식으로 수퍼비전은 필수적인 전문 개발 도구가 되어 코치가 메타 관점에서 자신을 붙잡고 있는 한 명 이상의 동료와 함께 실천을 성찰할 수 있게 하며, 새로운 이론과 전문적 각도에서 영감을 제공할 수 있다. 수퍼비전을 받는 사람은 일련의 반복적인 상황에서 최근 대화나 패턴으로부터 특정 상황을 선택할 수 있다(이전 요점 참조). 또한 수퍼비전은 선택된 녹화 비디오 또는 오디오 순서를 기반으로 할 수 있다. 이는 교육적 맥락에서 특히 자연스럽게 보일 수 있는 방법이다. 많은 점에서 수퍼바이저는 코치이자 전문 멘토의 역할을 하지만, 결코 가장 잘 아는 사람이 아니다. 수퍼바이저는 스파링 파트너이자 여행 동반자이며 때로는 전문가이기도 하지만, 항상 개인 개발을 추구하는 사람이다. 이런 의미에서 수퍼비전은 공유된 학습으로 간주될 수 있다. 그룹으로 진행될 수 있는 동료 수퍼비전을 위해 동료에게 접근하는 것이 도움이 되는 경우가 많다.

전문성 개발의 중요한 요소는 성찰적 프랙티셔너가 자신의 실천 내용을 종종 일반화하는 이론 및 연구 기반 정보와 연결하는 법을 배우는 것이다. 성찰적 프랙티셔너는 결코 '전문가' 역할을 맞지 않지만 대신 "지속적인 자기교육과정에 참여하는" 사람으로 간주된다(Schön, 1983, p.299). 능력의 복잡성은 실천이 구체적이고 의미 있는 방식으로 이론과 연결될 때만 발전한다. 이런 쇤의 주장을 고려해봤을 때 다음과 같이 설명할 수 있다(그림 6.1 참조)

다음 진술에서 쇤(1983)은 성찰적 프랙티셔너가 영구적인 조사에 관여하고 있다고 설명한다. "나는 알고 있을 것으로 추정되지만 이 상황에서 관련 있고 중요한 지식이 있는 유일한 사람은 아니다. 나의 불확실성은 나와 그들에게 학습의 원천이 될 수 있다(p.300)." 성찰적 프랙티셔너는

그림 6.1 성찰적 실천 및 실천 기반 이론에 따른 복잡한 능력

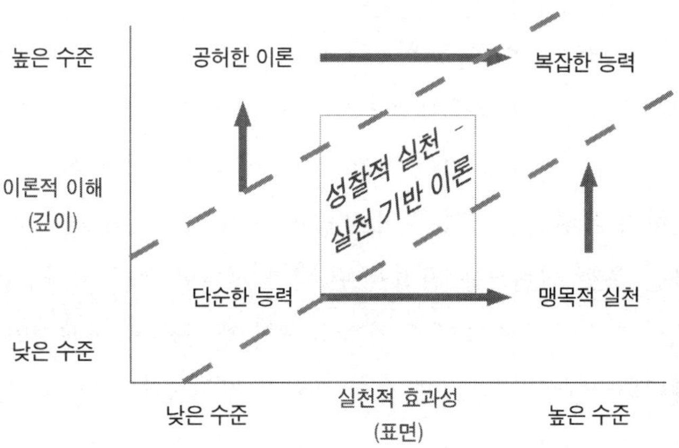

실천적이고 이론적 지식을 통합하고자 하는데(Brinkmann & Tanggård, 2012), 여기서 지식은 실제 대화 상황에서 종종 성찰되지 않지만 대개 직관으로 표현되는 암시적 지식으로 나타난다. 숀(1983)은 성찰적 프랙티셔너의 역량에 대해 다음과 같은 설명을 제공한다.

> 그것은 우리가 기존 규칙에 맞지 않는 문제에 대한 감각을 갖도록 볼 수 있고 행동할 수 있는 능력이다. 프랙티셔너의 예술성artistry은… 그가 낯선 상황에 가져오는 레퍼토리의 범위와 다양성에 달려있다. 그는 이것들을 레퍼토리로 볼 수 있기 때문에 독특함을 이해할 수 있고 표준 범주의 예로 그것들을 줄일 필요가 없다(p.140).

숀에 따르면, 모든 전문성 개발은 다음 두 가지 질문을 통해 설명될 수 있는 개인적 및 전문적 정체성에 대한 일반적인 탐색에 따라 주도된다(Schön, 1983, p.299). 이 두 질문은 "나의 일에서 정말로 만족을 주는 것은 무엇인가?"와 "나는 어떻게 그런 종류의 경험을 더 많이 만들어 낼 수 있는가?"이다. 이 질문은 개인의 전문성과 고객과 관련된 실제 실천에 대한 일반적 이해를 명확히 할 때 핵심적이어야 할 개인의 작업 내에 필수적인 가치에 대한 성찰을 설명한다.

6.3.2.3 과학자-프랙티셔너

임상심리학에서는 이론, 과학, 실천, 관련 전문성 개발의 관계에 대한 오랜 논쟁이 있다. 이 논쟁에 대한 공식적인 국제적 시작은 1949년 콜로라도주Colorado 볼더Boulder에서 열린 컨퍼런스에서 심리학자가 어떻게 프랙티셔너와 과학자로 일할 수 있는지 설명하려는 시도로 일어났다. 과학과 실천의 관계는 종종 실천과는 거리가 먼 과학 세계와 과학에 관심을 둔 전문적 프랙티셔너 사이의 격차로 인해 문제가 발생한다. 헌신적인 코칭심리학자 데이비드 레인David Lane과 그의 동료 사라 코리Sarah Corrie는 21세기의 과학자-프랙티셔너 모델scientist-practitioner model을 연구해왔다(Lane & Corrie, 2006). 그들은 전문적 실천을 복잡하고 역동적 체계의 일부로 본다. 레인과 코리는 콜브의 경험적 학습 순환experiential learning cycle(Kolb, 1984)의 틀에서 전문성의 개발 과정을 살펴본다. 이는 어떤 도전과 실천에 대한 성찰을 정의함으로써 출발점에 이르게 하며 그런 다음 실제 대화 상황에서 다양한 전략과 최종적으로 실행을 동반한 행동적 실험의 기초 형태로서의 아이디어를 포함하고 탐구한다. 레인과 코리는 심리학자 또는 코치의 가장 필수적인 자격 중 하나인 내재된 도전 과제를 기반으로 실제 사례를 체계화하는 능력을 정의한다. 또한 사례를 심리적 감각 형성psychological sense-making의 한 형태로 체계화하는 능력을 살펴본다. 이러한 맥락에서 레인과 코리(2006)는 이론이 사례의 표현과 이론-실천 사이의 관계에 미치는 영향에 대해 다음과 같은 설명을 제공한다.

> 넓은 관점에서 보았을 때, 체계화는 이론적 관점이나 다른 관점에서 제시된 이슈를 '설명'하려는 시도에 관심이 덜하다. 비록 체계화가 반이론적이지는 않지만 초기 단계에서 크게 비이론적인 창조적 사고를 위한 능력을 장려하는데 더 구조화되어있다. 이때 이론은 그 의미를 탐색할 수 있는 상세한 이야기를 표현하는 체계화와 함께 그것에 부과되는 것이 아니라 창조적이고 성찰적인 사고와 결합된다(p.47).

레인과 코리는 과학자-프랙티셔너로서 행동하는 데 많은 방법이 있으며, 그 방법 안에서 그들은 프랙티셔너가 특정 절차를 따라야 한다고 주장하는 좀 더 전통적인 사고, 즉 평가의 사용use of assessments, 가설 검증testing of hypotheses 등과 다르다고 언급한다.

6.3.2.4 프랙티셔너-연구자

마지막으로 실천과 이론/연구를 연결하는 접근법인 프렉티셔너-연구자 모델을 소개하고자 한다. 이 접근법에서 프렉티셔너는 본질적으로 연구자처럼 행동하지만 이는 종종 실천과는 거리가 있는 고전적인 학술 연구와 다른 방식이다. 프렉티셔너-연구자로 행동할 때, 코치 또는 코칭심리학자는 자신의 것과 다른 사람들의 실천을 체계적으로 탐구함으로써 연구를 향해 확실한 걸음을 내딛는다. 특히 영국 교육 연구자 피터 자비스Peter Jarvis(1999)는 이런 연구 방법을 개발하고 탐구했다. 자비스는 교육 및 간호 분야 등의 새로운 관점에서 실천과 연구 사이의 관계를 조사하기 위해 쇤Schön의 작업을 기반으로 했다. 이 접근법은 다른 전문적 실천으로 확장될 수 있다. 자비스 접근법의 핵심 질문은 프렉티셔너가 연구에 참여하는 방법에 관한 것이다. 자비스는 교육과 지속적인 전문적 개발을 받아들이고 있는 누구든지(예를 들어 코칭에서) 프렉티셔너-연구자로서 더 크거나 적은 강도로 변화를 일으켜야 한다고 강조한다. 프렉티셔너-연구자에 대한 이런 참여는 한 사람의 직업 생활 전반에 걸쳐 어떤 형태로든 계속되어야 한다. 자비스는 프렉티셔너-연구자의 몇 가지 이점을 강조한다.

> 프렉티셔너-연구자는 엄밀히 말하면 프렉티셔너이기 때문에 전통적인 연구 형태가 잘 포착하지 못할 수도 있는 깊이의 실천 측면을 보고할 수 있다. 이들의 연구는 상호협력으로 착수된다면 풍성해질 수 있다(p. 24).

필자는 앞서 행위 중 성찰 과정에 대한 설명을 하면서 프렉티셔너-연구자가 되기 위한 첫 걸음을 소개했다. 5장에서는 체계적으로 프렉티셔너-연구자로서 필자가 공헌한 부분에 대해 제시했다. 개인의 일과가 실천과 가장 밀접하게 관련되어 있다면 사례 연구는 프렉티셔너-연구자가 되는 가장 확실한 접근법이다. 다른 방법들은 행동 연구 및 상호협력 연구를 포함한다.

유능한 성찰적 프렉티셔너 및 유능한 프렉티셔너-연구자는 자신의 실천을 이론과 다른 사람들의 연구 결과에 연결 지을 수 있을 것이다. 이론과 실천 사이의 관계를 가장 잘 이해할 수 있는 방법과 이 관계가 프렉티셔너-연구자 업무에서 전개될 수 있는 방법은 무엇인가? 여기에서 자비스는 입문자("신입")와 다른 한편으로는 숙련된 프렉티셔너 및 프렉티셔너 연구자를 구분한다. 자비스(1999, pp.150-151)는 다음과 같이 지속적인 순환에서 신입을 위한 이론 및 실천 사이의 관계를 기술한다.

1. 입문자는 정보를 제공받는다.
2. 입문자는 그들만의 이론(실천에 대한 지식)이 될 정보를 습득한다.
3. 입문자는 실천에서 이를 시도한다.
4. 입문자는 그들의 경험을 성찰한다.
5. 입문자는 자신의 개인적인 이론을 만들어 낸다.
6. 이런 순환은 계속된다...

숙련된 프렉티셔너-연구자에 대한 순환은 더 복잡하다(그림 6.2 참조).

이 순환고리가 코칭 및 코칭심리학 교육의 기초를 형성해야 한다. 교육과정과 전문성 개발은 이 모델에 따라 구성되어야 한다. 명확하고 체계적인 이해, 자신의 실천을 위한 이론적 토대, 이에 대한 영구적인 개발은 전문 지식의 성취를 보장한다. 드레퓌스Dreyfus(1992)에 따르면, 전문가 수준에 도달한 사람은 능숙하고 쉽게 수행하며 분석적 고려 사항에 의해 방해받지 않는다. 이는 거장의 수준이며, 직관적, 전체론적, 동시적 전문 지식

그림 6.2 이론, 실천, 연구(Javis, 1999, p.153, 필자의 추가 내용 포함)

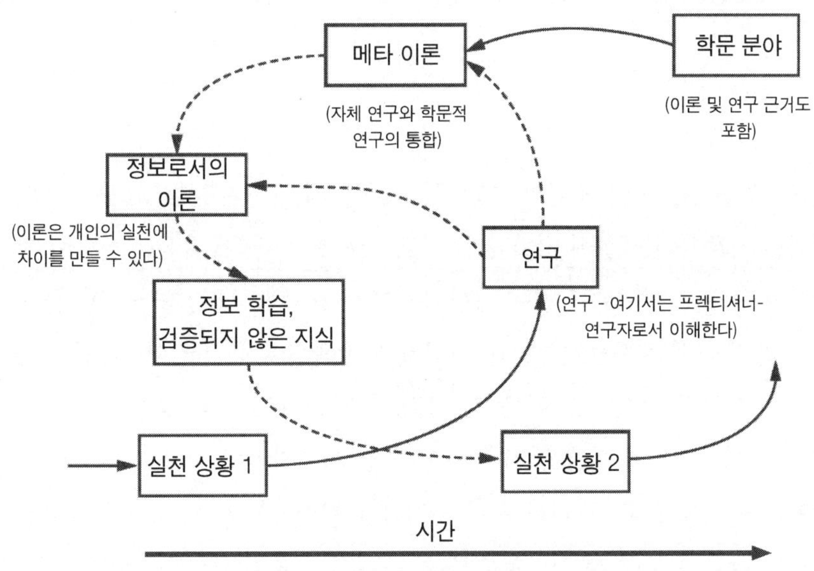

참고사항: 점선은 실선보다 약한 관련성을 나타낸다.

수준이다. 이런 전문 지식이 어떻게 성취되었는지는 여전히 연구로 완전히 설명되지 않았다. 에릭슨Ericsson(2006)에 따르면, 다른 의견들 가운데 전문 지식은 많은 계획적인 실천 시간에 기반하여 발달하며 이는 학습, 개발, 실천의 강렬하고 성찰적인 과정이다. 여기서 한 사람은 음악과 스포츠 분야에서 전문 지식 개발과 전문적 실천에서 전문 지식 개발 사이의 다름을 유지해야 한다. 프렉티셔너-연구자는 자신의 실천 및 동료들의 실천을 이해하고 개발함으로써 전문 지식으로 나아간다. 이는 전문적 프렉티셔너의 계획적 실천을 이룬다. 이 개발 과정은 전문 기술을 목표로 한 실천과 관련되어 있지만 학술 연구 세계는 관련이 적은 학점을 취득하는 과정이다. 많은 프렉티셔너 연구는 출판되지 않았지만 주로 특정 조직에서 내부적으로 사용하기 위한 자료다(예를 들어 컨설팅 회사 또는 대학생 포럼에서 사용한다).

6.4 사실과 직감 사이의 지식

이 장에서는 지식 개념의 복잡성을 명확하게 하고자한다. 코칭 프렉티셔너는 기본적인 사실에 기반을 둔 지식이 필요하다. 이 지식은 시간이 지남에 따라 점진적으로 실천에 체현되는 기반을 만든다. 그러나 이런 형태의 성찰적 지식은 유능한 프렉티셔너가 되기에 충분하지 않다. 어떤 상황에서는 의식적 지식으로 이를 명료하게 하려고 시도하면 오히려 방해가 될 수 있다. 여기에 언급된 저자 가운데 일부는 지식이 종종 직감으로 표현된다는 것을 안다. 그러나 우리는 직감을 개발하는 방법에 대한 명확한 지침과 행동 지향적 지침이 부족하다. 우리의 교육 시스템은 합리성에 지나치게 지배를 받고 있으며, 하드디스크가 있는 컴퓨터는 '선량하고 부지런한 학생'을 나타내는 메타포로 간주된다. 이것은 나중에 기억할 수 있는 지식으로 제공된다. 그러나 실제로 적용되는 지식은 종종 '컴퓨터'가 그 상황에 포함된 복잡성과 역동성을 포착하지 못하기 때문에 파악하기 어렵다. 앞서 밝혔듯이, 드레퓌스(1992)는 전문성을 직감으로 묘사했다. 우리는 특정 이론을 통해 주어진 상황을 다루려고 시도하고 이를 성찰하고 합리적인 결정에 도달함으로써 전문적 프렉티셔너로서의 일정 수준에 이를 수 있다. 따라서 그런 접근방식은 상황에 적절하지 않다.

사실 전문가들은 결론에 도달하는 방법을 충분히 설명하지 못한다. 직감적인 전문가는 규칙의 틀 내에서 자신의 절차를 분석할 수 없다. 드레퓌스(1992)에 따르면, 직감은 자신의 경험에 직접적으로 영향을 미치고 경험과 새로운 상황 사이의 유사점을 인식하는 능력으로 정의된다. 직감은 한 사람이 지식을 끌어내고 이를 현재 상황의 요구와 연결할 수 있는 계획된 준비 상태로 볼 수 있다. 직감은 주어진 상황과 관련하여 개인적, 암시적(불분명한), 암묵적인 지식의 활동 전위로 정의될 수 있다. 직감적 프로세스는 순차적인 프로세스을 따르지 않지만 특정 상황 및 맥락과 관련된 도약과 의미의 전체론적 단위 그리고 이런 상황에서 구체화된 경험으로 인해 생겨난 프로세스로 진행된다. 프로세스 인식, 관계적 이해, 에이전시과 관련된 직감의 역할은 다음 장에서 설명하는 코칭 전문가를 포함한 몇 가지 사례에서도 분명하게 알 수 있다. 이런 계획적인 준비 상태의 중요성은 분명히 대화의 만족스러운 결과에 대한 소위 공통 요인의 영향과 비교하여 대화 기술의 상대적으로 제한된 역할에 대한 설명의 일부이기도 하다.[9]

전문가로서 행동하기 위한 코치의 역량에서 직감의 중요성을 강조하지는 않지만 이는 과학, 연구, 사실적 지식의 역할을 축소시킨다. 이론과 사실적 지식이 없으면 전문가를 위한 발전은 있을 수 없다. 그러나 전문 지식 개발은 신중한 실천, 즉 행위 중 성찰/상호작용 중 성찰 및 지속적인 전문성 개발의 일환으로 프랙티셔너-연구자로 활동하기 위한 노력을 통해 가능하다. 직감적인 전문 지식 개발은 강제적으로 될 수 없으며 전문 지식은 불행히도 졸업장이나 학위의 결과로 따라오지도 않는다. 전문 지식 습득은 직감적인 전문 지식 개발을 준비함으로써, '이벤트에 합당하다는 것을 증명proving worthy to the event'[10]함으로써, 순간을 포착함으로써, 상황이 가능하게 할 가능성을 감지하고 그 순간에 존재함으로써 가능하다.

9. 지금까지 이런 요소의 역할은 심리치료 분야에서만 잘 설명되어 왔다(Wampold, 2010a 참조). 하지만 필자는 유사한 연결이 코칭 분야에서도 적용가능하다고 생각한다.

10. 필자는 이 문구를 올레 포그 키르케뷔(2004)로부터 차용했다. 여기서 간단한 설명을 시도하지는 않을 것이다. 사건의 철학은 몰입을 요구하는 경험 세계다. 이는 시간이 걸린다. 키르케뷔의 저작은 몰입을 위한 풍부한 기회를 제공한다.

7장 코칭 전문가들의 성찰적 실천

THIRD GENERATION COACHING

이 장에서는 프랙티셔너-연구자에 대한 추가적 사례를 제공한다. 5장에서 필자는 주로 3세대 코칭 실천을 체계적으로 살펴보았다. 이 장에서는 반드시 필자의 개입 이론에 따를 필요는 없지만, 현재의 코칭 접근법을 폭넓게 선택할 수 있는 다른 코치의 코칭 실천을 포함한다. 그 목적은 프랙티셔너가 자신의 실천을 어떻게 성찰하는지를 살펴보고, 기존 관련 연구에 비추어 이 프랙티셔너의 성찰을 통해 어떤 일반적인 결론을 얻을 수 있는지 지켜보는 것이다. 필자가 선택한 전문가 중에는 국내외에서 인정을 받고 폭넓은 학문 및 교육적 배경을 가진 전문 코치들이 있다. 또한 가급적이면 학문적 교육을 받은 코치들로 선택했다. 게다가 그렇게 선택된 전문가들은 코칭 프랙티셔너로서 폭넓은 경험 외에도 교사나 과정 담당자로서 코칭 교육 프로그램에 참여해왔다.[1] 필자는 4명의 프랙티셔너가 제공하는 특정 형태의 코칭에 초점을 맞추지 않았다. 또한, 그들의 코칭은 이론적 접근 및 방법론적 측면에서 매우 다양하다. 4명 가운데 유일한 덴마크 코칭 전문가인 마르타Martha는 비록 그녀의 접근 방식이 제시된 책의 주제인 형태보다 철학적인 편향성을 더 강하게 지니고 있지만, 3세대 코칭의 특정 형태로 코칭할 수 있는 유일한 사람이라고 생각한다.

이전 장과의 연속선상에서 필자는 독자들을 성찰적인 프랙티셔너이자 프랙티셔너-연구자로 초대하려는 의도를 수행한다. 인터뷰 자료를 검토하는 데 중점을 두는 것은 구체적인 개입 이론을 확인하기 위한 심층 분석

1. 분명히 필자는 여기에 등장한 사람들과 동등한 지식을 가진 많은 사람들을 선택할 수 있었다. 필자에게 기여하는 선택 기준은 그들의 지각된 지위perceived status였다. 즉, 그들이 동료나 고객에게서 누리는 인정은 물론 그들이 코칭이나 코칭심리학에서 가졌던 특정 입장을 공식적으로 기록하는 것이었다. 또한, 선택된 코칭 전문가는 필자의 개인 네트워크의 일부이다. 일부는 익명으로 남아있기를 원했다. 결과적으로, 모든 코칭 전문가는 익명으로 활동하게 되었는데, 이는 고객의 익명성을 보호하는 측면에서 분명한 이점이기도 하다.

이 아니라, 코칭 전문가들과 코칭 대화의 형식 및 성공에 중요한 공통 요소(Wampold, 2001, 2010a)들을 발견하는 데 있다. 4명의 코칭 전문가의 성찰을 보여줌으로써 독자들이 영감을 얻길 바란다. 다시 말해, 독자들이 자신의 특정 조건 및 자원에 맞는 전략을 개발함으로써 자신의 실천에 대한 의식적 성찰에 참여하기를 바란다. 아래에서는 장의 구조를 형성하는 개발 프로젝트의 구조를 개략적으로 설명한다.

- 필자는 일반적인 이론적 입장 및 연구 결과와 관련한 개별 프랙티셔너의 개인적 성찰과 가까워지기 위해 사례 연구 디자인을 선택했다.

- 이런 목적을 위해 많은 자격을 갖춘 코칭 전문가들과 50-70분 가량 인터뷰를 수행했다. 모든 인터뷰는 녹음되었다. 마지막으로 여기서 발표할 내용을 위해 이 발표의 목적에 가장 적합한 것으로 보이는 4가지 인터뷰를 선정했다.

- 인터뷰는 다음과 같은 핵심 사항을 포함하는 반구조화 인터뷰semi-structured interview 지침을 기반으로 한다.
    1. 코치가 특정 코칭 과정의 형식, 과정, 결과에 대해 높이 평가하는 특정한 코칭 상황과 코치의 업무에 대한 포부에 대해 무언가 말하는 것을 설명
    2. 코칭 과정에 대한 지향성
    3. 이론 및 특정 코칭 접근법과의 상호작용 및 영향
    4. 코칭 관계의 중요한 측면
    5. 대화의 과정에서 코치이의 학습 및 발전
    6. 대화의 평가, 실제적인 접근법 및 코치의 성과

- 인터뷰 분석 결과는 코칭 전문가의 말에 거의 100%를 기반으로 하여 일관성 있는 내러티브 형식으로 제시될 것이다.[2] 내러티브는 질적 연

구를 위한 새로운 설명 형식이며, 양적 인터뷰 자료를 분석하고 제시하는 일관된 방식을 제공한다. 이것은 연구에서 점점 더 인정받고 있는 방법이다(Richardson & Adams St. Pierre, 2005).[3]

필자의 목표는 후기구조주의자 및 사회구성주의자 인식론에 근거하여, 인터뷰 분석에서 하나의 수용 가능한 진실을 수집하는 것이 아니라, 오히려 전문가들의 인터뷰 자료에 대한 의미 있는 해석을 제공하는 하나의 버전을 가능하게 하는 것이다. 어떤 연구 내러티브는 관련이 있을 수 있는 이해당사자들의 포럼에서 지속적인 성찰을 가능하게 하고 촉진하는 것을 목표로 한다. 이런 식으로 다음과 같은 내러티브는 동료 코치 및 동료들과의 전문적 담론에 참여하고자 하는 개별 프랙티셔너에게 새로운 현실을 만들어내는 데 도움이 될 수 있다.

다음에서는 전문적이고 교육적인 배경을 간략히 소개한 뒤 선정된 코칭 전문가의 네 가지 내러티브를 소개한다. 그 뒤에, 내러티브에 나오는 핵심 주제와 네 가지 내러티브 모두에 등장하는 주제를 다룬다. 이런 교차분석은 관련 연구에 기반한 이전 설명을 참조하여 몇 가지 일반적인 이론적 성찰 및 논의를 위한 기초를 형성한다.

---

2. 네 번의 인터뷰 중 세 번은 영어로 진행되었다. 세 가지 경우의 분석 절차는 영어 원본 사본을 기반으로 했다. 이 서적의 전문 번역가가 덴마크 내러티브를 영어로 번역했다. 네 가지 모든 이야기의 이해를 돕기 위해 약간의 언어 편집이 수행되었다. 그 외에도 그 이야기들은 전체적으로 인터뷰 대상자들의 말에 포함된다. 모든 인터뷰 내러티브는 암시된 코치들의 승인을 받았다.
3. 여기서 필자는 우리 학과 학술 연구 조교로서 3개의 인터뷰 내러티브를 제시한 리케 쇼우 젭슨Rikke Schou Jeppesen과 산업박사 학자로서 내러티브들 가운데 하나를 제시한 모르텐 버텔슨Morten Bertelsen에게 감사의 빚을 지고 있다. 그들의 노력은 이 장의 질을 향상시키는 데 크게 기여했다. 내러티브를 준비하는 절차는 명확한 지침을 고수했다. 본질적으로 이 분석의 목적은 구조화하고 플롯및 내러티브 구조를 개발하기 위해 선택한 코딩 개념에 기초한 주요 인터뷰 지문을 코딩하는 데 있다. 여기서 그들 자신의 업무와 관련하여 인터뷰 대상자의 주요 경험과 생각 및 성찰을 나타내는 최종적 내러티브로 생성된다.

피터는 비즈니스, 업무, 조직심리학을 전문으로 하는 훈련된 심리학자, 공인코치. 훈련된 코칭 수퍼바이저이다. 그는 박사 학위를 받았고, 다양한 조직에서 컨설턴트, 비즈니스 심리학자 및 경영 코치로 활동했다. 수년 동안 대학에서 연구직을 역임했고, 현재는 프리랜서 컨설턴트 및 경영 코치로 일하고 있다. 피터는 다수의 코칭 관련 책과 과학적 글을 저술했다. 다음은 피터의 이야기다.

그것은 제가 조직의 경영진을 코칭하는 프로젝트였습니다. 저는 리더십 프로그램에 관여했으며, 경영진을 코칭하는 역할을 맡았습니다. 경영진에는 9명이 있었고, 저는 그들 모두를 코칭하고 있었습니다. 이번 경우는 중간 관리자에 관한 것입니다. 우리는 코칭이 무엇이며, 어떻게 그를 도와줄 수 있는지에 대한 초기 설명회를 가졌습니다. 그 중간 관리자는 고객 서비스 및 조직을 책임지는 새로운 역할을 담당했습니다. 아마도 그가 책임지는 범위는 몇 백 명의 사람들과 수백만 파운드 정도였습니다. 어찌 보면 큰 역할은 아니지만 합리적이고 실질적인 역할이었습니다. 이것은 그의 승진을 위한 것이었습니다. 그는 오랫동안 조직에서 일했고 아마도 은퇴가 대략 5년이 남았었습니다. 그는 그 역할에 지원하지 않았지만, 조직에 구조 조정이 있었기 때문에 그 자리에 배치되었습니다. 그는 성격이 매우 열정적이었어요. 우리는 4번의 코칭 세션을 가졌습니다.

■ 일하는 관계

그는 리더로서 많은 경험을 가지고 있었지만, 이 새로운 권한이 주어지면서 제 기억에 두 가지 특별한 이슈를 코칭 대화로 가져왔어요. 그 중 하나는 관리해야 할 직원이 많다는 것이고, 특히 20대 후반 또는 30대 초반에 있는 젊은 관리자들을 포함하여 많은 사람들을 관리할 수 있을지 궁금해 했어요. 제가 기억하는 두 번째 이슈는 앞으로 몇 년 뒤면 그가 지금까지 쌓아온 유산은 어떻게 될 것 인지였어요.

저는 그를 좋아했어요. 그를 생각할 때마다 웃음이 나와요. 저는 그에게 아주 따뜻한 감정을 가지고 있어요. 그가 긍정적인 태도를 가지고 있고 다른 사람들에게서 언제나 좋은 점을 발견하는 태도를 지니고 있다는 점을 좋아하죠. 그런 자질을 매우 좋아해요. 매우 훌륭하다고 생각해요. 그래서 매우 좋은 고객이라 생각해요. 우리는 좋아하는 사람들에게 끌리는 데, 그것은 아마도 제가 그를 선택한 구체적인 이유일 수 있어요.

■ 접근방식

만일 제가 평범한 모델이 무엇인지 설명하고 제가 그 모델을 적용하는 방법을 설명한다면, 꽤 절충적이거나 통합적인 접근방식을 사용할 것이라고 말하고 싶어요. 이는 인본주의 긍정심리학humanistic positive psychology 측면과 함께 행동적 문제 해결 접근, 인지 행동, 심리역동 등을 결합한 것이에요. 그것은 적절하고 강력한 동기부여적 인터뷰가 포함되어 있어요. 저는 다양한 접근법을 혼합하여 사용하는 경향이 있어요. 개인과 그들이 이야기하고자 하는 문제에 따라 세션 내 또는 세션 사이에서 사용해요.

자, 그럼 이제부터 일반적으로 관계를 형성하는 것부터 시작해볼게요. 저는 "당신이 무엇을 해왔는지 말해주세요."라고 말해요. 그들로 하여금 이야기를 들려주게 하고, 그들이 말을 할 수 있게 하고, 듣는 기술, 공감, 확인하는 것을 통해 관계를 형성하게 하세요. 그것이 제가 시작하는 통상적인 지점이에요. 특히 제가 네 번 또는 여섯 번의 세션을 가졌다면 말이죠.

만일 문제가 "이것을 어떻게 해야 하는지how-do-I-do-this"라는 문제, 즉 문제 해결을 위한 것이라면, 당신도 알다시피 이는 자신이 할 수 있는 일을 생각하고, 그 생각과 장단점을 평가한 다음, 그들이 그 계획의 잠재적 단점을 이해하고 제거하면서 장점을 끌어낼 수 있는 계획을 고안한다. 자신감이나 감정에 관한 이슈라면 저는 인지 행동 접근을 해요. 저는 정신역동에 빠지는 경향이 있어요. 그것은 대개 신체 언어 측면과 관련이 있거든요. 음...그것은 저의 이슈일 수 있어요. 그것은 인식 밖에 있어요. 저는 그것을 대화에서 드러낼 생각이에요. 또한 사람들이 다른 사람들, 원형 유형, 부모 유형 관계를 어떻게 보는지에 대해 생각해요. 그래서 제 마음은 그런 종류의 측면에 기울이는 경향이 있어요. 이런 일은 저에게 코칭 대화 시간의 5%, 10% 정도에서 일어나요. 이것은 제가 코칭 세션을 운영하는 방식의 일부라고 할 수 있어요.

그리고 제 생각에 아마 동기부여를 위한 인터뷰에 사용하는 데 시간의 10~20%를 쓰는 것 같아요. 저는 그 주제에 완전히 관여하지 않은 사람들이나 여기에 문제가 있다는 것을 인식하지 못하는 사람들을 위해서만 그것을 선택하는 경향이 있더라고요. 그래서 저는 그들에게 스스로 문제가 있다는 것을 확인하게 해요. 그리고 그들이 문제를 둘러싼 행동을 어떻게 취하며 무엇을 할 것인지 계획을 세워야 하는지를 탐색하게 해요. 하지만 우리는 행동을 변화시키는 게 참 어렵다는 사실도 탐색할 거에요. 따라서 앞으로의 세션은 "저는 하고 싶었지만 그런 일은 일어나지 않았어요. 어떻게 제자리로 되돌릴 수 있을까요?"라는 사실에 대처하는 사람들을 돕는 데 훨씬 더 가깝습니다. 그곳에는 제가 하는 일에 일부가 있어요. 그리고 이를 통해 사람들은 자신감과 자기신뢰를 쌓아가는 긍정심리학적 양상을 보이기도 해요. 그래서 좋은 일을 기억하고 성공에 초점을 맞춰야 해요.

이것은 제 머리 속에 지니고 있는 특정한 또는 어떤 종류의 일반적인 모델이고, 제가 무엇을 할 것인지 선택하는 방법입니다. 그리고 저는 그것이 나타날 것이라고 생각해요. 제가 뭔가 잘 안 되는 것 같은 것을 실험한 뒤, 다른 걸 실험해 볼 수도 있어요. 만일 그게 효과가 있다면, 저는 더 많이 실험할 거에요. 그래서 거기에는 코칭에서 진행되고 있는 과정이 있어요. 과학적 코칭에 관해 다른 면에서 보면, 그것은 완벽한 해결책이 결코 없는 예술이에요. 왜냐하면 때로는 효과가 있고 때로는 효과가 없기 때문이에요. 그런 다음 저는 다른 것을 해야 하고 뭔가 효과가 있다는 것을 발견할 필요가 있어요. 이 점은 기술을 사용할 수 있는 것만큼이나 중요하답니다.

■ 실천은 관계이다

제 생각에 실천은 항상 관계라고 생각해요. 다시 말해, 실천은 개인과의 관계의 형식을 갖추고 있어요. 그래서 보통 저는 사람들과의 사전 미팅 또는 사전 코칭 전화 대화를 해요. 그것을 통해 그들에 대한 인상을 간직해요. 그리고 그것은 우리가 어떻게 함께 코칭할 수 있는지에 대한 견해를 줘요. 예를 들어, 저는 이 사람이 제가 얼마나 도전적이기를 원하는지에 관해 생각할 거에요. 그들이 더 관계적일수록, 저는 더 관계적이에요. 그들이 좀 더 격식을 차리고 더 많은 가면을 사용하면 할수록, 저는 그들을 도전하고 그들과 함께 좀 더 격식을 차리고 싶어 할 가능성이 커져요. 그것이 제가 생각하는 하나의 차원이에요. 실천과 관련하여 종종 생각하는 두 번째 차원은 "사람이 묻는 것은 무엇이며, 실제로 원하는 것은 무엇인가?"라는 질문이에요. 이러한 맥락에서 볼 때, 사람들이 요구하는 것은 그들이 항상 정말로 원하는 것이 아니에요.

아마 제가 생각하게 될 세 번째는 그들에 대한 정서적 반응이에요. 이 모든 게 처음 대화를 시작하기 전에 해야 할 일이에요. 제가 그들을 좋아할까요? 제가 그들과 뭔가 공통점이 있어서 공감을 할 수 있을까요? 그리고 제가 종종 찾고 있는 것은 어떤 사람들에게는 매우 찾기 쉬운 부분인 것 같아요. 어떤 사람들은 대화를 통해 그들과 저 사이의 관계를 향상시킬 수 있는 방법을 발견해요. 저는 개인적 관계로 이끄는 관계를 향상시키는 방법을 만들려고 노력해요. 만일 제가 그 사람을 좋아할 수 있고 그 사람에 대해 공감할 수 있다면, 그것은 코칭 업무를 하는 걸 좀 더 쉽게 만들어줘요. 그러나 저는 다른 코치들이 그 반대 측면에 있다는 말을 들었어요. 오히려 그들은 그들이 좋아하지 않는 사람들과 함께 일하는 것을 선호해요. 왜냐하면 그 사람들은 매우 도전적일 수 있기 때문이죠. 그렇게 도전적인 상대를 만날 때 최선을 다할 수 있다고 생각하는 것 같아요. 다른 코치들과 다르게 저는 제가 공감할 수 있을 때, 그리고 제가 그 사람을 이해하고 그들과 함께 공감할 수 있을 때 최선을 다하는 것 같아요.

저는 상관관계가 있고, 믿을 만하고, 진실하고, 관계를 맺길 원하고, 취약하고, 인간적이고, 진정으로 거울을 통해 그들 스스로를 바라보는 사람을 믿어요. 그들은 나를 위해 실제로 그 과정을 도와줘요. 저는 곡괭이나 망치로 그들의 가면을 뚫고 그들에게서 그것을 빼앗으려고 노력하면서 싸우고 싶지 않아요. 그리고 어떤 고객들은 가면과 함께 매우 방어적인 태도를 취하지만 자신이 가면을 쓰고 있다는 것도 모르고 있을 수 있어요. 하지만 당신에게는 고객의 그런 부분이 일정 부분 보이죠.

음, 제 생각에는 이전에 제가 말했던 요점으로 돌아갈 것 같아요. 제 경험에 비추어볼 때, 저는 일에 진정성 있고 진실한 사람처럼 보여요. 고객이 인간으로서 이야기하는 것을 진정으로 듣고 싶어 하는 사람으로서 말이죠. 그리고 그들을 돕기 원하는 저로부터 어떤 의제도 없이도 고객 돕기에 진실 되게 관심을 가진 사람은 그 이슈나 문제를 다루는 계획이나 새로운 방법을 제시해요. 제가 누군가에게 이야기할 공간과 생각을 위한 바른 질문을 제공하고, 낙관적이고 긍정적이고 미소 짓고 고개를 끄덕이며 관심을 보인다면, 그것은 긍정적인 코칭 관계로 이어질 가능성이 훨씬 더 높아질 거예요.

처음부터 저는 관계에 가장 많은 초점을 맞췄어요. 이렇게 관계가 변화함에 따라 관계는 뒤로 빠지게 되지만, 여전히 대화를 위한 틀을 제공해줘요. 그래서 저는 사람들이 앞으로 나아갈 수 있도록 돕는다는 이유로 관계를 희생시키는 일은 거의하지 않아요. 하지만 만약 그 개입이 우리가 나아갈 방향에 대해 변화를 가져올 것이라고 생각한다면, 저는 기꺼이 무언가를 하거나 관계를 위협하거나 완전히 훼손시키는 말을 할 것이에요. 세션이 끝날 무렵, 저는 "이 사람과 함께 몇몇 추가되는 일을 했을 수도 있었는데?"라는 부분을 마음에 두지 않으려고 최선을 다해요. 그 대신에, 저는 다른 네 가지 세션을 기대하기보다 "좋아, 우리는 네 개의 세션에 동의했어. 됐어. 이게 우리 네 개 세션의 마지막이야. 그 사람을 보내주자."라고 항상 생각해요. 그리고 그렇기 때문에 저는 관계가 계속됨에 따라 좀 더 도전적이기는 하지만 일반적으로 관계를 위태롭게 하지는 않을 거에요. 왜냐하면 일반적인 관점에서 당신이 관계를 위험에 빠뜨리면 진행하고 있는 코칭 작업을 위한 그릇인 존중과 신뢰를 훼손하기 때문이에요. 그리고 만일 당신이 관계를 끊는다면, 당신은 아마도 그 사람이 원하는 변혁적 변화transformational change를 없애버릴 거에요. 물론 항상 그렇지는 않아요. 때때로 예외가 있을 수 있어요. 그래서 제 생각에 제가 코칭 초반에 관계에 대해 많이 연구한다고 생각해요. 아마도 네 세션 중 첫 번째 세션의 처음 85%의 시간이 관계에 있다고 말할 수 있어요. 두 번째 세션에는 아마도 50/50으로 나뉠 수 있어요. … 그러면 우리는 70/30으로 나눈 다음 마지막 세션에서는 80/20까지 갈 수 있어요. 도전의 수준을 높이고, 사람이 통찰력 또는 해결책을 찾도록 도와요.

■ 코칭의 초점

제 생각에 저는 두 가지에 집중하는 경향이 있어요. 하나는 고객에 의해 주도되고, 제 일의 대부분은 리더십, 경영, 임원 코칭에 관한 것이에요. 그래서 제 고객들은 더 나은 일을 하기 원하는 조직의 사람들이에요. 그리고 이런 환경에서 저는 사람들이 목표 지향적이며 집중적인 사람들이라는 것을 알게 되었어요. 따라서 보통 고객들은 꽤 광범위한 3-4가지 이슈를 통해 자신들이 이야기하고자 하는 무언가를 가져올 거에요.

여기서 저의 아젠다는 그들에게 개인적 통찰력을 주려고 노력하는 거에요. "제 자신을 더 잘 이해하고 싶어요"라고 말하는 고객은 많지 않아요. 그래서 저는 고객들에게 개인적 통찰력을 주고자 하는 제 일의 숨은 의미를 마지막까지 이야기 하지 않아요. 그것은 제가 언제나 숨은 의미를 염두에 두고 있다는 거에요. "이 의사소통을 통해, 이 특정한 목표를 향해, 제가 어떻게 하면 이 사람들이 개인, 문화, 맥락, 상황에서 그들이 누구인지 더 잘 이해할 수 있도록 도울 수 있을까요?"라는 질문과 함께요.

7.2 스티븐

스티븐Steven은 30년 이상 임원 코칭을 해왔다. 그는 훈련된 심리학자이자 심리학 박사 학위를 소지하고 있다. 수년 동안 그는 컨설팅 및 코칭 회사의 디렉터로 재직했으며, 임원 코칭 교육 프로그램을 이끌고 있다. 또한 그는 코칭에 대한 책과 기타 텍스트들을 저술했다. 다음은 스티븐의 이야기이다.

■ 배경

저는 개인 소유의 대형 조직 대표인 특정 고객을 코칭하는 것으로부터 당신에게 경험을 공유함으로써 코칭 실천에 대한 아이디어를 얻고 싶어요. 저는 그 고객이 부대표로 있을 때 코칭하기 시작했고, 그때 이사회는 대표직에 진지하게 그를 선임할지 여부를 결정하려는 상황이었어요. 당시 대표는 2년 이내에 은퇴할 예정이었어요. 저는 그를 총 2년 동안 코칭 했어요. 첫 해는 그와 회사가 그를 대표로 선임할 것인지 결정하도록 도왔고, 두 번째 해는 그의 대표직 인수를 도왔으며, 그런 다음 대표직 첫 6개월 동안 그를 돕는 것이 저의 일이었어요. 제가 마음에 두고 있는 세션은 그가 몇 달 동안 대표직을 맡았던 때였어요.

■ 코칭 세션

그는 처음 30분 동안 저에게 그의 최근 정보를 알려주는데 시간을 할애했어요. 이전 코칭 세션의 과제 또는 요소를 추적하면서 그는 조직 내에서 다르게 수행하거나 변화시키려고 해요. 그리고 반복적으로 떠오른 것은 자신의 리더십 팀이 리더십에 대한 책임감이 없고, 의사결정을 하지 못하며, 전략적인 행동을 하지 않는다는 사실에 좌절감을 느꼈다는 것이에요. 그는 리더십 팀이 자신들의 책임 영역에서 상대적으로 좀 더 반응을 보이고 '고립되어siloed[4]' 있다고 느꼈어요. CFO는 재무에만 집중하였고, 부대표는 핵심 비즈니스에만 초점을 맞추었으며, 개발 담당관은 모금 활동 및 모금 캠페인에만 집중하고 있었지만, 그들은 팀으로서 모두 조직의 미래에 초첨을 맞추지 않았어요. 그리고 제 고객이 자리를 비운 사이에 그들은 관리해야 할 문제들을 처리하지 못하곤 했지요. 또한 제 고객의 지도가 없이 실제로 회사의 전략적 방향을 설정하지 못했어요. 그러다가 저는 한 세션에서 그때까지 한 번도 활용하지 않았던 방식으로 제 고객에게 개입하기로 결정했다. 아마도 고객이 반복해서 같은 것을 말한 네 번째 또는 다섯 번째 세션이었던 것 같아요.

■ 도약

저는 그 세션에서 그에게 다음과 같이 말했어요. "만약 당신이 원한다면, 저는 당신과 함께 일하고 있는 저의 경험을 공유하고 싶어요. 왜냐하면 당신은 저를 코치로 고용했고, 저는 당신의 직속 코치이기 때문이죠. 저는 당신이 다른 큰 조직의 임원들과 비교해 볼 때, 저에게 고객으로서 어떠했었는지 비교해보고 싶어요. 제 관찰 내용 중 일부를 당신과 공유하고 물어보고 싶군요. 이에 대해 어떻게 생각하시나요..."

그는 얼마간 망설이다가 저를 보며 말했어요. "네, 저에게 말씀해 주시겠어요? 저와 함께 일하는 것이 어떠했나요?" 저는 고객의 허락을 받은 뒤, 다음과 같이 매우 직접적인 피드백을 주었어요. "대표, 최고경영자, 수석부대표 정도의 직급이 대부분인 고객들과 코칭 세션에 들어갔을 때였어요. 우리는 이미 코칭 세션 의제가 있을 것이

4. 옮긴이 주 - 사일로silo는 조직 내에서 서로 담을 쌓고 외부와 소통하지 않는 부서를 말한다. 이는 곡식 및 사료를 저장해두는 굴뚝 모양의 창고인 사일로에 빗대어 만든 경영학 용어이다.

라는 점에 합의했어요. 그들이 코칭 세션을 활용하는 방식은 미리 계획을 세우고, 무엇에 대해 이야기하고 싶은지 저에게 이메일을 보내주고 난 뒤, 세션에서 그들이 원하는 모든 항목을 얻을 수 있도록 매우 신중하게 시간을 계획해요. 일부 사람들은 즉흥적이고 자발적이기 때문에 그렇게 하지 않아요. 그러나 대부분 고위층 고객은 전략적으로 생각하고 코치인 저와 함께 하는 시간을 매우 신중하게 사용해요. 그들은 제가 코치로서 제공한 것에 대한 기대가 매우 분명하게 있고, 제가 그것들을 전달한다는 것을 확실히 하고 싶어 해요. 그래서 당신이 제가 필요로 하고, 들어주고 제가 들은 것에 대한 피드백을 해주는 것 말고는, 우리가 사용했던 코칭의 목표와 관련하여 이 목표를 다룰 일반적인 지침을 제시해요. 우리가 가졌던 대부분의 코칭 세션에서 당신은 저에게 당신의 목표가 무엇인지, 당신이 무엇을 원하는지에 대해 실제로 이야기 해주지 않았어요. 그리고 당신은 제가 한 부분에 대해서 어떠한 피드백도 결코 주지 않았죠. 저는 당신의 코치로서 제가 당신의 필요를 충족시키고 있는지 아닌지 전혀 모르겠어요.

■ 그들은 당신이 행복하지 않을 때를 모른다

그는 조금 화가 났어요. … 그는 처음에는 조금 화가 나 있었고 방어적이었으며 다음과 같이 말했어요. "저는 당신과 꽤 솔직한 관계라고 생각해요. 저는 코칭 세션에 대해 많은 것을 생각해요. 저는 제가 그들을 이용하고자 하는 방식대로 우리의 코칭 세션을 활용하기 위해 확실히 하고 있다고 생각해요." 저는 그의 관점을 인정했지만 그가 코칭을 경험한 다른 임원 고객들과 달리 명확한 요구와 건설적인 피드백을 제공하지 않았다는 점을 되풀이해서 말했어요. 저는 "제가 당신에게 피드백을 요청할 때마다 당신은 망설여요. 당신은 결코 제게 이전과는 다르게 해주었으면 하는 건설적인 피드백을 말해주지 않았어요. 제가 당신에게 완벽한 코치라는 것을 믿을 수 없네요!"라고 말했어요.

이어서 저는 말했어요. "이것이 당신에게 보고한 사람들에 의해 당신이 어떻게 파악되고 경험될 수 있는지를 생각하게 하나요? 당신은 그들 중 일부가 당신의 기대와 요구에 좀 더 직접적이 되기를 원한다고 생각하나요? 왜냐하면 당신은 결코 당신이 요구하는 바를 명확하게 표현하지 않고, 팀원들이 하고 있는 일보다 훨씬 더 많은 일을 하기 원하는 것 같다는 느낌을 주기 때문입니다. 하지만 저는 당신이 이런 부분에 대해 실제 신경을 쓴다는 느낌이 들지 않아요. 당신은 그것에 대해 어떤 감정도 보여주지 않아요. 그리고 만약 당신이 제가 뭔가 다르길 바란다면 당신이 신경 쓰는 부분에 대해 제가 알 필요가 있어요. 그리고 제가 전달한 부분에 대해 당신이 느끼지 못 할 때도요. 저는 당신 동료와 대화를 나눴고, 그들 중 어느 누구도 당신으로부터 그런 감정을 느끼지 못했어요. 그들은 당신이 언제 행복한지 그렇지 않은 지 알지 못해요."

다음 코칭 세션에서 그는 "당신이 말한 것에 대해 많이 생각 했어요. 그것에 무언가 있다고 생각해요. 저는 제 사람들에게 좀 더 요구할 필요가 있어요. 그리고 저는 각각의 사람들과 계약을 맺고, 제 기대가 무엇인지, 무엇이 가장 중요한지, 그리고 그들이 현재하고 있는 것과는 무엇을 다르게 하길 바라는지 작성할 필요가 있어요."라고 말했어요.

먼저 우리는 함께 코칭 대화를 시작했어요. 그리고 제가 "당신은 다음 코칭 세션에서 무엇을 하기 원하나요? 제가 한 일과 다르게 하기를 바라는 것은 무엇인가요? 이것이 당신에게 잘 맞나요? 당신은 필요한 모든 것을 얻고 있나요?"라고 물으니, 그는 "특히 이번 세션이 마음에 들지 않네요."라고 대답했어요. 이에 저는 "좋아요. 그럼 다음에 제가 당신에게 더 나은 방법으로 피드백을 주려면, 어떻게 해야 할까요?"라고 물었어요. 그러니 그는 "글쎄요. 좀 더 부드럽게 말씀해주시면 좋겠어요."라고 말했어요. 저는 "알겠습니다. 제가 더 부드럽게 하기 위해 무엇을 해야 할까요?"라고 물으니, 그는 "잘 모르겠어요!"라고 대답했어요. 이에 저는 "자, 그것에 대해 이야기해봅시다. 그것은 당신 팀원들과 당신이 해야 할 일이기 때문이에요. 당신은 그들이 피드백 받기에 가장 좋은 방법과 당신이 그들에게 피드백을 줄 수 있는 가장 좋은 방법에 대해 그들과 이야기할 필요가 있어요. 당신은 이에 대한 대화를 할 필요가 있었음에도 결코 이에 대해 이야기 나누지 않았어요. 그래서 이 부분은 항상 이면으로 있었죠. 하지만 당신은 이제 그것을 현재로 가져와야 해요. 당신이 그들로부터 원하는 것뿐만 아니라 당신이 일하는 방식에 대해 팀원들과 이야기 나눌 필요가 있어요. 그러니 우리가 일하는 방식에 대해 이야기해보아요."라고 말했어요. 그런 다음 저는 그와 함께 이런 대화를 나누는 부분에 대해 다시 연습했고, 함께 해 보았으며, 피드백도 주고받았어요.

그러고 나서 저는 다음과 같이 질문했어요. "좋아요. 당신이 이 일을 하기 위해 임원 그룹에서 만날 첫 번째 사람은 누구인가요? 아젠다는 무엇인가요? 그가 원하는 것은 무엇인가요? 당신은 그가 무엇을 다르게 하길 원하나요? 그것을 설명하기 위해 어떤 단어를 사용하실 건가요? 그리고 그 모임을 갖기 전에 그와 어떻게 이야기할 것인가요? 당신은 그가 그 모임에 준비될 수 있도록, 그에게 무슨 말을 할 것인가요?"

이에 그는 한 번에 한명씩 임원들에게 가서 그들이 다음 3개월 동안 무엇을 이루어 내고 어떻게 다르게 행동하기를 바라는지에 대해 진지한 대화를 나누었습니다. 우리는 실제로 다음 3개월 동안 이 부분에 대해 코칭 대화를 나눴고 각 사람들과 나눈 대화를 점검했으며 나눌 대화에 대한 계획을 세우고 리허설도 했어요.

그가 더 많은 요구를 표현할 수 있도록 연습했어요. 물론, 초반에 그는 조금 답답해하며 다음과 같이 말했어요. "저는 매우 감정적인 사람이 될 수 없어요. 저는 주먹을 휘두르지 않을 거에요." 이에 저는 말했어요. “리더는 주먹을 휘두를 필요가 없어요. 오바마Obama는 주먹을 휘두르지 않아요. 많은 리더들은 주먹을 휘두르지 않고 강력한 말을 사용해요. 쉽게 눈에 띄는 말을 골라야 해요. 왜냐하면 당신은 불가피하게 감정적인 사람이 될 필요 없이 의도적으로 무게를 주고 타이밍을 보면서 사용할 말을 찾아야 해요. 우리는 씨앗에 충실해야 하지만 또한 그 씨앗이 성장하는데 방해가 되는 몇 가지 습관을 바꿀 필요도 있어요. 습관이라는 먹구름이 태양을 가린다면, 당신이 사과나무가 되는데 전혀 도움이 되지 않을 거에요. 그래서 그 습관들이 무엇이든지 간에 우리는 가지치기를 해야 해요.”

그래서 그가 그만 둬야할 것들이 있고 그런 다음 자기 사람들과의 대화에 영양분을 추가할 필요가 있어요. 이 영양소는 새로운 습관들이죠. 그의 경우 영양소는 다른 말과 잠시 멈춤이 될 수 있어요. 예를 들어 그는 중요한 것에 대해 말한 후에도 절대 잠시 멈추지 않아요. 감정적으로 표현하지 않는 사람에게 대화에서 잠시 멈춤을 사용하는 것은 매우 강력한 도구에요. 따라서 우리는 이 부분을 반복적으로 연습했어요.

■ 정원사 모델: 세션 성찰하기

당신은 이 모델을 기술 기반/도구적 유형의 코칭이라고 부를 수 있어요. 제 생각에 그릇된 신념, 다시 말해 코칭에서 잘 안 되는 것은 사람들이 코칭하는 데서 일어나는 일에 대해 부자연스러운 분열과 분리를 겪을 때에요.

어제 저는 교회에 갔었는데, 거기서 목사님은 이 씨앗에 대한 설교를 했어요. 우리가 얼마나 우리의 본질을 바꿀 수 없는지에 대해 말씀하셨어요. 제가 코칭과 성장 및 변화에 대한 설명의 일부로 그 메타포를 사용할 수 있는 기회를 얻은 것은 오늘이 처음이에요. 씨앗 메타포는 저에게 정말 효과가 있었고, 그것을 실천할 수 있는 기회를 주었어요. 이제는 정원 가꾸기Gardening의 개념과 함께 씨앗 메타포를 사용할 거에요. 정원 가꾸기는 실제로 코칭의 복잡성을 드러낼 수 있는 멋진 메타포에요. 씨앗, 물주기, 태양, 가지치기, 계설 및 성장 등을 통해 코칭의 복잡성을 나타낼 수 있어요.

이것을 코칭에 대한 접근 방식, 코치로서 많은 역할, 도구, 모델, 접근 방식들에 적용하면, 저는 때때로 정원사이고, 때때로 정원에 있는 다른 나무이며, 때때로 뿌리 주위에 나오는 물이고, 때때로 사람들과 함께 나무를 심는 사람이에요. 다시 말해, 저의 고객들은 정원사이며, 저는 그들과 함께 정원을 가꾸는 파트너에요. 때때로 거울이고, 때때로 반사체reflector이며, 때때로 선생이에요. 굉장히 많은 다양한 역할이 있고, 경우에 따라 다른 역할이 활성화돼요. 한 세션에서 저는 10개의 다른 역할을 활성화할 수 있으며, 이런 역할들은 저와 함께 다른 역할을 수행할 수 있어요.

발달 코칭과 기술 기반 코칭 또는 마음챙김 코칭과 대면 코칭 또는 의사소통 코칭과 인지행동 코칭과 같이 별도의 접근 방식으로 코칭을 나누는 것은 인위적이에요. 사실 코칭을 할 때 그것들은 모두 필요하죠. 당신은 나머지 모두를 가지고 있지 않는 한 기술 기반 코칭으로 성공하지 못할 거에요. 그런 다음 당신은 모든 기술을 가지고 있고, 그것을 통해 습관이 사라졌으며, 이런 상태를 더 확장해서 사람들의 마음heart을 최대한 준비되어 있도록 하여 그들의 정신mind이 있는 곳으로 데려왔다고 가정해봅시다. 제가 그 모든 것을 고객들과 함께 했을 때, 사람들이 스스로 자신을 직면하게 하여 자기 자신에게 물어보게 했어요. "이게 효과가 있나요? 그리고 혹시 제대로 효과가 없다면 무엇을 다르게 할 수 있을까요?" 그런 다음 후속 세션에서는 기술을 사용하여 습관을 들이고, 실제로 연습해서 연속적 접근successive approximations을 시도하며, 아주 작은 기술 및 습관을 구축하고, 계획해서, 자신의 행동을 구체화한 다음 다른 사람들로부터 피드백을 받아요. 저는 항상 코칭에 대한 후속 조치의 일환으로 경험한 모든 내용을 기록해두고, 다음의 질문을 물음으로써 그들과 상호작용하는 모든 대화를 마무리해요. "여기서 무슨 일이 있었던 거죠? 당신에게 도움이 된 게 무엇이죠? 다음에는 무엇이 달려졌으면 좋을까요?" 그런 다음 자신들의 성찰과 함께 아래에 적어두세요!

- 어떻게 느꼈고, 무슨 효과가 있었는가?
- 무엇이 효과가 없었나?
- 스스로 무엇을 다르게 하고 싶은가?

그런 다음 우리는 먼저 적은 것들을 검토함으로써 다음 코칭 세션을 시작해요. 그것은 일종의 숙제에요. 그들은 연습을 하고, 새로운 기술을 연마한 다음 저에게 돌아와요. 만일 그들이 미팅 장소에서 멀리 떨어져 있다면, 전화나 스카이프 또는 이메일로 후속 미팅을 가져요. 그들은 보통 2-3주 간격으로 진행되는 우리의 세션 사이에 벌어지고 있는 점진적인 것들을 내놓을 거에요. 제 접근방법에서, 코칭의 대부분은 코칭 세션 사이에 발생해요. 그래서 저와 제 코치이 사이에서 계속되어야 할 상호작용과 교류는 종종 코칭 세션 사이에서 일어나요.

■ 코칭 준비가 되었는가?

제가 코칭할 수도 있는 사람과 처음 만날 때 확인하는 점검표가 있어요. 그것은 코칭 준비에 대한 점검표에요. … 그 사람이 코칭 할 준비가 되어 있는지 여부와 상사가 코칭 할 준비가 되어 있고, 조직이 코칭 할 준비가 되어 있고, 우리가 서로 코칭할 준비가 되어 있고, 가족들이 코칭 할 준비가 되어 있고, 모든 것이 코칭을 하기 위한 적절한 위치에 있다고 한다면, 그 일환으로 저는 그들에게 물어봐요. "다른 코치들과 함께 일해본 적 있나요? 당신의 삶에서 운동선수, 학생, 친구와 같은 역할을 할 때, 당신이 할 수 있는 한 최선을 다하도록 도와준 사람들은 무엇을 했나요? 그리고 무엇이 당신에게 가장 잘 맞았나요?" 그런 다음 저는 그들에게 물어요. "우리 관계에서 당신은 저에게 무엇을 원하며, 원하지 않는 것은 무엇인가요?" 저는 점검표에 직접성directness, 합당성worthiness, 정직성honesty, 재치성tactfulness, 정치적 숙련도political savvy, 멘토링 및 지지advocacy와 관련하여 약 20가지 목록들을 가지고 있으며, 함께 이 목록을 살펴보아요. 그리고 저는 그들에게 물어요. "제가 만일 당신과 함께 일한다면, 지금 이 순간 당신에게 이상적인 관계란 무엇일까요? 당신이 저에 대해 경험하고 있는 것과 제가 당신에게 경험하고 있는 것을 고려해 볼 때, 우리가 잘 어울리는 한 쌍이 될 것인지 결정해보죠. 만일 그렇다면, 이에 대해 함께 써보죠. 당신은 저의 복사본을 가질 것이고, 저도 당신의 복사본을 가질 것이며, 우리는 코칭을 진행하면서 우리에게 잘 맞는다고 습득한 내용을 기반으로 조절해 나갈 거에요." 저는 이 부분에 대해 아주 명백하게 할 겁니다. 좋은 코칭 관계를 맺는데 가장 중요한 첫 번째 요소는 신뢰에요. 그래서 고객들은 제가 그들을 위해 존재한다는 것을 믿을 필요가 있어요. 저는 그들을 있는 그대로 받아들이고, 그들이 원하는 건 뭐든 상관없이 이룰 수 있도록 돕기 위해 존재하며, 편견이 없으며, 우리의 자신감을 배반하지 않을 것이며, 그들을 존중할 것이며, 객관적이 될 거에요. 역사, 준비, 계약, 목표에 관련하여 새로운 고객과 함께 명확하고 철저한 준비를 하는 것은 이 신뢰를 구축하는 데 중요해요.

저는 코치로서 고객에게 공감해요. 저는 그들의 관점을 취하고, 그들의 눈으로 세계를 바라봐요. 그리고 제가 상호작용하면서 다음과 같이 말해요. "네, 저는 당신YOU이에요. 하지만 저는 이제 오랜 세월 동안의 전문 지식과 객관성을 지닌 당신이에요. 지금 제가 하려고 하는 일은 새로운 관점으로 당신의 눈을 통해 보이는 것을 당신과 나누고 '그것을 어떻게 보세요?'라고 물을 거에요." 저는 무언가를 동등하게 공유하지 않아요. 저는 전문가로서 어떤 것을 공유하고 있는 거에요. 컨설턴트로서 무언가를 나누고 있어요. 그리고 새로운 관점을 제공할 수 있는 누군가로서 무언가를 공유하고 있어요.

■ 모델들

저는 자주 사용하는 모델들, 즉 그 고객과 함께 사용했던 모델들을 나누고 싶어요. 제가 세션에서 사용하는 두 가지 주요 모델이 있어요. 하나는 은유적 모델이고, 또 하나는 실천적 모델이에요. 은유적 모델은 나무와 묘목에 관한 것이고, 모든 사람은 태어날 때부터 씨앗과 같다는 발상에 관한 것이에요. 그 씨앗은 특정한 잠재력이 있으며, 특정한 특징을 지니고 있어요. 예를 들어, 사과 씨앗은 사과나무가 될 수밖에 없으며, 벚나무가 될 수 없어요. 이제 당신은 사과나무에 벚나무를 접목시켜 벚나무처럼 보이게 할 수 있어요. 하지만 뿌리 쪽에서 당신은 여전히 사과나무에요. 그것은 씨앗이 시들고 죽을 수 있기 때문에 사과나무가 될 것이라는 의미는 아니에요. 또한 당신이 많은 사과를 생산하고 그늘이나 사과나무에서 원하는 것을 제공해줄 건강하고 생기가 넘치는 사과나무가 될 것이라는 것을 의미하지도 않아요.

또 다른 모델은 실천적 모델이에요. 저는 코칭 관계와 코칭 세션에서 무슨 일이 벌어지는지 코치이가 무엇을 하는지에 대한 예로 이 모델을 사용해요. 그리고 이 모델은 일종의 아날로그처럼 코치이에게 거울을 제시하죠. 이는 당신이 당신과 코치이 사이에 벌어지고 있는 일을 간단히 성찰하도록 하며, "리더들은 무엇을 하나요?" 또는 "기획자는 무엇을 하나요?" 또는 "누가 무엇을 하나요?"라는 모델을 그들에게 줌으로써 그들이 성찰적 방식과 새로운 방식으로 스스로를 보도록 질문하죠. 저는 이를 현재 처리과정 모델present processing model이라고 불러요. 현재를 처리하는 지점이죠. 현재 관계, 현재 의사소통, 현재 상호작용, 현재 … 코칭 관계와 코칭 대화에서 현재 미팅에서 진행되고 있는 모든 것이 여기에 해당돼요. 이 특정한 방법은 제가 비디오자기대면 전문가로서 제 직업 생활의 첫 부분을 보냈던 초기의 실천에서 발전하여 확대되었어요. 저는 비디오자기대면 전문가로서 첫 번째 전문직 생활을 보냈어요. 저는 수년간 사람들과 함께 앉아서 그들을 비디오녹화를 하고 함께 녹화한 테이프를 보았어요. 그리고 그들에게 다른 기준에 비추어 스스로를 볼 수 있도록 모델과 관찰 가이드를 제공했어요. 이는 자체 모델로 발전했고 저는 이 모델을 코칭에 적용했어요. 저는 코칭에서 고객에게 '비디오'를 통해 스스로를 바라보는 기회 또는 아이디어/이미지를 문자 그대로 또는 은유적으로 제공해요.

우리가 사용하는 다른 모델은 LPI 모델이에요. LPI 모델을 풀어서 이야기하면 리더십 프랙티스 인벤토리 모델Leadership Practices Inventory Model인데, 리더의 핵심 역량을 다뤄요. 차이를 어떻게 다루어야 하는지에 초점을 맞춘 갈등과 대립 모델은 당신이 스스로를, 다른 사람을, 당신이 세상을 어떻게 보는지를, 그리고 그들이 세상을 어떻게 바라보는지를 살펴봐요. 또한 코치이는 마음언어mindverbals, 상호간언어inter-verbals, 비언어nonverbals, 사고, 행동, 목표, 정서에 있는 '빈티지vintage' 모델로 작업했어요. 그리고 스티븐은 성장 모델을 사용했어요. 이 모델에는 무의식적 무능력에서 의식적 무능력으로, 의식적 능력에서 무의식적 능력으로 이동하는 성장 주기가 있어요. 이런 것들이 그가 이미 사용한 모델의 예인데, 그의 리더십 팀에서 찾고 있는 것을 물론 충분하진 않지만 저와 함께 나누었어요. 그것은 우리가 특정 세션에서 함께 취한 문제에 대한 다음 단계였어요.

■ 재고: 누군가를 위한 무조건적 존중

저는 당신에게 매우 직접적이고 솔직하게 말할 거에요. 저는 코칭과 코치를 수퍼바이징하는 대학원 프로그램을 운영하고 코칭 수퍼비전을 스스로하며 상담을 스스로 하면서 인생에 많은 시간을 보냈어요. 저는 제 자신을 향상시키기 위해 많은 시간을 보냈어요. 그래서 당신이 말한 것 중 어느 것도 저에게는 새로운 것이 아니에요.

제가 말한 것을 당신에게 피드백해주는 단순한 문제죠.

제가 제 자신에 관해 배운 것들 가운데 하나를 꼭 말하고 싶어요. 지난 몇 년간 저는 학생들로부터 매우 직접적이고 때로는 가혹하다는 인상을 준다는 피드백을 받았어요. 그리고 제가 코칭을 할 때는 훨씬 부드럽다고 하더군요. 암튼 제가 피드백을 할 때 훨씬 더 마초macho 같다는 것을 발견했어요. 실제로 코칭 세션에서 저는 더 친절하고 부드러우며, 어떤 이유에서든 사람들에게 피드백을 말할 때 피드백이 더 직접적이고 딱딱하다는 걸 발견했죠. 그럼에도 제 대부분의 고객들은 저를 배려하고 공감하며 따뜻한 사람으로 인식해요. 필요하다면, 저는 아주 직접적인 방식으로 말하지만, 평가적인 방식evaluative way이 아닌 서술적인 방식descriptive way으로 말합니다. 그리고 저는 무엇보다 무조건적으로 누군가를 존중하는 것이 중요하다고 생각해요. 당신이 피드백을 준다면, 당신은 그들이 잘못한 것에 대해서는 이야기하지 않을 거에요. 단순히 그들이 무엇을 했고, 그들이 한 것이 미친 영향에 대해 이야기할 거에요. 그리고 그들에게 이 영향이 당신들이 갖기를 원했던 것인지 여부를 묻고 만약 아니라면 "다른 옵션은 무엇입니까?"라고 물어본 후 이 질문에 대해 생각해볼 수 있게 하는 모델을 제공하죠. 그래서 제 생각에 무슨 일이 일어났냐면… 제가 코칭과 코칭의 잠재력에 기분이 들뜬 거에요. 그러고 나서 제가 코칭에 대해 이야기할 때 코칭이 더 강력하다는 것을 발견했어요.

7.3 캐서린

캐서린Kathrine은 임상 심리학, 심리 치료 및 코칭 분야에서 20년 이상의 경력을 가지고 있다. 그녀는 훈련된 심리학자이며 자격인증 코치다. 또한 임상 심리학에서 Ph.D.를 받았다. 그녀는 수퍼비전에서 전문적 추진력으로, 선생, 연구자, 프랙티셔너로서 코칭 및 코칭심리학과 함께 일한다. 다음은 캐서린의 이야기다.

얼마 전, 저에게는 한 여성 고객이 있었습니다. 그녀는 다국적 기업에서 높은 수준의 파트너였죠. 한편으로 그녀는 고객 관계 측면과 문제 해결 측면에서 가장 뛰어났고, 기본적으로 다른 사람들을 관리하고 관련시키는 능력 측면에서 뛰어났습니다. … 그녀는 마치 모든 면에서 표준 편차와 가까웠고, 특히 능력 면에서 표준 편차가 동료들과 비교해 절반 이하로 낮게 나타났을 정도에요. 그런데 아무도 그녀와 함께 일하는 것을 버티지 못 했기 때문에 저를 찾았어요. 이런 상황에서 저는 그녀를 만났습니다.

■ 첫 만남

저는 그녀 쪽으로 내밀렸어요. 그녀는 마치 그녀에게 먹이를 주는 사람들을 공격할 사자 같았죠. 그게 제가 그녀에게 처음 받은 느낌이에요. 저는 그녀와 2시간 동안 만남을 가졌어요. 그녀가 매우 맘에 들었어요. 유쾌하고, 개방적이고, 호기심 많고, 훌륭하고, 대인관계에서 우둔한 여성처럼 느껴졌죠. 그녀는 다른 사람들에게 자신이 어떠한 영향을 미칠지 전혀 생각하지 못했어요.

그녀와 한 시간 사십분 동안 아무런 개입 없이 이야기를 나눴고,

만남 시간이 두 시간으로 세팅되어 있었는데 이야기하면서 시간을 다 써버렸죠. 그리고 실제로 저는 이렇게 시간을 보내버린 것에 대해 조금 걱정되었어요. 그래서 저는 '이건 비즈니스야, 우리는 이 사람들과 그녀의 관계에 대해 이야기를 나누어야 해'라고 속으로 생각했어요.

■ 아젠다로 돌아가기

그녀는 이런 상황 전개가 전혀 문제가 없었다고 했어요. 사실 그녀는 문제가 있다는 것을 보지 못했어요. 그래서 저는 제 직감을 따르려고 노력했어요. 저는 단지 그녀와 어떤 관계를 만들어야만 했어요. 그녀는 배우는 것을 좋아했기 때문에 저에게 코칭에 대해 여러 가지 질문을 했죠. 그래서 저는 그녀가 관계 맺기를 원하는 부분이 무엇이든 간에 그녀와 관계를 맺으려고 정말 노력했어요. 그러고 나서 저는 우리가 작업해야 할 것을 위해 제 쪽으로 돌릴 필요가 있다는 가지게 되었죠. 저는 이를 향해 더 나아갈 수가 없었어요. 물러서야 했죠.

기본적으로 관계는 악기처럼 다루어야 해요. 그리고 그 과정에 대해 믿음을 가져야 하죠. 보스톤에는 관계 맺는 것을 아름답게 묘사한 매우 유명한 정신분석가가 있어요. 그는 그 누구도 할 수 없는 실제 조현병인 사람들과 이야기를 나눌 수 있었어요. 사람들은 "어떻게 그걸 하세요?"라고 말할 정도였어요. 사람들의 이런 반응에도 그는 태연하게 "아, 그건 매우 쉬워요. 저는 그냥 그들이 있는 곳으로 다리를 건너간 다음 한 발자국씩 물러나요."라고 말하더라고요. 이와 같이 코칭 세션을 진행할 때 당신은 그들이 있는 곳으로 가는 거에요. 그리고 한 발자국씩 아젠다 쪽으로 뒤로 물러나요. 정말 멋진 일이죠. 조금 씩 더 물러나는 거에요. 하지만 당신은 그 사람들과의 거리가 생기는 것을 허용하지는 않죠. 그런 다음 당신은 다시 이 창발적 과정을 사용하려고 노력하는 겁니다. 조현병 사람들이 의제와 관련된 것을 말할 때, 당신은 그 보석 같은 조각을 물에서 바로 건져내 살펴보기 시작하죠.

그래서 마지막 20분 동안 그녀가 이야기 할 때 … 저는 그녀에게 질문을 던졌어요. 그건 마치 먼지가 붙지 않는 테프론Teflon 같았어요. 그래서 저는 그녀의 이야기에서 아무 것도 얻지 못하고 있었어요. 자기 인식 부족은 매우 커다란 영향을 줬죠. 결국 세션이 끝날 때에서야 저는 그녀의 사회적 관계, 사회적 기술, 사람들과의 관계 쪽으로 돌아가려고 노력했어요. 그런 다음 마침내 "팀 관리하는 것이 어떻습니까? 당신은 여러 팀을 관리하는데 어떤가요?"라는 식의 질문을 했어요. 그때서야 그녀는 "아, 완전 지겨워요."라고 말했죠. 저는 "정말요? 저는 지루함에 정말 관심이 많아요. 무엇이 지루하게 만드는지 말해줄 수 있나요?"라고 말했어요.

저는 그것에 대한 관심을 드러냈어요. 그리고 그때가 바로 우리가 첫 번째로 도달한 때에요. 왜냐하면 제 마음에 그건 마치 '이런, 당신은 관리가 지루하다고 느끼는군요'라는 생각이 들었기 때문이에요. 좀 더 자세히 이야기하면, "저는 단지 당신이 얼마나 지겨운지를 얼마나 많이 표출하는지 상상할 수 있어요"라는 생각이 들었어요. 그래서 저는 그녀에게 "모두가 당신에게 원하는 거대한 아젠다가 있다는 것을 당신도 알고 있죠. 당신만의 아젠다가 무엇인지, 당신에게 흥미로운 것은 무엇인지 우리끼리 찾아보도록 합시다."라고 말했어요.

이 대화는 그녀가 코칭을 받아들이겠다고 결정하기도 전에 제가 한 말이에요. 하지만 우리가 그녀에게 매우 흥미롭고 유용한 무언가에 이르렀음에도 불구하고 이는 그녀가 이전에 생각해보지 못했던 것이었어요.

■ 핵심 호기심

그녀에게 그녀와 관련된 사람들이 얼마나 심각하게 끔찍한 경험을 했는지 어떻게 알려주어야 하나요? … 저는 그녀의 호기심에 공감했어요. 그래서 만일 제가 그녀의 호기심을 끌어당길 수 있다면, 저는 그녀에게 어떤 말도 할 수 있을 거에요. 이는 매우 주목할 만한 일이에요. 저는 그녀에게 제가 알고 있는 많은 반응을 했어요. 그러자 그녀는 자신이 정말 많이 좋아한다고 말 한 누군가의 이야기를 시작했어요. 저는 처음으로 그녀가 이야기한 사람이라고 말했어요. 사실 그녀는 다른 누구보다 그 사람을 좋아했어요. 그녀는 그 사람에 대해 "저는 전혀 몰랐어요. 그녀도 저를 좋아한다는 것을요."라고 말했어요. 코칭 할 때 이런 나긋나긋한 정보는 매우 중요해요. 그리고 첫 걸음으로 매우 훌륭하죠. 이런 정보가 중요한 이유는 기본적으로 제 고객의 인식과 현실에 심각한 단절을 보여줬기 때문이에요. 그래서 우리는 거기서 시작했어요. 그 사람은 제 고객이 그녀를 좋아한다는 것을 전혀 몰랐어요. 우리는 어떤 요인이 이 사실에 기여했는지에 대해 함께 호기심을 갖으려고 노력했죠. 다시 말해, 저는 매우 나긋나긋한 내용으로 강력한 프로세스에 직면하려고 했어요. 그런 다음 저는 점점 더 거친 내용으로 한 걸음 한 걸음 내려가고자 했어요.

거기서부터 작업에 들어가기 위해 매우 심각한 문제를 누명 쓴 문제branding problem로 프레임을 씌웠어요. 그래서 저는 "자, 당신이 사랑하는 사람들의 말을 분명하게 들어보세요. 그리고 당신이 정말 사랑하지 않는 사람들 이야기도요. 우리는 단지 누명을 쓴 문제를 가지고 있어요. 우리는 이 사람들과 함께 당신의 누명을 어떻게 바꿀 수 있는지 알아내야 합니다. 당신은 분명이 그런 능력을 가지고 있으니까요."라고 말했어요. 그래서 그것은 "나는 그 변화를 일으킬 수 없어."라는 느낌이 아니라 바로 힘을 북돋아주는 감각에 대한 것이에요.

제가 그녀에게 처음으로 개입하려고 제시한 것은 실제로 … 창의적 마음 목록creative mind list에 대한 엘렌 랑거의 작업에 기반하고 있어요. 왜냐하면 다른 부분들은 그녀의 팀이 그녀에 대해 더 이상 참을 수 없고, 이런 시점에서 그녀가 모든 팀원을 다 잃을 것이라는 걸 알지 못하기 때문이에요. 그녀가 미팅을 진행할 때의 감정에 대해 함께 나누어 보았을 때, 매우 지루하게 느끼는 것으로 나타났어요.

그래서 그녀를 흥미롭게 만드는 새로운 아이디어 가운데 하나는 그녀가 저를 처음 만났을 때였어요. 이 시점에서 그녀는 실제로 펜을 집어 들고 쓰기 시작했고, 이는 그녀가 흥미를 갖게 되었다는 것을 암시해요. 저는 "그들이 당신에게 더 관심 갖도록 하기 위한 방법에 대해 함께 생각해보는 것은 어떤가요?"라고 물어보았어요.

저는 다음과 같은 과제를 그녀에게 주었어요. "당신이 부하 직원 중 한 사람과 이야기고 평소처럼 지루해지려고 할 때, 그들을 보고 '이 사람과의 대화가 다른 대화와 어떻게 다른지'를 생각하세요." 저는 그녀에게 돌고래에 관한 연구를 말해주었어요. 이 연구는 사람들이 그들의 돌고래에 대해 다음의 방식으로 생각하도록 훈련 받은 받은 내용이에요. 연구에 참여한 절반 사람들은 그들의 돌고래가 다른 모든 돌고래들과 어떻게 같은지를 생각하도록 훈련 받았고, 나머지 절반은 어떻게 다른지를 생각하도록 훈련 받았어요. 연구자들은 어떻게 다른지를 생각하도록 훈련 받은 사람들이 자신의 돌고래와 더 빠르게 유대감을 형성하고 더 빠르게 수영해 온다는 것을 발견했어요. 따라서 저는 이 예를 통해 당신에게 무엇이 뿜어져 나오는지가 매우 강력한 것이라는 사실을 보여주고 싶었어요.

그런 다음 저는 만약 사람들이 흥미를 가지게 만드는 것이 그녀의 일이었다면 어떨지 물어보았어요. 그것은 그녀에게 새로운 아이디어였고 그래서 그녀는 이 참신함을 좋아했어요. 그녀의 호기심은 이 질문에 매료되었죠. 그녀는 다른 모든 것을 가지고 있었기 때문에 저/우리는 실제 그녀의 사회적 인식 감각을 세우려고 노력했어요.

■ 선명한 눈빛

사람들은 "당신은 이 여성과 논쟁하고 싶지 않을 거에요. 그녀는 어떤 논쟁에서든 이기는 것에서 끝나는 것이 아니라 짓밟고 죽인 후에도 계속해서 비난하려 들 거에요. 그리고 이를 멈추지 않고 계속하죠."라고 말했어요. 사람들이 이해하지 못하거나 관심이 없다는 것을 그녀가 보게 되었을 때, 더욱 강압적이 될지도 몰라요. 아마 그렇게 하는 것이 사람들을 사로잡을 수 있다고 생각하는 것 같아요. 자신도 모르는 사이에 그녀는 역설을 만들고 있었죠. 이 사람들을 사로잡고 그녀가 말하고자 하는 것을 믿게 만들려는 노력이 실제로는 그들을 멀어지게 만들고 있었던 거에요. 사람들은 그녀를 불독으로 묘사했어요.

벤자민 잰더Benjamin Zander는 사람들이 당신이 하는 말에 언제, 어떨 때 관심을 가지는지, 눈이 초롱초롱 빛나는지 이야기합니다. 그래서 저는 "사람들이 당신이 하는 말에 언제 관심을 보이는지 그리고 관심이 없는지 어떻게 알 수 있습니까?"라고 물어보았어요.

그러곤 "여기 당신을 위한 정보가 있어요."라고 말했어요. 그러고 나서 저는 선명한 눈빛을 통한 관찰에 관해 이야기 했어요. "당신이 사람들에게 말할 때, 그들의 눈이 얼마나 선명한지를 따라가는 것이 도움이 됩니까?" 그녀는 이 아이디어를 좋아했어요. 제가 다음 세션에 그녀를 봤을 때가 기억나네요. 그녀가 들어와서 말하길 "저는 상사와 말하고 있었고 대화하면서 코멘트를 했어요. 상황은 아주 잘 진행되고 있었고, 그의 눈빛의 선명함은 아주 적절했어요. 그런 다음 제가 뭔가를 말했는데 그의 눈빛의 선명함이 50% 잃어가는 것을 보았어요. 그래서 저는 뒤로 물러나는 것을 시도했고 다시 상사 눈빛의 선명함을 회복하면서 대화를 끝냈어요. 제가 떠나기 전 약 25%의 잃었던 눈빛의 선명함을 되찾을 수 있었습니다."

■ 재고: 인터뷰

제가 코치로서 코칭 실천과 사용한 이론에 대해 당신에게 이야기하자면, 많은 것들을 생각하게 돼요. … 저에게 내재되어 있던 것이 조금 더 명백하게 되었다고 생각해요. 예를 들어, 저의 관계 문화적 이론 사용하기 … 실제로 지금 첫 번째 세션에 대해 더 기분이 좋아졌어요. 사실을 인정하는 측면에서 정말로 이 사람과 연결되기 위해 모든 것을 포기해야만 했어요. 그래서 이는 저에게 더 분명해졌고 당신은 목표 쪽으로 어떻게 물러나는지 좀 더 분명하게 알게 해줬어요.

제가 전에 정말 생각해보지 못했던 또 다른 것은 케건Kegan이 제안하는 연구 모델이었어요. 이는 실제로 주체/객체 전환 및 균형을 살펴보고 있어요. 그녀의 사례에서 그녀의 행동은 주체라기보다는 객체가 되어갔어요.

당신은 제게 또 하나의 정보인 따뜻함을 깨닫게 해주었어요. 고객의 따뜻함 레벨이 무엇이든 간에 이와 일치시키려고 진정으로 노력하면 조금 더 따뜻해져요. 당신이 고객들을 겁주지 않는 이상 고객들보다 훨씬 더 따뜻할 수는 없어요. 하지만 따뜻함, 긍정, 그들에 대한 관심을 불러일으킬 수 있죠. 제가 누명을 쓰고 있는 것에 대해 말한 것을 기억하나요? 저는 이러한 것들이 그녀의 경우에 도움이 되었다고 생각해요.

■ 관계 구축하기

그들이 처음에 저에게 접근했을 때에는 그녀의 위치를 포함하여 조직적 변화를 일으킬 것에 대한 결정적인 순간이었어요. 그 회사의 넘버 2와 넘버 3는 이 사안에 관련하여 그녀에게 어떻게 접근해야 할지 묻기 위해 코치인 저와 이야기하기를 원했죠. 저는 그들에게 안 된다고 말했어요. 저는 그들이 조언을 원한다는 부분에서 고맙지만 아이러니하게도 그들은 제 고객인 그녀가 코칭을 받아들이지 않을 것 같다고 말한 사람들이기도 했기 때문이에요. 그런데 만약 저와 그녀의 첫 번째 또는 두 번째 세션이 잘 진행된 상태에서 그 회사 넘버2 또는 넘버 3와 대화를 나눈다고 생각해보세요. 그리고 그들이 그녀가 저에게 말하기 전에 이런 현상에 대해 제가 알고 있다는 것을 어떤 방법으로든 알게 된다면, 그녀와 저의 관계는 그냥 끝나버릴 것에요.

게다가, 그 일이 발생할 수밖에 없는 것은 a) 그들이 저를 뽑았기 때문이에요. 그들은 그녀가 저를 좋아할 지도 모른다고 생각한 거죠. 그들은 누구와 어울릴지에 대해 이성적으로 생각하려고 노력했어요. 그리고 b) 저는 정말 저의 모든 판단을 문에 내려놓고 방 안으로 들어가려고 노력했어요. 사람들이 그녀와 함께 일하는 것을 못 버텨한다는 이야기, 그녀는 그녀만의 아젠다가 있다는 이야기, 그녀는 사람들을 쓰러질 때까지 몰아넣는다는 이야기 등 제가 들은 모든 이야기들을 내려놓고 들어가고자 했죠. 저는 이 모든 정보를 커튼처럼 옆으로 털어버렸어요. 그리고 그냥 '그래, 나는 그냥 이 사람이 누구인지 경험하고, 그녀를 좋아할 나만의 방법을 찾을 거야.'라고 생각했어요. 따라서 그들이 당신을 좋아하도록 하기 위해 노력하는 것은 그리 많지 않아요. 그리고 그들에 대해 흥미로운 것을 찾고 나서 일종의 그 에너지를 따라갔죠. 처음에 저는 당신이 너무 아젠다에 중점을 두면, 그것이 당신을 해칠 수 있다고 생각했어요.

제가 사용한 몇 가지 이론을 살펴보도록 해요.

■ 강점

저는 그녀가 새로운 방식으로 자신만의 강점을 사용할 수 있도록 돕고자 했어요. 그녀의 강점인 호기심은 다른 사람들이 어떻게 흥미를 갖도록 만들 수 있는지 파악하는데 사용될 수 있어요. 이 아이디어는 긍정심리학과 '강점 지향strength orientation'으로부터 가져왔어요.

■ 눈빛-선명함 척도

이것은 관계적 관점에 대해 말했어요. 이 여성과 첫 번째 일은 유대감을 형성하고 그녀가 연결되어 있다는 느낌을 갖도록 도와주는 것이에요. 이를 이루기 위해 그녀가 있는 곳에서 그녀를 만나고, 강점을 탐색하고, 에너지를 증진시키고 관계를 맺기 위해 대화를 나누었어요. 관계 구축을 인식하는 것이 우선이 되어야 해요. 왜냐하면 관계를 맺고 있지 않다면 아무 것도 일어나지 않을 것이기 때문입니다.

■ 사회적 지능

따라서 저는 케건의 주체/객체 전환 작업subject/object work을 사용했어요. 왜냐하면 우리는 그녀의 행동과 그것이 무엇을 나타내는지에 대해 그녀가 호기심을 갖기를 원했기 때문이에요. 이는 그녀가 사회적 지능과 관련하여 도움이 필요하다는 증거가 되었어요. 그녀는 부와 계급을 발산했지만 감성지능, 곧 당신이 스스로의 감정을 알아차리고, 이해하고, 활용하고, 관리하려고 노력하는 것에 대한 전체적인 아이디어가 부족했어요. 이런 특정한 경우에, 그녀는 사람들에 대한 판단력을 가지고 있을 수 있고 우리는 그녀를 어떻게 도울 지 알아내거나 이에 대해 어떻게 직면하도록 도울 지 알아낼 수 있어요. 예를 들어 감정 지능 범주에서 우리는 그녀를 따뜻한 캠페인에 초대할 수 있어요. 그녀가 있는 곳에서 따뜻함이 퍼지는 것을 알아차려야만 하는 데 그녀는 이메일 또는 전화를 하고 있거나, 직접 뭔가를 하고 있죠.

■ 평가와 감정

많은 사람들이 코칭 준비 양식을 가지고 있고 세션 전에 고객에게 무언가를 제공해요. 여러 이유에서 저는 그게 싫어요. 왜 그게 싫은지는 모르겠지만 그건 제 스타일이 아니에요. 하지만 사람들에게 세션 후에 코칭 성찰 양식 주는 것을 좋아해요. 우선 저는 다음의 질문으로 세션을 마무리해요. "자 그럼 우리가 오늘 배운 것에 대해 살펴보죠. 무엇이 당신에게 특히 강한 호기심을 불러일으켰나요? 무엇이 당신에게 유용했나요? 어떤 부분을 실천해보고 싶으신가요?" 그렇게 가볍게 아젠다로 이를 가져와요. 그리고 이 사례에서 이는 그녀의 아젠다와 꽤 일치했어요. 그녀는 활기차고 흥미진진한 직장 생활을 원하고 있었고, 이것이 그녀가 원하는 길을 얻을 수 있도록 하는 하나의 방안이었죠. 그래서 그녀는 이를 위해 기꺼이 노력하려고 했어요. 그녀의 직장 생활을 흥미진진하게 만들 수 있도록 돕는 방법 가운데 일부는 관계였어요.

그렇다면 당신은 고객의 아젠다와 조직의 아젠다를 어떻게 연결시키나요? 특히 당신의 마음 깊숙한 곳에서 이것이 그들을 위해 옳은 것이라는 것을 알 때 말이죠. 따라서 만약 회사가 그녀가 가장 관심사가 아닌 그녀로부터 뭔가를 원했다면 이 모든 대화는 달라졌을 거에요. 그러나 이 경우에 어떻게 그녀가 다른 사람들에게 미치는 영향을 이해하는 것이 그녀에게 최선의 관심사가 아닐 수 있을까요? 몇몇 게임이 그녀의 가족과 아이들에 의해 느껴질지 궁금할 수 있어요. 이는 그녀가 단지 직장에서만 이런 일을 경험하고 있는 것이 아닐 거에요.

아젠다로 돌아가는 것이 아마 좋은 아이디어고 여기에 적절할 거에요. 이는 당신이 코치로서 죄책감을 느끼고 '수행'을 반드시 해야 한다고 압박감을 느낄 때 도움이 될 수 있어요. 물론 당신을 서툴러 보이게 만들 수도 있죠. 하지만 저는 처음 한 시간 사십분을 기억해요. 제 기억으론 저는 "아...정말...나 어떻게 해야 하지?"라고 생각하기 시작했었어요. 그때 저는 단지 코칭 프로세스에 대한 믿음을 가졌어요.

7.4 마르타

마르타Martha는 코펜하겐 비즈니스 스쿨에서 인적 자원 관리 M.Sc. 학위를 받았다. 마르타는 훈련된 비즈니스 코치이고 덴마크 코칭 컨설팅 회사에서 경영 직책을 맡고 있다. 그녀는 임원 코칭, 팀 코칭, 리더십 개발, 리더십 네트워크 그룹, 변화 관리, 협상, 갈등 관리를 한다. 또한 리더십 교육 프로그램을 가르치고 있고, 포괄적인 코칭 교육 프로그램을 담당하고 있다. 게다가 코칭에 관한 책도 공동 저술했다. 여기에 나와 있는 코치들 가운데 그녀는 3세대 코칭에 가장 가까운 사람이다. 다음은 마르타의 이야기다.

■ 관계 구축하기

제가 코치로서 일할 때 코치와 코치이 사이의 관계를 다른 무엇보다 중요하게 생각해요. 제 사례를 통해 구체적인 예를 들어볼게요. 관계에 대한 중요성이 저에게 분명해지는 상황을 말씀드리면… 제가 분쟁이 있는 한 팀을 코칭할 예정이었어요. 여기서 갈등이 있었는데, 그룹의 대다수가 특정 인물과 함께 하는 것을 원하지 않는 것이었어요. 그 팀은 조직이 해결하기 어려운 상황에 고착되고 상당히 비관적인 환경에 처해있었어요. 이에 그 조직은 저희 컨설턴트 회사에 도움을 요청했죠. 저희는 몇 가지 이유를 파악하였고, 그것을 토대로 그 갈등을 해결하고자 애썼어요. 물론, 저는 그 이유를 한참 후까지 명확하게 알지 못했죠. 저는 그 팀이 서로 감정적 차원에 연결할 수 있도록 애써야 한다고 생각했어요. 이때 저는 그 팀 모두가 특정 개인에게 화가나 있는 부분에 대해 느꼈던 방식으로 서로의 감정을 연결해야 한다고 생각했어요. 이 그룹에 일어난 일에 대해 한 가지 설명을 드리자면, 많은 사람들이 한 사람에게 화가 났을 때 창피해진다는 거에요. 왜냐하면 그들은 누군가에게 집단으로 공격하는 것이 잘못된 것이라 생각하기 때문이죠. 그것은 비열해보여요. 즉, 그것은 연대를 보여주고 공동체를 건설하는 그들의 규범과 자기개념에 어긋나요. 그들은 느낄 수 있다는 의미에서 알지만, 그들이 실제로 말로 표현할 수 없는 감정들을 만났다는 사실은 그들에게 엄청난 안도감을 주었고 매우 도움이 됐어요. 저는 그들이 무슨 일이 일어났는지 설명하는 과정에서 가설을 하나 세웠어요. 아마도 집단 내에서 갈등이 점점 더 고조됨에 따라 그들이 특정 개인에게 화가 났다는 것이 그다지 중요하지 않게 되었을지도 모른다고요. 이는 그 상황이 그들을 더 활성화한 것이었죠. 그들은 공동체 의식이 가장 중요한 문화에서 살았어요. 그래서 사실 그들 자신이 느끼는 감정을 직면하는 느낌을 표현할 방법이 없다는 사실이 가장 견디기 힘든 일이었죠. 이는 자신들이 불편해하는 특정 개인의 존재보다 더 불편한 부분이었어요. 그래서 저는 그들에게 그들 스스로의 내면의 감정 또는 특정 개인의 존재 중에 무엇이 가장 안 좋았는지 물어봤고 이는 갈등을 완전히 줄어들게 했어요. 그렇게 이 일은 끝이 났고 공동의 노력으로 그들 자신과 일어난 일에 대한 이해를 발전시켰어요. 그 외에 그들은 한 동료에 대한 분노를 거리 두고 볼 수 있게 되었어요. 그래서 그들은 이것이 아마도 그 사람에 관한 것이 아니라 오히려 그들에 관한 것이라는 것을 깨닫게 되었어요!

■ 신뢰 얻기

고통 받는 사람들과 감정적으로 소통할 수 있다는 것은 프로젝트의 성공적인 결과를 위해 아주 중요하죠. 그리고 이 부분을 제가 위의 사례에서 달성한 것은 참으로 운이 좋았어요.

코치이와 좋은 관계를 구축하려면 어떻게 해야 할까요? 어떻게 해서든 다른 사람의 신뢰를 얻어야 해요. 그들에게 보이는 취약성을 제가 관리할 수 있다고 확신하게 만드는 데 성공해야 해요. 제 생각에 그건 정말 큰일이고, 저도 항상 성공하지는 못 한다고 생각해요. 때로는 대화가 더 필요하기도 해요. 특히 조직에서 관리자가 계층이 높으면 높을수록 더 신중해야 하죠. 그래서 그 부분에서 신중하게 진행해야 한다고 생각해요.

코치로서 저에게 가장 핵심적인 것(저에게 정말로 중요한 것)은 제가 방 안으로 들어갈 때마다 충분히 잘 할 수 있을지, 성공할지 여부를 모르겠다는 점이에요. 그리고 저는 그 원칙에 따라 제가 성공 여부를 알 수 없다는 것을 유지하려고 해요.

■ 우리가 여기에 어떻게 왔나요?

우리가 여기에 어떻게 왔는지는 저에게 무엇이 중요한지를 발견하는 길을 알려줘요. 그리고 제가 한 개인과 작업하는 것과 관련된 무언가를 발견하게 해주죠. 최근에 저희가 코칭을 하는 회사에서 관리자 한명이 있었어요. 저는 한 시간 반 동안 그녀를 코칭한 뒤 그녀는 저에게 "우리가 여기에 어떻게 왔죠?"라고 물었어요. 제가 그녀의 질문의 의미를 물어봤을 때, 그녀는 "음, 정확히 말하면 이건 제가 생각한 게 아니에요"라고 말했어요. 이에 저는 "자, 제가 옳은지 아닌지는 모르겠지만, 우리가 여기에 온 것은 그것이 당신에게 중요했기 때문이에요. 저는 그랬으면 좋겠어요."라고 말했어요. 그러자 그녀는 "네, 그랬어요. 그것은 정말로 중요했어요"라고 답했어요. 그녀는 저에게 세션이 끝난 직후 관리자 동료들에게 "우리는 전략을 완전히 바꿔야 할 필요가 있습니다."라고 말했다는 것을 나중 코칭 세션에서 말해주었어요. 따라서 제 일은 가장 권고적인 전통에서 지금 여기 앉아 있는 누군가에게 무엇이 중요한지를 찾는 것이에요. … 그리고 제가 다른 사람의 무거운 생각을 붙잡을 수 있다면, 저는 대부분 그것을 성공적으로 해낼 거에요.

저는 실제로 그녀가 혼자서는 어떻게 다루어야 할지 모르는 무언가가 있을 때 간신히 그녀를 만날 수 있었고, 이런 부분에서 운이 좋았어요. 이 사례는 일반화하기 어려웠지만 여기서 저는 권고의 말을 끌어냈고 이를 끈질기게 계속해서 사용했어요. 그녀가 실제 말한 부분에 대해 후속 질문을 했죠. 그녀의 말을 권고 지령처럼 그대로 받아들였죠. 저는 결과를 그대로 고집해요. 이 특별한 사례에서 우리는 제가 관찰해야 했던 그녀의 매니저 중 한 명과 그녀가 했던 후속 조치 상황에서부터 작업을 했어요. 그 후, 우리는 그것이 어떻게 진행되었는지 논의할 예정이었죠. 그녀는 조직에서 매니저로서 자신의 상황에 대해 말하기 시작했어요. 저는 그녀가 좌절감을 느낀다는 것을 감지했죠. 그래서 그녀에게 제 느낌이 맞는지 물어보았어요. 그녀는 "네, 그런 것 같아요."라고 답했어요. 우리는 그 방향을 따라 대화를 계속했고 거기서 그녀는 자신의 상태에 실제 좌절된 것을 발견했어요. 그녀는 실제로 아무 것도 할 수 없는 것에 대응하기 위해 많은 에너지를 투자했고 그것은 제가 본 여섯 가지 궁극적인 권고 가운데 하나인 헤테로텔로스Heterotelos[5]였어요. 이는 질서 정연함, 경이와 창조의 근본적인 느낌을 의미해요. 헤테로텔로스는 내 권력 내에 있는 것과 없는 것에 대해 말할 수 있고, 가장 훌륭하고 생산적인 개인의 에너지를 식별할 수 있어요.

■ 70% 프레즌스, 30% 준비성 - 또는 70% 직감, 30% 이론

이런 종류의 예시는 사실 제가 전체 목록을 어떻게 작업하는지 보여주는 이미지에요. 저는 어떤 기분을 느끼고 그것에 대해 질문을 해요. 그리고 그 대가로 얻는 것에 따라 제 이론적 안정감을 기반으로 계속 물어봐요. 이 예시에서 이런 질문은 우리의 좌절감을 해체하고 이것이 어디에서 왔는지를 발견할 수 있는 상황의 권고 요소를 포함해요. 그리고 저는 끊임없이 제가 맞는지를 점검하죠. 저는 그

5. kirkeby, 2009, p.132를 참조하라; "권학의 목표는 타자성이다. 이는 신조어 '헤테로텔로스heterotelos(목표로서 타자)'로 명명될 수 있다. 타자에게 비노예적인 종non-servile servant으로 행동하는 것이다."

녀에게 "당신은 좌절했군요."라고 말하지 않아요. 결코 이 말을 누구에게도 하지 않을 거에요. 왜냐하면 그것에 대해 아무것도 모르기 때문이죠. 단지 무언가가 저에게 갑자기 떠오를 수 있다는 것을 알아요. 그러면 그것을 대화로 가져와서 그녀에게 말할 수 있죠. "아니에요, 마르타, 당신이 오해하고 있는 거에요!"라고요. 이는 언제나 그들이 거부할 수 있는 가설이에요. 저는 그들이 거부하면 그 부분으로 다시 돌아가지 않아요. 제가 결코 알 수 없다는 것을 유지하는 것이 저에게는 매우 중요해요. … 저는 결국 그들이 누구이며, 무엇을 원하며, 어떤 문제들을 가지고 있는지 몰라요. 하지만 어쩌면 그들에게 중요한 무언가에 대해 이야기하도록 그들을 그곳으로 더 가까이 데려갈 수 있죠.

직감은 코치이자 권고자로서 개발해야 할 필수적인 것이며 코칭 준비를 위한 한 형태에요. 이와 관련하여 이 상황에서 저의 이론적 토대가 즉각적인 프레즌스와 어떻게 균형을 이루고 있는지 물어보는 것이 적절할 것 같아요. 현재 저는 병원관련 분야에서 매니저로 일하고 있어요. 그는 산부인과 주치의고요. 그는 저에게 출산을 한 엄마가 갑자기 심장마비가 온 이야기를 했어요. 그가 팀으로서 공부할 수 있었던 것은 바로 심장마비 환자를 다루는 방법이었어요. 그래서 우리 팀은 이 모든 것을 원칙대로 진행했어요. 6분 동안 심장이 멎어 있었지만, 어머니의 심장은 다시 뛰기 시작했어요. 그는 이를 관찰했고 모두가 이 절차에 스며들어 있다는 것을 봤어요. 사실 이는 그들에게 있어 자연스러운 일이에요. 자주 일어나는 일이기 때문이죠. 미리 이에 대해 숙지하고 있었기 때문에 그들은 정확히 무엇을, 언제, 어떻게 해야 하는지 알고 있었어요. 그래서 저는 그들이 한 일이 지식, 즉 일종의 이론적 토대를 사용한 것이라고 말하고 싶어요. 하지만 동시에 그들은 직감적으로 행동했죠. 당신이 이런 과정이 코칭과 아주 유사하다는 것을 발견했는지 모르겠지만, 이런 과정은 코칭 훈련 프로그램에 참여하는 학생들에 대한 저의 기대와 맞닿아 있어요. 실제로 저는 직접 이런 행동을 해요. 새로운 기술, 방법, 모델을 반복해서 연습하고, 그것에 있어 제가 자연스럽게 할 수 있게 될 때까지 연습해요. 코칭 대화를 할 때, 저는 코칭 대화를 위한 모델의 틀을 짜는 일을 멈췄어요. 왜냐하면 그게 너무 자동화된 것 같다고 느껴졌거든요. 그런 다음 모델에 대해서는 잊어버리고, 대신 코칭 세션에서 존재하는 것에 집중하기로 결정했어요. 그래서 오늘 제게 있어 노력은 무엇보다도 현존하고 있는 것에 집중하는 거에요. 그런 다음 제가 가지고 있는 것을 끌어내요. 하지만 그 분배가 약 70:30으로 만들어요. 다시 말해 70%의 주의력과 존재감 그리고 30%의 준비성을 말이에요.

■ 신입 코치 훈련하기

저는 가르칠 때와 마찬가지로, 먼저 프레즌스를 느끼고, '방안에 분위기'를 포착하고, 그것을 붙잡고 "이것을 함께 살펴보는 건 어때요?"라고 말하면서 똑같이 하려고 노력해요. 제 경험에 이는 학생들에게 새로운 통찰력뿐만 아니라 프레즌스에 세심하게 신경 쓰는 감각을 제공하는 학습 접근법이에요.

저는 가르칠 때 우선 코칭의 전제 조건은 아무 것도 알지 못하는 것이고, 다른 사람을 대신해서 아무 것도 원하지 않아야 한다는 것을 학생들이 기억하고 있는지 확인하는 데 매우 집중을 해요. 이제 저는 학습 과정으로서 몇 가지 도구를 알아야 할 상황이 있다는 것을 충분히 알고 있어요. 그리고 여러 면에서 이는 다루기 어렵고 이상하게도 외적인 문제인 것도 알고 있어요. 시각적으로 볼 때 저는 반복적으로 도구를 시도해보고, 수퍼비전 받고, 그룹에서 대화에 반영하는 과정을 거쳐야 한다고 믿어요. 그들이 비판적이지 않고 몰아가지 않는 방식으로 질문하면서 세심한 프레즌스를 유지할 수 없기 때문이에요. 하지만 일단 그 도구들에 대해 배우게 되면, 그러한 단계에서 벗어날 수 없어요. 그렇기 때문에 일단 학생들이 적어도 교육과정을 통해 모든 도구들에 대해 학습했다면, 그 도구들을 놓아버리고 단지 거기에 현존하는 것을 실행할 필요가 있어요. 그러고 나면 그들이 함께 작업했던 도구들은 그들에게 있어 간단한 일이 되고 그들이 필요할 때 자동적으로 드러날 거에요. 우리는 코칭 프로그램 모듈 2에서 실행했어요. 실기 시험을 위해 학생들은 코치이를 코칭하고 이 코칭이 어떻게 진행됐는지를 내 외부 심사관 및 동료 학생들과 함께 성찰하죠. 코칭 대화에서 우리는 이런 순간에 집중하려고 노력해요. 결함이나 돌파구가 있는 상황에서 몇몇은 이것들을 황금기회라고 불러요. 왜냐하면 학생들에게 경험적 기반과 코치로서 이런 순간들을 포착할 수 있도록 준비될 수 있게 하기 위해서죠. 따라서 대화에 중요한/결정적인 새로운 관점과 통찰을 덧붙여요.

■ 상호책임적 과정

그렇다면 무슨 일이 일어났는지에 대해 저는 어떻게 평가할까요? 앞으로 무슨 일이 일어날까요? 우리는 그저 작별 인사만 할 수 없어요. 제 말은 우리가 아마 다시 만날 수도 있다는 뜻이죠. 특히 저는 항상 우리가 세션을 마무리할 때, 고객들이 무엇을 집에 가지고 가는지 물어봐요. 그리고 그들이 더 들여다보고 싶은 부분이 있는지 여부에 대해 물어보죠.

어떤 면에서 저는 코칭을 전통적 감각에서 평가하지 않아요. 하지만 저는 그들에게 무엇을 집에 가져갈 것인지 그리고 더 들여다보고 싶은 부분이 있는지 물어보죠. 가끔은 고객들이 제안을 하기도 하고 때로는 제가 코치이에게 무엇을 집에 가지고 가고 싶은지, 무엇을 지속해서 다뤄보고 싶은지 요약해달라고 할 때도 있어요. 저는 메모를 하지 않아요. 고객들이 우리가 만난 이래로 무슨 생각을 가졌었는지 다음 세션에 들고 오거든요. 그래서 저는 이것을 제가 책임을 대신 떠맡지 않아도 된다고 보고, 이런 과정은 철저히 그들 자신의 과정으로 봐요. 이는 제가 주제넘게 너무 많은 책임을 지는 것을 피해야 하는 부분이죠. 저는 이 과정을 코치로서 저의 역할 또는 목적으로 보고 책임을 지려할 수 있기 때문이에요. 이는 개인 코칭과 팀 코칭 모두에 적용돼요. 이런 고객의 과정은 저 자신을 불필요하게 만들죠. 그리고 사실 코칭에서 목표는 그들이 스스로의 일을 처리할 수 있는 상황 쪽으로 코칭해가는 거에요. 그래서 저는 제 스스로를 그들이 의존하는 대상이 되거나 반대가 되는 누군가가 될 것으로 보지 않아요. 이것이 제가 이전 세션 이후 그들이 무언가를 했는지 여부에 대해 판단하지 않게 하는 데 중요한 이유에요. 저는 그들이 코칭 과정에서 자신을 너무 몰아붙이고 있다고 생각될 때 개입하기도 하죠. 하지만 그들이 저에게 의존하게 해서는 안돼요. 저의 목표는 그들이 가능한 자유롭게 자신의 선택을 할 수 있을 만큼의 자유를 만들어주는 거에요. 어쩌면 그들 삶의 한 기간 동안 과정이 힘들어지는 상황을 완화시키는 데 도움을 줄 수도 있어요.

■ 재고

저는 코치로서 저의 코칭에 대해 좀 더 자주 인터뷰를 하고 싶어요. 왜냐하면 인터뷰는 제가 왜 코칭을 하는지, 제가 무엇을 하는지, 어떤 사람이 되어가는지에 대해 더 생각할 기회를 제공하기 때문이에요. 인터뷰는 실제로 코칭 대화에서 저의 역할이 무엇인지, 제가 코칭을 할 때 어떤 사람들을 대표하는지에 대해 답하도록 요청하기 때문에 좋아요.

또한 인터뷰를 하면서 신뢰에 관한 모든 것들이 저에게 분명해져요. 그들의 신뢰를 얻기 위한 부분에 대해서요. 제가 그 말을 했을 때, 저는 "물론이죠! 그게 바로 그 방법이에요…." 이렇게 인터뷰를 하는 것은 그 순간에 정말 정확한 느낌을 줘요. 그래서 저는 이전에 그 용어들에 정확하고 분명하게 표현되어 있지 않았던 주요 부분을 기억해보죠. 그게 저의 코칭 원칙이에요.

7.5 프랙티셔너 성찰에 대한 성찰

필자의 평가에서 4가지 코칭 내러티브에 대한 교차 분석은 코칭 전문가들이 자신들의 실무에 대해 성찰하는 데 특히 중요하고 필수적인 3가지 주제를 강조한다. 필자는 이 주제들을 다음과 같은 제목들로 지정한다.

- 관계 구축 및 개발Building and developing a relationship.
- 코치의 존재 방식The coach's way of being
- 이론 및 방법과의 관계Relationship with theory and method

다음에서는 먼저 4명의 코치의 이야기에서 유사점과 차이점을 찾은 다음, 두 번째로 이 주제에 대한 추가 토론에서 관련 이론과 연구를 포함하여 이 주제를 깊이 있게 살펴볼 것이다.

7.5.1 관계 구축 및 개발

이 주제는 4명의 코치가 다르기도 하고 비슷하기도 한 방식으로 제기했다. 각 코치들은 서로 다른 반응을 요구하는 특정 코칭 상황에 차이가 있으며, 게다가 코치들은 마치 자신들이 대화 상대와 관계를 맺는 방식으로 자신만의 개인적인 스타일과 방식을 취하는 것처럼 다른 이론적 방법론 입장을 채택한다. 피터Peter와 캐서린Kathrine은 이야기 속 코치이와의 관계에서 동정sympathy과 각각 매력fascination을 경험하는 것에 대해 분명하게 말한다. 마르타Martha와 특히 스티븐Steven은 좀 더 합리적이고 업무 관련 상호협력 관계를 맺는 것처럼 보인다. 그러나 네 명 코치들 모두는 다소간 분명해진 동정에 관계없이 생산적인 상호협력 관계를 발전시키려고 노력한다. 피터는 코치이의 인식을 넘어서는 관련된 이슈들을 찾기 시작하는 이야기를 하기 위해 코치이를 초대한다. 그는 자신의 실천을 항상 관계적으로 정의한다. 스티븐은 어떤 형태로든 객관화한 거리objectivizing distance를 유지하면서 다른 사람의 입장이 되어보는 데 관심을 보인다. 캐서린은 자신의 직감을 듣고 코치이가 초점을 맞추고 싶어 하는 것에서 코치이가 이끌어가는 쪽으로 따라가는 것에 대해 말한다. 여기서 스티븐은 코치이로부터 의제와 명확한 전략적 관점을 목표로 함으로써 훨씬 더 목표 지향적인 것처럼 보인다. 마르타는 코치이와의 만남뿐만 아니라 자신의 경험에 초점을 맞추면서 코치이가 집중하고 있는 것에서 의미 있는 것을 찾는다. 그녀는 자신의 이야기에서 다음과 같이 말한다. "저는 무언가가 저에게 어떤 것 또는 다른 것처럼 떠오를 수 있다는 것을 알아요. 그런 다음 저는 그것을 대화에 적용할 수 있어요." 어떤 면에서 스티븐은 이와 유사하다. 그는 자신의 코치이에게 이전 세션에서 다루어진 내용에 대한 명확한 피드백을 받기를 원한다고 말하면서 자신을 그 과정에 끌어들인다. 스티븐은 코치로서 그와 좀 더 명확하게 관계를 맺도록 코치이를 권장한다. 필자는 관계에서 균형을 목표로 하는 동료가 되기 위해 코칭의 장으로 자신을 참여시키는 것은 3세대 코칭에서 중요한 차원이라고 생각한다. 마르타는 필자가 선호하는 다음과 같은 방식으로 코칭을 한다: 공동의 코칭 과정에 양 당사자를 참여시키고, 의미 있는 측면을 탐구하며, 특정 상황이나 사건과 관련하여 코치와 코치이의 유사점, 차이점, 기본 가치를 탐구한다. 스티븐은 특정한 경우에 코치의 학습 및 발달 과정을 모델로 지속적인 코칭 관계에서 자신을 적극적으로 활용하면서 전략적 목적을 가지고 있었다.[6]

그렇다면 연구는 관계를 만들고 발전시키는 것에 관해 무엇을 말해야

6. 치료 연구에서 자기노출self-disclosure은 치료사가 개인적인 성격을 드러내는 비교적 논란의 여지가 있는 개입 형태이다. 연구에 따르면, 고객은 일반적으로 자기노출을 도움이 되는 것으로 인식한다(Hill & Knox, 2002). 그 문헌에 따르면, 인본주의 및 경험 치료사는 정신분석학적 전망과 같은 치료사보다 더 자주 이런 형태의 개입을 사용한다. 3세대 코칭에 대한 필자의 이해에서, 자기노출은 특히 자기 성찰적 형태를 코치에 띠게 하므로 상호협력 과정에 결정적으로 중요하다. 이것은 본질적으로 개입을 상호작용으로 바꾼다.

하는가? 본질적으로, 상호협력 관계는 치료 동맹therapeutic alliance에서 가장 중요한 것으로 간주된다. 호바스Horvath와 베디Bedi(2002)는 "유용한 관계적 입장으로 '상호협력적 자세'를 가정하는 치료사를 위한 지원이 있다."라고 말한다(p.61). 그 연구에 따르면, 관계의 도입 단계에서 상호협력의 중요성에 대한 경험적 근거가 특히 많이 발견되었다. 6장에서 강조된 바와 같이, 드 한de Haan의 관계적 코칭 접근은 개입에서 상호작용까지 발전과 코칭 관계에서 관점 및 주의 집중에 중대한 변화를 권고하는데, 이는 관계의 상호협력적 성격을 강조한다. 우울증 환자를 대상으로 한 웹Webb 등(2011)의 연구에서는 상호협력과 동정에 기반한 관계와 심리치료 결과에 대한 관계의 영향에서 차이점을 조사했다. 그들은 다음과 같은 결론에 도달한다: 호바스와 베디(2002)와 마찬가지로 웹 등(2011)은 성공적인 치료 결과를 위해 특히 중요한 요소로서 상호협력 관계의 역할을 문서화하는 동안에, 치료사와 고객 사이의 동정은 덜 중요한 역할을 하는 것처럼 보인다. 그러나 이 연구는 치료사에 대한 고객의 동정이 치료의 성공적인 결과에 비례하여 증가한다는 것을 발견했다. 따라서 동정 관계는 효과적인 치료의 원인보다 더 효과적인 것으로 밝혀졌다. 우리는 코칭 관계에 유사한 것을 적용할 것으로 기대할 수 있다(Duncan 등. 2010).

7.5.2 코치의 존재방식

네 명의 코치들은 이 이슈에 대해 상당히 유사한 견해를 가지고 있다. 물론, 눈에 띄는 미묘한 차이가 있기는 하다. 코칭 과정의 초기 단계에서 캐서린은 특히 흥미를 표명하는 데 중점을 둔다. 그녀는 이것을 "저는 흥미로운 느낌이 들어요."라고 매우 생생하게 묘사한다. 여기서 그녀는 특히 긍정심리학의 배경에서 비롯된 코치로서의 자질을 분명히 보여준다. 그녀는 호기심이 신뢰 구축 및 코치이와의 관계를 얻는 비결이라고 강조한다. 그녀의 이야기에서 등장하는 코치이는 관리자와 동료들에 따르면 매우 문제가 있다고 여겨진다. 이 코치이와 관련하여 캐서린은 판단하지 않음에 머무르는 것이 특히 중요했다(판단을 문 앞에 두고 와라). 여기에서 캐서린은 신뢰 관계를 발전시키는 데 중요한 코치의 자질을 강조한다. 피터Peter는 진실성과 진정성을 핵심 자질로 강조하고, 근본적인 인간 및 공감적 이해를 강조하는 코칭을 필수적인 방법으로 강조한다. 스티븐Steven은 코치로서 자신의 역할을 설명하기 위해 다양한 메타포를 사용한다. 그는 스스로를 정원사로 보지만, 스스로를 코치 옆에 있는 또 하나의 나무 또는 성장 과정에 영양을 공급하는 물로 본다. 또한 그는 성찰하는 거울이나 교사의 기능을 할 수 있다. 그는 단일 코칭 세션에서도 여러 역할을 수행할 수 있는 가능성을 강조한다. 마르타는 코치이가 실제로 말하는 것에 대해 후속 질문을 함으로써 끈질긴 특성을 강조한다. 이점에서, 그녀는 분명히 코치이의 삶에서 중요한 것에 초점을 맞춘 권학적 접근에 영향을 받는다(Kirkeby, 2009). 또 다른 세션에서, 그녀는 너무 많은 책임을 떠맡지 않도록 해야 할 필요성을 잘 알고 있다. 이 과정을 위한 도전, 상호협력, 책임 사이의 균형 속에서, 코치이가 자신의 선택을 할 수 있도록 최대한 많은 자유freedom를 만들려고 노력한다.

이런 맥락에서 코치가 어떻게 되어야 하는가? 드 한(2008)은 코칭 관련 연구 결과를 제시했다. 그는 코치이의 관점에서 도움이 되는 3가지 주요 특성, 즉 지식, 공감, 진실성, 참여로 이어지는 경청, 이해, 격려를 지적한다. 다소 덜 관련 있는 요소는 침착함calmness, 유머humour, 따뜻함warmth이다. 심리치료 연구에서 공감은 1990년대 이래로 특히 두드러진 요인이자 인기 있는 연구 주제였다(더 자세한 내용은 Bohart, Elliot, Greenberg, & Watson, 2002를 참조하라). 하나의 정의에 대한 합의가 부족하여 공감 연구에 문제가 발생했다. 조망수용perspective-taking 또는 연결 지식connected knowing과 같은 개념은 인지적 측면을 강조한다. 감정반사reflection of feeling와 같은 개념은 정서적 측면을 강조한다. 로저스Rogers(1980)는 공감을 다음과 같이 정의한다.

... 공감은 고객의 생각, 감정, 어려움을 고객의 관점에서 이해하려는 치료사의 민감한 능력이자 의지이다. 그것은 고객의 눈을 통해 완전하게 보고, 고객의 기준 틀을 채택하는 능력이다...(p.85).

그것은 상대의 사적인 지각 세계에 들어가는 것을 의미한다... 이 사람 안에서 흐르는 변화하는 감정의 의미에 순간적으로 민감하게 반응하는 것이다(p.145).

이 정의를 통해 알 수 있듯이, 공감은 치료사에게 필수적인 것이며 대화 상대와 맞추는 코치의 능력도 확실히 담아내도록 돕는 여러 하위 범주의 가장 중요한 개념이 된다.[7]

- **개인적 공감**: 이것은 코치가 코치이의 경험 세계를 파악하고 이해하는 능력에 관한 것이다. 이는 코치가 다른 사람을 만날 수 있는 중요한 조건으로서 다른 사람의 생활 세계(Bohart & Greenberg, 1997)에 대한 경험적이고 감각적인 이해를 발전시킨다.
- **공감적 이해와 지원**: 코칭의 맥락에서 이는 코치이가 묘사하려고 시도하는 것을 이해하는 코치의 능력에 대해 말할 수 있다. 코치이의 진술을 말로 표현할 수 있고 동정할 수 있는 능력과 관심의 연민 어린 표현은 코치의 민감성responsiveness으로 묘사할 수 있는 공감의 전제 조건이다.
- **의사소통 조율**: 이는 프로세스 공감의 한 형태이며 시시각각 코치이와 조화를 이루는 코치의 역량을 설명한다. 또한 이것은 다른 사람에 대한 코치의 체감 감각bodily-sensory sense을 요구한다. 3장에서 필자는 관계적 조율에 대해 논했다. 이는 감각, 감각 표현 또는 공유된 과정에서 주제가 다루어지며 당사자들이 만날 수 있는 공유된 또는 공동 창조 표현으로 묘사된 것이다. 필자가 이해한 바로는 양 당사자는 협력

7. 수용, 공감, 진실성의 중요성은 이미 로저스Rogers(1961)에 의해 다루어졌다.

적인 의미형성 과정에 관여한다.

이 세 가지 범주는 복잡성의 증가 정도와 함께 공감의 계층으로 간주될 수 있다. 첫 번째 단계의 초점은 다른 사람에 대한 코치의 개방성 및 포용성 역량에 달려 있다. 다음 단계는 느끼고 듣는 것을 성찰하고 표현하는 역량에 관한 것이다. 마지막으로, 관심은 함께 관계를 발전시키고, 새로운 것을 만들어 내며, 과제, 상황, 사건 또는 과정과 관련된 새로운 이해나 내러티브를 만들어내는 것이다. 이는 코치와 코치이가 함께 여행을 가고, 공부하며, 발전하는 단계이다.

7.5.3 이론 및 방법과의 관계

이 주제는 코칭 전문가의 인식에서 가장 멀리 떨어져 있는 것이 분명하다. 이는 그들이 습득하는 일종의 배경 지식이며, '제2의 본성second nature'이 되었다. 피터는 사례와 현장에 있는 사람에 따라 다양한 이론적 접근 사이에서 자유롭게 움직일 수 있는 절충적 접근eclectic approach 또는 통합적 접근integrated approach에 대해 논의한다. 그러나 그가 중요하게 여기는 초점은 그의 코치이와 좋은 관계를 구축하는 것이다. 스티븐은 기본적으로 다른 코칭 접근과 분리된 코칭 접근 사이의 구별이 인위적이라는 피터의 견해를 공유한다. 하지만 이야기 후반에는 그가 항상 통합하고 코칭심리학자로서 실제 연구에 대한 자격을 부여하는 역할을 하는 다양한 모델을 언급한다. (1) 사람이 나무로 자라는 씨앗으로 보이는 은유적 모델, (2) 코치이를 비춰주는 거울 역할을 할 수 있는 실천적 모델, (3) 관리자의 핵심 역량을 다루는 리더십 실천 인벤토리 모델, (4) 코치와 코치이 사이의 경험적 및 지각적 차이를 강조하기 위한 갈등 및 대립 모델, (5) 목표는 무의식적 무능력에서 의식적 무능력으로, 의식적 무능력에서 의식적 능력으로, 의식적 능력에서 무의식적 능력에까지 코치이의 발달 과정을 개략적으로 설명하는 성장 모델이다. 스티븐은 실천, 이론, 연구의 지식과 경험을 바탕으로 분명히 이런 모델들을 특정 이론적 접근 방식과 관련시킬 수 있다. 그러나 이야기에서 볼 때, 스티븐이 그 상황에서 무의식적 능력을 지닌 전문가로 일하기 때문에 이런 모델은 특정 맥락에서 행동을 위한 실천적 모델과 실천에 대한 성찰reflection-on-practice로 나타난다.

캐서린과 마르타는 직감을 코칭 과정에 대한 자신들의 성찰에서 인식하고 있는 것으로 분명하게 언급했다. 그들의 이론적 지식은 짧은 경험에서 알아볼 수 있지만, 둘 다 초점이 코칭 과정 자체에 있다고 명백하게 밝힌다. 스티븐과 마찬가지로 캐서린은 다양한 행동 지향 모델을 언급했다. 그 모델들은 (1) 새로운 방식으로 코치이의 강점을 활용하기(여기서 그녀는 분명히 긍정심리학을 묘사했다), (2) 대화에서 코치이의 관심을 끄는 것에 대한 지표로서의 눈-밝기-바로미터eye-brightness-barometer, (3) 발달심리학 분야에서 로버트 케건의 연구가 담긴 사회지능social intelligence[8]이다. 마르타는 자신이 어떻게 이론적 안정 장치theoretical ballast에 기초하여 코치이에게 의문을 제기하는지 설명하고 있지만, 자신의 상황 감각과 대화를 진전시킬 수 있는 방향에 주로 의존한다고 기술하고 있다. 그녀는 직감을 적절한 상황에서 작동할 수 있는 일종의 기술이라고 설명한다. 그러나 그녀는 전문성을 개발하기 위해 특정 기술, 방법, 모델을 반복적으로 테스트하는 의도적 실천deliberate practice을 한다(6.6.4 참조). 다른 때에 그녀는 온전한 프레즌스를 유지하기 위해 의도적으로 주어진 모델을 선택하도록 밀고 나갔다. 그녀는 70%의 직감 및 프레즌스를 가지고 일하고, 30%의 이론을 그녀의 기술 레퍼토리의 기초로 삼는다.

8. 로버트 케건Robert Kegan은 발달심리학자이며 하버드대학교 교육대학원Harvard Graduate School of Education 성인 학습 교수이며 캐서린Kathrine의 협력자이다. 그는 리사 라헤이Lisa Lahey와 함께 『성공하는 직장인의 7가지 언어습관How the Way We Talk Can Change the Way We Work: Seven Languages for Transformation(2001)』을 저술했다.

7.6 재고

4명의 코칭 전문가는 이 과정에서 자신들의 초점이 어디에 있는지 분명하게 보여준다. 이들의 주요 초점은 어떻게 코치가 대화 상대와 좋은 상호협력 관계를 형성하고, 최적의 학습 및 발달 과정을 구성하기 위해 코치를 위한 최선의 방법을 만드는 지에 있다. 이론, 방법, 기법은 상호협력 과정의 통합 요소를 형성하지만, 실제 상황에서는 대화하는 동안 이론 및 방법이 상대적으로 크게 부각되지 않는다. 코치는 자신의 이론적 기술을 바탕으로 직감에 따라 움직이는 행동 흐름, 즉 온전한 현존에 있다. 전문가 수준의 코칭expert-level coaching은 다른 사람과의 대화 및 상호협력을 의도적으로 지향하고 윤리적으로 고정되어 있는 하나의 존재 방식이다. 마르타는 그것을 철학적 용어로 다음과 같이 표현한다. "다른 사람의 신뢰를 얻어야 한다. 또는 키르케뷔(2004)가 말한 것처럼 사건의 가치 있음worthy of the event을 입증하라."

이 장에서는 시시각각 코칭 전문가의 작업 방식과 그들의 실천에 대한 성찰을 표현하는 방식을 파악하고 확장하려고 시도했다. 그들의 능력은 부분적으로 무의식적이며, 단순한 방식으로 입문자들에게 전하는 것이 불가능하다. 이런 전문성은 건전한 훈련, 지속적인 연속적/추가적 훈련과 함께 수년간의 경험, 성찰적 프랙티셔너의 포부가 필요하다. 그리고 궁극적으로, 실천은 그 과정 동안 영구적인 성찰로 발전하는데, 이는 전문가의 비가시적 능력을 구성하는 기본 흐름이다. 마지막으로, 성찰적 실천을 해온 존스Johns(2004)를 인용하고자 한다. 존스는 프랙티셔너의 순간적인 성찰 능력capacity for reflections-in-the-moment을 다음과 같이 설명한다.

내가 이야기하는 순간에 생각하고, 느끼고, 반응하며, 이야기하는 것이 무엇이든 간에 동시에 해석하고 반응할 수 있도록 자기와 대화하는 방법을 인식하는 것이다. 이는 당신의 마음에서 어떤 생각에 집착하기보다는 생각을 바꾸기 위한 공간을 갖는 것이다(p. 2).

8장 결론

우리의 여정은 거의 끝나간다. 때로는 힘들었지만 동시에 매우 보람 있게 수년 간 지속되어 온 과정이 끝나가고 있다. 그 과정 끝에 여기까지 왔고, 이 책을 발표할 수 있게 되어 기쁘다. 첫 번째로 발간했던 필자의 코칭 책처럼 이 책이 현재 진행 중인 코칭 및 다른 대화 형식의 질적 향상에 기여할 것으로 기대한다. 첫 번째 책을 출간하고 현재에 이르면서, 코칭은 2세대 코칭에서 3세대 코칭으로 이동했다. 지금도 이 여정은 끝나지 않았다. 마르타가 7장에서 이야기한 바와 같이, 우리는 때때로 다른 때보다 더 성공적인 여정을 하고 있다. 그것은 일반적으로 코칭 및 대화의 기본 조건이다. 모든 것이 같다면, 그것은 상황 및 다루고 있는 주제와 관련하여 코치와 코치이 사이가 얼마나 잘 맞는지에 대한 문제이기도 하다.

필자는 2001년 9월 11일 미국에서 발생한 테러 공격의 강력한 영향력 아래에서 코칭에 대한 첫 번째 책의 마지막 장을 쓰고 있었다. 당시 필자의 희망과 소망은 코칭의 사용이 점차 증가함에 따라 (1) 사람들이 다른 사람과의 개인적 상호작용과 그들의 근로 생활을 좀 더 의미 있고 보람 있게 경험할 수 있게 되고, (2) 대화를 통해 우리가 성취 가능하고 희망하는 것과 관련하여 좀 더 인정받는 방향으로 발전할 수 있으며, (3) 우리의 조직 및 사회 전반에서 차이와 다양성을 지닌 삶을 더 잘 누리게 되는 것이다. 세계는 사실 그 이후로도 더 나은 세상이 되지는 않았지만, 희망은 여전히 존재한다. 이는 더 나은 세상을 위해 작은 기여를 할 수 있다는 필자의 믿음을 확인시켜준다. 필자는 삶을 살 가치가 있게 만드는 크고 작은 밝은 점에 희망을 건다. 대화는 우리 자신과 다른 사람의 마음속에서 이러한 밝은 점을 끌어낼 수 있다. 지금이야말로 대화를 시작하기에 가장 좋은 시기다. 그것은 '오직' 우리가 용기를 내고 회의, 대화, 모임을 위한 새로운 의제를 초대할 것을 요구한다.

코칭 지지자들이 아무 이유 없이 코칭의 적용과 관련하여 좀 순진하다고 비난 받는 것은 아니다. 비평가들은 코칭이 실제로 체계적인 특정 이슈를 개별화하는 데 기여한다고 비판한다. 예를 들어, 개별 직원을 위한 스트레스 코칭은 조직 구조, 내부 의사소통, 과도한 업무 부하에 있는 문제를 해결하지 못한다는 것이다.

이런 비평가들에게 코칭이 그저 순진하지 않다고 말하고자 한다. 필자는 노동 시장에서 점점 더 많은 압력이 가중되고 있으며, 우리 삶이 대체로 어렵다는 것을 알고 있다. 그러나 그룹 코칭을 연구하면서 낙관적인 자세를 취하게 되었다. 이 책에서 장려하는 동료들 간의 대화로서 3세대 코칭의 형태가 인문주의자의 고려사항 및 공동체 의식을 성장시키는 데 도움이 되기를 진심으로 바란다. 필자의 연구에서 밝힌 바와 같이, 그룹 코칭은 사람들이 네트워크, 공유된 가치 및 신뢰에 기반한 사회적 관계에 참여함으로써 사회적 일관성을 촉진하고 사회적 공동체의 발전에 기여하는 사회적 자본을 개발하는 데 도움이 될 수 있다. 이런 공동체는 직장과 시민 사회에서 발전될 수 있다. 예를 들어, 주어진 맥락에서 작업 방법, 개발 프로젝트 또는 목표와 일치하는 코칭 또는 코칭 지향 대화를 발전시킬 수 있다.

이 책의 목표는 순수한 형태로 코칭을 장려하는 것만이 아니다. 필자는 사람들을 대화에 참여하도록 초대하길 원한다. 대화는 토론과 완전히 반대편에 있다. 토론은 '최고의best' 주장과 탁월한 수사학에 관한 것이다. 안타깝게도, 토론에서 당사자들은 거의 공유된 결론에 도달하지 못하거나, 그들이 진정으로 함께 살고 싶지 않다고 느끼는 타협안을 받아들이도록 강요받는다. 대화는 이런 토론과 완전히 다르다. 대화는 성찰하고, 다른 사람들과 나누며, 말한 것에 대한 이유를 밝히는 것이다. 그렇게 대화는 다른 사람들의 생각과 성찰을 자신의 삶의 세계에 대한 그들의 이야기를 관점에 맞추기 위한 충동으로 사용된다. 내러티브 상호협력 실천을 통해 공동체 의식을 형성하는 절차 및 기타 형식을 목격하기는 감각, 정서, 사고를 공유하는 새로운 방법을 제공한다. 이런 대화 형식은 특정 공동체를 개발하는 차원을 포함한다. 우리는 판단은 물론 평가하지 않으며, 우리가 들은 것을 성찰한다. 자신의 평가를 중단하고 다른 사람의 말을 듣는 것은 우리가 너무나 드물게 사용하는 집단 지성collective intelligence을 촉발할 수 있다. 우리가 서로 이야기를 들을 때, 모든 대화 참여자들은 새로운 장소, 곧 새로운 관점으로 나아갈 수 있다. 대화에서 시너지 효과는 단순히 공허한 전문 용어 이상이 될 수 있다. 내러티브 상호협력 실천은 공유된 움직임을 시작한다. 이는 모두가 서로에게 감사의 마음을 갖게 되고, 기꺼이 배우기 위해 귀를 기울이게 한다. 이런 공유된 움직임은 대화가 모든 참여자에 대한 새로운 이해를 위한 공동 의미 형성 과정이 되도록 한다. 미국 컨설턴트 및 MIT 경영대학원 강사인 윌리엄 아이작William Issacs(1999)은 대화의 잠재력을 다음과 같이 표현한다.

> 대화는 간단히 '그렇다'라고 대답하는 것보다 더 깊고 폭넓은 욕구를 충족시킨다. 협상의 목적은 다른 당사자 간의 합의에 도달하는 것이다. 대화의 의도는 새로운 이해에 도달함으로써 생각하고 행동하는 완전히 새로운 기반을 형성하는 것이다. 대화를 통해 문제는 해결될 뿐만 아니라 해소된다. 우리는 단지 합의에 이르려고 하지 않고 많은 새로운 합의가 도출되는 맥락을 조성하려고 노력한다. 그리고 우리의 행동을 우리의 가치와 일치시키고 조정하는 데 큰 도움이 되는 공동 의미의 기초를 찾으려고 한다(p.19).

또한 여기에 제시된 3세대 코칭 접근을 통해 추구하고자 하는 포부를 설명한다. 즉, 자신의 행동과 자신의 행동 지침으로 적용하고자 하는 가치 사이의 일치에 도달하는 것이다. 지향적 방향intentional orientation을 가지고 있는 것, 즉 자신의 행동 이면에 목적을 가지고 있는 것은 목표를 가지는 것보다 중요하다. 우리의 행동은 구체적으로 표현되어야 할 근본적인 가치에 기초한 목적과 그 무엇보다도 중요한 의미로 채워져 있기 때문에 빛으로 표출된다(그림 3.3 참조). 의미를 찾고 가치를 구체화하는 것은 행동이나 계획에 근본적인 방향을 제공한다. 여기서 3세대 코칭 및 이와 유사한 형태의 대화는 사회적 자본을 마련하고, 해방시키며, 발전시키는 데 도움이 될 수 있다.

필자는 공공 정부 프로그램Public Governance programme 석사 과정 강사로서 정부 기관의 수백 명의 관리자들과 접촉하고 있다. 여기서 정치적 의사 결정권자들의 압력이 커지고 있음에도 높은 수준의 헌신과 일하는 삶을 향상시키고자 하는 포부를 느낀다. 필자는 관리자들이 직원들에 대해 얼마나 많이 성찰하고 생각하고 있으며, 그들의 리더십을 이끄는 경영 이념과 가치가 얼마나 높은지에 대해 깊은 감명을 받았다. 관리자들이 직원들의 코치 역할을 하는 경우는 드물지만, 올레 포그 키르케뷔Ole Fogh Kirkeby와 함께 가르치는 과정을 통해 직원들과 일상적 대화에서나 관리자 팀들 또는 공동 포럼collegial forums에서 3세대 코칭의 기본 원칙을 적용할 가능성을 알게 되었다. 코칭과 유사한 대화는 지속적인 개인적 리더십 개발에 기여할 수 있다. 개인적 리더십은 대화 기반 접근을 취하는 관계적 성질을 기반으로 한다. 관리자는 포괄적이고 성찰적인 자세로 대화에 참여하고 방향을 제시하며 그렇게 바텀업bottom up 방식으로 권위를 개발함으로써 리더십 위치를 얻게 된다. 관리자는 리더십을 뒷받침하는 일반적인 가치에 기반하여 목표와 목적에 대한 명료성을 확보하기 위해 코칭을 받는 것이 도움이 될 수 있다.

오늘날 코칭 및 코칭심리학은 주로 업무 및 비즈니스 맥락과 관련되어 있다. 이런 초점이 미래에 매우 좁아질 것이라는 징후가 도처에 깔려 있다. 이미 현재, 경력 지도, 학습[1], 학생의 중퇴율 감소 및 문화 교류 이슈 해결과 관련하여 다른 맥락에서 코칭을 통합하고자 하는 수많은 프로젝트와 계획들이 있다. 필자는 코칭심리학의 이런 형태가 인재 개발을 중점을 두고 사회적 책임을 유지하면서 성공을 보장하기 위해 좋은 엘리트 환경을 개발할 필요가 있는 스포츠 분야에서 점점 더 활용되고 있는 것을 보게 되

1. 영양학, 운동 및 스포츠학과the Department of Nutrition, Exercise and Sports에서는 2010년 가을부터 학생들이 그들의 일과 관련된 프로그램에서 필수적으로 고려하는 관점을 강화함으로써 학생공동체를 장려하고 동기부여를 강화하며 중퇴를 방지하기 위한 계획을 세웠다.

어 기쁘다.

아마도 코칭의 가장 큰 미래 성장 분야는 건강관리healthcare, 재활rehabilitation, 건강한 삶healthy living이 될 것이다. 필자는 앞으로도 이 분야의 연구 프로젝트를 시작할 계획이다. 이전 연구 결과를 토대로 볼 때, 종종 개인 전문가 상담을 코칭으로 대체하는 것이 매우 유망한 관점이라고 본다. 왜냐하면 코칭에서는 개인이나 환자/고객 그룹이 자신의 삶의 경험을 공유하고 자신의 특정한 어려움에 기초한 지식을 개발할 수 있기 때문이다. 의료서비스 직원이나 기타 전문가들은 조언을 제공하는 전문가라기보다는 환자/고객이 경험을 공유하고 높은 웰빙 수준에 따른 삶의 특성을 확립하는 방법을 찾는 데 도움을 줄 수 있는 과정의 파트너로 보인다. 그들은 건강 코칭healthy coaching이라는 필자의 강의에 많은 관심을 가졌다. 이런 맥락에서 필자는 건강과 생활 방식의 문제를 개별화하는 것이 아니라, 자신이 느끼는 감정을 가장 잘 아는 사람들에게 권한부여를 하고 자신의 삶에서 어디로 가고 싶은지 공유하는 코칭 전략을 개발해야 할 필요성을 알게 되었다.

독자가 이 책을 사용하는 방법과 상관없이, 이 책이 코칭, 코칭심리학, 리더십, 대화, 학습, 개발에 대한 성찰을 자극할 수 있기를 바란다. 또한 실천 분야의 발전을 강화하는 데 기여하기를 희망한다. 코칭은 여러 면에서 그레이마켓grey market이다. 코칭이 실제로 일반적으로 인정받는 전문직이 되기까지 사실 수년이 걸릴 수도 있다. 그럼에도 불구하고 코칭 및 코칭과 유사한 대화는 계속해서 다른 직업에서 통합된 요소를 만들어나갈 것이다. 따라서 모든 코치와 코칭심리학자들을 포함하여 모든 독자들은 개인적 기반, 공동 포럼, 수퍼비전, 지속적인 교육을 통해 자신의 지속적인 개발을 담당하는 성찰적 프랙티셔너가 됨으로써 개인 및 직업 생활에서 발전하도록 노력해야 한다.

참고문헌

Allen, J. G., Fonagy, P., & Bateman, A. (2008). Mentalizing in clinical practice. Washington, DC: American Psychiatric Publishing.

Alrø, H. K., Nørgård Dahl, P., & Frimann, S. (Eds.). (2011). Coaching - Fokus på samtalen. Copenhagen: Gyldendal.

American Psychological Association. (2006). Evidence-based practice in psychology. American Psychologist, 61(4), 271-285. doi:10.1037/0003-066X.61.4.271.

Anderson, H. (1995). Collaborative language systems: Toward a postmodern therapy. In R. Mikesell, D. D. Lusterman, & S. McDaniel (Eds.), Integrating family therapy: Family psychology and systems theory (pp. 27-44). Washington, DC: American Psychological Association.

Anderson, H. (1997). Conversation, language, and possibilities: A postmodern approach to therapy. New York: Basic Books.

Anderson, H. (2007a). The heart and spirit of collaborative therapy: The philosophical stance - "A way of being" in relationship and conversation. In H. Anderson & D. Gerhart (Eds.), Collaborative therapy - Relationships and conversations that make a difference (pp. 43-59). New York: Routledge.

Anderson, H. (2007b). People creating meaning with each other and finding ways to go on. In H. Anderson & D. Gerhart (Eds.), Collaborative therapy - Relationships and conversations that make a difference (pp. 33-41). New York: Routledge.

Anderson, H., & Gehart, D. (2007). Collaborative therapy. Relationships and conversations that make a difference. New York/ London: Routledge.

Argyris, C. (1992). On organizational learning. Cambridge, MA: Blackwell.

Argyris, C., & Schön, D. (1978). Organizational learning: A theory of action perspective. Reading: Addison Wesley.

Asen, E., & Fonagy, P. (2011). Mentalization-based therapeutic intervention for families. Journal of Family Therapy. (Online 9.6.2011; doi:10.1111/j.1467-6427. 2011.00552.x).

Backhausen, W., & Thommen, J. P. (2006). Coaching: Durch systemisches Denken zu innovativer Personalentwicklung (3rd ed.). Wiesbaden: Gabler.

Bale, L. S. (1995). Gregory Bateson, cybernetics, and the social/behavioral sciences. Cybernetics & Human Knowing, 3(1), 27-45.

Barkham, M., & Margison, F. (2007). Practice-based evidence as a complement to evidence-based practice: From dichotomy to chiasmus. In C. Freeman & M. Power (Eds.), Handbook of evidence-based psychotherapy: A guide for research and practice (pp. 443-

476). Chichester: Wiley.

Barkham, M., Hardy, G. E., & Mellor-Clark, J. (2010). Developing and delivering practice-based evidence: A guide for the psychological therapies. Chichester: Wiley-Blackwell.

Bateson, G. (1972). Steps to an ecology of mind. New York: Ballantine. 『마음의 생태학』 (책세상 역간)

Bateson, G. (1979). Mind and nature: A necessary unity. New York: Dutton. 『정신과 자연』 (까치 역간)

Beck, U. (2000). What is globalization? Oxford: Policy.

Berg, I. K., & De Jong, P. (1996). Solution-building conversations: Co-constructing a sense of competence with clients. Families in Society, 77(6), 376-391.

Berg, I. K., & Szabó, P. (2005). Brief coaching for lasting solutions. New York: W.W. Norton.

Berger, P. L., & Luckmann, T. (1966). The social construction of reality: A treatise in the sociology of knowledge. Garden City: Anchor Books. 『실재의 사회적 구성: 지식사회학 논고』 (문학과지성사 역간)

Biswas-Diener, R. (2010). Practicing positive psychology coaching. Hoboken: Wiley. 『긍정심리학 코칭 기술』 (물푸레 역간)

Biswas-Diener, R., & Dean, B. (2007). Positive psychology coaching - Putting the science of happiness to work for your clients. Hoboken: Wiley. 『긍정심리학 코칭: 삶을 변화시키는 유쾌한 행복 바이러스』 (아시아코치센터 역간)

Bochner, A. P. (2001). Narrative's virtue. Qualitative Inquiry, 7(2), 131-157.

Bohart, A. C., Elliot, R., Greenberg, L. S., & Watson, J. C. (2002). Empathy. In J. C. Norcross (Ed.), Psychotherapy relationships that work. Therapist contribution and responsiveness to patients(pp. 89-108). Oxford: Oxford University Press.

Bohart, A. C., & Greenberg, L. S. (1997). Empathy: Where are we and where do we go from here? In A. C. Bohart & L. S. Greenberg (Eds.), Empathy reconsidered: New directions in psychotherapy (pp. 419-450). Washington, DC: American Psychological Association.

Bohart, A. C., & Tallman, K. (2010). Clients: The neglected common factor in psychotherapy. In B. L. Duncan, S. D. Miller, B. E. Wampold, & M. A. Hubble (Eds.), The heart & soul of change (2nd ed., pp. 83-111). Washington, DC: American Psychological Association.

Bohm, D. (1996). On dialogue. London: Routledge. 『데이비드 봄의 창조적 대화론』 (에이지21 역간)

Boscolo, L., & Bertrando, P. (1996). Systemic therapy with individuals. London: Karnac Books.

Boscolo, L., Cecchin, G., Hoffman, L., & Penn, P. (1987). Milan systemic family therapy: Conversations in theory and practice. New York: Basic Books.

Bottrup, P. (2007). Medarbejderforankret værdiarbejde - Refleksioner over arbejdet med værdier i arbejdslivet. Report prepared for the Danish Confederation of Trade Unions by Kubix ApS(www.nye- vaerdier- i- arbejdslivet.socialfonden.net/files/upload/refleksionsrapp.pdf)

Bourdieu, P. (1983). Forms of capital. In J. C. Richards (Ed.), Handbook of theory and research for the sociology of education. New York: Greenwood Press.

Bourdieu, P. (1988). Homo academicus. Stanford: Stanford University Press. 『호모 아카데미쿠스』 (동문선 역간)

Bourdieu, P. (1993). The field of cultural production. Cambridge: Polity Press.

Brandi, S., & Hildebrandt, S. (2008). Leadership. Copenhagen: Børsens Forlag.

Brinkmann, S., & Tanggaard, L. (2012). An epistemology of the hand: putting pragmatism to work. In P. Gibbs (Ed.), Learning, work and practice: New understandings (pp. 147-163). Dordrecht: Springer Science C Business Media.

Bruner, J. (1986). Actual minds, possible worlds. Cambridge, MA: Harvard University Press. 『교육 이론의 새로운 지평: 마음과 세계를 융합하기』 (교육과학사 역간)

Bruner, J. (1990a). Acts of meaning. Cambridge, MA: Harvard University Press. 『인간 과학의 혁명: 마음 문화 그리고 교육』 (아카데미프레스 역간)

Bruner, J. (1990b). Culture and human development: A new look. Human Development, 33, 344-355.

Bruner, J. (1991). The narrative construction of reality. Critical Inquiry, 18(1), 1-21.

Bruner, J. (1996). The culture of education. Cambridge, MA: Harvard University Press.

Bruner, J. (2002). Making stories - Law, literature, life. Cambridge, MA: Harvard University Press. 『이야기 만들기: 법 문학 인간의 삶을 말하다』 (교육과학사 역간)

Bruner, J. (2006). Culture, mind and narrative. In J. Bruner, C. F. Feldman, M. Hermansen, & J. Mollin (Eds.), Narrative learning and culture (New social science monographs, pp. 13-24). Copenhagen: Copenhagen Business School.

Bryant, F. B., & Veroff, J. (2007). Savoring: A new model of positive experiences. Mahwah: Lawrence Erlbaum.

Buber, M. (1999). The genuine dialogue. In J. Buber Agassi (Ed.), Martin Buber on psychology and psychotherapy: Essays, letters, and dialogue (The Estate of Martin Buber). New York: Syracuse University Press.

Buber, M. (2004). I and Thou. London: Continuum (German original from 1923). 『나와 너』 (문예출판사 역간)

Buytendijk, F. J. J. (1933). Wesen und Sinn des Spiels. Berlin: Kurt Wolf Verlag.

Carr, D. (1986). Time, narrative and history. Bloomington: Indiana University Press. 『시간 서사 그리고 역사』 (한국문화사 역간)

Cavanagh, M. J. (2006). Coaching from a systemic perspective: A complex adaptive conversation. In D. R. Stober & A. M. Grant (Eds.), Evidence based coaching handbook (pp. 313-354). Hoboken: John Wiley.

Cavanagh, M. J., & Grant, A. M. (2010). The solution-focused approach to coaching. In E. Cox, T. Bachkirova, & D. Clutterbuck (Eds.), The complete handbook of coaching (pp. 54-67). London: Sage.

Cecchin, G. (1987). Hypothesizing, circularity, and neutrality revisited: An invitation to curiosity. Family Process, 26(4), 405-413.

Cecchin, G. (1992). Constructing therapeutic possibilities. In K. J. Gergen & S. McNamee (Eds.), Therapy as social construction (pp. 86-95). London: Sage.

Cecchin, G., Lane, G., & Ray, W. A. (Eds.). (1993). Irreverence: A strategy for therapists' survival. London: Karnac.

Charon, R. (2006). The self-telling body. Narrative Inquiry, 16(1), 191-200.

Charon, R. (2011). The novelization of the body, or how medicine and stories need one another. Narrative, 19, 33-50.

Clandinin, D. J., & Connelly, F. M. (2000). Narrative inquiry: Experience and story in qualitative research. San Francisco: Jossey-Bass. 『내러티브 탐구: 교육에서의 질적 연구의 경험과 사례』 (교육과학사 역간)

Cochrane, A. (1972). Effectiveness and efficiency - Random reflections on health services. London: The Nuffield Provincial Hospitals Trust.

Cohn, P. J. (1990). An exploratory study on sources of stress and athlete burnout in youth golf. The Sport Psychologist, 4(2), 95-106.

Coleman, J. C. (1990). Foundations of social theory. Cambridge, MA: Harvard University Press.

Cooperrider, D. L., & Srivastvas, S. (1987). Appreciative inquiry. In W. Pasmore & R. Woodman(Eds.), Research in organizational change and development (pp. 129-169). Greenwich, CT: JAI Press.

Cooperrider, D. L., & Whitney, D. (2005). Appreciative inquiry - A positive revolution in change. San Francisco: Berrett-Koehler. 『긍정조직혁명의 파워』 (ORP Press 역간)

Cooperrider, D. L., Whitney, D., & Stavros, J. M. (2008). Appreciative inquiry handbook. For leaders of change. San Francisco: Crown Custom Publishing/Berrett-Keohler Publishers.

Cooren, F. (2004). Textural agency: How texts do things in organizational settings. Organization, 11(3), 373-393.

Corrie, S., & Callahan, M. M. (2000). A review of the scientist-practitioner model: Reflections on its potential contribution to counselling psychology within the context of current health care trends. British Journal of Medical Psychology, 73, 413-427.

Cox, E., Bachkirova, T., & Clutterbuck, D. (Eds.). (2010). The complete handbook of coaching. London: Sage.

Cox, M., & Theilgaard, A. (1987). Mutative metaphors in psychotherapy. London/New York: Tavistock.

Cronen, V., & Lange, P. (1994). Language and action: Wittgenstein and Dewey in the practice of therapy and consultation. Human Systems: The Journal of Systemic Consultation & Management, 5, 5-43.

Crossley, M. (2000). Introducing narrative psychology. Buckingham: Open University Press.

Crossley, M. L. (2003). Formulating narrative psychology: The limitations of contemporary social constructionism. Narrative Inquiry, 13, 287-300.

Cunliffe, A. L. (2002). Social poetics: A dialogical approach to management inquiry. Journal of Management Inquiry, 11, 128-146.

Czarniawska-Joerges, B. (2004). Narratives in social science research. Thousand Oaks: Sage.

de Haan, E. (2008). Relational coaching - Journey towards mastering one-to-one learning. Chichester: Wiley.

De Jong, P., & Berg, I. K. (2002). Interviewing for solutions. Belmont: Thomson. 『해결을 위한 면접』 (박학사 역간)

De Shazer, S., & Berg, I. K. (1997). What works? Remarks on research aspects of solution-focused brief therapy. Journal of Family Therapy, 19(4), 121-124.

Depraz, N., & Varela, F. J. (2000). The gesture of awareness. In M. Velmans (Ed.), Investigating phenomenological consciousness (pp. 121-136). Amsterdam: John Benjamins.

Depraz, N., Varela, F. J., & Vermersch, P. (2003). On becoming aware. Amsterdam: John Benjamins.

Derrida, J. (1978). Writing and difference (p. 1978). Chicago: University of Chicago.

Drake, D. B. (2007). The art of thinking narratively: Implications for coaching psychology and practice. Australian Psychologist, 42(4), 283-294.

Drake, D. B. (2009a). Evidence is a verb: A relational approach to knowledge and mastery in coaching. International Journal of Evidence Based Coaching and Mentoring, 7(1), 1-12.

Drake, D. B. (2009b). Narrative coaching. In E. Cox, T. Bachkirova, & D. Clutterbuck (Eds.), The Sage handbook of coaching (pp. 120-131). London: Sage.

Dreier, O. (2008). Psychotherapy in everyday life. Cambridge: Cambridge University Press.

Dreier, O. (2009). Persons in structures of social practice. Theory & Psychology, 19(2), 193-212.

Dreyfus, H. L. (1992). What computers still can't do: A critique of artificial reason. Cambridge, MA: MIT Press.

Duncan, B. L., Miller, S. D., Wampold, B. E., & Hubble, M. A. (Eds.). (2010). The heart & soul of change (2nd ed.). Washington, DC: American Psychological Association.

Edwards, D., & Potter, J. (1992). Discursive psychology. London: Sage.

Ehrenreich, B. (2009). Smile or die: How positive thinking fooled America and the world. London: Granta.

Elbe, A. M. (2008). The Danish version of the recovery-stress questionnaire for athletes. Ref. Type: Unpublished Work.

Elliott, R., & Greenberg, L. S. (2007). The essence of process-experiential/emotion-focused therapy. American Journal of Psychotherapy, 61, 241-254.

Ericsson, K. A. (2006). The influence of experience and deliberate practice on the development of superior expert performance. In K. A. Ericsson, N. Charness, P. Feltovich, & R. R. Hoffman (Eds.), Cambridge handbook of expertise and expert performance (pp. 685-706). Cambridge: Cambridge University Press.

Espedal, G., Svendsen, T., & Andersen, T. (2006). Løsningsfokusert coaching. Oslo: Gyldendal.

Etherington, K., & Bridges, N. (2011). Narrative case study research: On endings and six session reviews. Counselling and Psychotherapy Research, 11(1), 11-22.

Ferdig, M. A. (2007). Sustainability leadership: Co-creating a sustainable future. Journal of Change Management, 7(1), 25-35.

Fillery-Travis, A., & Passmore, J. (2011). A critical review of executive coaching research: A decade of progress and what's to come. Coaching: An International Journal of Theory, Research and Practice, 4(2), 70-88.

Fink-Jensen, K. (1998). Stemthed - En basis for œstetisk lœring. Copenhagen: Danmarks Lørerhjskole.

Fitzgerald, S. P., Murrell, K. L., & Newman, H. L. (2002). Appreciative inquiry - The new frontier. In J. Waclawski & A. H. Church (Eds.), Organization development: Data driven methods for change (pp. 203-221). San Francisco: Jossey-Bass Publishers.

Ford, J. D. (1999). Organizational change as shifting conversations. Journal of Organizational Change Management, 12(6), 480-500.

Foucault, M. (1972). The archaeology of knowledge and the discourse on language. New York: Pantheon Books.

Foucault, M. (1991). Nietzsche, genealogy, history. In P. Rabinow (Ed.), The foucault reader(pp. 76-100). London: Penguin.

Frederickson, B. L., & Losada, M. F. (2005). Positive affect and the complex dynamics of human flourishing. American Psychologist, 60(7), 678-686.

Fredrickson, B. L. (2004). Gratitude, like other positive emotions, broadens and builds. In R. A. Emmons & M. E. McCullough (Eds.), The psychology of gratitude (pp. 145-166). New York: Oxford University Press.

Fredrickson, B. L. (2009). Positivity: Groundbreaking research reveals how to embrace the hidden strength of positive emotions, overcome negativity, and thrive. New York: Crown. 『긍정의 발견』 (21세기북스 역간)

Freemann, A. (1994). Operative intentionality: Notes on Merleau-Ponty's approach to mental activities that are not the exclusive product of the conscious mind. Journal of Phenomenological Research, 24(1), 78-89.

Frølund, L., & Ziethen, M. (2011). Relationel eksistentialisme - Om konsulentens komplementarblik og translogiske dømmekraft. Erhvervspsykologi, 9(1), 38-57.

Gallwey, W. T. (1974). The inner game of tennis (1st ed.). New York: Random House.

Gazzaniga, M. S. (2005). The ethical brain. New York: Dana Press. 『뇌는 윤리적인가』 (바다출판사 역간)

Geertz, C. (1973). Thick description: Toward an interpretive theory of culture. In C. Geertz (Ed.), The interpretation of cultures: Selected essays (pp. 3-30). New York: Basic Books.

Gendlin, E. T. (1978). Focusing. New York: Everest House. 『상처받은 내 마음의 소리를 듣는 심리 치유: 포커싱』 (팬덤북스 역간)

Gendlin, E. T. (1996). Focusing-oriented psychotherapy. New York/London: The Guildford Press.

Gendlin, E. T. (1997). Experiencing and the creation of meaning. Evanston: Northwestern University Press (original from 1962).

Gergen, K. J. (1973). Social psychology as history. Journal of Personality and Social Psychology, 26(2), 309-320.

Gergen, K. J. (1990). Die Konstruktion des Selbst im Zeitalter der Postmoderne. Psychologische Rundschau, 41, 191-199.

Gergen, K. J. (1991). The saturated self - Dilemmas of identity in contemporary life. New York: Basic.

Gergen, K. J. (1994). Realities and relationship - Soundings in social constructionism. Cambridge, MA: Harvard University Press.

Gergen, K. J. (1997). Realities and relationships, soundings in social construction. Cambridge MA: Harvard University Press.

Gergen, K. J. (2009a). An invitation to social construction. London: Sage.

Gergen, K. J. (2009b). Relational being: Beyond self and community. Oxford: Oxford University Press.

Gergen, K. J., & Gergen, M. M. (2003). Social construction: A reader. London: Sage. 『실재의 사회적 구성: 지식사회학 논고』 (문학과지성사 역간)

Gergen, M. M., & Gergen, K. J. (2006). Narratives in action. Narrative Inquiry, 16(1), 112-121.

Germer, C. K. (2005). What is mindfulness? In C. K. Germer, R. D. Siegel, & P. R. Fulton (Eds.), Mindfulness and psychotherapy (pp. 3-27). New York/London: The Guilford Press. 『마음챙김과 심리치료: 불교명상과 심리학의 만남』 (학지사 역간)

Gibson, J. J. (1966). The senses considered as perceptual systems. Boston: Houghton Mifflin.

Gibson, J. J. (1979). The ecological approach to visual perception. Boston: Houghton Mifflin.

Giddens, A. (1991). Modernity and self-identity: Self and society in the late modern age. Stanford: Stanford University Press. 『현대성과 자아정체성: 후기 현대의 자아와 사회』 (새물결 역간)

Gingerich, W. J., & Eisengart, S. (2000). Solution- focused brief therapy: A review of the outcome research. Family Process, 39(4), 477-498.

Goffman, E. (1959). The presentation of self in everyday life. Garden City: Doubleday. 『자아 연출의 사회학: 일상이라는 무대에서 우리는 어떻게 연기하는가』 (현암사 역간)

Grant, A. M. (2007). Past, present and future. The evolution of professional coaching and coaching psychology. In S. Palmer & A. Whybrow (Eds.), Handbook of coaching psychology. London: Routledge.

Grant, A. M., & Cavanagh, M. (2004). Toward a profession of coaching: Sixty five years of progress and challenges for the future. International Journal of Evidence Based Coaching and Mentoring, 2, 8-21.

Grant, A. M., & Stober, D. R. (2006). Introduction. In D. R. Stober & A. M. Grant (Eds.), Evidence based coaching handbook (pp. 1-14). Hoboken: John Wiley.

Grawe, K., Regli, D., & Schmalbach, S. (1994). Psychotherapie im Wandel: Von der Konfession zur Profession. Gottingen: Hogrefe.

Green, L. W. (2006). Public health asks of systems science: To advance our evidence-based practice, can you help us get more practice-based evidence? American Journal of Public Health, 96(3), 406-409.

Greenberg, L. (2002). Emotion-focused therapy: Coaching clients to work through feelings. Washington, DC: American Psychological Association Press. 『정서중심치료』 (교육과학사 역간)

Greenhalgh, T., & Hurwitz, B. (1999). Narrative based medicine: Why study narrative? BMJ, 318(7175), 248-250.

Greenwald, A. G. (1980). The totalitarian ego - Fabrication and revision of personal history. American Psychologist, 35(7), 603-618.

Greif, S. (2007). Advances in research on coaching outcomes. International Coaching Psychology Review, 2(3), 222-249.

Greif, S. (2008). Coaching und ergebnisorientierte Selbstreflexion. Göttingen: Hogrefe.

Greismas, A. J., & Courtes, J. (1976). The cognitive dimension of narrative discourse. New Literary History, 7(3), 433-447.

Grencavage, L. M., & Norcross, J. C. (1990). Where are commonalities among the therapeutic common factors? Professional Psychology: Research and Practice, 21, 372-378.

Groeben, N., & Scheele, B. (2000). Dialogue-hermeneutic method and the "Research program subjective theorie" [9 paragraphs]. Forum Qualitative Sozialforschung/Forum: Qualitative Social Research, 1(2), Art. 10. http://nbn-resolving.de/urn:nbn:de:0114-fqs0002105

Groeben, N., Wahl, D., Schlee, J., & Scheele, B. (1988). Das Forschungsprogramm Subjektive Theorien. Eine Einführung in die Psychologie des reflexiven Subjekts. Tübingen: Francke.

Hansen, F. T. (2002). The use of philosophical practice in lifelong and self-directed learning. In H. Herrestad, A. Holt, & H. Svare (Eds.), Philosophy in society: Proceedings from the 6th International Conference on Philosophy in Practice. Oslo: Oslo Academic Press.

Hansen, M. T. (2009). Collaboration: How leaders avoid the traps, create unity, and reap big results. Boston: Harvard Business School Publishing.

Hansen, K. V. (2010). Terapi er koncentreret liv. Psykolog Nyt, 64(12), 16-17.

Hansen, J., & Henriksen, K. (2009). Tr₩neren som coach - En praktisk guide til coaching i sport. Virum: Dansk Psykologisk Forlag.

Hansen-Skovmoes, P., & Rosenkvist, G. (2002). Coaching som udviklingsværktoj. In R. Stelter(Ed.), Coaching - lœring og udvikling (pp. 107-128). Copenhagen: Dansk Psykologisk Forlag.

Hardman, A. J. (2011). The ethics of sports coaching. London/New York: Routledge.

Haslebo, G., & Haslebo, M. L. (2012). Practicing relational ethics in organizations. Ohio: TAOS Institute Publications.

Hay, J. (2007). Reflective practice and supervision for coaches. Maidenhead: Open University Press.

Hede, T. (2010). Coaching - Samtalekunst og ledelsesdisciplin. Frederiksberg: Samfundslitteratur. Helth, P. (Ed.). (2009a). Lederskabelse: Det personlige lederskab (2nd ed.). Copenhagen: Sam-fundslitteratur.

Helth, P. (2009b). Ledelse i den relationsskabte organisation. In P. Helth (Ed.), Lederskabelse: Det personlige lederskab (2nd ed., pp. 39-60). Copenhagen: Samfundslitteratur.

Hieker, C., & Huffington, C. (2006). Reflexive questions in a coaching psychology context. International Coaching Psychology Review, 1(2), 46-55.

Hildebrandt, S. (2003). Dårlig ledelse skaber stress. Interview. In L. Lyngbjerg Steffensen (Ed.), Effektiv uden stress. Børsens Forlag: Copenhagen.

Hill, C. E., & Knox, S. (2002). Self-disclosure. In J. C. Norcross (Ed.), Psychotherapy relationship that works. The rapist contribution and responsiveness to patients (pp. 255-265). Oxford: Oxford University Press.

Holmgren, A. (2006). Poststrukturalistisk coaching - Om coaching og ledelse. Erhvervspsykologi, 4(3), 36-76.

Hornstrup, C., Loehr-Petersen, J., Madsen, J. G., Johansen, T., & Vinther, A. J. (2012). Developing relational leadership: Resources for developing reflexive organizational practices. Chagrin Falls: The Taos Institute Publications.

Horvath, A. O., & Bedi, R. P. (2002). The alliance. In J. C. Norcross (Ed.), Psychotherapy relationship that works. The rapist contribution and responsiveness to patients (pp. 37-69). Oxford: Oxford University Press.

Hougaard, E. (2006). Psykoterapi - Teori og forskning (2nd ed.). Copenhagen: Dansk Psykologisk Forlag.

Hougaard, E. (2007). Evidens: Noget for psykologer. Psykolog Nyt, 20, 14-21.

Huizinga, J. (1950). Homo ludens: A study of the play element in culture. New York: Roy Publishers.

Husserl, E. (1931). Ideas: General introduction to pure phenomenology. London: George Allen & Unwin.

Husserl, E. (1950). Konstitution der Intersubjektivität. In E. Husserl (Ed.), Gesammelte Werke. Bd. 1: Cartesianische Meditationen und Pariser Vortra¨ge (pp. 121-163). Den Haag: Martinus Nijhoff.

Husserl, E. (1985). Encyclopaedia Britannica. In E. Husserl (Ed.), Die pha¨nomenologische Methode I (pp. 196-206). Stuttgart: Reclam (English version at http://www.stanford.edu/dept/ relstud/faculty/sheehan.bak/EHtrans/5-eb.pdf; retrieved on 31 Dec. 2012).

Ihde, D. (1977). Experimental phenomenology: An introduction. New York: Putnam's Sons.

Illeris, K. (2004). Transformative learning in the perspective of a comprehensive learning theory. Journal of Transformative Education, 2, 79-89.

Illeris, K. (2007). How we learn: Learning and non-learning in school and beyond. London: Routledge. 『우리는 어떻게 학습하는가: 학교 안과 밖에서의 학습과 무학습』 (경남대학교 출판부 역간)

Isaacs, W. (1999). Dialogue: The art of thinking together. Strawberry Hills: Currency. 『대화의 재발견: 더불어 생각하고 반성하는 방법』 (에코리브르 역간)

Jackson, P. Z., & McKergow, M. (2007). The solutions focus: Making coaching and change simple (2nd ed.). London/Boston: Nicholas Brealey.

Jarvis, P. (1999). The practitioner-reseacher - Developing theory from practice. San Francisco: Jossey-Bass.

Johns, C. (2004). Becoming a reflective practitioner (2nd ed.). Oxford: Blackwell.

Kabat-Zinn, J. (1994). Wherever you go, there you are: Mindfulness meditation in everyday life. New York: Hyperion. 『존 카밧진의 마음챙김명상: 당신이 어디를 가든 당신은 그곳에 있다』 (물푸레 역간)

Katz, A., & Shotter, J. (2004). On the way to "presence": Methods of a "social poetics". In D. A. Pare & G. Larner (Eds.), Collaborative practice in psychology and therapy (pp. 69-82). New York: The Haworth Clinical Practice Press.

Kegan, R., & Lahey, L. (2001). How the way we talk can change the way we work: Seven languages for transformation. San Francisco: Jossey-Bass/Wiley. 『성공하는 직장인의 7가지 언어습관: 언어습관을 바꾸면 내가 바뀐다!』 (와이즈북 역간)

Keupp, H., Ahbe, T., Gmür, W., Höfer, R., Mitzscherlich, B., Kraus, W., et al. (1999). Identitä tskonstruktionen. Das Patchwork der Identitä ten in der Spä tmoderne. Reinbek: Rowohlt.

Kierkegaard, S. A. (2010). Kierkegaards skrifter, SKS*. Copenhagen: Søren Kierkegaard Forskn-ingscenter (online edition: www.sks.dk).

King, P., & Eaton, J. (1999). Coaching for results. Industrial and Commercial Training, 31(4), 145-151.

Kirkeby, O. F. (2000). Management philosophy. A radical-normative perspective. Heidelberg/

New York: Springer.

Kirkeby, O. F. (2004). The eventum tantum. To make the world worthy of what could happen to it. Ephemera, 4(3), 290-308.

Kirkeby, O. F. (2006a). Coaching: For madonnaer eller ludere? LPF-nyt om ledelse, 9(2), 10-11.

Kirkeby, O. F. (2006b). Begivenhedsledelse og handlekraft. Copenhagen: Børsens Forlag.

Kirkeby, O. F. (2007). The virtue of leadership. Copenhagen: CBS Press.

Kirkeby, O. F. (2008). Selvet sker - Bevidsthedens begivenhed. Frederiksberg: Samfundslitteratur.

Kirkeby, O. F. (2009). The new protreptic - The concept and the art. Copenhagen: Copenhagen Business School Press.

Kjerulf, S. (2008). Personlig handlekraft. Copenhagen: Gyldendal Business.

Klafki, W. (1983). Kategorial dannelse og kritisk- konstruktiv pœdagogik (Udvalgte artikler og indledning ved Sven Erik Nordenbo). Copenhagen: Nyt Nordisk Forlag Arnold Busck.

Klafki, W. (2000). The significance of classical theories of Bildung for a contemporary concept of Allgemeinbildung. In I. Westbury, S. Hopmann, & K. Riquarts (Eds.), Teaching as a reflective practice. The German Didaktik tradition (pp. 85-107). Mahwah: Erlbaum.

Kling-Jensen, H. (2008). Kierkegaard og refleksion: Fra enkelt-refleksion til dobbeltrefleksion(Skriftserie: Refleksion i praksis). Aarhus: Institut for Filosofi og Idehistorie.

Knudsen, H., & Thygsen, N. T. (2009). Ledelse og værdier. In P. Helth (Ed.), Lederskabelse: Det personlige lederskab (2nd ed., pp. 77-93). Copenhagen: Samfundslitteratur.

Kolb, D. A. (1984). Experiential learning. Experience as the source of learning and development. Englewood Cliffs: Prentice Hall.

Kolb, D. A. (2000). Den erfaringsbaserede læreproces. In K. Illeris (Ed.), Tekster om lœring(pp. 47-66). Frederiksberg: Roskilde Universitetsforlag.

Kraus, W. (2006). The narrative negotiation of identity and belonging. Narrative Inquiry, 16(1), 103-111.

Kure, N. (2010). http://www.asb.dk/en/aboutus/newsfromasb/newsarchive/article/artikel/feature the hr departments sicilian offer-1/

Kvale, S. (Ed.). (1992). Psychology and postmodernism. London: Sage.

Kvale, S. (2007). Professionspraksis som erkendelse - Om dilemmaer i terapeutisk forskning. In S. Brinkmann & L. Tanggaard (Eds.), Psykologi: Forskning og profession (pp. 69-95). Copenhagen: Hans Reitzels Forlag.

Ladkin, D. M. (2010). Rethinking leadership: A new look at old leadership questions. Cheltenham: Edward Elgar Publishing.

Lakoff, G. (1987). Women, fire, and dangerous things. Chicago/London: University of Chicago Press.

Lakoff, G., & Johnson, M. (1980). Metaphors we live by. Chicago: University of Chicago Press. 『삶으로서의 은유』 (박이정 역간)

Lambert, M. J., & Barley, D. E. (2002). Research summary on therapeutic relationship and psychotherapy outcome. In J. Norcross (Ed.), Psychotherapy relationship that works (pp. 17-32). Oxford: Oxford University Press.

Lane, D. A., & Corrie, S. (2006). The modern scientist-practitioner - A guide to practice in psychology. London: Routlege.

Lane, D. A., Stelter, R., & Stout-Royston, S. (2010). The future of coaching as a profession. In E. Cox, T. Bachkirova, & D. Clutterbuck (Eds.), Sage handbook of coaching and mentoring (pp. 337-348). London: Sage.

Lang, W. P., Little, M., & Cronen, V. (1990). The systemic professional: Domains of action and the question of neutrality. Human Systems: The Journal of Systemic Consultation and Management, 1, 39-56.

Langdridge, D. (2007). Phenomenological psychology: Theory, research and method. Harlow: Pearson Education.

Langer, E. J. (1993). A mindful education. Educational Psychologist, 28(1), 43-50.

Langer, E. (1997). The power of mindful learning. Cambridge, MA: Perseues Books. 『마음챙김 학습혁명: 어떻게 배울 것인가』 (더퀘스트 역간)

Lave, J., & Wenger, E. (1991). Situated learning: Legitimate peripheral participation. Cambridge England: Cambridge University Press. 『상황학습』 (교우사 역간)

Lavendt, E. (2010). Køb af coaching - Råd og vejledning om effekt, forbrugersikkerhed og værdi for pengene. Retrieved October 19, 2011 from http://www.sebc.dk/uploads/artikler/Køb af coaching.pdf

Law, H. C., Ireland, S., & Hussain, Z. (2007). Psychology of coaching, mentoring & learning. Chichester: John Wiley & Sons. 『코칭심리』 (학지사 역간)

Lowe, R. (2005). Structured methods and striking moments. Family Process, 44(1), 65-75.

Luhmann, N. (1980). Gesellschaftsstruktur und Semantik: Studien zur Wissenssoziologie der modernen Gesellschaft I. Frankfurt: Suhrkamp.

Luhmann, N. (1995). Social systems. Stanford: Stanford University Press.

Luhmann, N. (1998). Die Gesellschaft der Gesellschaft. Suhrkamp: Frankfurt/M.

Luhmann, N. (2006). System as difference. Organization, 13(1), 37-57.

Lyotard, J. (1984). The postmodern condition: A report on knowledge. Manchester: Manchester University Press.

Manning, P. K. (1987). Semiotics and fieldwork. Newbury Park/London: Sage.

Markus, H., & Wurf, E. (1987). The dynamic self-concept: A social psychological perspective. Annual Review of Psychology, 38, 299-337.

Maturana, H. R. (1978). Biology of language: The epistemology of reality. In G. A. Miller &

E. Lenneberg (Eds.), Psychology and biology of language and thought (pp. 27-63). New York/London: Academic Press.

Maturana, H. R., & Varela, F. J. (1980). Autopoiesis and cognition. The realization of human living. Boston: Reidel.

Maturana, H. R., & Varela, F. J. (1992). The tree of knowledge: The biological roots of human understanding. Boston: Shambhala.

McAdams, D. P. (1993). The stories we live by: Personal myths and the making of the self. New York: The Guilford Press.

McDonald, P. W., & Viehbeck, S. (2007). From evidence-based practice making to practice-based evidence making: Creating communities of (research) and practice. Health Promotion Practice, 8(2), 140-144.

McNamee, S. (2004). Social construction as practical theory: Lessons for practice and reflection in psychotherapy. In D. A. Pare & G. Larner (Eds.), Collaborative practice in psychology and therapy (pp. 9-21). New York: The Haworth Clinical Practice Press.

Mead, G. H. (1934). Mind, self and society. Chicago: University of Chicago Press. 『정신 자아 사회: 사회적 행동주의자가 분석하는 개인과 사회』 (한길사 역간)

Merleau-Ponty, M. (1993). Douche. In G. A. Johnson (Ed.), The Merleau-Ponty aesthetics reader: Philosophy and painting. Evanston: Northwestern University Press.

Merleau-Ponty, M. (2012). Phenomenology of perception. London: Routledge. 『지각의 현상학』 (문학과지성사 역간)

Mezirow, J., & Associates. (1990). Fostering critical reflection in adulthood. A guide to transformative and emancipatory learning. San Francisco, CA: Jossey Bass.

Mezirow, J., & Associates. (2000). Learning as transformation: Critical perspectives on a theory in progress. San Francisco, CA: Jossey-Bass.

Miller, S. D., Duncan, B. L., Brown, J., Sparks, J. A., & Claud, D. A. (2003). The outcome rating scale: A preliminary study of the reliability, validity, and feasibility of a brief visual analog measure. Journal of Brief Therapy, 2(2), 91-100.

Miller, S. D., Duncan, B. L., Sorrell, R., Brown, G. S., & Chalk, M. B. (2006). Using outcome to inform therapy practice. Journal of Brief Therapy, 5(1), 5-22.

Moltke, H. V., & Molly, A. (Eds.). (2010). Systemisk coaching - En grundbog. Virum: Dansk Psykologisk Forlag.

Myerhoff, B. (1982). Life history among the elderly: Performance, visibility and remembering. In J. Ruby (Ed.), A crack in the mirror: Reflexive perspectives in anthropology. Philadelphia: University of Pennsylvania Press.

Nay, R., & Fetherstonhaugh, D. (2007). Evidence-based practice: Limitations and successful implementation. Annual of the New York Academy of Science, 1114, 456-463.

Nechansky, H. (2008). Elements of a cybernetic epistemology: Decisions, control and principles of societal organization. Kybernetes, 37(1), 83-93.

New Oxford Dictionary of English. (1999). Oxford: Oxford University Press.

Nielsen, K. (2006, June 17). Apprenticeship at the Academy of Music. International Journal of Education & the Arts, 7(4). Retrieved December 31, 2012 from http://ijea.asu.edu/v7n4/

Nielsen, K. (2008). Scaffold instruction at the workplace from a situated perspective. Studies in Continuing Education, 30(3), 247-261.

Nielsen, K.S. (i samarbejde med M. Klinke & J. Gegersen). (2010). Narrativ coaching - en ny fortœlling. Virum: Dansk Psykologisk Forlag.

Nielsen, K., & Kvale, S. (1997). Current issues of apprenticeship. Nordisk Pedagogik, 17, 130-139.

Nitsch, J. R. (1986). Zur handlungstheoretischen Grundlegung der Sportpsychologie. In H. Gabler, R. Singer, & J. R. Nitsch (Eds.), Einführung in die Sportpsychologie, Teil 1: Grundthemen (pp. 188-270). Schorndorf: Hofmann.

Norcross, J. C. (Ed.). (2002). Psychotherapy relationships that work. Therapist contribution and responsiveness to patients. Oxford: Oxford University Press.

Nørlem, J., Alr, H. K., & Dahl, P. N. (Eds.). (2009). Coachingens landskaber - Nye veje - Andre samtaler. Copenhagen: Hans Reitzels Forlag.

O'Broin, A., & Palmer, S. (2010). Introducing an interpersonal perspective on the coaching relationship. In S. Palmer & A. McDowall (Eds.), The coaching relationship - Putting people first (pp. 9-33). London: Routledge.

O'Connell, B., & Palmer, S. (Eds.). (2003). Handbook of solution-focused therapy. London: Sage.

O'Connor, J., & Lages, A. (2004). Coaching with NLP: How to be a master coach. London: Element. 『NLP코칭: 마스터 코치가 되는 길』 (해와달 역간)

Olsen, T., & Lund-Jakobsen, D. (2006). Værdier - Snuble- eller ledetråde? Erhvervspsykologi, 4(2), 50-68.

Orem, S. L., Binkert, J., & Clancy, A. L. (2007). Appreciative coaching - A positive process for change. San Francisco: Jossey-Bass.

Orford, J. (2008). Community psychology: Challenges, controversies and emerging consensus. Hoboken: John Wiley and Sons.

Palmer, S., & McDowall, A. (Eds.). (2010). The coaching relationship - Putting people first. London: Routledge.

Palmer, S., & Szymanska, K. (2007). Cognitive behavioural coaching: An integrative approach. In S. Palmer & A. Whybrow (Eds.), Handbook of coaching psychology - A guide for practitioners (pp. 86-117). London: Routledge. 『코칭심리학: 응용가능한 11가지 심리학적 접근』 (코쿱북스 역간)

Palmer, S., & Whybrow, A. (Eds.). (2007). Handbook of coaching psychology - A guide for practitioners. London: Routledge. 『코칭심리학: 응용가능한 11가지 심리학적 접근』 (코쿱북스 역간)

Pare, D. A., & Larner, G. (2004). Collaborative practice in psychology and therapy. New York: The Haworth Clinical Practice Press.

Park, N., & Peterson, C. (2006). Character strengths and happiness among young children: Content analysis of parental descriptions. Journal of Happiness Studies, 7, 323-341.

Parker, I. (1992). Discourse dynamics: Critical analysis for social and individual psychology. London: Routledge.

Passmore, J., & Marianetti, O. (2007). The role of mindfulness in coaching. The Coaching Psychologist, 3(3), 131-137.

Passmore, J., Peterson, D., & Freire, T. (Eds.). (2012). Wiley-Blackwell handbook of the psychology of coaching and mentoring. Chichester: Wiley-Blackwell.

Pearce, W. B. (1994). Interpersonal communication. Making social worlds. New York: Harper Collins College Publishers.

Pearce, W. B., & Cronen, V. (1980). Communication, action and meaning. New York: Praeger.

Pedersen, D. (2001). Offentlig ledelse år 2010: Fremtiden som udfordring. BUPL: Copenhagen.

Pemberton, C. (2006). Coaching to solutions: A manager's toolkit for performance delivery. Oxford: Butterworth-Heinemann.

Perls, F. S., Goodman, P., & Hefferline, R. F. (1951). Gestalt therapy: Excitement and growth in the human personality. New York: Julian Press.

Peterson, C., Park, N., & Seligman, M. E. P. (2006). Greater strengths of character and recovery from illness. The Journal of Positive Psychology, 1, 17-26.

Peterson, C., Ruch, W., Beermann, U., Park, N., & Seligman, M. E. P. (2007). Strengths of character, orientations to happiness, and life satisfaction. The Journal of Positive Psychology, 2(3), 149-156.

Peterson, C., & Seligman, M. (2004). Character strengths and virtues: A handbook and classification. New York: Oxford University Press. 『긍정심리학의 입장에서 본 성격 강점과 덕목의 분류』 (한국심리상담연구소 역간)

Phillips, L. (2011). The promise of dialogue: The dialogic turn in the production and communication of knowledge. Amsterdam: John Benjamins.

Philosophia (1993). Tidsskrift for filosofi. Volume 22, 3-4: Den levede krop.

Piaget, J. (1962). Play, dreams and imitation in childhood. New York: W. W. Norton & Company.

Piaget, J. (1999). The construction of reality in the child (International library of psychology, developmental psychology, Vol. XX). London: Routledge.

Plutchik, R. (2002). Emotions and life: Perspectives from psychology, biology, and evolution. Washington, DC: American Psychological Association. 『정서심리학』 (학지사 역간)

Polkinghorne, D. (1988). Narrative knowing and the human sciences. Albany: SUNY Press.

『내러티브 인문과학을 만나다: 인문과학연구의 새 지평』(학지사 역간)

Putnam, R. D. (1995). Bowling alone: America's declining social capital. Journal of Democracy, 6(1), 65-78.

Putnam, R. D. (2000). Bowling alone: The collapse and revival of American community. New York: Simon & Schuster. 『나 홀로 볼링: 볼링 얼론 사회적 커뮤니티의 붕괴와 소생』(페이퍼로드 역간)

Ramian, K. (2007). Casestudiet i praksis. Copenhagen: Academica Gyldendal.

Ramian, K. (2009). Evidens påegen praksis. Psykolog Nyt, 2, 18-25.

Rauen, C. von (2005). Handbuch coaching (3rd Rev. ed.). Gottingen: Hogrefe.

Ravn, I., & Soderqvist, T. (1987). Dette er en kosmologi, og som sådan er den fuldstændig. In H. Maturana & F. Varela (Eds.), Kundskabens trœ (pp. 9-28). Å rhus: Forlaget ASK.

Reivich, K., & Shatte, A. (2002). The resilience factor: 7 keys to finding your inner strength and overcoming life's hurdles. NewYork: BroadwayBooks. 『절대 회복력』(물푸레 역간)

Rennison, B. (2009). Refleksiv ledelse. In P. Helth (Ed.), Lederskabelse: Det personlige lederskab (2nd ed., pp. 121-132). Copenhagen: Samfundslitteratur.

Richardson, L., & Pierre, E. A. St. (2005). Writing. A method of inquiry. In N. K. Denzin & Y. S. Lincoln (Eds.), The Sage handbook of qualitative research (pp. 959-978). Thousand Oaks: Sage.

Riessman, C. K. (2008). Narrative methods for the human sciences. Thousand Oaks: Sage Publications.

Robinson, P. E. (2010). Foundations of sports coaching. London: Routledge.

Rock, D., & Page, L. J. (2009). Coaching with the brain in mind: Foundations for practice. Hoboken: Wiley.

Rogers, C. R. (1942). Counseling and psychotherapy: Newer concepts in practice. Boston: Houghton Mifflin Company. 『카운슬링의 이론과 실제』(학지사 역간)

Rogers, C. R. (1951). Client-centered therapy: Its current practice, implications, and theory. Boston: Houghton Mifflin.

Rogers, C. R. (1959). A theory of therapy, personality and interpersonal relationships as developed in the client-centered framework. In S. Koch (Ed.), Psychology: A study of a science. Vol. 3: Formulations of the person and the social context. New York: McGraw Hill.

Rogers, C. R. (1961). On becoming a person. A therapist's view of psychotherapy. Boston: Houghton Mifflin. 『진정한 사람되기: 칼 로저스 상담의 원리와 실제』(학지사 역간)

Rogers, C. R. (1980). A way of being. Boston: Houghton Mifflin. 『칼 로저스의 사람 중심 상담』(학지사 역간)

Rosenthal, R., & Jacobson, L. (1992). Pygmalion in the classroom (Expandedeth ed.). New York: Irvington. 『피그말리온 효과: 기대와 칭찬의 힘』(이끌리오 역간)

Ryle, G. (1949). The concept of mind. London: Hutchinghouse.

Sackett, D. L., Rosenberg, W. M. C., Gray, J. A. M., Haynes, R. B., & Richardson, W. S. (1996). Evidence-based medicine: What it is and what it isn't. British Medical Journal, 312, 71-72.

Sampson, E. E. (1985). The decentralization of identity. Towards a revised concept of personal and social order. American Psychologist, 40(11), 1203-1211.

Sampson, E. E. (1996). Establishing embodiment in psychology. Theory & Psychology, 6, 601-624.

Sandler, C. (2011). Executive coaching: A psychodynamic approach. Berkshire: Open University Press.

Sarbin, T. R. (Ed.). (1986). Narrative psychology: The storied nature of human conduct. New York: Praeger.

Schein, E. (1992). Organizational culture and leadership. San Francisco: Jossey-Bass Publishers.

Schmidt, L.-H. (1999). Diagnosis I - Filosoferende eksperimenter. Copenhagen: Danmarks Pædagogiske Institut.

Schön, D. A. (1983). The reflective practitioner: How professionals think in action. New York: Basic Books. 『전문가의 조건: 기술적 숙련가에서 성찰적 실천가로』 (박영스토리 역간)

Segal, Z., Williams, M., & Teasdale, J. (2002). Mindfulness-based cognitive therapy for depression. A new approach to preventing relapse. London: Guildford. 『마음챙김 명상에 기초한 인지치료』 (학지사 역간)

Seligman, M. E. P. (2002). Authentic happiness: Using the new positive psychology to realize your potential for lasting fulfillment. New York: Free Press. 『마틴 셀리그만의 긍정심리학』 (물푸레 역간)

Seligman, M. E. P., & Czikszentmihalyi, M. (2000). Positive psychology: An introduction. American Psychologist, 55(1), 5-14.

Seligman, M. E. P., Steen, T., Park, N., & Peterson, C. (2005). Positive psychology progress: Empirical validation of interventions. American Psychologist, 60(5), 410-421.

Selvini-Palazzoli, M., Boscolo, L., Cecchin, G. M. S., & Prata, G. (1980). Hypothesizing - Circularity - Neutrality: Three guidelines for the conductor of the session. Family Process, 19(1), 3-12.

Sennet, R. (1992). The fall of public man. New York: Knopf.

Shotter, J. (1993). Conversational realities: The construction of life through language. London: Sage. New edition from 2008 published by The Taos Institute Publications.

Shotter, J. (2003). 'Real presences': Meaning as living movement in a participatory world. Theory & Psychology, 13(4), 435-468.

Shotter, J. (2006). Understanding process from within: An argument for 'witness'-thinking. Organization Studies, 27, 585-604.

Shotter, J., & Katz, A. M. (1996). Articulating a practice from within the practice itself:

Establishing formative dialogues by the use of a 'social poetics'. Concepts and Transformation, 1, 213-237.

Shotter, J., & Lannamann, J. W. (2002). The situation of social constructionism: Its 'imprisonment' within the ritual of theory - criticism - and-debate. Theory & Psychology, 12(5), 577-609.

Siegel, D. J. (2007). The mindful brain: Reflection and attunement in the cultivation of well-being. New York: Norton.

Sieler, A. (2010). Ontological coaching. In E. Cox, T. Bachkirova, & D. Clutterbuck (Eds.), The complete handbook of coaching (pp. 107-119). London: Sage.

Singer, R. N., Hausenblas, H. A., & Janelle, C. (Eds.). (2001). Handbook of sport psychology. New York: Wiley.

Skårderud, F. (2000). Uro - En rejse i det moderne selv. Copenhagen: Tiderne Skifter.

Skårderud, F. (2001). The global body. In M. Nasser, M. Katzman, & R. Gordon (Eds.), Eating disorders and cultures in transition. Chichester: Routledge.

Sloan, T. (Ed.). (2000). Critical psychology: Voices for change. New York: St. Martin's Press.

Søholm, T. M., Storch, J., Juhl, A., Dahl, K., & Molly, A. (2006). Ledelsesbaseret coaching. Copenhagen: Børsens Forlag.

Søltoft, P. (2008). Kierkegaard som coach. Erhvervspsykologi, 6(1), 2-17.

Sommerbeck, L., & Larsen, A. B. (2011). Accept, empati og œgthed i psykoterapeutisk praksis. Copenhagen: Dansk Psykologisk Forlag.

Spaten, O. M. (2010). Coaching forskning - På evidensbaseret grundlag (e-book, PDF). Alborg: Aalborg Universitetsforlag.

Spence, G. (2008). New directions in evidence-based coaching: Investigations into the impact of mindfulness training on goal attainment and well-being. Saarbrücken: VDM Verlag Dr. Mueller.

Spinelli, E. (2010). Existential coaching. In E. Cox, T. Bachkirova, & D. Clutterbuck (Eds.), The complete handbook of coaching (pp. 94-106). London: Sage.

Stacy, R. D. (2007). Strategic management and organisational dynamics: The challenge of complexity (5th ed.). Harlow: Pearson Education.

Stam, H. J. (Ed.). (1998). The body and psychology. London: Sage Publications.

Stam, H. (Ed.) (2001). Social constructionism and its critics. Theory & Psychology, 11(3), 291-296.

Stam, H. (Ed.). (2002). Varieties of social constructionism. Theory & Psychology, 12(5), 571-576.

Stelter, R. (1996). Du bist wie dein Sport - Studien zur Selbstkonzept- und Identitätsentwicklung. Schorndorf: Hofmann.

Stelter, R. (1998). The body, self and identity. Personal and social constructions of the self through sport and movement (review article). European Yearbook of Sport Psychology, 2, 1-32.

Stelter, R. (1999). Med kroppen i centrum - Idrœtspsykologi i teori og praksis. Copenhagen:

Dansk Psykologisk Forlag.

Stelter, R. (2000). The transformation of body experience into language. Journal of Phenomenological Psychology, 31(1), 63-77.

Stelter, R. (Ed.). (2002a). Coaching - Lœring og udvikling. Copenhagen: Dansk Psykologisk Forlag.

Stelter, R. (2002b). Hvad er coaching? In R. Stelter (Ed.), Coaching - Lœring og udvikling(pp. 21-44). Copenhagen: Dansk Psykologisk Forlag.

Stelter, R. (2002c). Bevægelsens betydning i børns identitetsudvikling. Teoretiske refleksioner og analyse af en case. Nordisk Psykologi, 54(2), 129-144.

Stelter, R. (2006). Sich-Bewegen - Auf den Spuren von Selbst und Identität (Invited review article). Motorik, 29(2), 65-74.

Stelter, R. (2007). Coaching: A process of personal and social meaning making. International Coaching Psychology Review, 2(2), 191-201.

Stelter, R. (2008a). Learning in the light of the first-person approach. In T. S. S. Schilhab, M. Juelskjær, & T. Moser (Eds.), The learning body (pp. 45-65). Copenhagen: Danish University School of Education Press.

Stelter, R. (2008b). Exploring body-anchored and experience-based learning in a community of practice. In T. S. S. Schilhab, M. Juelskjær, & T. Moser (Eds.), The learning body (pp. 111-129). Copenhagen: Danish University School of Education Press.

Stelter, R. (2009a). Coaching as a reflective space in a society of growing diversity - Towards a narrative, postmodern paradigm. International Coaching Psychology Review, 4(2), 207-217.

Stelter, R. (2009b). Experiencing mindfulness meditation - A client narrative perspective. International Journal of Qualitative Studies on Health and Well-Being, 4(3), 145-158.

Stelter, R. (2010a). Narrative coaching: A community psychological perspective. In T. Ryba, R. Schinke, & G. Tennenbaum (Eds.), The cultural turn in sport psychology (pp. 335-361). Morgantown: Fitness Information Technology.

Stelter, R. (2010b). Experience-based and body-anchored qualitative interviewing. Qualitative Health Research, 20(6), 859-867.

Stelter, R. (2012). Narrative approaches. In J. Passmore, D. Peterson, & T. Freire (Eds.), Wiley-Blackwell handbook of the psychology of coaching and mentoring (pp. 407-425). Chichester: Wiley-Blackwell.

Stelter, R., & Law, H. (2010). Coaching - Narrative-collaborative practice. International Coaching Psychology Review, 5(2), 152-164.

Stelter, R., Nielsen, G., & Wikmann, J. (2011). Narrative-collaborative group coaching develops social capital - A randomized control trial and further implications of the social impact of the intervention. Coaching: Theory, Research and Practice, 4(2), 123-137.

Stern, D. N. (2004). The present moment in psychotherapy and everyday life. New York: W.W.

Norton.

Stevens, R. (2000). Phenomenological approaches to the study of conscious awareness. In M. Velmans (Ed.), Investigating phenomenal consciousness (pp. 99-120). Amsterdam/ Philadelphia: John Benjamins.

Stevens, M. J., & Morris, S. J. (1995). A format for case conceptualization. Counselor Education and Supervision, 35(1), 82-94.

Stober, D. R., Wildflower, L., & Drake, D. (2006). Evidence-based practice: A potential approach for effective coaching. International Journal of Evidence Based Coaching and Mentoring, 4(1).

Storch, J., & Søholm, T. M. (Eds.). (2005). Teambaserede organisationer i praksis. Ledelse og udvikling af team. Virum: Dansk Psykologisk Forlag.

Storch, J., Sohølm, T. M., & Molly, A. (2005). Gensyn med domæneteorien. Erhvervspsykologi, 3(2), 54-80.

Strauss, D. (2002). How to make collaboration work. San Francisco: Berrett Koehler.

Svendsen, G. L. H. (2001). Hvad er social kapital. Dansk Sociologi, 12(1), 49-61.

Swann, W. B., Jr. (1987). Identity negotiation: Where two roads meet. Journal of Personality and Social Psychology, 53, 1038-1051.

Tanenbaum, S. J. (2005). Evidence-based practice as mental health policy: Three controversies and a caveat. Health Affairs, 24(1), 163-173.

Thorgard, K., & Jensen, U. J. (2011). Evidence and the end of medicine. Medicine, Healthcare and Philosophy, 14, 273-280.

Thybring, A., Søholm, T. M., Juhl, A., & Storch, J. (2005). Teamudviklingssamtale. In J. Storch & T. M. Søholm (Eds.), Teambaserede organisationer i praksis (pp. 95-128). Virum: Dansk Psykologisk Forlag.

Thyssen, O. (2004). Dannelse i moderniteten. In E. L. Dahle & K. Krogh-Jespersen (Eds.), Uddannelse og dannelse - Lœsestykker til pœdagogisk filosofi (pp. 331-353). Å rhus: Klim.

Thyssen, O. (2009). Business ethics and organizational values - A systems theoretical analysis. Basingstoke: Palgrave Macmillan.

Tomaschek, N. (2006). Systemic coaching. A target-oriented approach to consulting. Heidelberg: Carl Auer International.

Tomm, K. (1984). One perspective on the Milan systemic approach (part 1): Overview of development, theory and practice. Journal of Marital and Family Therapy, 10, 113-125.

Tomm, K. (1988). Interventive interviewing: Part III. Intending to ask lineal, circular, strategic, or reflexive questions? Family Process, 27(1), 1-15.

Tomm, K. (1989). Externalizing the problem and internalizing personal agency. Journal of Strategic and Systemic Therapy, 8(1), 16-22.

Tomm, K. (1998). A question of perspective. Journal of Marital and Family Therapy, 24(4),

409-413.

Trinder, L., & Reynolds, S. (Eds.). (2000). Evidence-based practice: A critical appraisal. Oxford: Blackwell Science.

Turner, V. (1967). The forest of symbols: Aspects of Ndembu ritual. Ithaca: Cornel Paperbacks.

Væksthuset for Ledelse. (2005). Ledere der lykkes - En unders-gelse af kernekompetencer hos succesfulde ledere på kommunale arbejdspladser. http://www.vaeksthusforledelse.dk/ImageVault/Images/id 41322/ImageVaultHandler.aspx. Retrieved 2 January, 2013.

Varela, F. J., & Shear, J. (1999). First-person methodologies: What, why, how? In F. J. Varela & J. Shear (Eds.), The view from within first-person approaches to the study of consciousness (pp. 1-14). Imprint Acadamic: Thorverton (Concurrent: Journal of Consciousness Studies, 6, 2-3).

Varela, F. J., Thompson, E., & Rosch, E. (1993). The embodied mind. Cambridge, MA: MIT Press (Concurrent: Journal of Consciousness Studies, 6, 2-3). 『몸의 인지과학』 (김영사 역간)

von Bertalanffy, L. (1981). In P. A. LaViolette (Ed.), A systems view of man: Collected essays. Boulder: Westview Press.

von Glasersfeld, E. (1995). Radical constructivism - A way of knowing and learning. London: Routledge Falmer. 『급진적 구성주의』 (원미사 역간)

Vygotsky, L. (1962). Thought and language. Cambridge, MA: M.I.T. Press, Massachusetts Institute of Technology.

Walji, N. (2009). Leadership: An action research approach. AI & Society, 23, 69-84.

Wampold, B. E. (2001). The great psychotherapy debate: models, methods and findings. Mahwah: Lawrence Erlbaum.

Wampold, B. E. (2010a). The basics of psychotherapy. An introduction to theory and practice. Washington, DC: American Psychological Association.

Wampold, B. E. (2010b). The research evidence for the common factors models: A historically situated perspective. In B. L. Duncan, S. D. Miller, B. E. Wampold, & M. A. Hubble (Eds.), The heart & soul of change (2nd ed., pp. 49-81). Washington, DC: American Psychological Association.

Watkins, J. M., & Mohr, B. J. (2001). Appreciative inquiry: Change at the speed of imagination. San Francisco: Jossey-Bass/Pfeiffer.

Watzlawick, P. (1978). The language of change: Elements of therapeutic communication. New York: Basic Books.

Watzlawick, P., Jackson, D. D., & Beavin, J. (1967). The pragmatics of human communication. New York: W. W. Norton.

Webb, C. A., DeRubeis, R. J., Amsterdam, J. D., Shelton, R. C., Hollon, S. D., & Dimidjian, S. (2011). Two aspects of the therapeutic alliance: Differential relations with depressive symptom change. Journal of Consulting and Clinical Psychology, 79(3), 279-283.

Wenger, E. (1998). Communities of practice. Learning, meaning and identity. Cambridge: Cambridge University Press. 『실천공동체 COP: 지식창출의 사회생태학』 (학지사 역간)

Wenger, E. (2011). Communities of practice. Retrieved from http://www.ewenger.com/theory/. Accessed 9 March 2011.

White, M. (2004). Narrative practice and the unpacking of identity conclusions. In M. White (Ed.), Narrative practice and exotic lives: Resurrecting diversity in everyday life (Chapter 4) (pp. 119-148). Adelaide: Dulwich Centre Publications. 『부부치료와 갈등해결을 위한 이야기치료』 (학지사 역간)

White, M. (2007). Maps of narrative practice. New York: Norton. 『이야기치료의 지도』 (학지사 역간)

Whitmore, J. (2002). Coaching for performance - GROWing people, performance and purpose. London: Nicholas Brealey. 『성과 향상을 위한 코칭 리더십』 (김영사 역간)

Winslade, J., & Monk, G. (2001). Narrative mediation. San Francisco: Jossey-Bass.

Wittgenstein, L. (1953). Philosophical investigations. Oxford: Blackwell. 『철학적 탐구』 (아카넷 역간)

Wittrock, C., Didriksen, V., & Stelter, R. (2009). Coaching Barometer 2009: En forel-big oversigt over coachingens udbredelse og anvendelse i Danmark. Special insert with Personale Chefen, 6, December 2009 (16 pages), (see also: www.ifi.ku.dk/coaching)

Yin, R. K. (1994). Case study research. Design and methods. Thousand Oaks: Sage. 『사례연구방법』 (한경사 역간)

Zachariae, B. (2007). Evidensbaseret psykologisk praksis. Psykolog Nyt, 12, 16-25.

Zahavi, D. (2003). Husserl's phenomenology. Stanford: Stanford University Press. 『후설의 현상학』 (한길사 역간)

색인

ㄱ

가짜 약placebo 306
가치 관련 코칭value-related coaching 103
가치 기반 신념value-based conviction 50
가치 기반 의사결정value-based decision-making 221
가치 기반 행동leader's value-based actions 99
가치에 기반한 행동acting on the basis of values 100
가치 지향적 이슈value- oriented issues 123
각성alertness 83, 85
간단한 해결책simple solution 61
감각sensations 72
감각 기관sensory organs 72
감각느낌the felt sense 85
감각 미학적 차원sensory-aesthetic dimension 92
감각 운동 협응sensory-motor coordination 199
감각적이고 경험적인 지각sensory and experiential perception 82
강렬함intensity 210, 267, 287
감사 훈련gratitude exercise 195
감정반사reflection of feeling 398
강점의 언어appreciative language 117
강점 중심 관점strength-based perspective 163
강점 코칭appreciative coaching 170
강점탐구Appreciative Inquiry 162, 168, 169, 170, 225
강점탐구 코칭Appreciative Inquiry coaching 122
개념화conceptualization 160
개발도상국 지원 감소reductions in aid to developing countries 60
개인 개발 프로젝트personal developmental project 100, 219
개인 내 요인intrapsychological factors 81
개인 리더십personal leadership 10, 14, 98, 124
개인 상호작용personal interactions 67
개인성individuality 68, 74
개인적 신화personal myth 181, 278, 279, 280, 281

개인적 정체성individual identity 99, 116
개인적 현실individual reality 73, 235, 287
개인해방personal liberation 36
개인화personalizing 194, 282
개입intervention 14, 29, 88, 118, 121, 169
개입 그룹intervention group 263, 290, 306, 325
개입 이론들intervention theories 51
개입 전략Intervention strategies 36, 225
객관적인 실존objective existence 124
객관적인 현실objective reality 66
건설적인 제안constructive proposals 326
겉모습appearance 76
결정론적 시각deterministic light 161
겸손humility 209
경력 만드는 사람career-maker 217
경험적 처리과정experiential processing 205
결론-권고conclusion-recommendation 250
경영관리 코치management coach 101
경쟁적 사고방식competitive mindset 36
경험적 착근성experiential embeddedness 46, 47
경험적 학습experiential learning 58, 80, 81, 82
경험적 학습 순환experiential learning cycle 346
경험 중심 접근Experience-focused approaches 192, 197
계층적인 구조hierarchical structure 147
고유 수용기proprioceptors 72
고유한 역동성own dynamic 115
고해 신부confessor 41
공감empathy 42, 120, 159, 188, 204, 205, 237, 359, 361, 373, 376, 398, 399
공감적 경청empathic listening 203
공감적 조율empathic attunement 205
공공 행정 대학원 프로그램Master of Public Governance programme 14
공동 창조 및 상호협력 과정co-creative and collaborative process 89, 123, 241
공동 창조 과정co-creative process 46, 126, 161, 172
공동 창조적 공동체co-creative community 115
공동 학습자co-learners 91
공명resonance 286

공명판sounding board 286
공유된 움직임shared movement 409
공유된 의미 형성 과정process of shared meaning-making 92, 242
과정 경험적 정서 이론process-experiential emotion theory 203
과정 컨설턴트process consultant 201
과제 지향적인task-oriented 205
관계 구축 및 개발Building and developing a relationship 395
관계 매핑relation mapping 250
관계적 가정the relational assumption 125
관계적 과정relational process 57
관계적 대인 관계 역동relational interpersonal dynamics 74
관계적 심리치료relational psychotherapy 129
관계적 조율Relational attunement 187, 188, 233, 240, 267, 270, 271
관계적 책임relational responsibility 158
관계주의relativism 158
관대한 경청generous listening 243
관대한 경청자generous listener 118
관리 관계relationship with management 104
관습manner 76, 158, 267
과업 관련 맥락work-related context 221
관점 변혁perspective transformation 79, 80, 131
관점 전환shift in perspective 79, 80, 208
관점주의perspectivism 139
과제 관련 원칙task-related principle 206
과잉일반화over-generalizing 194
과학자-프랙티셔너 모델scientist-practitioner model 346
관찰된 체계observed system 148
관찰 학습observational learning 72
고문torture 157
교양Bildung 40, 41
교차 과학적 접근cross-scientific approach 140
교훈적 상호작용instructive interaction 142
구두 담화verbal discourse 75, 118
구두 의사소통verbal communication 114
구성 규칙constitutive rules 115
구성적 의식constructive consciousness 152

구성주의constructivism 38
구조structure 44
구조적 균형constructive balance 206
구체적 경험concrete experience 81, 84, 87
국제코치연맹ICF 35, 323
국제 코칭 연구 포럼the International Coaching Research Forum 13
권고형 코칭protreptic form of coaching 88
권위 있는 기관institutions of authority 154
권위주의적authoritarian 46
권학protreptics 16, 103, 257, 258, 331, 390
권학적 또는 철학적 코칭protreptic or philosophical coaching 122
규제 규칙regulatory rules 116
규칙 기반 구조rule-bound structure 285
균일성uniformity 325
그레고리 베이트슨Gregory Bateson 139, 140
그룹 역동성 모델models of group dynamics 333
극작dramaturgy 231
근거 개념concept of evidence 51, 106, 325
근거 기반 실천evidence-based practice 323, 324, 327, 337, 339
근거 기반 의학evidence-based medicine 326
근거 기반 치료법evidence-based therapy method 202
근거를 위한 투쟁battle for evidence 325
근본적인 실존주의적 의심fundamental existential doubt 278
근원어primary word 113
근접 발달 지대proximal zone of development 249, 252, 253, 270
글로벌리티Globality 60, 61, 124
글로벌 컨벤션 온 코칭the Global Convention on Coaching 12
급진적 다원성radical pluralism 157
긍정심리학 코칭positive psychology coaching 122, 247
긍정적 개선positive renewal 117
긍정적 관심positive attention 120
긍정적 사고positive thinking 193
긍정적 상호 영향positive mutual effect 76
긍정적 정서positive emotions 171, 192, 193
귀속 양식attribution styles 194
귀인attribution 247

귀추적 분석abductive analysis 126
기민성alertness 269
기술심리학descriptive psychology 223
기술적 대화technical dialogue 114
기술적 탐구descriptive inquiry 237
기적질문Miracle Question 165, 166
긴장tension 157, 180, 204, 277, 281
깊이 생각하는 사고방식deliberative mindset 166

ㄴ

나치즘Nazism 157
낙관적인 설명optimistic explanation 194, 247
낙관주의optimism 193, 194
내러티브 상호 창조narrative co-creative practice 51
내러티브 상호협력 코칭narrative collaborative coaching 29, 122, 222, 228, 231, 242, 250
내러티브 전회narrative turn 290
내러티브 플롯narrative plot 49
내려놓기letting-go 236
내면 기운inner aura 233
내재적 활동immanent activity 235
내적 분석internal analysis 76
내적 상징화inner symbolization 160
내적 안도감inner sense of relief 267
내적 일관성internal coherence 62, 72
내적 준비상태inner readiness 235
내적 진술internal representations 226
네오 인문주의적 가치Neo-Humanistic Values 202
눈-밝기-바로미터eye-brightness-barometer 401
니콜라이 쿠레Nikolaj Kure 40
니클라스 루만Niklas Luhmann 62, 96

ㄷ

다른 인식different perceptions 43, 62, 151, 224
다성적 리더십polyphonic leadership 97

다양성diversity 43, 61, 68, 74, 85, 135, 230, 258, 345, 407
다양한 관점multiperspectivity 42, 66, 88, 149, 263
다원적 상황hypercomplex situation 97
다이앤 브레넌Diane Brennan 35
다이앤 스토버Dianne Stober 46
다중다양성multiversality 91, 157
다중 종속적 독립체multi-dependent entity 126
단기간 개입short-term intervention 128
단기가족치료센터Brief Family Therapy Center 162
단순화simplification 121
단호한 진술uncompromising statement 286
닫힌 공간의 개념notion of closed spaces 60
담론심리학discursive psychology 154
담론적 과정discursive process 152
담화분석discourse analysis 154
대니쉬 사이콜로지컬 퍼블리셔Danish Psychological Publishers 12
대응성responsiveness 97
대인관계 과정interpersonal processes 68
대인 관계 문제interpersonal problems 168
대인관계 사회화interpersonal socialization 280
대중심리학pop-psychology 193
대칭 관계symmetrical relationship 45, 119, 190
대화dialogue 14, 26, 37, 45
대화상대conversation partner 14, 313
대화적 유대dialogical bond 205
대화적 코칭dialogical coaching 10, 14
덴마크심리학회Danish Psychological Association 326
도덕적 상대주의moral relativism 158
도제 학습apprenticeship learning 72
독립적인 실체independent entity 155
독백monologue 114
동감sympathy 187, 395
동감적 입장sympathetic position 189
동기부여motivation 10, 36, 68, 127, 206, 229, 250, 253, 304, 360, 410
동기부여-앵커링motivation-anchoring 250
동시성simultaneity 170

동정 관계sympathy relationship 397
동화assimilation 137
동화 과정assimilative process 85
동화 계획assimilation plan 272

ㄹ

런던시티대학교London City University 13, 17
로버트 플러칙Robert Plutchik 172
리더십 실천 인벤토리 모델Leadership Practice Inventory Model 400

ㅁ

마음언어mindverbals 375
마음의 생태학Steps to an Ecology of Mind 140
마음챙김mindful and mindfulness 10, 85, 236, 269, 371
마음챙김 성찰적 프레즌스mindful-reflective presence 269
마음챙김 순간mindful moments 236
마이크로 프로세스micro-processes 206
맥락context 14, 25, 35, 38, 46, 61, 70, 140
메이유틱maieutics 99
메타 맥락meta-contexts 140
명확성clarity 66, 96, 130
명확한 권고clear-cut recommendations 154
모범 사례best practice 174, 327
모순contradiction 74, 284
모호성ambiguity 66
묘사적 이미지descriptive image 266
무기력powerlessness 288
무시dismissal 95, 148, 187, 194, 251, 280
무의식적 능력unconscious competence 375, 400
무의식적 무능력unconscious incompetence 375, 400
무작위 대조군 설정 연구randomized controlled study 290
무질서disorder 38, 65
문서화된 효과documenting effect 306
문제의 소지자bearer of the problem 142, 146

문제 지향적 설명 패턴problem-oriented explanation patterns 247
문제 해결problem-solving 61, 74, 127, 169, 360, 377
문제 해결 논리problem-solving logic 127
문제 해결 컨설턴트trouble-shooting consultant 101
문화적 민감성cultural sensitivity 63
미들섹스대학교the University of Middlesex 13
미학적 영역aesthetic domain 66
민감성sensitivity 63, 210, 399
민주적인 관계democratic relationship 228
밀라노 학파Milan school 138

ㅂ

바로 사용할 수 있는 해결책ready-to-use solutions 39
반구조화 인터뷰semistructured interview 356
반본질주의anti-essentialist 154
반성reflection 15, 46, 97, 255
반응성responsiveness 186, 187
반응성 지향 대화 형식responsiveness-oriented dialogue form 187
발현manifestations 113, 125
방향 재설정reorientation 40, 49
변혁적 대화transformative dialogues 63
변혁적 변화transformational change 363
병리적 기본 인지pathologizing basic perception 164
보안security 72
본질주의essentialism 125
부동산 폭락falling real estate prices 60
부모 유형 관계parental type relationships 360
부재하지만 암시적인The Absent But Implicit 195, 239
분석적 일반화analytical generalization 265
불안unrest 69, 86, 140, 192, 237
불안 및 스트레스 관련 증상stress-related conditions 192
불안한 유목민restless nomad 69
불확실성uncertainty 22, 38, 97, 127, 323, 344
복잡성complexity 27, 38, 61, 101, 126, 133, 186, 221, 232, 325, 344, 350, 371, 400
블랙홀에 빠지는falls into the black hole 276

비계scaffolding 244, 249, 252, 270, 281
비대칭성asymmetry 14, 123, 224
비디오자기대면 전문가video-self-confrontation expert 374
비언어nonverbals 46, 200, 233, 375
비유적인 의미figurative sense 240, 270
비이성적 독심술irrational mind-reading 194
비인격적 조직impersonal organisations 65
비판심리학critical psychology 154
삐딱한 태도position of irreverence 148
삐딱함irreverence 159

ㅅ

사례개념화case-conceptualization 211
사실주의realism 124, 127
사전 결정된 형태pre-determined form 239
사전 설정된 내용pre-established content 239
사회구성적 인식론social constructionist epistemology 153
사회구성주의social constructionist/social constructionism 47, 51, 57, 63, 70, 73, 118, 124
사회구성주의 상호협력 실천social constructionist collaborative practice 92
사회의 발달societal developments 43
사회적 개발 과정 분석analysis of societal developmental processes 59
사회적 구성social construct 75, 159, 163
사회적 규범social codes 77, 154
사회적 관계망의 접속점a node in a chain of social relationships 75
사회적 담론social discourses 76, 220, 224, 228
사회적 매개 학습 과정socially mediated learning process 88
사회적 및 상호협력적 실천 학습learning as a social and collaborative practice 58
사회적 신호social signs 77
사회적 실재social reality 155, 176, 208, 225
사회적 지식 변혁을 향하여Toward Transformation of Social Knowledge 169
사회적 정당성societal legitimacy 57, 59
사회적 협상social negotiations 63, 126
사회 중심적 가정sociocentric assumptions 74
사회 학습 이론social learning theories 333
상보성complementarity 211

상사와 춤추기Tangoing with the boss 241
상징적 상호작용론symbolic interactionism 154
상징화symbolization 85, 201, 239
상징화 과정process of symbolization 85, 201
상호간 언어inter-verbals 375
상호관계reciprocity 143, 155, 288
상호 관계 조율mutual relational attunement 269
상호 성찰mutual reflections 130
상호 순환 관계mutual circular relationship 147
상호연관성interrelationship 58
상호연결성interconnectedness 74, 188
상호작용interaction 14, 26, 44, 46, 57, 67, 76, 85, 115, 128, 139
상호작용 연속 패턴patterns of interaction sequences 141
상호작용 중 성찰reflection-in-interaction 341, 352
상호주관주의 철학자intersubjectivity philosophers 113
상호협력collaboration 29, 46, 57, 79, 88, 118, 123, 126, 136, 152, 162, 168
상호협력 공동 진화 연구cooperative co-evolutionary search 169
상호협력 실천collaborative practice 87, 119, 136, 152, 168, 184, 186, 222, 232, 249
상호협력 실천으로서 대화 개념concept of the dialogue as a collaborative practice 119
상호협력적collaborative 46, 58, 80, 92, 95, 136, 153, 185, 218, 229, 241, 397
상호협력 접근collaborative approach 118, 185, 258
상황-구체성situation-specific 83
상황 특수적 탐구situation-specific exploration 134
상황 학습situated learning 89
새로운 연결new connections 270
새로운 의미new meaning 45, 49, 119, 206, 256, 270, 291
새로운 현실new realities 63, 209, 357
생성이론generative theory 169
서술적인 방식descriptive way 376
선험적 상호주관성transcendental intersubjectivity 226
선형적이고 인과적인 사고방식the linear cause-and-effect mindset 66
선형 인과 관계 관점linear cause-and-effect perspective 149
설명 논리explanatory logic 126
섭식 장애eating disorders 69, 192
성과 극대화performance maximization 36
성격심리학personality psychology 74, 125

성미temper 273
성찰reflexivity 15, 22, 49, 51, 57, 61, 64, 80, 87, 97
성찰 공간reflective space 66, 101, 123, 128, 219, 287
성찰 영역reflection domain 66, 91
성찰적 관찰reflective observation 81, 84, 85
성찰적 프랙티셔너reflective practitioner 51, 92, 135, 279, 337, 341, 344, 402, 411
성찰적 프랙티셔너-연구자reflective practitioner-researcher 279
성찰적 프로젝트reflexive project 65
세계-내-존재being-in-the-world 332
세계 언론 보도global media coverage 60
세계화globalization 59, 60
세계화 과정globalization process 60
솔직함frankness 287
수렴 과정convergent process 86
수용receptivity 236
수평화horizontalization 238
수행적 기능performative function 178
숙박시설accommodation 43
순간적인 성찰 능력capacity for reflections-in-the-moment 402
순수성purity 69
순전한 의지력pure willpower 300
순종적 수혜자submissive recipients 129
순환 및 성찰 질문circular and reflexive questions 148
순환 질문circularity 117, 134, 137, 150, 157, 208, 243, 343
스카나보 빛Skanderborg Light 275, 280
스트레스를 받는 사람stress-sufferer 217
스포츠심리학sport psychology 36
스포츠 코칭sports coaching 121
시드니대학교the University of Sydney 13, 17
신경과학neuroscience 333
신경심리학neuropsychology 333
신체 감각 관여bodily-sensory involvement 198
신체도식body schema 201
신체적corporeal 46, 72, 93, 183, 187, 193, 197, 232, 270, 311, 313, 332
실업률 증가growing unemployment 60
실재reality 38, 70, 124, 139, 152, 155, 156, 159, 163, 164, 167, 170, 172, 176, 184, 195

실재의 사회적 구성the social construction of reality 154
실천 기반 근거practice-based evidence 264, 328, 339
실천적 구체화practical concretization 185
실천적 효과practical effectiveness 135
실험 약test drug 306
실행적 사고방식implementational mindset 166, 168
심리적 감각 형성psychological sense-making 346
심리적 도전psychological challenges 69, 317
심리적 탄력성psychological resilience 194, 247
심문자 interrogator 41
심미 감각 차원aesthetic-sensory dimension 198
심미적 경험aesthetic experiences 198
심리학 분야psychological discipline 14, 35, 140, 176, 323, 401
심리학적 평가psychological examinations 223

ㅇ

안전safety 72, 147, 327
안정성stability 143
암기 습득rote acquisition 79
암묵적 연결성implicit connectedness 46
암묵 지식tacit knowledge 201
암스테르담Amsterdam 41, 271
암울한 전망bleak outlook 273, 278
약물 남용substance abuse 192
애착passion 74, 171, 188, 203, 207
앤서니 그랜트Anthony Grant 36, 46
앤서니 기든스Anthony Giddens 64, 219
완전정복 코칭 핸드북the Complete Handbook of Coaching 46
언어사건linguistic event 118
언어학적 명확성linguistic explicitness 199
에드문드 후설Edmund Husserl 83, 235
에포케epoche 83, 84, 223, 235
에피볼레epibolé 99
여가leisure time 241
여정으로서 코칭coaching as a journey 43

역기능적 가정dysfunctional family 153
역동적 순환성dynamic circularity 92
연구 기반 근거research-based evidence 324
연결 질문bridging questions 105
연대기적 표현chronological representation 272
연례 직원 개발 대화annual staff development conversation 103
연민compassion 188, 392
열정enthusiasm 30, 102, 168, 171, 172, 277, 300, 315
영향력 있는 의향influencing intent 150
예산 적자 증가growing budget deficits 60
예측가능성predictability 44
오르후스경영대학Aarhus School of Business 40
오르후스대학교Aarhus University 40
옥스포드 브룩스Oxford Brooks 13
올레 포그 키르케뷔Ole Fogh Kirkeby 16, 40, 257, 287, 331, 351, 410
올보르대학교Aalborg University 13, 17, 35
요하네스버그대학교University of Johannesburg 13, 17
용기courage 194, 407
용서forgiveness 161
외과 전문의surgeon of profession 41
외재화externalization 157, 270, 279, 343
외적 실재external reality 226
우연성contingency 62, 96, 101, 126, 234
운동 감각kinetic sensations 72
움베르토 마투라마Humberto Maturana 139
원형 유형sort of archetypes 360
위장된 대화camouflaged dialogue 114
유럽멘토링코칭협회European Mentoring & Coaching Council, EMCC 342
유럽 선수권 대회European championships 282
유볼리아eubolia 99
유쾌한 항복enjoyable submission 267
유포리아euphoria 99
유효성valid 125
윤리적 대인관계 기반ethical-interpersonal foundation 98
은유metaphors 240, 241
음미하기Savouring 196

응집력cohesion 62, 288
의도적 실천deliberate practice 401
의료 분야healthcare 318, 327
의무obligation 50, 147, 340
의미meaning 26, 69
의미 구성 과정semantic construction process 142
의미조정관리Coordinated Management of Meaning, CMM 115
의미 형성meaning-making 15, 25
의사소통 과정communicative process 79
의사소통 윤리Conversation ethics 189
의사소통 조율communicative attunement 399
의식consciousness 72
의식적 능력conscious competence 375, 400
의식적 무능력conscious incompetence 375, 400
이론 기반 전문 코치well-founded coach 333
이론 및 방법과의 관계Relationship with theory and method 395, 400
이론적 안정 장치theoretical ballast 401
이론적 이해theoretical understanding 71, 135
이스트런던대학교the University of East London 13, 17
이야기로서 코칭coaching as a story 43
이야기 생성 질문story-generating questions 179
이야기하기로서 코칭coaching as storytelling 44, 45
이주migration 60
이중 구속double bind 141
이중순환학습double-loop learning 88, 244
익숙한 것을 낯설게 하기exoticise the familiar 184
인간잠재력운동Human Potential Movement 36
인간 중심 치료person-centred therapy 202
인과 관계cause-and-effect relationship 81, 127, 149, 187
인과 관계 관점causality perspective 127, 149
인과 연결cause-and-effect link 150
인격 장애personality disorders 192
인격적 이상personhood ideal 74
인류학anthropology 140, 176, 251
인상관리impression-management 75
인수acquisition 95

인식론적 상대주의epistemic relativism 158
인식론적 입장epistemological position 46, 153, 208, 211
인원 감축downsizing 95, 246
인정된 근거recognized evidence 325
인종차별정책apartheid 157
인지cognitions 38, 72
인지적 스키마cognitive schema 137
인지적 적응 기술cognitive adaptation skills 137
인지 행동 코칭cognitive-behavioural coaching 121
일과 삶의 균형work-life balance 63, 250, 277
일관성coherence 71, 116, 137, 179, 220, 279, 356, 408
일반 심리적 안녕general psychological well-being 245
일반적인 근거 담론prevailing evidence discourse 325
일반화 개념generalizing conceptualization 86
일반화된 경험generalized experiences 86
일반화된 타자generalized others 154
일치성congruence 120
입장position 46, 63, 70, 82, 88, 104, 125, 152
임마누엘 칸트Immanuel Kant 38

ㅈ

자가조직적 인식autopoietic perception 137
자각된 정체성self-perceived identity 183
자기개념self-concept 49, 68, 70, 72, 73, 92, 154, 183, 207, 229, 251, 258, 388
자기 교양self-Bildung 22
자기구성self-construction 51, 57, 68, 75, 76
자기 규제 행동 전략self-regulating action strategy 249
자기생산autopoiesis 140, 141, 152
자기 성격 특성personality characteristics 77
자기성장과정self-development courses 36
자기성찰self-reflection 49, 64, 65, 68, 76, 120, 136, 206, 224, 332
자기실현self-realization 27, 36, 202
자기이해 과정intrapersonal processes 68
자기 조절 체계self-regulating systems 140
자기 조직화 체계self-organizing systems 74

자기 준거적self-referential 141
자기중심적egocentric 74
자기지각self-perception 72, 89
자기 충족적 예언self-fulfilling prophecy 172
자기 충족적 입장self-contained stance 74
자기통찰self-insight 37, 89, 98, 118
자기 파괴적 패턴self-destructive pattern 74
자기표현self-presentation 42, 58, 68, 71, 75, 76, 77, 125, 154, 178, 282
자기표현 전략self-presentation strategies 76
자기 확신 피드백self-confirmatory feedback 77
자기형성self-formation 42
자부심self-esteem 194, 278
자신감confidence 27, 175, 194, 277, 287, 298, 331, 360, 373
자애humanity 194
자연주의적 입장naturalist position 198
자율적 실체autonomous entity 74
자해 행동self-harming behaviour/cutting 69
잠재적으로 희망을 주는 미래The potential uplifting future 196
재저작 대화re-authoring conversation 252, 281
재치성tactfulness 373
재현representation 83, 160, 232
적극적인 관계proactive relationship 182
적응성adaptability 38
적응 유연성adaptive flexibility 203
적응적 정서 과정adaptive emotional processes 203
전문가 수준의 코칭expert-level coaching 402
전반성적 지식pre-reflective knowledge 238
전성찰적 접근pre-reflexive approach 198
전자 정보electronic information 220
전정계vestibular system 72
전제presuppositions 26, 80, 88, 103, 128, 144, 331
전통tradition 73, 129, 136, 151, 158, 171, 337, 389
전통적 가족 선형 가정traditional, familiar linear assumptions 150
전통적 객관주의자traditional objectivist 154
절대적인 필요 요건absolute requirement 133
절제temperance 194

점진적 내러티브progressive narrative 181
정당성legitimacy 96, 99, 327
정동 장애affective disorders 192
정량화된 평가quantifiable assessment 289
정서적 프레즌스emotional presence 236
정신화Mentalization 192, 206, 207, 209
정신화 기반 접근mentalization-based approach 139, 198, 206
정서 이론emotion Theory 202, 203
정서적 인지 구조affective-cognitive structure 73
정서적 추론emotional reasoning 194
정서 중심 접근emotion-focused approaches 51
정서 중심 치료emotion-focused therapy 198, 202, 204, 205
정서 중심 치료 클리닉The Emotion-Focused Therapy Clinic 202
정신분석요법psychoanalytic therapy 129
정신역동 코칭psychodynamic coaching 121
정의justice 10, 45, 46, 68, 75, 80
정체성 개발identity development 51, 67, 70, 72, 74, 77, 78, 106
정체성의 경관landscape of identity 244
정체성 찾기 역할identity-founding role 279
정치적 숙련도political savvy 373
정직성honesty 373
정확성correctness 63
제도적 성찰성institutional reflexivity 64
제정enaction 80, 199
조율attunement 100
조작가능operationalizable 100
조절accommodation 144, 272
조정coordination 62, 115, 116, 133
조증mania 192
조직 확장expansion 95
조현병schizophrenia 192, 378
존재론적 실재ontological reality 152
좌절감frustration 74, 246, 327, 366, 390
죄책감 외현화externalizing guilt 194
주관적 지각subjective perception 73
주관적 환경subjective environment 73

주목할 만한 순간striking moment 271
주변 세계surrounding world 116, 169
주변화marginalization 157
주어진 현실given reality 41, 125
줄거리storyline 44, 171, 231, 244, 273, 279, 290
중립성neutrality 140, 148, 159, 254
즉각적인 맥락immediate context 140
즉각적 인식immediate awareness 236
지각perceptions 72
지각 기관perceiving organ 238
지각적 충동perceptual impulses 242
지각된 지위perceived status 355
지금-여기here and now 46, 70, 83
지능intelligence 129, 401
지속 가능성sustainability 50
지속감sense of continuity 68
지식knowledge 37, 51, 64, 69, 80, 89, 90, 94, 118, 141, 170, 185, 194, 201, 287
지식 기반 전문기술knowledge-based expertise 221
지식 독점knowledge monopoly 90, 94, 220
지암바티스타 비코Giambattista Vico 38
지역심리학community psychology 288
지향성intentionality 45, 161, 183, 238, 356
지향적 방향intentional orentation 85, 99, 121, 123, 135, 409
지향하는 의향orienting intent 150
지혜wisdom 122, 194
직원 복지staff well-being 102
직접성directness 373
진료treatment 93
진리truth 30, 38, 39, 63, 124, 156, 176, 204
진실성authenticity 114, 234, 287, 398
진정한 대화genuine dialogue 114, 135, 159, 254
질병 예방disease prevention 93
집단 따돌림bullying 158
집단적 정체성collective identity 116
집행자executioner 41

ㅊ

차별discrimination 80, 157
차이를 만드는 차이any difference which makes a difference 140
차이 인식appreciation of differences 227
참만남 집단encounter groups 36
창발적 사고emergence thinking 142
창의적 마음 목록creative mind list 380
창조성creativity 38, 129
창조적 긴장creative tension 204
철저히 완전하게 새로운utterly and completely brain-washed 41
철학적인 편향성philosophical slant 355
체감felt sense 201, 233, 237, 240
체계 이론system theory 96, 126, 138, 142, 207
체계적 구성주의자systemic-constructionist 137
체계적 코칭systemic coaching 150, 152, 243
체계적 사고의 순환 가정circular assumptions of systemic thinking 150
체화된 경험embodied experience 83
체험적 세계experiential world 189
체현embodiment 72, 99, 200, 240, 350
초복잡계 현상hypercomplexity 62
초복잡성hyper-complexity 59, 124, 126
초월transcendence 123, 194
추상적 개념화abstract conceptualization 81, 85
치료 동맹therapeutic alliance 397
치매dementia 192
친밀한 기술intimate technology 41
최고의 성과peak performance 36
최적 표준 연구gold-standard studies 325, 327

ㅋ

카이로스kairos 234
칼 톰Karl Tomm 150
켄 반 한센Ken Vagn Hansen 129
코치coach 16, 20, 26, 35, 41, 42, 44, 45, 46, 47, 50, 61, 63

코치이coachee 16, 20, 26, 35, 41, 42, 44, 45, 46, 47, 50, 61, 63
코치의 존재 방식The coach's way of being 395
코칭coaching 11, 43, 44, 45, 46, 49, 50, 57, 58, 59, 65
코칭심리학coaching psychology 10, 12, 13, 35, 36, 51, 65, 106, 118, 120
코칭에서 영감을 받은 대화coaching-inspired dialogues 15
코칭 지향적 리더coaching-oriented leaders 88
코칭 프랙티셔너coaching practitioner 57
코칭: 학습과 발달Coaching: learning and development 10, 12
코칭 활용 리더십 실천coaching-inspired leadership practices 102
코크란 운동Cochrane movement 325
코펜하겐대학교University of Copenhagen 10, 13, 15, 102, 308
코펜하겐 비지니스 스쿨Copenhagen Business School 10, 13, 14
코펜하겐 코칭 센터Copenhagen Coaching Center 11
코펜하겐 하계 대학Copenhagen Summer University 10, 14
키에르케고어와 리더십Kierkegaard and leadership 10, 14, 16

ㅌ

타당한 비판legitimate criticism 40
타인 규제 문제 해결 전략other-regulated problem-solving strategy 249
타자성otherness 187, 390
탈근대의 성찰성late-modern reflexivity 64, 124
탈전통적 질서post-traditional order 64, 219
탐구적 성찰exploratory reflections 204
터널 시야tunnel vision 194
통계적 연구statistical study 308
통계적 일반화statistical generalization 265
통제control 61, 69, 95, 98, 104, 140, 149, 228, 263, 310
통제 그룹control group 263, 290, 306, 308, 310, 325
투기적 기업 자본주의speculative venture capitalism 193
특별한 사회적 도전들special societal challenges 59
특별 협정framework of special agreements 271
특정 미덕certain virtues 99
특정 사람focus person 50, 90
특정 의미 관계certain meaning relations 81
특정 집단focus group 157, 176

특정 의도 방향specific intentional orientation 236
특정한 사회문화적 맥락specific socio-cultural context 226
특정한 정체성 안정화 환경particular identity-stabilizing environments 76

ㅍ

파편fragments 21, 199
판단judgment 83, 85, 118, 223, 235, 236, 273, 286, 384, 398, 409
패치워크 정체성patchwork identity 68, 124
편차 통제control for deviations 328
폄하denigration 280
평가-재평가evaluation-re-evaluation 250
평가적인 방식evaluative way 376
평등주의적 관리방식egalitarian governance 168
평등주의적egalitarian 46
평생 발달 프로젝트life-long developmental project 128
폐쇄적인 사이버네틱closed cybernetic 137
포부ambitions 25, 41, 52, 86, 98, 121, 219, 229, 244
폴 바츨라비크Paul Watzlawick 139
표현articulation 26, 40, 42, 62, 69, 73, 83, 85, 96, 99, 113, 129
표현 개입expressive interventions 203
표현되지 않은 경험unarticulated experiences 85
품질 보증guarantees 44, 327
프레즌스presence 187, 189, 390, 391, 401
프로렙시스prolépsis 99
플롯plot 44, 49, 178, 180, 218, 227, 249, 252, 272, 357
피그말리온 효과Pygmalion effect 172
필수 자격 조건essential qualification parameter 94
필수적인 기관essential institution 147

ㅎ

하롤드 굴리시안Harold Goolishian 118
하린 앤더슨Harlene Anderson 118
하버드의과대학 코칭 연구소The Institute of Coaching at Harvard Medical School 13
학습 격차learning gap 252, 280

학제간 개념 체계 interdisciplinary conceptual framework　138
함께 생각하기withness-thinking　91, 188, 207, 233, 269
함께 알기knowing-with　188
합당성worthiness　373
합리적인 고려사항rational considerations　86
해결 중심 단기 치료Solution-Focused Brief Therapy　162
해석interpretation　61, 62, 64, 68, 116, 124, 126, 133, 146, 159, 184
해석학적 구성주의자의 가정Hermeneutic constructionist assumption　124
해체론적 궤적deconstructionist trajectory　245
해체주의deconstructionism　154, 247
행동의 경관landscape of action　244
행동적 실험active experimentation(action)　346
행동주의behaviourism　201
행동 지향 모델action-oriented models　401
행위 중 성찰reflection-in-action　341, 342, 348, 351
현상학phenomenology　51, 70, 83, 84, 197, 202, 222, 233
현상학적 및 인문주의 실존주의 전통phenomenological and the humanist-existentialist tradition　197
현실의 재해석reinterpretations of reality　126
현재 처리과정 모델present processing model　374
협상negotiation　39, 46, 47, 75, 95, 97, 125, 174, 315, 342, 387, 409
확실성certainty　96, 125
환상illusory　60, 143
환원주의적 사고방식reductionist mindset　139
활력vitality　194, 267
회복탄력성resilience　193, 194
획일적인 개념monolithic conception　290
호기심curious　85, 118, 148, 149, 207, 269, 379, 397
호흡 공간breathing space　237
훈련discipline　195
히포모네hypomoné　99

0-9

1인칭 경험first-person experiences　198
1인칭 입장first-person position　82

1차 도덕성first-order morality 158
2인 1조 관계dyad 242
2차 도덕성second-order morality 158
3세대 코칭third-generation coaching 14, 15, 16, 20, 21, 25, 26, 45, 50, 120, 122, 128, 135

A-Z

Values-In-Action 194

국립중앙도서관 출판예정도서목록(CIP)

내러티브 상호협력 코칭 : 3세대 코칭 방법론 / 라인하드 스텔터 지음 ; 최병현, 이혜진 옮김. --
[서울] : 한국코칭수퍼비전아카데미, 2018.　p.460 ; 2.1cm

원표제: Guide to third generation coaching : narrative-collaborative theory and practice
원저자명: Reinhard Stelter
영어 원작을 한국어로 번역
ISBN 979-11-960967-8-6 93180 : ₩30,000
코칭론[--論]

186.3-KDC6
158.3-DDC23　CIP2018016440

신간 안내

코칭 연구 신서 - 호모코치쿠스

코칭 튠업 21

Coaching Tune Up 21

김상복 지음

뇌를 춤추게 하라
: 두뇌 기반 코칭 이론과 실제

Neuroscience for Coaching

에이미 브랜 지음
최병현, 이혜진 옮김

마음챙김 코칭
: 지금-여기-순간-존재-하기

Mindful Coaching

리즈 홀 지음
최병현, 이혜진 등 옮김

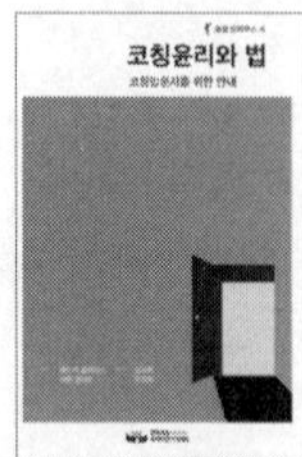

코칭 윤리와 법
: 코칭입문자를 위한 안내

Law & Ethics in Coaching

패트릭 윌리암스, 샤론 앤더슨 지음
김상복, 우진희 옮김

조직을 변화시키는 코칭 문화

How to create a coaching culture

질리안 존스, 로 고렐 지음
최병현, 이혜진 등 옮김

코칭 A to Z 출판 목록

001 **누구나 할 수 있는 코칭 대화 모델** 김상복
- GROW_candy 모델 이해와 활용

002 **세상의 모든 질문 질문** 김현주
: 아하에서 이크까지, 질문적 사고와 질문 공장

003 **해석학적 코칭**: 내면 세계로의 여정 최병현

004 **전문 사내코치 활동 방법과 실천** 김상복

005 영화로 배우는 웰다잉: Coaching In Cinema I 정익구

006 영화로 배우는 리더십: Coaching In Cinema II 박종석

007 코칭적 주체에 대한 라깡적 접근 이혜진

008 첫 고객 · 첫 세션 어떻게 할 것인가?: ICF 11가지 역량 해설1, 2 김상복
(1) 윤리적 가이드라인과 전문가 기준에 의한 고객 만남
(2) 코칭 계약과 코칭 동의 수립하기

009 병원 조직문화와 코칭 박종석

010 코칭에서 은유와 은유 질문

011 고객체험 · 고객 분석과 코칭 기획: ICF 11가지 역량 해설10
(10) 코칭 기획과 목표 설정

012 코칭에서 공간과 침묵: ICF 11가지 역량 해설4
(4) 코칭 프레즌스

013 아들러 심리학과 코칭의 활용

014 코칭에서 고객의 주저와 저항 다루기

015 '갈굼과 태움' 어떻게 코칭할 것인가?

016 코칭을 위한 진단과 평가: 활용 사례를 중심으로 고태현

017 영화로 배우는 부모 리더십: Coaching In Cinema III

018 정신분석적 코칭의 이해

019 행동 설계와 상호책임: ICF 11가지 역량 해설9, 11
(9) 행동 설계 (11) 진행 관리와 상호 책임

020 감정 다루기와 감정 코칭 I

021 12가지 코칭 개입 유형의 이해와 활용: Coaching In Cinema IV

022 질문 이외의 모든 것 · 직접적 대화: ICF 11가지 역량 해설7
(7) 직접적 대화

023 MCC 역량과 코칭 질문: ICF 11가지 역량 해설6
(6) 강력한 질문

024 임원 & CEO 코칭의 현실과 코치의 준비

025 미루기 코칭의 이해와 활용

026 내러티브 기반 부모 리더십 코칭

027 젠더 감수성과 코칭 관계

- 집필과정에서 필자의 의사와 출판 상황에 따라 제목이 바뀔 수 있습니다.
- 필자명이 없는 주제는 집필 상담 가능합니다. 공동 필자 참여 가능합니다.
- 출판 ■ 근간

내러티브 상호협력 코칭: 1세대 코칭을 넘어 3세대 코칭으로

초판 1쇄 발행 2018년 6월 28일

펴낸이 | 김상복
지은이 | 라인하드 스텔터
번 역 | 최병현, 이혜진
편 집 | 최병현
디자인 | 이상진
제작처 | 명성마스터
펴낸곳 | 한국코칭수퍼비전아카데미
출판등록 | 2017년 3월 28일 제 2017-000021호
주 소 | 서울시 용산구 임정로 29길 18-1(효창동)
전자우편 | hellojisan@gmail.com
문의전화 (영업/도서 주문) 카운트북
전화 | 070-7670-9080 팩스 | 070-4105-9080
메일 | countbook@naver.com
편집 | 010-3753-0135
www.coachingbook.co.kr
www.facebook.com/coachingbookshop

ISBN 979-11-960967-8-6 (03180)
책값은 뒤표지에 있습니다.